경제학 포털

김기원의

경제학 포럼

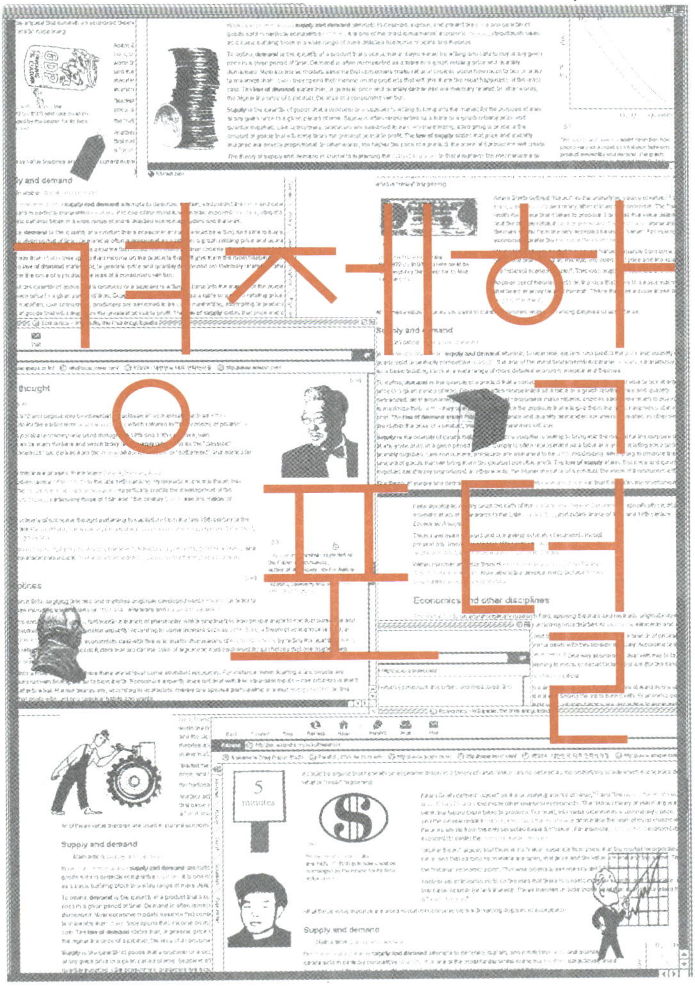

책을 클릭하기 전에

일상의 삶과 경제학의 만남

고등학생 때 학교까지 30분 정도를 걸어 다녔다. 다니는 거리 양쪽에는 비슷비슷한 가게들이 줄지어 있었다. 그 많은 가게들이 다 무얼 해서 먹고 사는지 궁금할 때가 한두 번이 아니었다. 대학전공으로 경제학을 선택한 데는 그런 의문이 영향을 미치지 않았나 싶다. 그리하여 이제는 남이 무얼 해서 먹고 사는지 연구해서 스스로가 먹고사는 처지가 된 셈이다.

그런데 필자처럼 경제학으로 먹고사는 사람들이 많다 보니 대개가 특정한 좁은 주제를 파고든다. 학문이란 그렇게 해야 독창성이 발휘되는 법이다. 하지만 그러다 보니 학문과 현실의 거리가 점점 멀어지고, 사람들의 일상적 삶을 경제학자들이 애써 외면하고 있는 게 아닌가 하는 느낌마저 든다.

이 책은 그러한 반성에서 출발했다. 일반인들이 씨름하는 문제를 같이 풀어 보고자 한 것이다. 자녀교육이나 집이나 노후대책과 같은 가정적 문제를 비롯해 여야 대립이나 사회집단 간 갈등과 같은 국가적 문제까지 경제학의 잣대를 들이대 봤다. 이를 통해 독자들이 경제현실을 과학적으로 이해하고 나아가 그 경제현실을 개선할 수 있으면 하는 바람이다.

시중에는 이미 경제관련 서적들이 넘치고 있다. 그러나 그것들은 거의 다가 딱딱하거나 체계가 산만하다. 이론과 현실을 아우른 경우를 찾아보기 힘들다. 이 책에서는 그런 한계를 극복하고자 했다. 체계를 갖추되 쉽고 재미있게 설명하려고 애썼다. 그리고 나무를 보는 것에 비유할 수 있는 미시이론, 숲을 보는 것에 비유할 수 있는 거시이론, 개인의 인생경로, 기업의 움직임, 한국경제 및 세계경제의 현실 등 주요 경제문제를 두루 다뤘다. '경제학 포털'이라는 이름을 붙인 이유가 여기에 있다.

하지만 이 책이 잡동사니 백화점은 아니다. 필자 나름의 관점으로 이론을 선별하고 현실을 재단한 것이다. 그게 책 제목에 굳이 '김기원의'라는 단어를 넣은 배경이다. 필자 나름의 관점이란 경제의 양대 원리인 효율성과 공정성의 '균형발전'이다. 영국의 경제학자 마셜(A. Marshall)의 유명한 문구인 "냉철한 두뇌와 따뜻한 가슴(cool head, but warm heart)"에서 냉철한 두뇌가 효율성을 지향한다면 따뜻한 가슴은 공정성을 지향한다. 효율성과 공정성의 균형발전을 통해 '다 함께 웰빙'을 누리는 사회가 이 책이 지향하는 바다.

진실에 다가가려면 비판적인 사고가 필수적이다. 특히 이해관계가 충돌하는 경제문제에서는 언론의 보도나 기성의 권위에 무비판적으로 맹종해서는 안 될 것이다. 같은 의미에서 필자는 독자들이 이 책을 비판적으로 읽어주었으면 한다. 독자들의 의견이 기다려진다(메일: kwkim@knou.ac.kr). 이 책은 더 넓고 더 깊은 지식으로 가기 위한 포털이다. 다른 책도 많이 읽고 스스로도 생각을 많이 하기 바란다.

다 함께 웰빙을

'흥부와 놀부'를 기억하시는가? 흥부는 선행의 화신(化身)이다. '얼어서 병든 사람에게 입고 있는 옷 벗어주기' '제비 다리 고쳐주기'가 전공이다. 반대로 놀부는 악행의 화신이다. '초상난 데 춤추기' '제비 다리 부러뜨리기'가 전공이다. 따라서 흥부는 본받아야 할 대상이고 놀부는 지탄의 대상이다. 그런데 근래에 흥부와 놀부를 재평가하자는 움직임이 드세졌다. 흥부는 무책임한 무능력자이고 놀부는 적극적인 현실주의자라는 것이다. 헷갈리는 세상이다.

다시 한번《흥부전》을 음미해보자. 사실 그렇게 재평가할 만한 부분이 적지 않다. 흥부는 출산장려금도 없던 시대에 애들만 잔뜩 싸질러 놨다. 스스로 생계를 꾸려가지 않고 형에게 비럭질이나 하러 다닌다. 변변한 직업도 없이 기껏해야 매품팔이로 돈을 번다. 반면에 놀부는 제물 없이 제사를 지낼 만큼 절약형이고 고리타분한 유교 윤리에서 자유롭다. 제비 다리를 일부러 부러뜨릴 만큼 진취적이다. 켜는 박마다 낭패를 보아도 좌절하지 않는 끈기도 있다.

요새 식으로 구분하면 흥부는 좌파를, 놀부는 우파를 대변한다. 흥부 쪽은 사회적 약자이며, 사회적 연대와 공정성을 강조한다. 이는 모성(母性)과 음(陰)에 가깝다. 그리고 놀부 쪽은 사회적 강자이며, 자기 책임과 효율성을 강조한다. 이는 부성(父性)과 양(陽)에 가깝다. 어머니는 못난 자식이 더 안타까운 반면, 아버지는 잘난 자식을 편애하기 쉽다. 개인과 사회가 건전하게 발전하려면 이런 좌파적 논리와 우파적 논리가 균형을 이뤄야 한다. 그게 바로 음양의 조화이며 중용(中庸)과 중도(中道)의 미덕이다.

사람들은 이상사회를 갖가지 형태로 묘사한다. 흥부전에선 대박을 터뜨린 흥부가 쪽박을 찬 놀부를 포용함으로써 이상사회가 성립한다. 영국 사상가 모어(T. More)의 《유토피아》는 "몇 개 안 되는 법률로써 모든 게 잘 되고 각자가 모든 것을 풍부하게 갖는" 사회다. 마르크스의 공산주의사회에선 "아침에는 사냥을 하고, 오후에는 물고기를 잡고, 저녁에는 가축을 돌보며, 밤에는 문학을 비평하는" 사람들이 "능력에 따라 일하고 필요에 따라 분배받는다."

그런데 흥부전의 이상사회는 오직 하늘의 뜻이다. 모어나 마르크스의 이상향은 인간의 욕망이 무한하다는 점을 고려하면 시적 표현에 지나지 않는다. 게다가 마르크스의 이상향에는 1차산업뿐이며 2차산업, 3차산업은 간 곳이 없다. 우리는 공상에 머물기보다 현실에 바탕을 두고 이상사회를 지향해야 한다. 그 길은 효율성과 공정성을 각각 증진시키면서 균형을 맞추는 것이다. 그게 중용의 경제다.

오늘날 곳곳에서 경제적 마찰이 벌어지고 있다. 비정규직 문제를 비롯한 노사갈등, 부동산대책을 둘러싼 세금갈등, 개방에 반대하는 농민시위 등으로 나라 안이 조용할 날이 없다. 나라 밖은 어떤가. 북한동포가 산업화와 민주화의 지체로 신음하고 있고, 세계에서 12억 이상의 인구가 하루 1달러 미만으로 연명하고 있다. 국제경쟁의 격화는 어느 나라도 안정권에 놔두지 않는다. 경제성장에 따른 생태계 파괴 역시 지구촌의 커다란 걱정거리다. 이러다 문명이 위기에 처할지도 모른다.

그러나 생산기술과 민주주의의 발전으로 우리에겐 더 높은 수준의 사회를 만들 수 있는 가능성이 주어졌다. 한국은 이미 선진국 문턱에 와있다. 갈등이 많지만 더한 갈등도 헤쳐 왔다. 한국경제의 미래상을 둘러싸고 미국식이냐 유럽식이냐 하면서 말들이 많다. 하지만 우리에게 주어진 조건이 있는 한 특정 국가를 그대로 모방할 수는 없다. 선진국의 여러 제도를 벤치마킹하면서 한국 나름의 웰빙 모델을 형성해가면 된다. 예컨대 영미에선 시장의 역동성을, 북유럽에선 삶의 안정장치를 배운다든가 하는 식이다.

한국뿐 아니라 세계적으로 웰빙을 확대해야 한다. 기술을 발전시키고 체제개혁을 실시해 저개발국의 효율성을 높여야 한다. 세계화가 여기에 기여하는 바 크다. 그러나 현재의 세계화는 공정성을 훼손한다. 세계적 차원의 시장경제에 걸맞은 세계적 차원의 민주주의가 요청되고 있다. 미국이 독선적으로 힘을 행사하는 IMF를 비롯한 세계기구를 개혁해야 한다. 나아가 민주적 세계정부, 세계중앙은행, 세계적 노사관계 규율을 만들어가야 한다.

개개인도 국내외 경제시스템의 변화에 적응하면서 나름대로 웰빙을 추구해야 한다. 그러려면 경제를 알아야 한다. 경제를 알고 실천해 다 함께 웰빙을 누리는 방향으로 나아갔으면 좋겠다. '다 함께 웰빙'이란 절대적 지향점이라기보다 과정을 중시하는 상대적 개념이다. 노력하면 과거보다는 삶이 개선되지 않겠는가. 이 책이 그런 노력에 조금이라도 도움이 되었으면 한다.

2006년 9월 김기원

재개정판을 내며

초판을 낸 지 7년이 지났다. 그동안 베스트셀러 반열에 오를 만큼 독자의 호응을 얻지는 못했으나 그런대로 꾸준히 관심의 대상이 됐다. 경제문제를 이해하려는 일반인을 비롯해 대학생, 나아가 고등학생으로까지 독자층이 넓어졌다. 특히 반가운 이야기는 일단 책을 붙잡으면 끝까지 읽었다는 경우가 적지 않다는 것이다. 다뤄야 할 내용은 다루되 가급적 쉽고 재미있게 쓰려고 노력한 보람이라면 보람이다.

정보기술혁명이 급진전하고 있는 글로벌 시대인 만큼 한국경제와 세계경제는 7년 사이에도 많은 변화가 있었다. 그런 변화를 반영해 각종 통계를 최신의 수치로 고치고자 한 것이 책을 4년 전에 개정하고 이번에 재개정한 일차적인 이유다. 또한 미국발 세계 금융위기와 같은 예기치 않은 상황들도 언급할 필요가 있었다. 이전 판에서 설명이 다소 미진했던 부분도 보완했다.

PART 1(경제의 기본원리)보다 PART 2(현실 속의 경제)가 더 읽기 편했다고 하는 독자들이 있었다. PART 1은 이론편이라 저자로서는 아무리 쉽게 쓰려 했어도 처음 접하는 이들에겐 딱딱한 느낌이 전혀 없지는 않을 것이다. 그런 경우엔 PART 2를 먼저 읽고 PART 1으로 돌아가도 무방하다. 깨달음을 위해서는 이론과 현실을 왔다 갔다 하는 게 필요하듯이 이 책에서도 PART 1과 PART 2를 자주 왕복할수록 이해가 깊어질 것이다.

2013년 8월 김기원

차례

책을 클릭하기 전에

PART 1 경제의 기본원리

1부 미시적 관점: 시장과 가격

1 경제생활과 행복방정식 · 19

2 '자본과 시장'은 '고기와 물' · 33

3 시장과 정부, 결혼이냐 결투냐 · 48

4 시장가격을 주무르는 수요와 공급 · 63

5 정보의 불완전성과 요지경 시장 · 78

2부 거시적 관점: 국민경제의 흐름

6 돌고 도는 돈 · 95

7 성장, 분배, 환경의 변증법 · 113

8 경기변동, 실업, 투기 · 132

9 조세와 정부지출, 규모와 공평성 · 144

10 국경을 넘나드는 경제활동 · 159

11 환율과 국제거래 · 176

PART 2 현실 속의 경제

3부 개인의 인생경로
12 입시전쟁터로 내몰리는 전사들 · 195
13 합리적 직업선택을 위하여 · 212
14 결혼과 이혼의 경제학 · 223
15 출산, 양육, 가사분담의 경제학 · 238
16 노후, 어떻게 대비할 것인가 · 251
17 재테크에 비결이 있을까 · 266

4부 기업과 금융
18 자본주의 사회에서 기업이란 · 283
19 주식시장 제대로 알기 · 299
20 독과점기업은 어떻게 움직이나 · 313
21 금융시장과 금융기관 · 324

5부 한국경제와 세계경제

22 한반도 경제가 걸어온 길 · 339

23 재벌이냐 외국자본이냐 · 354

24 노동자 혹은 농민으로 산다는 것 · 368

25 세계화의 두 얼굴 · 378

26 미국과 유럽연합의 경제 · 390

27 일본과 중국의 경제 · 401

찾아보기 · 414

PART 1

경제의 기본원리

오늘날 우리는 보릿고개로 끼니를 걱정하던 시절에 비하면 무척 풍족해진 삶을 살고 있다. 그러나 "경제가 어렵다, 위기다"라는 아우성은 오히려 오늘날 더욱 빈번해진 느낌이다. 대체 '경제'는 무엇이며 어떤 원리로 돌아가는 것이기에 예나 지금이나 변함없이 어렵다는 걸까? 여기서는 시장, 수요, 공급, 성장, 분배 등과 같은 경제의 기본원리에 대해 체계적으로 살펴본다.

1부

미시적 관점: 시장과 가격

경제생활과 행복방정식
'자본과 시장'은 '고기와 물'
시장과 정부, 결혼이냐 결투냐
시장가격을 주무르는 수요와 공급
정보의 불완전성과 요지경 시장

❶ 경제생활과 행복방정식

경제란 말은 어디서

우리는 "경제가 어렵다, 위기다"라는 말을 많이 들어왔다. 이는 작금의 세계 금융위기 파도에 한국이 휩쓸릴 때만이 아니었다. 거슬러 올라가면 한국전쟁 때는 경제가 처참한 지경이었고, 이승만 정부 하에선 "못 살겠다 갈아보자"는 야당의 구호가 인기를 끌기도 했다. 역사를 더 돌이켜보면 왕조시대엔 가뭄이나 홍수로 기근이 든 일도 적지 않았다.

지금 한국인 중에는 노숙자도 있고 결식아동도 있지만 아프리카나 북한에서처럼 수많은 아사자가 발생하지는 않는다. 고도성장 덕분에 보릿고개가 사라지고 생활수준이 향상되었기 때문이다. 그럼에도 '경제가 어렵다'는 아우성은 더 빈번해진 느낌이다. 성장률이 조금만 떨어지거나 수출증가세가 약간만 둔화되어도 야단법석이다. 재벌개혁을 추진하려 해도 경제가 어려운데 무슨 재벌개혁이냐며 딴죽을 걸고, 심지어 인권법안을 둘러싸고 여야가 대립하면 경제가 어려운데 정쟁이나 일삼느냐고 비판이 쏟아진다. '경제가 어렵다'는 한마디가 모든 일을 얼어붙게 만드는 마법의 주문처럼 된 셈이다.

그렇다면 경제라는 것은 도대체 무엇인가. 영어로 경제는 'economy'인데, 이는 그리스어로 '가정'이란 뜻인 'oikos'와 '관리하다'라는 뜻의 'nomos'의 합성어에서 유래한다. 당시의 가정은 소비단위일 뿐만 아니라 노예를 거느린 생산단위이기도 했다. 그리하여 가정을 관리하는 게 economy였고, 그래서 economy를 영어사전에서 찾아보면 '절약'이란 뜻이 제일 먼저 나온다. 가정을 꾸려가는 데엔 무엇보다도 아껴 쓰는 일이 중요했기 때문일 것이다. 옛날엔 경제성장률이 낮았고, 따라서 가정의 소득을 늘리는 일도 쉽지 않았음을 염두에 두자.

반면에 한자어로 경제는 '經世濟民'에서 나왔는데, 이는 세상을 다스리고 백성을 구제한다는 뜻이다. 말하자면 경제는 나라를 꾸려가는 일이었다. 경제란 단어만 놓고 보면 동양인이 서양인보다 사고의 반경이 더 컸다고 할 수 있을지도 모르겠다. 영어로 이런 동양식의 경제를 표현하기 위해서 한동안 'economy'와는 별도로 'political economy'란 말이 사용되기도 했다.

이처럼 경제는 가정이든 나라든 삶을 꾸려가는 것인데, 우리는 우리의 모든 삶을 경제생활이라고 생각하지는 않는다. 절이나 교회에 가는 종교적 활동이나 선거에 출마하고 투표권을 행사하는 정치적 활동은 경제활동과 일단 분리시킨다. 하지만 절에 시주하고 교회에 헌금하며 선거활동에 정치자금을 쓰는 행위도 물질을 소비하거나 투자하는 일이다. 따라서 종교인이나 정치인이 들으면 언짢을지 모르지만, 종교적 삶이나 정치적 삶도 결국 경제적 삶을 통해 이루어지는 셈이다.

경제란 생산, 교환, 분배, 소비

경제를 조금 어려운 단어를 써서 정의하면 '재화(goods)와 용역(service)을 생산, 교환, 분배, 소비하는 행위'다. 사람은 추위를 피하려면 옷을 입어야 하고, 배가 고프면 음식을 먹어야 하고, 가족단위로 살아가려면 거처도 마련해야 한다. "금강산도 식후경"이라고, 이런 의식주가 인간의 가장 기본적 욕구다. 하지만 그게 충족되면 사람들은 음악도 듣고 텔레비전도 보고 여행도 즐기려 한다. 사람들의 이러한 여러 가지 요구를 충족시켜주는 것을 재화와 용역이라 한다.

'재화'라고 하면 보통 쌀이나 자동차처럼 손으로 만질 수 있는 물건을 가리킨다. 그리고 '용역'이라고 하면 교향악단의 연주나 의사의 진료와 같이 형체가 없는 것인데, 광의의 재화는 용역까지 포함한다. 물론 연주에도 악기라는 물건이 동원되지만 청중에게 제공되는 것은 악기가 아니라 소리다. 결국 인간의 욕구를 충족시키는 각종 재화와 용역을 둘러싸고 몸부림치는 것이 경제생활인 셈이다.

《논어(論語)》에 나오는 대로 "나물 먹고 물 마시고 팔 베고 누웠으니 대장부 살림살이 이만하면 족하지 않느냐(飯疎食飮水 曲肱而枕之 樂亦在其中)"는 식으로 경제로부터 벗어난 삶도 있을 수 있다(그 뒤에 또 하나의 멋진 문장이 이어지는데 그것은 "의롭지 못한 부나 권력은 나에게는 뜬구름과 같도다(不義而富且貴 於我如浮雲)"이다). 하지만 이는 사실상 범인(凡人)이 실천하기 어려운 도인(道人)의 경지고, 또 이 경우에도 최소한 나물 캐고 물 긷는 노력만큼은 해야 한다.

특정 재화, 예컨대 쌀과 관련해 경제 즉 생산, 교환, 분배, 소비를 파악해보자. 농부가 쌀농사를 지으려면 논에 물을 대고 잡초도 뽑고 비료도 줘야 한다. 이렇게 해서 가을에 쌀을 수확하게 되는 것이 '생산' 활동이다. 그리고 이렇게 생산된 쌀을 장에 가서 내다 팔아 필요한 옷 따위를 사는데, 이것이 '교환' 이다. '분배' 란 쌀농사에 고용된 일꾼에게 임금을 나눠주고 땅 주인에게 지대를 바치는 것이다. 은행에서 농사자금을 빌렸다면 이자도 지불해야 한다. 그러고 나서 농부가 챙기는 나머지 몫은 자본주의적 농업이라면 이윤에 해당한다. 끝으로 장에 내다 팔지 않고 남겨둔 쌀로 가족들 밥을 지어 먹거나, 쌀과 바꾼 옷을 입고 다니는 것이 '소비' 행위다.

경제는 변한다

생산, 교환, 분배, 소비라는 경제행위의 구체적 양태는 시대에 따라 달라져왔다. 조선왕조 때 사람들은 비행기나 컴퓨터를 구경도 하지 못했다. 요즘은 일반인도 다소 무리를 하면 임금 못지않은 호사를 누릴 수 있다. 이는 경제가 그동안 꾸준히 성장한 덕분에 많은 새로운 상품을 개발하여 소비할 수 있게 되었기 때문이다.

똑같은 재화 예컨대 쌀을 생산하는 경우에도 경운기나 제초제 등의 생산수단을 개발하고 이용하는 기술의 발전으로 적은 노동을 들이고도 많은 수확을 올릴 수 있게 됐다. 이는 자연에 대한 인간의 지배력 증대를 의미하는 것이기도 하다. 아직도 홍수나 지진이 발생하면 수많은 인명이 희생되는 데서 보듯이 자연의 거대한 힘 앞에 인간은 무력하기 짝이 없지만, 자연자원을 개발하고 새로운 물건을 만들어내는 능력이 눈부시게 발전해온 것 또한 사실이다.

인간과 자연의 관계를 나타내는 생산기술이 이처럼 발전해온 것과 더불어 인간들 사이에서 경제활동을 꾸려가는 관계, 즉 경제체제도 커다란 변화를 겪어왔다. 인류의 선조인 크로마뇽인과 문명사회의 현대인이 영위하는 경제시스템 사이에 천양지차가 있다는 것은 누구나 쉽게 짐작할 수 있다. 아메리카 인디언의 생활 등에서 유추되는 원시인들의 경제적 삶은 수렵과 채취 단계에 머물러서 사유재산의 개념도 명확하지 않았을 것으로 여겨진다.

　농경생활이 보급되고 민주주의를 꽃피운 도시국가 중심의 그리스 시대나 제국을 건설한 로마 시대에는 경제적 삶이 한층 윤택해졌지만, 직접적 생산활동을 주로 담당한 것은 '말하는 동물' 취급을 받은 노예였다. 당시의 경제체제는 노예제였던 것이다. 노예제는 미국 남부의 흑인노예에서 보듯이 근대사회까지 부분적으로 존속했다. 알렉스 헤일리가 쓴 미국 흑인문학의 고전 《뿌리(Roots)》는 비참한 노예의 삶과 노예를 착취해 부를 축적한 목화농장주의 삶을 잘 묘사한 바 있다. 오늘날 자신의 삶에 힘들어하는 사람들은 그리스·로마 시대나 미국 남부의 노예 처지로 태어났더라면 어땠을까 하고 생각해 보면 다소 위안이 되지 않을까.

　그리스·로마 시대를 지나 중세로 접어들면 노예 대신에 농노(農奴)가 직접적 생산을 담당하고 봉건영주가 이들을 지배하게 된다. 농노들은 노예만큼 인격이 말살되지는 않았지만 갖가지 인신적 속박 하에 놓여 있었다. 유럽이나 일본을 여행하다 보면 봉건영주가 살던 멋진 큰 성들이 있다. 〈로빈 후드〉 같은 영화에 나오듯이 영주들은 농노가 생산한 생산물을 가지고 그런 성에서 많은 기사(騎士)와 식객을 거느리며 지냈던 것이다. 조선왕조에선 유럽이나 일본과 같은 봉건영주 대신에 왕과 양반들이 백성을 지배했다.

경제체제는 그 후 오늘날 우리가 살고 있는 근대 자본주의 시장경제로 변모하게 된다. 우리가 경제문제를 다룰 땐 늘 시장을 생각하고 기업을 생각하기 마련이지만, 사실 그렇게 된 것은 인류의 오랜 역사 속에서 극히 최근의 일이다. 한민족의 역사를 만약 5000년이라고 하면 한국 자본주의 시장경제는 100년도 안 되므로, 한민족의 역사를 하루 24시로 비유할 때 자본주의는 대략 밤 11시 30분부터 30분간이다.

인류의 시초를 크로마뇽인으로 본다면 3만~4만 년의 인류역사 중 길게 잡더라도 500년도 안 되는 역사를 가진 것이 자본주의. 우리는 흔히 인류가 현재 우리가 사는 경제체제 하에서 계속 살아왔고 앞으로도 그렇게 살아갈 것으로 착각한다. 하지만 긴긴 세월 동안 인류는 시장이 없거나 있다 하더라도 전체 경제생활에서 극히 미미한 역할밖에 수행하지 않던 시대에 살았다. 자본주의 이전에는 대체로 자급자족적 삶이 중심이었다. 따라서 상품을 대량으로 생산해서 시장에 내다 파는 기업이 존재하지 않았다.

미래는 어떤가. 일부 사람들이 자본주의가 공산주의로 변화한다고 생각한 적이 있었다. 그러나 공산주의를 신봉하던 예전의 소련이나 동유럽 사회가 자본주의 이후의 경제체제를 대표한다고 할 수는 없다. 그들은 서구와 같은 자본주의사회로 복귀하고 있기 때문이다. 급성장하는 중국도 겉으로 사회주의를 내걸고 있지만 공산당의 일당독재란 점을 빼놓고는 자본주의 시장경제와 별로 다를 바 없다. 이렇게 본다면, 자본주의 시장경제 이후의 시대는 없다고 하면서 '역사의 종언(the end of history)'을 부르짖은 후쿠야마(F. Fukuyama)의 주장이 설득력이 있을지 모르겠다.

그러나 자본주의 시장경제가 영원히 지속되리라는 단정도 성급하다. 노예제 사회나 중세봉건제 사회에서 자본주의 시장경제의 도래를 상상할 수 없었던 것처럼, 앞으로 어떤 새로운 경제체제가 등장할지 우리는 상상하기 힘들다. 〈스타워즈〉 같은 SF영화를 보라. 미래의 경제체제에 대해선 아무런 묘사도 없다. 오히려 옛날로 돌아간 것처럼 공주가 나오고 로마시대 복장이 등장한다. 그러나 상상하기 힘들다 해서 그것이 존재할 수 없다고 단정하는 것은 과도한 지적 오만에 지나지 않는다. 생산기술이 계속 발전하면서 풍요와 자유와 평등이 한층 진전된 새로운 경제체제가 도래할 것인지, 아니면 핵무기와 같은 위험한 기술이 계속 발전해 인류문명이 잿더미로 변할지 아무도 모른다.

자본주의 시장경제는 이처럼 인류역사에서 극히 짧은 시기에 한정된 체제이기는 하지만, 우리가 현재 그 속에서 생활하고 있으므로 이 책에서는 그것을 중심으로 논의를 전개할 수밖에 없다. '경제사학(經濟史學)'이라는 분야에 들어가면 자본주의 이전의 경제체제에 대해서도 공부하지만 이 책에서 그것까지 다룰 여유는 없다. 다만 자본주의 이전에 오랫동안 자본주의와 다른 경제체제가 작동하고 있었고, 자본주의 이후에 새로운 경제체제가 도래할 수도 있다는 점, 즉 자본주의의 역사적 특정성(historical specificity)만은 기억해 두면 좋겠다.

희소성, 선택, 기회비용, 갈등

역사상의 경제체제들은 각각 그 나름의 특수한 운동양태를 보이지만 공통점도 갖고 있다. 귀족과 노예의 관계, 봉건영주와 농노의 관계, 자본가와 노동자의 관계는 서로 다른 경제체제 각각의 고유한 모순이다. 하지만 생산, 교환, 분배, 소비라는 경제활동이 '자원은 유한한데 욕구는 무한하다'는 조건 속에서 이루어진다는 점은 모든 경제체제에 공통적이다.

만약에 자원이 무한하다면 경제학은 할 일이 없다. 이런 책도 필요 없다. 누구나 무엇이든 마음껏 소비할 수 있다면 경제문제란 게 존재하지 않기 때문이다. 물론 은하수까지 포함하는 미지의 우주 전체를 대상으로 한다면 자원은 무한하다고 할 만큼 엄청나게 많을지도 모른다. 하지만 우리가 활용할 수 있는 자원은 제약되어 있다. 이것을 '희소성(scarcity)'이라 부른다. 아담이 에덴동산에서 쫓겨나 '평생 수고하는' 처지에 놓였다는 것은 희소성이 인간의 숙명이라는 의미가 아닐까.

희소성이라는 제약조건을 갖는 인간사회에서는 모든 욕구를 충족시킬 수 없다. 따라서 누구의 욕구를 어떻게 충족시킬지를 항상 선택해야 한다. 그래서 무엇을 생산할 것인가(what to produce), 어떻게 생산할 것인가(how to produce), 누구를 위해 생산할 것인가(for whom to produce)를 선택하는 행위로 경제를 정의하는 학자도 있다. 여기선 생산이라는 단어가 중심이지만 교환, 분배, 소비도 그 생산과 불가분이다. 어쨌든 '희소성이라는 제약조건 하의 선택'은 모든 사회에 공통적인 경제문제다.

주머니에 3만 원밖에 없는 철수는 이 돈으로 책을 사볼지 애인과 데이트를 할지 선택한다. 농민은 금년에 밭에 고추를 심을지 파를 심을지 선택한다. 전자회사는 가전사업을 확대할 것인지 반도체사업을 확대할 것인지 선택한다. 정부는 군사력 중대를 위해 미국에서 최신형 전투기를 구입할 것인지 달동네 빈민에 대한 지원을 늘릴 것인지 선택한다. 인생은 이러한 선택의 연속인 셈이다.

그런데 선택이란 어떤 것을 포기하는 행위이기도 하다. 이러한 선택의 대가를 경제학에서는 '기회비용(opportunity cost)'이라 한다. 기회비용은 실제 지출한 회계비용(accounting cost) 개념과는 다소 다르다. 어떤 것의 기회비용이란 그것을 선택함으로 인해 포기한 많은 선택가능성 중에서 가장 가치 있는 것의 가치다. 예컨대 농민이 자기 땅에서 농사지을 때 그 땅에 대해선 별도로 돈을 지불하지 않는다. 하지만 그 땅을 남에게 빌려주었을 때의 임대료 수입을 포기한 셈이므로 그만큼은 기회비용이 된다. 데이트를 하느라 책을 못 샀다면 데이트의 기회비용은 책을 못 산 것이다.

선택행위는 이처럼 비용을 수반하므로 우리는 고민하고 갈등하지 않을 수 없다. 놀지 공부할지를 선택할 때에는 개인적으로 고민한다. 놀기로 하면 마음이 편치 않고 공부하기로 하면 아쉽다. 가족이나 나라가 선택행위를 하는 경우에는 구성원 사이에 갈등이 빚어지기도 한다. 아버지는 큰 텔레비전을 사자고 하고 어머니는 식기세척기를 사자고 하면서 부부싸움이 일어날 수 있다. 개펄을 보존할지 간척할지를 둘러싸고 나라가 들끓기도 한다. 특히 이해관계가 다른 집단들은 경제문제에서 선택하려는 방향도 다르므로 갈등이 심각해질 수 있다. 역사적으로 노예제사회에서는 귀족과 노예, 봉건사회에서는 영주와 농노, 자본주의에서는 노동자와 자본가 사이에 전개되는 갈등이 바로 그런 것이다.

습관화와 사회적 비교

사람들은 살아가는 데서 행복, 즉 즐거움을 누리려 한다. 경제생활에서도 마찬가지다. 일터의 생산활동에서건 가정의 소비활동에서건 즐거움을 최대한 맛보고자 한다. 일부러 고행(苦行)을 하는 수도자가 아닌 다음에야 삶에서 고통을 멀리하고 즐거움을 가까이하려 함은 당연하다. 고행자가 고통을 통해 추구하는 것도 어쩌면 도의 깨달음을 통한 또 다른 즐거움일지 모른다. 즐거움에도 종류가 있기 마련이다.

경제학자 밀(John Stuart Mill)이 "배부른 돼지보다 배고픈 소크라테스가 더 낫다"는 식의 말을 했을 때 그는 육체적 즐거움과 정신적 즐거움을 구분한 셈이다(밀이 한 말의 정확한 원문은 다음과 같다. It is better to be a human being dissatisfied than a pig satisfied; better to be Socrates dissatisfied than a fool satisfied). 그런데 포만감을 느끼기 위해 먹어야 하는 식사량은 씨름선수와 보통사람이 엄청 다르다. 마찬가지로 행복감을 느끼기 위해 충족시켜야 하는 욕구의 종류와 크기도 사람마다 다르다. 이를 일종의 행복방정식으로 단순하게 표현해 보면 다음과 같지 않을까.

$$행복감 = f\left(\frac{충족시킨\ 욕구의\ 양}{충족시키려는\ 욕구의\ 양},\ 타인의\ 처지\right)$$

먼저 우변의 첫째 항목을 보자(f는 함수관계를 의미한다). 이는 어떤 사람의 행복감은 우선 바라는 욕구가 많을수록 줄어들고, 달성한 욕구가 많을수록 커짐을 나타낸다. 그런데 바라는 욕구는 삶의 조건에 따라 변화한다. 사글세 벌집에서 살던 신혼시절 영순이의 꿈은 내 집에서 살아보는 것이었다. 그래서 맨 처음 16평짜리 아파트를 마련했을 때는 날아갈 것만 같았다. 그런데 거기 살면서 살림살이도 늘리고 아이도 낳고 하다 보니 16평짜리 집이 비좁게 느껴진다. 때문에 짜증만 늘어난 영순이는 이제 남편에게 신경질을 부리기 시작한다.

그리고 꼭 살림살이나 아이가 늘지 않더라도 새 집에 들어섰을 때의 행복감은 시간이 지날수록 사라져간다. 좋은 여건에 사람들이 너무 쉽게 적응해버리는 습관화(habituation) 현상이 나타나는 것이다. 그래서 더 큰 집으로 옮기려고 발버둥친다. 승용차의 경우도 마찬가지다. "말 타면 견마 잡히고 싶다"는 우리 속담을 상기해보라. 행복방정식 우변의 첫째 항목에서 분자가 커지면서 분모도 따라서 커지는 셈이다. 게다가 LCD텔레비전 같은 신상품의 등장과 그에 대한 광고는 분모인 '충족시키려는 욕구'를 자꾸만 키운다. 서구에서 지난 수십 년 동안 소득은 계속 증대되었으나 행복감이 정체된 것도 바로 습관화와 새로운 욕구 탓이 크다.

예수는 죽을 때까지 집 한 채 없었고, 토굴에서 도 닦는 스님도 수두룩하다. 이렇게 보면 종교는 분모인 '충족시키려는 욕구'를 줄임으로써 행복을 증대시키려는 일이라 할 수 있고, 경제는 분자인 '충족시킨 욕구'를 늘림으로써 행복을 증대시키려는 일이라 할 수 있다. 분모를 끝없이 줄여서 욕구로부터 완전히 자유로운 상황에 이르면 분모가 0이 된다. 그리되면 수학시간에 배운 대로 우변 첫째 항목의 값은 무한대(∞)가 된다. 이게 '해탈'의 경지가 아닐까. 예술과 같은 뭔가에 몰입하고 있는 순간도 욕구를 잊은 행복의 순간인 셈이다.

다만 의욕상실(우울증)과 같은 경우는 분모가 마이너스로 변해버린 상황이다. 이 경우엔 욕구가 작아서 행복해지는 게 아니라 오히려 마이너스로 변한 분모 때문에 불행해진다. 의욕상실이란 실현불가능한 과도한 욕구로 인해 분모와 분자 사이의 괴리가 지나치게 커진 결과인 경우가 많다. 그래서 정상세포가 암세포로 바뀌듯이 분모가 아예 마이너스로 변질된 현상이다. 도인도 아니고 지나친 속물이 되기도 싫은 여러분이라면 어떻게 해야 할까. 우울증에 걸리지 않으면서 행복을 추구하려면 종교적 자세와 경제적 생활을 적당히 배합하는 것 외에 다른 길이 보이지 않는다. 여기서 얼마만큼이 '적당히'인가는 개인이나 여건에 따라 다르겠지만.

행복방정식 우변의 둘째 항목은 어떤 개인의 행복이 다른 이의 처지와 상관관계를 갖고 있음을 나타낸다. 경제학 서적에선 흔히 무인도에 표류한 로빈슨 크루소의 행동으로 경제활동을 설명한다. 하지만 그것은 소설 속에서나 나오는 이야기다. 그리고 로빈슨 크루소도 나중에는 프라이데이라는 식인종 포로와 같이 살게 되며, 무인도에서의 생활방식도 따지고 보면 그가 이전에 인간사회에서 습득한 것이다. 이처럼 실제 인간은 다른 개인들과 사회를 구성해 생활한다. 그래서 아리스토텔레스는 인간을 '사회적 동물'이라고 불렀던 것이다. 따라서 개인의 행복은 타인의 처지에 의해 영향을 받는다.

"사촌이 논을 사면 배가 아프다"라는 우리 속담이 있다. 서양에도 "부자란 자기 동서보다 소득이 1년에 100달러 더 많은 사람이다(A wealthy man is one who earns $100 a year more than his wife's sister's husband)"라는 말이 있다. 다음과 같은 마르크스의 지적도 있다. "어떤 집이 클 수도 있고 작을 수도 있다. 그 주위에 있는 집들이 그것과 똑같이 작다면 그 집은 주거공간으로서의 모든 사회적 요구를 완벽하게 충족시킨다. 그러나 그 집 주변에 대궐 같은 집이 들어서는 순간 그 집은 오두막집으로 쪼그라들고 만다."

모두 인간의 시기심을 잘 표현한 이야기들이고, 인간의 행복이 다른 사람과의 비교에 크게 좌우된다는 것을 나타낸다. 실제 하버드 대학생을 대상으로 설문조사를 했더니, 남들이 20만 달러 받을 때 10만 달러 받는 것보다 남들이 2만 달러 받을 때 5만 달러 받는 게 더 좋다는 대답이 대부분이었다. 사람들이 사회 속에서의 지위에 어리석을 정도로 집착하는 이유는 그게 이처럼 행복감에 영향을 미치기 때문이다.

그런데 여기서 비교대상 곧 준거집단(reference group)은 자기 주위의 사람이다. 사촌이나 동서나 옆집이나 '엄친아(엄마 친구의 아들)' 다. 그리고 방글라데시 사람들의 행복지수가 조사에 따라 미국 사람들의 행복지수보다 높게 나오기도 하는 것은 방글라데시 사람은 미국인이 아니라 같은 방글라데시 사람과 생활수준을 비교하기 때문이다. 한 나라 내에서 소득수준이 높은 계층일수록 행복하다고 느끼는 사람의 비율이 높은 이유도 소득이 높아질수록 비교대상이 자기보다 소득이 낮은 경우가 많기 때문이다.

사회적 비교가 행복감에 긍정적으로 작용하는 길에는 여러 가지가 있다. 소득이나 재산 면에서 열위의 계층일수록 타인과의 격차가 줄어들고, 덜 불합리할수록 그에 대한 분노가 작아질 것이다. 반면에 소득이나 재산 면에서 우위의 계층일수록 격차가 커지면서 우월감이 증대될 수 있다. 그리고 아예 종교나 교육이나 수련을 통해 측은지심(惻隱之心) 혹은 공감(compassion)을 계발하면 타인의 처지향상이 곧 자기의 행복으로 연결된다. 타인의 처지와 자기의 행복감

사이의 상관관계가 근본적으로 바뀌는 것이다.

우리 사회에선 성장이냐 분배냐 하는 논란이 많다. 경제를 이끌어 가는 두 개의 축이 성장과 분배인데, 어느 쪽을 중시할 것인가를 둘러싼 논란이다. 그런데 단순화하자면 행복방정식 우변의 첫째 항목은 경제의 성장 문제와 관련되고, 둘째 항목은 경제의 분배 문제와 관련된다고 할 수 있다. 물론 성장과 분배가 서로 완전히 독립된 것이 아니라 상호 관련되어 있듯이 첫째와 둘째 항목도 전혀 무관하지 않다는 점에도 유의해야 한다. 자기 욕구가 상당히 충족되면 다른 사람의 행복에 관심을 가질 여유가 생기기도 하며, 다른 사람의 행복에 관심을 쏟을수록 자기의 욕구가 줄어들기도 하지 않겠는가. 행복방정식은 꽤 복잡한 셈이다.

2 '자본과 시장'은 '고기와 물'

자본주의를 지배하는 자본

우리가 살고 있는 자본주의는 어떤 체제인가. 한마디로 자본주의는 자본이 지배하는 경제체제다. 그러면 '자본'이란 무엇인가. 쉬운 예로 설명해보자. 갑돌이에게 10억 원이 있는데 이것을 그냥 장롱 밑에 쑤셔 넣고 있으면 단순한 돈에 지나지 않는다. 그런데 이 돈으로 조그만 공장을 차리거나, 슈퍼마켓을 인수하거나, 전당포를 차려 돈을 더 늘리려고 하면 그때는 그 10억 원이 자본이 되는 것이다. 요컨대 자본이란 돈벌이를 하기 위한 밑천이다. "밑천이 있어야 뭘 해보지" 하는 말을 우리는 자주 듣지 않는가.

자본주의사회에서 자본은 산업자본, 상업자본, 금융자본의 세 가지 형태를 갖는다. 공장과 같은 산업자본은 재화를 생산하는 일을 담당하고, 슈퍼마켓이나 백화점 같은 상업자본은 생산된 재화의 유통을 담당하고, 전당포나 은행과 같은 금융자본은 생산이나 유통 또는 개인소비에 필요한 자금의 융통을 담당한다. 각 자본의 운동을 식으로 표시하면 다음과 같다.

산업자본: M — C(Pm, L) ⋯ P ⋯ C′ — M′
상업자본: M — C — M′
금융자본: M — M′

산업자본은 투자원금(M: money)으로 기계나 원자재와 같은 생산수단(Pm: means of production)을 구입하고 노동력(L: labor power)을 고용한다. 생산수단이나 노동력은 둘 다 시장의 상품(C: commodity)에 속한다. 산업자본은 그것으로 생산활동(P: production)을 수행해 새로운 상품(C′)을 만들어내고, 이를 시장에서 팔아 돈(M′)을 회수한다. 상업자본은 돈(M)으로 상품(C)을 샀다가 팔아 돈(M′)을 회수하며, 금융자본은 돈(M)을 대출해주고 돈(M′)을 회수한다. 어느 경우든 최종 회수한 돈에서 최초 투자한 돈을 뺀 것(⊿M=M′−M)이 자본이 추구하는 이윤이다. 예컨대 원금 10억 원으로 12억 원을 회수하면 2억 원이 이윤이다.

"태초에 자본이 있었다"는 것은 아니지만 자본, 특히 상업자본과 금융자본은 먼 옛날부터 활동을 시작했다. 원시사회의 공동체간 거래에 장사꾼이 끼어들었을 수 있으며, 노예제 사회에선 노예 자체를 상품으로 거래했고, 또 노예가 생산한 생산물도 국내외로 거래했다. 조선왕조 시대에 활약한 개성상인의 모습은 우리가 역사극에서 자주 접하는 바다. 셰익스피어의 작품 《베니스의 상인》에 나오는 샤일록과 같은 악덕 고리대금업자는 옛날부터 있어 왔다. 그래서 그런 폐해를 막아보고자 이슬람교의 코란은 이자를 받지 말라고 명하기까지 했다.

그러나 그 시대의 자본은 아직 사회의 주변부에서 활동하고 있을 뿐이었다. 경제의 주된 부분은 자급자족적 생활이었고, 자본의 영역은 '바다에 떠 있는 섬' 같은 존재였다. 그러다 18세기 이후 기계제 공장에 의한 산업혁명이 일어나고 자본의 운동이 사회 전반을 지배하게 되었다. 상업자본이나 금융자본이 아니라 산업자본이 본격적으로 등장하면서 오늘날과 같은 근대 자본주의사회가 성립한 것이다.

자본주의사회에서는 자급자족적 삶이 오히려 섬 같은 위치로 떨어지고, 대부분의 사람들은 성인이 되면 돈벌이를 위해 사업자에 고용돼 일을 하거나 자기가 직접 사업을 하게끔 되었다. 이 경제체제의 본질적 특징은 ① 사유재산제도 ② 영리의 추구 ③ 사회의 기본집단이 자본가와 노동자인 상태 ④ 시장의 가격시스템을 통한 경제활동의 조정이다.

자본주의가 역사에 등장한 것은 길게 잡아도 몇백 년 정도에 불과하다. 그러나 그동안에 일어난 물질적, 사회적 변화는 엄청나다. 자본주의 이전 수천 년 동안의 경제성장을 능가할 만큼 놀라운 속도로 물질적 풍요가 진전되었다. 이런 변화는 슘페터(J. Schumpeter)가 말한 혁신(innovation), 즉 새로운 제품과 생산방식과 판로의 개발이 누적된 결과다. 자본주의체제를 신랄하게 비판하고 "전 세계 노동자들은 단결하라"고 외친 마르크스의 《공산당선언》(1848년)에 이런 자본주의의 역동성이 화려한 문체로 묘사되어 있음은 역설적이다. 해당 부분을 인용해보자.

"부르주아지(자본가계급)는 생산도구에서 부단한 변혁을 일으키지 않고서는, 그리하여 생산관계를, 나아가 사회관계의 총체를 혁신하지 않고서는 존재할 수 없다. (…) 부르주아지는 세계시장을 개발함으로써 모든 나라의 생산과 소비를 세계적인 것으로 만들었다. (…) 부르주아지는 모든 생산도구의 급속한 개선과 한없이 편리해진 교통을 바탕으로 모든 민족을, 심지어는 가장 미개한 민족까지도 문명에 끌어넣는다. 부르주아지가 생산해낸 '저렴한' 상품, 이것이야말로 모든 만리장성을 격파하고 외국인에 대한 미개한 토착민들의 끈질기고도 완강한 저항까지 여지없이 굴복시키고야 마는 대포(大砲)다. … 부르주아지는 백 년도 채 못 되는 그 지배기간 동안 과거의 모든 세대가 만들어낸 것을 합친 것보다 더 많고 더 방대한 생산력을 만들어냈다. 자연력의 정복, 기계에 의한 생산, 공업 및 농업에서의 화학의 응용, 기선에 의한 항해, 철도, 전신, 세계각지의 개간, 하천 항로의 개척, 땅 밑에서 솟아난 듯한 방대한 인구, 이와 같은 생산력이 사회적 노동의 품속에 잠자고 있으리라고 과거의 어느 세기가 예상할 수 있었으랴!"

자본주의는 이렇게 생산력을 급속도로 발전시킨 반면에 여러 가지 새로운 문제점도 가져왔다. 자본이 지배하는 사회인 탓에 자본의 이윤추구가 사회를 움직여가는 기본 동력이 된 것이다. 쉽게 말해, 돈벌이에 넋을 빼앗기는 황금만능사회가 자리 잡았다. 냉혹한 돈벌이 논리가 인간관계를 황폐화시킬 위험성이 커진 셈이다. 그리고 전근대사회의 신분적 예속에서는 벗어났지만 자본가와 노동자 사이의 계급대립이라는 새로운 갈등형태가 출현했다. 고질병 같은 노사분규가 바로 그것이다.

시장의 등장과 시장의 구분

자본주의사회를 지배하는 것은 자본이며, 그 자본은 시장 속에서 움직인다. 자본은 고기이고 시장은 물인 셈이다. 그러면 시장이란 구체적으로 무엇인가? 시장은 수요자와 공급자가 만나 상품을 매매하면서 가격을 결정하는 장소를 말한다. 자갈치시장이나 남대문시장처럼 많은 사람들이 직접 얼굴을 맞대는 장소는 물론이고, 외환시장처럼 직접 만나지 않더라도 정보를 교환하면서 거래가 이루어지면 이것도 훌륭한 시장이다. 이 시장을 통해 형성되는 가격이 경제활동, 즉 생산, 교환, 분배, 소비에 지대한 영향을 미치는 것이 오늘날의 자본주의 경제체제다.

자본주의 이전 사회에서도 5일장과 같은 시장이 존재했으나, 그것은 망망대해의 섬처럼 주변적인 존재에 지나지 않았다. 그리고 옛 소련이나 동유럽에 존재한 시장 역시 경제활동의 조정에서 극히 부차적인 역할밖에 수행하지 못했다. 거기선 계획과 배급이 주된 자원배분 메커니즘이었다.

자본주의에선 이와 달리 갖가지 경제자원의 배분이 주로 시장을 통해 이루어진다. 개인은 필요한 소비재를 시장에서 구입하며, 기업은 필요한 기계설비, 원자재, 노동력을 시장에서 조달한다. 그런데 옛 소련이나 동유럽의 경제체제가 붕괴되고 북한 역시 곤궁한 상태를 벗어나지 못하고 있음을 보면, 시장은 최소의 비용(cost)으로 최대의 편익(benefit)을 추구하는 경제적 효율성 면에서 역사상 존재했던 다른 어떤 조정메커니즘보다 우월한 조정메커니즘이라고 생각할 수 있겠다.

다만 자본주의사회라 하더라도 모든 자원배분이 시장을 통하는 것은 아니다. 가정 내에서는 부모가 경제권을 쥐고 자식들에게 식사, 옷, 용돈과 같은 자원을 지출계획에 따라 거의 일방적으로 배분한다. 기업 내에서는 경영진이 단독으로 또는 노조와의 협상을 전제로 인원, 자금, 성과를 배분한다. 가정이나 기업 내에서는 시장의 가격메커니즘이 아니라 계획 또는 협상에 의해 자원이 배분되는 것이다. 그리고 나라에 따라 정도의 차이는 있지만 시장기구에 대해 정부가 여러 가지로 간섭한다. 그래서 오늘날의 자본주의는 완전한 시장경제라기보다 시장을 중심으로 하되 정부가 일정한 역할을 수행하는 혼합경제(mixed economy)다.

그런데 사람들이 자신이 쓸 물자를 스스로 생산하는 자급자족 상태에서는 시장이 발생할 수 없다. 사람들이 저마다 전문적으로 하는 일을 따로 가질 때, 즉 어떤 사람은 농사만 짓고, 어떤 사람은 고기만 잡고, 어떤 사람은 옷만 만들 때 비로소 시장이 등장한다. 이를테면 농민이 자신에게 필요한 것보다 더 많은 쌀을 생산하여 남는 쌀로 다른 사람이 만든 옷을 사는 경우에 시장이 생겨나는 것이다. 오늘날 한국에는 약 4만 가지의 직업이 있고 미국에는 약 20만 가지의 직업이 있다고 한다. 이것이 바로 '사회적 분업'이다.

분업에는 여러 종류의 상품을 각각 별도로 생산하는 사회적 분업만이 아니라 하나의 상품을 생산하는 기술적 과정을 분할하는 '기술적 분업'도 존재한다. 경제학의 할아버지로 일컬어지는 애덤 스미스(A. Smith)의 《국부론(國富論, An Inquiry into the Nature and Causes of the Wealth of Nations)》 첫머리는 기술적 분업의 효과에 대해 핀 제조공장의 예를 들어 다음과 같이 설명하고 있다.

"첫 번째 사람은 철사를 잡아 늘이고 두 번째 사람은 철사를 곧게 편다. 세 번째 사람은 철사를 끊고 네 번째 사람은 끝을 뾰족하게 하며 (…) 그들은 가난하고 기계도 충분치 않았지만 부지런히 일하면 (…) 10명이 하루 4만 8000개, 한 사람이 하루 4800개의 핀을 만들 수 있었다. 하지만 그들이 특별히 교육을 받지 않은 채 제각기 완성품을 만든다면 일인당 하루에 20개도 만들 수 없었을 것이며, 아마 하루 하나도 만들기 어려웠을 것이다."

분업에 의해 생산성이 무려 240배 이상 상승한 셈이다. 서술에 상당한 과장이 있는 게 아닌지 의심스러울 정도다. 하지만 기술적 분업의 결과로 자본주의가 엄청난 기술진보를 이룩한 것은 분명하다. 오늘날 자동차공장의 컨베이어 라인에 가보면 그 효과를 쉽게 확인할 수 있다. 애덤 스미스는 분업에 의한 생산성 향상을 뒷받침하기 위해선 생산된 상품을 구매해줄 시장의 확대가 필요하다고 했다. 그의 유명한 '자유무역론'도 여기에 근거한다.

이처럼 '기술적 분업'은 시장의 확대를 요구하지만, 거꾸로 시장의 존재는 핀 제조공장과 옷 제조공장이 별도로 존재하는 식의 '사회적 분업'을 전제로 한다. 즉, 두 종류의 분업이 시장의 발전과 밀접하게 연관되어 있는 셈이다. 이렇게 시장이라는 인류의 발명품을 통해 5천만 국민, 아니 67억 인류가 각기 다른 일에 종사하는 가운데 나라경제와 세계경제는 요동도 치지만 발전도 해 온 것이다.

한편, 시장은 거래되는 상품과 거래자 숫자에 따라 〈표 2-1〉과

<표 2-1> 시장의 구분

상품별	생산요소시장	노동시장
		금융시장
		토지시장
	생산물시장	소비재시장
		생산재시장
참가자수별	완전경쟁시장	
	과점시장	
	독점시장	

같이 여러 종류로 나누어진다. 거래상품별로는 크게 생산요소시장과 생산물시장으로 구분된다. 기업의 투입물(input)인 생산요소시장은 다시 노동시장, 금융시장, 토지시장으로 나뉜다. 기업의 산출물(output)이 거래되는 생산물시장은 다시 소비재시장과 생산재시장으로 나뉜다. 여기서 소비재는 가계가 소비하는 재화이고, 생산재(생산수단)는 기업이 필요로 하는 기계설비 및 원자재다. 단, 생산재는 기업의 산출물이기도 하고 투입물이기도 하다.

　거래참가자 수로 시장을 구분하면 수요자와 공급자가 모두 매우 많은 경우가 완전경쟁시장이고, 수요자나 공급자가 1인인 경우가 독점시장이며, 몇몇인 경우가 과점시장이다. 완전경쟁시장에선 이른바 큰손이 없기 때문에 어떤 개별주체도 가격에 영향을 줄 수 없는 반면, 독과점시장에서는 개별주체가 가격을 좌지우지하는 일이 발생한다.

어두운 시장도 필요할까

극도로 세분화된 사회적 분업 속에 시장에서는 온갖 종류의 상품이 거래된다. 어쩌다 재래시장이나 할인매장에 들러보면 없는 게 없는 것 같다. 그러다 보니 시장에는 거래해서는 안 될 상품마저 등장한다. 그런데 어떤 거래를 불법으로 규정해야 하는가는 그렇게 단순하지 않다. 역사적으로나 나라에 따라 커다란 논란을 불러일으킨 경우도 적지 않다. 과연 어떤 거래가 불법인가? 혹시 용인해야 할 어두운 시장은 없을까?

《인간시장》이란 베스트셀러가 한때 서점가를 휩쓸기는 했지만, 우선 인간 그 자체는 시장의 상품이 아니다. 우리가 회사에 취직하는 것은 우리가 갖고 있는 능력을 파는 것이지 인간 그 자체를 파는 것이 아니다. 인간 그 자체가 매매되는 곳은 노예시장이고, 아무리 시장만능주의를 부르짖더라도 노예시장을 용인할 사람은 오늘날 거의 없다. 그런데 지금 생각하면 너무나 당연한 이런 진리를 실천하는 데도 오랜 역사와 희생이 소요되었다. 미국의 남북전쟁을 보라. 참고로, 못된 사장이 여직원을 성적으로 괴롭히는 것은 고대노예사회와 근대시민사회의 바로 이런 중대한 역사적 차이를 망각한 소치다.

다음으로, 민주주의를 위해서는 정치적 투표권 역시 거래되어선 안 된다. 그러나 후진국에서는 돈 주고 표를 사는 금권정치가 빈번하게 이루어진다. 우리나라에서도 선거법을 대폭 강화했음에도 간혹 그런 사례가 적발된다. 조선왕조 말기에 성행한 매관매직(賣官賣職)은 있어서는 안 될 일이었다. 마찬가지로 오늘날 공무원이 뇌물을 받고 인허가권을 행사하는 행위나, 항운노조가 돈을 받고 일자리를 파는 행위도 용인될 수 없다.

뒷골목에서 포르노 잡지를 파는 불법거래도 있다. 과거에 도깨비 시장에선 밀수품이 난무했다. 컨테이너로 중국 농산물을 밀수하기도 한다. 이태원에선 짝퉁 명품이 판을 친다고 한다. 전자회사의 설계도면을 밀수출하려다 적발된 사례도 여러 건이다. 국가정보를 돈 받고 외국에 넘기는 자는 스파이다. 개인정보도 시장에서 함부로 거래할 수 없다.

지금까지 예로 든 것들은 당연히 노(No) 할 수 있는 사안이었다. 이제부턴 약간 미묘한 문제를 다루어보자. 인간의 신체 중 일부는 거래해도 좋은가? 현재 매혈은 합법화되어 있다. 혈액은 재생가능할 뿐 아니라 헌혈만으로는 공급 문제를 해결하기 어렵기 때문이다. 정자와 난자의 매매는 한국에서는 불법이지만 합법인 나라도 있다.

반면에 신장과 같은 장기에 대해선 기증이 아닌 매매는 금지하고 있다. 장기는 재생불가능하기 때문이다. 장기매매를 합법화하면 빈곤층이 함부로 장기를 팔아 몸을 망칠까봐 우려해서다. 다만 언론보도를 보면 불법 장기매매가 은밀하게 이루어지는 것 같다. 장기매매 알선을 빙자해 검사비 명목으로 빈곤층에게 사기를 치는 범죄도 일어난다. 벼룩의 간을 빼먹는 식이다.

신체가 아닌 인간의 서비스는 어떤가. 인간의 서비스는 대부분 훌륭한 상품인데 유독 문제가 되는 것은 성적(性的) 서비스다. 세계적으로 성매매는 옛날엔 합법적 활동이었으나, 현대에 와서 비로소 여권신장과 더불어 불법화된 것으로 보인다. 우리나라에서도 기생이 합법적으로 존재하다가 광복 이후 공창제도의 폐지와 더불어 윤락이 불법화됐다.

그러나 여기서 말하는 불법은 오랫동안 교통신호 위반 정도의 의미를 갖는 것이었다. 폭력이나 유괴 행위가 이루어지지 않고 미성년자와 거래하지 않았다면 돈을 주고 성적 서비스를 받아도 대개 훈방조치로 끝났다. 성적 서비스를 제공한 자 역시 별다른 처벌을 받지 않았다. 심지어 도시의 특정지역은 아예 공공연한 성매매 장소였다.

그러다 전라북도 군산의 매춘여성들이 화재 당시 쇠창살에 갇혀 대피도 못하고 사망한 사건이 발생했다. 이를 계기로 성매매 처벌을 강화하는 법률이 2004년 제정되면서 많은 논란을 불러일으켰다. 관련업주가 반발함은 물론 매춘여성들이 집단시위에 나서고, 일부 학자들은 시장논리에 어긋난 법률이라 비난하는가 하면, 재계 총수마저 사회의 하수구가 있어야 할 게 아니냐고 한마디 덧붙였다. 중산층 여성을 위해 한계층 여성을 희생시키는 결과를 초래한다고 비난한 여성운동가도 있었다. 반대로 주류 여성단체는 엄정한 법집행을 요구했다. 도대체 어느 쪽이 옳을까.

성매매 금지의 효과를 검토하기 위해 비슷한 사례인 금주법의 경우부터 살펴보자. 미국은 1920년에 술의 제조와 판매를 금지하는 법률, 즉 금주법을 제정했다. 금주법 제정 이후 술집이 문을 닫고 술 소비는 줄어들었다. 그 대신 밀주가 만들어지고 외국에서 불법으로 술이 반입되어 음성적으로 거래됐다. 이런 암시장을 지배한 것은 알 카포네 같은 마피아였다. 거래가격은 합법적일 때에 비해 폭등했으며, 저질 밀주가 유통됐다. 그 결과 부자들은 비싼 돈을 주고 외제 술을 즐기고, 빈민층은 위험한 저질 밀주를 마시게 된 것이다. 저질 밀주를 마신 사람들은 실명하거나 목숨을 잃기까지 했다.

요컨대 금주법은 술 소비를 줄이는 긍정적 효과와 더불어 조직범죄를 키우고 부자의 돈과 빈민층의 건강을 희생시키는 부정적 효과를 낳은 셈이다. 결국 미국 정부는 부정적 효과가 더 크다고 판단한 때문인지 1933년에 이 법을 폐지했다. 다만 21세 이하에 대해선 여전히 음주를 금지하며, 그래서 부시 대통령의 딸도 체포당한 바 있다. 우리는 미성년자에게 술을 판 업자만 이따금 단속한다. 미국은 규제가 별로 없는 나라로 잘못 알려져 있는데, 사실 한국보다 더 심한 규제도 많다. 대신에 그 규제가 비교적 일관성을 갖고 투명하게 집행된다는 점이 다르다.

한편 성매매 금지도 금주법과 유사한 효과를 갖는다. 미국은 라스베이거스가 있는 네바다 주만 성매매를 합법화하고 있다. 네바다 주에선 성매매를 단속하는 다른 주에 비해 성매매의 거래량은 많다. 하지만 시설이 제대로 갖춰진 공개장소에서 매춘부가 영업을 하며 이들에 대해 정기적 성병검진을 실시하기 때문에 거래행위에 따른 위험(성병 등)은 현저하게 적다. 합법적 성매매 하에서는 "어느 업소는 어떻더라" 하는 소문을 들을 수 있고, 서비스에 문제가 있을 때는 업주에게 항의할 수 있다. 매춘여성에 대한 부당한 착취도 줄어든다.

금주법 하에서 저질 밀주가 판친 것과 마찬가지로 성매매가 불법화된 주에서는 성병 걸린 성매매여성이 거리를 휩쓸고 있다. 이는 불법상품 시장에서는 신뢰할 수 있는 정보가 유통되지 않음을 의미한다. 숨어서 이루어지는 거리의 매춘에서 서비스의 질을 보장받기는 어렵다. 그리고 성매매가 불법화된 곳에선 폭력이나 부패와 같은 범죄가 자라나기 쉽다. 우리나라 집창촌이나 룸살롱 업주들이 경찰을 비롯한 단속공무원에게 정기적으로 뇌물을 상납하는 것은 공공연한 비밀이 아닌가.

오늘날 아랍을 제외한 대부분 국가에선 금주법을 시행하지 않는다. 그런가 하면 성매매를 불법화하고 있는 나라의 수는 꽤 된다(단, 다수 선진국에서는 성매매가 불법이 아니다). 이는 술과 성매매의 성격이 여러 가지로 다르기 때문이 아닐까 싶다. 첫째로, 성적 서비스에 대한 욕구는 대체로 술만큼 그렇게 빈도가 높지 않다. 둘째로, 술을 대체할 수단은 별로 없는 반면 성적 서비스의 경우엔 성매매가 아닌 결혼이나 자유연애를 통해 욕망을 충족할 수 있다. 셋째로, 성매매는 남성의 성 에너지로부터 일반여성을 보호해준다는 일각의 주장도 있지만 결혼제도를 허물어뜨릴 위험성도 있다. 유부녀가 대거 성매매시장에 쏟아져 나오는 경우를 상상해보자.

어쨌든 성매매 단속의 강화는 여러 효과가 있는 셈인데, 성매매의 양적 축소를 중요시하는가 아니면 성매매와 관련된 성병이나 범죄의 축소를 중요시하는가 하는 가치판단에 따라 성매매 단속에 대한 평가는 달라지겠다. 그리고 성매매 단속을 강화하더라도 시기선택이 중요하다. 하필 경기가 나쁠 때 법집행을 강화하면 저항이 거세진다. 그리하여 결국 법이 흐지부지될 공산이 크다.

중장기적으로 성매매를 줄이기 위해서는 우선 공급자(매춘여성)에게는 다른 생계수단이 마련돼야 하고 수요자에게는 다른 취미(행복추구 수단)가 마련돼야 한다. 옛 동유럽체제가 무너진 후 많은 여성들이 매춘대열에 끼어들었지만 서독의 사회복지제도가 이식된 동독에선 그런 여성의 비율이 상대적으로 낮다는 보고에 주목할 필요가 있다.

마약이나 무기에 대해서도 자유로운 시장거래가 대체로 허용되지 않는다. 다만 이것도 시대나 나라에 따라 사정이 다르다. 청나라에서 아편거래를 불법화했더니 그것을 빌미로 영국이 시비를 걸어 온

게 아편전쟁이었다. 미국에선 1914년까지만 해도 코카인이 합법적으로 거래됐고, 네덜란드는 최근 대마초 거래를 합법화했다. 한국 록 음악의 대부인 신중현은 박정희 대통령을 위한 찬가를 만들라는 요구를 거절한 탓에 대마초 흡연죄에 걸려 한동안 음악활동을 정지 당한 바 있다. 하지만 음악인들은 대마초를 피우면 음정이 정확해지며 또 대마초의 중독성은 술보다 덜하다고 말하기도 한다. 영화배우 김부선 씨는 대마초가 마약이 아니라 치료제 역할도 한다고 주장했다. 이런 형편에서 대마초 거래를 불법화하는 것은 얼마만큼의 정당성을 가질까.

스웨덴과 네덜란드의 성매매 차이

스웨덴이나 네덜란드나 복지제도가 잘 발달해 있는 선망의 선진국들이다. 그런데 성매매에 대한 태도 즉 성매매를 보는 시각, 성매매 정책의 목표, 성매매 합법화 여부는 두 나라가 사뭇 다르다. 스웨덴은 성매매를 개인과 사회에 심각한 피해를 초래하는 사회적 문제로 파악한다. 그리고 성의 구매를 남성이 여성에게 폭력을 휘두르는 것과 동일하다고 보고 성매매 근절을 정책목표로 삼는다. 그리하여 1999년에 세계에서 유일하게 성 판매자는 처벌하지 않고 성 구매자만 처벌하는 법률을 제정했다.

이 결과 거리의 매춘부는 크게 감소했다. 하지만 인터넷이나 휴대전화를 통한 성매매가 확대되는 등 성매매가 음성화되고, 음지에서 고객을 상대하는 매춘부들이 뚜쟁이에게 의존하는 정도가 커지고, 성매매와 관련해 위험에 노출될 확률이 높아졌으며, 강제 매춘이나 미성년자 매춘에 대한 적발이 어려워졌다.

반면에 네덜란드는 매춘을 자발적 매춘과 비자발적 매춘으로 구분한다. 자발적 매춘은 성적 서비스라는 노동의 일종이며, 비자발적 매춘과 미성년자 매춘은 범죄라고 본다. 그리하여 자발적 매춘에 대해선 정부의 규제를 통해 양호한 근로조건을 확보하려 한다. 우선 유곽시설은 지자체의 허가를 받도록 한다. 또 매춘부의 건강, 안전, 화재예방, 회계에 대해 정기적으로 검사를 실시한다.

이러한 네덜란드의 성매매 양성화라는 실용노선은 1976년부터 실시한 마리화나 합법화 정책과 맥을 같이 한다. 거부할 수 없는 현실은 투명화해서 해결하자는 식이다. 이 결과 적어도 유곽시설에선 뚜쟁이가 사라지고 조직범죄와의 관련성도 줄어들었다. 하지만 아직 불법적 유곽이 존재하며, 강제 매춘도 근절되지 않고 있다. 또 스웨덴에 비해 네덜란드의 인구는 2배인데 매춘부의 수는 10배로 추산되고 있다.

'총기'라는 상품은 다른 사람에게 치명적인 위해를 가할 수 있는 탓에 많은 나라에서 그 거래가 자유롭지 않다. 하지만 총기소지가 헌법으로 보장되어 있고 총기제조업자가 강력한 로비를 펼치고 있는 미국에선 엄청난 총기사고가 일어나는데도 총기소유에 대한 규제가 느슨하기 짝이 없다. 대마초 거래를 불법화하면서 총기 거래를 합법화하는 것은 인간에 대한 피해의 차이보다는 대마초 재배업자와 총기 제조업자 간 힘의 차이 때문이 아닐까. 결국 시장은 그냥 자유롭게 작동하는 게 아니라 그 참가자의 힘의 크기에 따라 작동방식이 달라진다는 점을 여기서 확인할 수 있다. 참고로 미국의 총기 문제와 관련하여 무어(M. Moore)가 감독한 영화 〈볼링 포 콜럼바인(Bowling for Columbine)〉을 한번 감상해보기를 권한다.

시장과 정부, 결혼이냐 결투냐

보이지 않는 손과 보이는 손

"우리가 맛있는 저녁식사를 즐길 수 있는 것은 푸줏간주인과 양조업자와 빵집주인의 자비심이 아니라 자기의 이익에 대한 그들의 관심 덕분이다. 우리는 그들의 인간성이 아니라 이기심에 호소하며 우리에게 무엇이 필요한지가 아니라 그들이 어떤 이익을 얻을 것인지를 이야기한다. 거지 말고는 아무도 다른 사람의 자비에 전적으로 의존하지 않는다. (…) 사람들은 보이지 않는 손에 의해 그들이 의도하지 않았던 목적을 추구하게 되는 것이다."

위 글은 애덤 스미스의 《국부론》에 나오는 유명한 문장이다. 개인들은 자기 이익을 추구하지만 가격을 통한 시장메커니즘, 즉 '보이지 않는 손(invisible hand)'에 의해 사회구성원 전체의 이익이 초래된다는 것이다. 흔히 이기심을 사회악의 근원으로 비판하지만 《국부론》은 도리어 이기심이 사회이익의 근원이라고 본다. 또 정부, 즉 '보이는 손(visible hand)' 보다 시장이 우월함을 역설하고 있다. 오늘날 자유무역, 규제완화, 조세삭감을 요구하는 목소리는 여기에 뿌리를 두고 있는 셈이다. 시장을 무시했던 옛 소련과 동유럽 체제의 붕괴가 이런 주장에 힘을 실어주고 있다.

그런데 시장의 가격기능을 보이지 않는 손이라 하지만, 수산물시장에서 경매하는 모습을 보면 손들이 분주하게 움직이는 것을 알 수 있다. 경매 참가자들이 두 손으로 열심히 희망가격을 표시하는 것이다. 여러분도 시간 있으면 새벽에 수산물시장에 나가서 중매인들의 암호 같은 수신호를 한번 구경해 보라. 이게 수요와 공급의 균형을 찾아주는 시장이구나 하고 느낄 수 있을 것이다.

즉 보이지 않는 손인 시장메커니즘은 보이지 않는 신(神)이 작동시키는 것이 아니라 사실은 보이는 인간이 작동시키고 있다. 묘한 역설이다. 그리고 사회가 개인들의 이기심만으로 꽉 차 있는 것도 아니다. 애덤 스미스는 《국부론》에 앞서 저술한 《도덕감정론(The Theory of Moral Sentiments)》에서 타인의 행복과 고통에 대한 공감이 시장사회의 토대라고 강조한 바 있다. 시장이 제대로 움직이려면 보이는 손도 있어야 하고 역지사지(易地思之)하는 마음도 있어야 하는 셈이다.

'보이지 않는 손' 을 작동시키기 위한 '보이는 손' 의 역할 중 가장 중요한 것은 시장질서를 유지하기 위한 규칙의 집행이다. 자유롭게 뛰어다니는 것 같은 축구선수들의 경기에도 규칙과 심판이 필요한 것과 마찬가지다. 예컨대 경제활동이 자유화된 직후의 러시아 현실은 부정과 부패로 얼룩진 모습이었다. 그래서 마피아 자본주의라는 혹평을 듣기도 했다. 이런 상황을 극복해야 시장이 제 기능을 한다.

시장에서 거래가 원활하게 이루어지려면 시장이 정글이어선 곤란하다. '보이는 손'이 나서서 재산권을 보장하고, 거래계약이 이행되도록 강제하고, 불량상품에 대해 제재를 가해야 한다. 아편이나 총기나 포르노와 같이 사람들이 효용을 과대평가하고 폐해를 과소평가하는 비가치재(非價値財, demerit goods)의 거래도 규제해야 한다. 이게 바로 시장질서의 확립이다.

시장이 실패하는 경우

재산권과 계약이행을 보장하고 불량상품이나 비가치재의 거래를 철저히 단속하기만 하면 시장은 조화와 행복을 가져다줄까? 시장을 우상처럼 숭배하는 시장만능주의자들은 그렇다고 생각한다. 하지만 현실은 그렇지 않다. '시장의 성공'이라는 '빛'과 더불어 '시장의 실패'라는 '그림자'도 존재하기 때문이다. 그것은 다음과 같은 경우다.

첫째로, 경제주체가 비합리적으로 행동할 때다. 시장의 효율성은 경제주체가 모두 합리적으로 행동할 때, 즉 경제인(homo economicus)일 때 달성된다. 많은 경제학 교과서는 이런 가정을 전제로 한다. 그러나 현실은 다르다. 개인이든 기업이든 비합리적으로 행동하는 경우가 적지 않다. 예컨대 우리나라에서 신용카드에 관한 규제를 완화함에 따라 야기된 '카드대란'을 보라. 개인들이 합리적으로 소비한다면 어떻게 신용불량자가 대량으로 발생하겠는가.

질병, 사고, 노후에 대한 대비도 마찬가지다. 보험이나 저축으로 열심히 대비하는 사람도 있지만 어찌 되겠지 하면서 대비를 소홀히

하는 사람도 많다. 이런 문제를 모두 개인의 자유, 즉 시장에만 맡겨 두면 질병이나 사고에 직면하거나 노후에 이르러 낭패를 보는 사람들이 사회에 넘쳐 큰 골칫거리가 된다. 예컨대 선진국 중 유일하게 의료보험을 강제하지 않고 시장에 크게 의존하는 미국에선 약 4700만 명이 의료보험 혜택을 못 받고 있다.

둘째로, '공공재(公共財)'에서도 시장의 실패가 발생한다. 공공재는 소비의 비경합성(非競合性, non-rivalry)과 배제불가능성(排除不可能性, non-excludability)이라는 특성을 갖고 있다. '소비의 비경합성'이란 소비하기 위해 남과 경합할 필요가 없다는 의미다. 보통의 재화, 예컨대 미술품을 사서 집에 걸어놓으려면 다른 사람과 경합을 벌인다. 그러나 국방서비스나 등대와 같은 공공재는 어떤 사람이 그 혜택을 받기 위해 다른 사람과 경합을 벌이지 않아도 된다.

'배제불가능성'이란 대가를 지불하지 않는다고 해서 배제할 수 없다는 의미다. 입장권을 사지 않으면 영화관에 넣어주지 않는다. 그러나 국방서비스나 맑은 공기는 돈 주고 사지 않아도 누릴 수 있다. 국방서비스의 요금이 부과된다고 치자. 그래서 요금을 내지 않은 사람들에 대해서는 외적이 침략했을 때 모르는 체한다는 규정이 현실적으로 가능하겠는가?

이런 공공재의 공급을 시장에 맡기면 어떤 사태가 벌어질까? 사람들은 공공재를 원하면서도 가급적 그 비용을 부담하지 않으려 한다. 누군가가 등대를 만들고 공기를 맑게 해주고 군대를 운영해주면 자신은 공짜로 그 혜택을 보기 때문이다. 즉, 얌체족의 지하철 무임승차(free-riding)와 같은 일이 일어난다. 그런데 무임승차자가 많아서 적자가 누적되면 지하철 운행횟수를 줄이든가 해야 한다. 마찬가지로 시장에 그냥 맡겨두면 공공재가 사회적으로 필요한 만큼 공급될 수 없다.

셋째로, '외부효과(externality)'가 존재할 때도 시장의 실패가 일어난다. 외부효과란 어떤 사람의 행동이 다른 사람에게 이익이나 손해를 끼치는데도 그에 따른 대가가 치러지지 않는 경우다. 플러스의 외부효과, 즉 '외부경제(external economy)'는 농원의 꽃 재배가 근처 양봉업자에게 미치는 효과 같은 것을 의미한다. 양봉업자는 자신의 벌이 농원에서 꿀을 따오지만 농원에 어떤 대가도 지불하지 않는다.

경제학에선 "공짜 점심은 없다(There is no free lunch)", 즉 "뭔가 이득을 보려면 비용을 지불해야 한다"는 것을 금과옥조처럼 받든다. 그런데 앞에서 예로 든 공공재와 더불어 외부경제는 그런 원리의 예외인 셈이다. 반면에 마이너스의 외부효과, 즉 '외부비경제(external diseconomy)'는 공장이 배출하는 공해로 주민의 건강이 악화되고 빨래가 더러워지는 것과 같은 경우를 말한다.

이와 같은 외부효과는 대가를 주고받지 않으므로 시장의 테두리 외부에 존재한다. 그래서 시장에서 계산되는 사적 이익이나 비용이 사회적 이익이나 비용과 차이가 난다. 꽃 재배의 사회적 이익은 농원의 이익을 능가한다. 그리고 주민이 집단소송을 제기하지 않는 한 공장가동의 사적 비용에는 주민의 피해가 포함되지 않는다. 이런 상황에선 시장에 의한 자원배분이 사회적 효율을 달성하기 어렵다. 시장이 사회적 비용을 최소화하고 사회적 이익을 최대화해 주지 못하기 때문이다.

넷째로, 시장이 독점화되면 자원이 효율적으로 배분되지 않는다. 시장의 효율성은 완전경쟁 상태에서만 가능하다. 완전경쟁 하에서는 수많은 기업들이 치열한 경쟁을 벌이는 가운데 최고의 효율을 추구한다. 반면에 독점기업은 경쟁의 압력을 덜 받기 때문에 효율을 극대화시키지 않는다. 또한 노동조합도 일종의 독점적 조직이다. 노동조합은 단합된 힘으로 임금인상을 요구하고 해고에 강력하게 저항함으로써 시장기능을 저해한다. 또한 독점기업이 독점이윤으로 정경유착을 유발하거나 흥청망청 낭비적 지출을 일삼을 수 있으며, 대기업의 정규직 노동조합이 비정규직을 도외시하고 자신들의 이익만 챙길 수도 있다.

그렇다고 독점에 아무런 긍정적 기능도 없느냐면, 꼭 그렇지는 않다. 독점기업은 경우에 따라 독점이윤으로 기술혁신을 촉진할 수도 있고, 노동조합에 의한 노동시장의 경직성은 조합원의 삶의 질을 향상시키고 고용을 안정시키기도 한다.

다섯째로, 시장의 실패가 '정보의 불완전성'에 기인하기도 한다. 시장이 효율적으로 작동하려면 수요자와 공급자가 시장의 현재상황과 미래상황에 대해 완전한 정보를 가져야 한다. 그런데 이것은 불가능하다. 구매하는 자동차의 품질을 소비자가 정확히 알 수 없으며, 채용하는 노동자의 숙련도와 성실도를 사장이 정확히 알 수 없지 않은가. 특히 의료시장은 '정보의 비대칭성'(거래당사자 사이에 정보파악 능력이 차이가 나는 것)이 매우 심각한 경우다. 대부분의 환자는 의사가 진료차트나 처방전에 뭐라고 휘갈겼는지 이해할 수 없으며 의사가 하자는 대로 할 수밖에 없는 처지다. 우리나라에선 환자가 의사에게 좀 자세히 물어 보는 것조차 송구스럽게 여기는 경향이 강하다.

'정보의 불완전성'이란 거래상대방을 쉽게 신뢰할 수 없음을 의미하기도 한다. 미국 갱영화를 보면 마약을 거래할 때 잘못해서 총 맞아 죽는 장면이 자주 나온다. 우리나라에서도 이른바 '삐끼' 따라 술집에 잘못 들어가면 바가지를 왕창 덮어쓴다. 사회가 성숙할수록 이런 현상이 줄어들고 신뢰의 정도가 커진다. 이게 바로 시장거래에 수반되는 비용, 즉 거래비용의 감소다. 하지만 시장이 완전할 수는 없기 때문에 거래비용이 제로(0)가 되지는 않는다.

여섯째로, 시장은 불평등과 불안정을 야기한다. 사회구성원이 보유한 능력이나 물려받은 재산의 차이가 생활격차를 낳는다. 분배의 이런 불평등은 시장이 추구하는 효율성의 결과일 수 있다. 하지만 불평등의 정도가 심각해지면 사회적 불안정이 증대하고 이는 결국 시장경제의 효율마저 위협한다. 들끓는 범죄에 대처하려고 치안비용을 많이 지출하게 된다면 그만큼 효율이 저하되는 셈이 아닌가.

그리고 자본주의 시장경제체제 하에서는 어떤 나라건 경기가 좋았다가(호황) 나빴다가(불황) 하는 변동을 겪지 않을 수 없다. 경기의 불안정성이 시장의 속성인 것이다. 대공황기의 미국이나 IMF사태 후의 한국처럼 경제가 불황에 빠지면 실업자가 늘고 빈곤층의 불만

거래비용

거래비용(transaction cost)은 글자 그대로 거래를 할 때 발생하는 비용이다. 순수 경제이론에서는 보통 거래비용의 존재를 명시적으로 고려하지 않는다. 하지만 시장의 불완전성을 이해하고 기업의 존재 양태나 경제제도의 변화를 설명하는 데 중요한 변수가 되는 것이 이 거래비용이다. 거래비용은 거래대상을 파악하는 데 드는 '정보비용', 가격 등 거래조건에 합의하는 데 드는 '계약비용', 이 합의사항이 준수되도록 하는 데 드는 '집행비용'으로 구성된다. 여기에는 시간이나 돈뿐만 아니라 불편함도 포함된다. 한보철강과 같은 거대 부실기업을 매각할 때 여러 해가 걸리고 입찰비용도 들고 분규도 잦았음을 상기해보자. 경제주체들은 거래비용을 줄이기 위해 노력해 왔다. 정보통신기술(ICT; information & communication technology)의 발전은 바로 이를 의미한다.

이 증대되어 체제 자체가 위태로워지기도 한다.

시장의 실패를 교정하는 정부

무정부주의자(anarchist)는 정부(국가)를 부정한다. 공산주의자도 국가소멸론을 부르짖었다. 그런가하면 이들과 정반대 사상을 가진 시장만능주의자도 정부를 멸시한다. 역시 극과 극은 통한다. 그러나 극단은 모두 위험하다. 중용을 찾아야 한다. 정부에 대한 인식도 마찬가지다. 정부의 적절한 역할을 인정해야 한다. 시장질서를 확립하고 시장실패를 교정하기 위해 정부가 하는 일은 다음과 같다.

첫째, 정부는 사유재산권을 보장하고 거래의 안정성을 확보하기 위한 법을 제정하고 집행한다. 법질서가 부재하면 '만인(萬人)의 만인에 대한 투쟁'이라는 야만상태가 도래한다. 무질서로 인해 시장이 제대로 기능하기 어려운 러시아에서 푸틴 대통령이 다시 정부권력을 강화한 것도 시장을 살린다는 명분에서였다. 중국이 공산당독재를 지속하는 것은 공산당의 기득권 보호라는 측면도 있지만 무조건적 자유방임이 현재로선 오히려 시장을 파괴할 수 있음을 알고 있기 때문이다.

둘째, 독과점의 폐해를 방지하고 공공재를 공급한다. 독점기업에 대항해 반독점법을 제정하고 공정거래위원회와 같은 조직을 운영한다. 치안과 국방을 정부가 담당함은 물론이고 교육, 의료, 전력, 철도처럼 공공재적 성격이 강한 재화의 생산에도 정부가 적극적으로 참여한다. 통화시스템이라는 시장의 인프라(infrastructure)를 유지하는 것도 정부의 몫이다.

셋째, 외부성과 정보 불완전성의 문제에 대처한다. 생명공학과 같이 외부경제를 창출하는 사업은 정부가 지원하며, 공해와 같이 외부비경제를 유발하는 사업에 대해선 단속하고 벌금을 부과한다. 사적 이익과 비용이 사회적 이익과 비용에 가까워지게끔 노력하는 것이다. 정부가 공인회계사 등 각종 자격시험제도를 운영하고, 식품과 약품을 점검하는 식약청과 같은 기구를 마련하는 것은 정보 불완전성을 해결하기 위한 방안이다. 자격시험이나 식약청 검사에 허점도 있지만 그래도 없는 것보다는 낫다. 또 정보의 비대칭성이 심각한 의료분야에선 어느 나라 정부나 진료수가를 규제해 의사가 환자에게 바가지 씌우는 일을 막아보려고 한다.

넷째, 시장경제가 야기하는 불평등과 불안정을 완화하는 일도 정부의 몫이다. 누진세(소득이 많을수록 높은 세율을 적용하는 것)를 통해 부자들에게서 많은 세금을 거두고, 기초생활보장제도를 통해 빈민에게 생활비를 지급하는 것이 그 대표적인 예다. 선진국으로 갈수록 대체로 세금이 많아지고 복지제도는 충실해진다. 의무교육제도를 통해 최소한의 기회균등을 보장하고자 하는 것도 불평등 완화를 지향한다. 그리고 금융정책 및 재정정책을 통해 경기의 불안정성을 완화하려고 노력한다. 경기가 과열일 때는 안정정책을 쓰고 침체일 때는 부양정책을 쓴다. 중국이 이따금씩 대출을 규제하는 것은 경기를 안정시키고자 함이고, 1930년대 미국의 뉴딜(New Deal)정책은 경기부양을 의도한 것이다.

정부도 실패한다

지금까지 시장질서를 확립하고 시장실패를 바로잡는 정부의 역할을 크게 네 가지로 구분해 설명했다. 그렇다면 경제활동의 조정을 위해 정부가 많이 나서면 나설수록 좋은 걸까? 실제로 옛 소련과 동유럽 국가들은 이런 사고를 밀고나가 시장을 극도로 억압하고 주요 경제활동을 정부의 계획에 의해 꾸렸다. 하지만 그 체제는 100년도 지탱하지 못하고 붕괴했다. 인간세상에 완벽한 제도란 있을 수 없다. 시장도 그렇거니와 정부도 예외가 아니다. 이를 시장의 실패에 빗대어 '정부의 실패'라 부른다. 금주법처럼 정부의 개입으로 시장의 실패가 교정되기는커녕 비효율성과 불공정성이 도리어 증대할 수도 있다. 따라서 시장실패가 곧 정부개입을 정당화하는 게 아니라 정부실패가 시장실패보다 작을 경우에만 정부개입이 정당화된다. 그러면 정부의 실패는 왜 발생하는가.

첫째, 시장의 경제주체와 마찬가지로 정부도 전지전능하지 않기 때문이다. 제아무리 정부라 해도 현재의 경제상황이나 정책실시 이후에 벌어질 일을 헛짚을 수 있다. 특히 독재체제가 정보소통을 억압할 때는 엄청난 실패가 발생할 수 있다. 마오쩌둥의 대약진운동을 보라(27장 참조). 그리고 경제규모가 커지고 복잡해질수록 정부가 보유한 지식과 정보의 제약성은 더욱 심각해진다. 1960~1970년대에 정부의 주도 하에 고도성장을 이루었던 우리 경제가 1980년대 이후 민간 주도로 전환해 간 것도 이런 연유에서다.

둘째, 관료들이 올바르게 행동하도록 하는 유인(incentive)이 제대로 작동하기 어렵기 때문이다. 그래서 관료들이 국민에 봉사하고 사회적 후생을 증진시키기보다는 자신과 자기가 속한 조직의 이익을 앞세우기 쉽다. 염불보다 잿밥에 관심이 더 많다고나 할까. 우리나라에서 기획재정부의 영어약자인 MoSF(Ministry of Strategy and Finance)와 마피아를 합성해 기획재정부 조직을 모피아라고 비아냥

거리는 것도 이러한 조직이기주의에 대한 하나의 비판인 셈이다.

관료의 이익과 국민의 이익이 일치하도록 유인구조를 형성할 수 있다면 좋겠지만 그게 만만치 않다. 기업은 이윤이라는 딱 부러지는 지표를 사용해 경영효율성을 측정하는 데 반해 정부는 효율성을 측정할 만한 명확한 지표를 가지고 있지 않다. 기껏해야 몇몇 사람이 위원회에 모여서 각 부처의 업적을 평가하거나, 언론이 각 부처를 어떻게 평가하느냐 하는 애매모호한 잣대를 이용할 뿐이다.

셋째, 사회집단들이 정부의 의사결정을 왜곡할 수 있기 때문이다. 국민의 합리적 의사가 정책에 반영되는 것은 바람직하다. 그러나 금권정치 하에선 뇌물이나 정치자금이 정부정책을 왜곡할 수 있고, 비합리적인 다수의 목소리가 국정을 좌지우지하는 중우정치(衆愚政治) 하에선 조직동원력이 정책을 왜곡할 수 있다. 물론 돈이나 조직을 끌어대는 것은 정부에 대한 요구가 그만큼 절실하다는 것으로 해석할 수 있으므로 크게 문제 삼을 필요가 없다는 반론도 가능하다. 하지만 형편상 돈이나 조직을 동원할 수 없는 집단의 이익이 상대적으로 소외된다는 사실을 간과해서는 안 된다.

시장과 정부의 궁합

시장과 정부 둘 다 불완전한 탓에 오늘날 지구상의 모든 경제는 시장과 정부의 조합에 의해 경제활동을 조정해 나간다. 이게 혼합경제다. 그래서 소비의 주체인 가계, 생산의 주체인 기업과 더불어 정부도 경제주체의 당당한 일원이다. 나라마다 시기마다 차이는 있지만 오늘날 정부는 과거에 비해 상당히 커졌다. 작은 정부라고 하는 미국을 보라. 국내총생산에서 정부가 차지하는 비중이 1차대전 이전엔 10퍼센트 미만이었으나 지금은 30퍼센트 대다. 북유럽은 이보다 훨씬 더 높다. OECD 국가의 인구 대비 공무원 비율은 평균 7퍼센트이며 미국도 비슷한 수준이다(한국에선 이 비율이 2퍼센트인데도 보수언론은 정부의 비중을 줄이자고 아우성이다).

이처럼 시장과 정부가 어우러진 혼합경제 체제에서는 시장이냐 정부냐 하는 양자택일의 문제는 전혀 성립되지 않는다. 오직 시장과 정부가 각각 얼마만큼 성숙하고 발전하느냐와, 시장과 정부가 서로 어떻게 역할분담을 하느냐 하는 문제가 있을 뿐이다.

시장과 정부의 성숙도 면에서는 선진국일수록 시장이 투명하고 정부의 부패도 적다. 사람들은 시장과 정부의 상대적 크기 즉 양(量)을 가지고 논란을 벌이는 경우가 많은데, 사실은 시장과 정부의 성숙도와 같은 질(質)의 문제가 양에 못지않게 중요하다. 물론 선진국이라 하더라도 범죄를 저지르는 기업체가 전혀 없는 것은 아니며, 뇌물과 관련된 정치스캔들도 가끔 발생한다. 상대적으로 적을 뿐이다.

시장과 정부의 역할분담은 역사적으로 변해 왔다. 서구에서 중상주의(重商主義, 16세기 말부터 18세기에 걸쳐 국가의 보호 아래 상공업과 수출을 장려하여 국부를 증대하려던 체제) 시대에는 우리나라의 박정희 개발독재 시대처럼 정부가 적극적으로 시장과 자본주의를 육성했다. 그러나 애덤 스미스의 고전적 자유방임주의 시대로 접어들면서 이른바 야경국가(夜警國家, 치안과 국방만 담당하는 국가)로 불릴 만큼 정부의 경제적 역할이 위축됐다. 그러다 1930년대에 대공황에 대처하는 노력이 기울여지고 2차대전 이후에 복지시스템이 자리 잡으면서 케인스주의적인 정부의 경제개입 확대정책이 위세를 떨쳤다. 1980

년대 이후 영국의 대처 수상과 미국의 레이건 대통령이 등장하면서부터는 다시 정부의 역할을 축소시키고 시장기능을 강화하는 신자유주의(시장만능주의) 정책이 힘을 얻었다.

역사적으로뿐만 아니라 나라별로도 시장과 정부가 조합되는 방식은 차이가 난다. 예컨대 스웨덴이나 독일의 자본주의에 비해 영국과 미국의 자본주의는 시장의 기능을 더 중시하고 있다. 노동자의 해고도 쉽고 재정의 비중도 작다. 오늘날 미국식 경제시스템을 세계표준(global standard)으로 인식하는 사람이 많다. 하지만 1970~1980년대의 미국식 시스템은 지는 해였다. 그리하여 클린턴 행정부는 집권초기에 의료보험 등 여러 측면에서 독일식 시스템의 장점을 흡수하려고 시도하기도 했다. 게다가 2008년의 미국발 세계 금융위기는 시장만능주의에 경도된 미국시스템의 한계를 드러냈다.

1990년대 이후엔 성장률이나 실업률에서 한동안 미국경제가 앞서기도 했지만, 빈부격차 등의 문제점 때문에 여전히 북유럽식 시스템을 선호하는 사람도 적지 않다. 또한 미국의 1인당 노동생산성은 유럽보다 높지만 이는 미국의 노동시간이 더 길기 때문이고, 시간당 노동생산성은 미국이 유럽보다 높지 않다. 일과 여가의 균형이 행복에 필수적이란 관점에서 각국의 시스템을 비교할 필요가 있다. 그래서인지 영미식 시스템과 북유럽식 시스템의 장점을 취사선택한 것으로 보이는 아일랜드, 네덜란드, 덴마크 등에 대한 관심도 최근 고조되고 있다.

우리나라는 박정희, 전두환의 군사정부 하에서는 '시장경제와 독재'가 사회를 이끌었다. 그러다 학생운동과 노동운동의 성과로 1987년에 '민주화 선언'이 나왔고, 김대중 정부가 출범할 때는 시장과 정부를 선진화시키면서 양자의 관계를 근본적으로 재정립해보고자 '시장경제와 민주주의'라는 슬로건을 내걸었다.

시장경제와 민주주의는 상호보완하기도 하지만 상호충돌하기도 하므로 양자의 관계를 올바르게 정립하는 일은 그리 쉽지 않다. 시장에선 돈이 힘을 발휘하는 '1원1표주의'라는 원리가 작동하는 반면, 민주주의에선 머릿수가 힘을 발휘하는 '1인1표주의'라는 전혀

> **Tip 좌파와 우파**
>
> 한국전쟁을 겪었고 남북한이 군사적으로 대치하는 한국에서 빨갱이나 좌파라는 딱지는 사형선고나 진배없었던 시절이 오래 계속됐다. 사회가 민주화된 요즘은 그 정도는 아니지만 그래도 아직 이념구분에 조심스러울 수밖에 없다. 하지만 민주화의 역사가 길고 다양한 이념들이 자유롭게 경쟁하는 서구에선 개인이나 정당이 당당하게 자기 색깔을 드러낸다. 그리하여 좌파와 우파는 선거를 통해 국민의 심판을 받는다.
>
> 좌파(left-wing)와 우파(right-wing)의 기원은 1789년 프랑스혁명 시기로 거슬러 올라간다. 혁명 직후 소집된 국민의회에서 의장석을 기준으로 오른쪽에는 왕당파가, 왼쪽에는 공화파가 앉았다. 이때부터 우파는 보수성향을, 좌파는 개혁성향을 가리키는 말이 됐다. 오늘날 유럽의회에서도 공산당, 녹색당, 사회민주주의 정당 의원들은 왼쪽에 앉고 보수정당 의원들은 오른쪽에 앉는다. 그런데 프랑스혁명기의 공화파 가운데 상당수는 왕당파가 사라지면서 보수파로 자리 잡는다. 좌파와 우파의 구분은 절대적인 게 아니라 역사적 상황과 비교대상에 따라 상대적인 것이다.
>
> 그러나 오늘날 세계의 정치경제 상황에서는 대체로 좌파는 사회적 약자를 대변하는 진보파로서 평등과 분배를 강조하고, 우파는 사회적 강자를 대변하는 보수파로서 자유와 성장을 강조한다. 또 좌파가 민주주의, 공정성, 사회적 연대, 정부의 시장 견제를 중시하는 반면 우파는 시장경쟁, 효율성, 자기책임, 정부의 개입 축소를 중시한다. 이렇게 보면 좌파와 우파는 근대사회를 이루는 두 축을 하나씩 떠맡고 있는 셈이다. 그래서 "새는 좌우의 날개로 난다"는 말이 나온 것이다. 축구에서도 레프트 윙과 라이트 윙이 있지 않은가. 다만 극좌파와 극우파는 균형감각을 상실하고 다른 편의 가치를 깡그리 무시한다.
>
> 우리나라는 역사적 경험으로 인해 서구에서와 같은 좌파가 제대로 뿌리내리지 못했다. 그래서 정치의 주류는 극우파와 중도우파가 각축하는 형세다. 극우파 쪽에서 보면 중도우파도 왼쪽에 있는 셈이다. 그래서 극우파는 중도우파를 좌파로 규정한다. 이는 극우파의 자기중심적 규정이고, 그 의도는 국민들의 빨갱이 혐오 심리를 묘하게 자극하려는 것이다. 하지만 세계의 정치 스펙트럼으로 보면 이런 구분은 시대착오다. 언제쯤 우리도 저열한 색깔공세를 그만두고 서구와 같이 좌우파가 생산적으로 경쟁하는 날이 올까.

다른 원리가 작동하기 때문이다.

때로는 1원1표주의가 민주주의를 침해한다. 정치학자 헌팅턴(S. Huntington)은 "돈이 사악해지는 것은 상품을 살 때가 아니라 권력을 매수하는 데 사용될 때다. (…) 경제적 불평등이 사악해지는 것은 경제적 불평등이 정치적 불평등으로 전환될 때다"라고 지적한 바 있다. 삼성이 정치권과 관료를 좌지우지하려 한 사실이 드러난 2005년의 도청테이프 사건을 상기해보자. 반대로 1인1표주의가 시장의 효율성을 저해하는 경우도 없지 않다. 지식과 판단력이 상이한 국민들이 1인1표주의에 따라 결정하는 게 항상 옳을 수는 없다. 부시를 대통령으로 뽑아 석유산업과 군수산업만 살찌우고 나라경제를 어렵게 만들었던 미국 국민들을 보라.

요컨대 시장과 정부는 금실 좋은 부부처럼 시너지효과를 낼 수도 있고, 서로의 영역을 함부로 침해해 결투를 벌일 수도 있다. 우리나라에서 사회세력 간에 유난히 갈등이 많고 좌파니 우파니 하면서 시끄러운 것도 시장과 정부의 올바른 관계를 찾아가는 일의 어려움을 보여준다. 미국 민주당과 공화당의 대립처럼 다른 나라에서 전개되는 정치적 갈등도 역시 시장과 정부의 조합 방식을 둘러싼 것이라 할 수 있다.

4 시장가격을 주무르는 수요와 공급

수요법칙과 공급법칙

시장의 가격은 자본주의사회에서 자원을 배분하는 기본 메커니즘이다. 어떤 재화의 가격이 상승해 그 재화를 생산하는 기업의 이윤이 증대하면 다른 기업들도 그 재화를 생산하는 데 뛰어든다. 반대로 가격이 하락해 적자가 늘어나면 문 닫는 기업이 발생한다. 그리고 노동자들도 노동력의 가격인 월급을 많이 주는 기업으로 몰리고, 월급이 적은 기업은 일손이 달린다. 이렇게 가격은 기업과 노동자를 움직이게 하는 '신호'다. 그러면 그 가격은 어떻게 결정되는가?

〈그림 4-1〉은 시장의 작동방식, 즉 재화의 가격은 수요(demand)와 공급(supply)에 의해 결정된다는 것을 나타내고 있다. 이는 시장경제의 가장 기본적인 원리로, 이 책을 읽고 나서 이 원리 하나만이라도 제대로 기억한다면 밑진 장사가 아닐 것이다. 그림을 보면 재화에 대한 수요량(D)은 가격이 하락하면 증가하고, 가격이 상승하면 감소한다. 반대로 공급량(S)은 가격이 하락하면 감소하고, 가격이 상

〈그림 4-1〉 균형가격의 결정

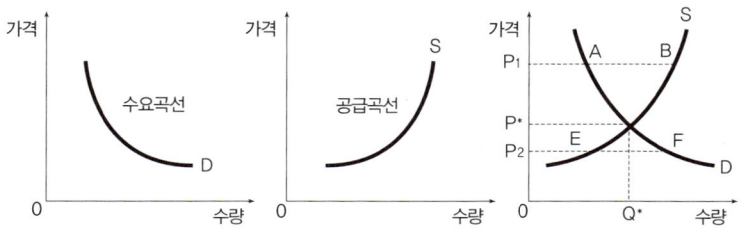

승하면 증가한다. 이를 각각 '수요법칙'과 '공급법칙'이라 한다.

수요는 개별수요와 시장수요로 구분되며, 시장수요는 개별수요를 합계한 것이다. 예컨대 현대자동차의 에쿠스 모델에 대한 시장수요는 김 사장의 수요, 이 사장의 수요와 같은 개별수요를 모두 합쳐서 이루어진다. 그리하여 시장수요곡선은 5000만 원에는 5만 대, 5500만 원에는 4만 대 하는 식으로 그려진다. 시장공급곡선도 이와 비슷한 과정을 거쳐 그려진다. 이런 시장수요곡선과 시장공급곡선이 만나는 P^*, Q^*에서 균형가격과 균형량이 결정된다. (참고: 일반 그림에서는 가로축이 독립변수를, 세로축이 종속변수를 나타내는데, 경제학의 수요·공급 곡선에서는 그 반대다. 세로축인 가격이 변화하는 데 따라 가로축인 수량이 변화하는 모습을 나타내는 게 관례다.)

다만 누가 책상에 앉아서 수요곡선과 공급곡선을 그려놓고 만나는 지점을 찾는 것은 아니다. 수많은 수요자와 공급자가 시장에서 부딪치면서 균형을 향해 나아간다. 예컨대 가격이 P^*보다 높은 수준인 P_1이라면 초과공급 AB가 발생해 가격을 내리는 압력으로 작용하며, 가격이 P^*보다 낮은 P_2라면 초과수요 EF가 발생해 가격을 올리는 압력으로 작용한다. 이런 압력들이 가격과 물량을 시장의 균형점인 P*, Q*로 끌어간다. 주식시장에서 사자주문이 팔자주문보다 많으면 주가가 올라가고, 거꾸로 팔자주문이 사자주문보다 많으면 주가가 하락하는 것을 보라.

수요는 어떻게 결정되나

시장에서는 수요와 공급에 의해 가격이 결정된다고 했다. 그러면 그 수요를 결정하는 요인에는 어떤 것들이 있을까? 여러 요인들이 있는데 그중 가장 중요한 것은 '수요법칙' 대로 재화의 가격이다. 수요가 가격을 결정하고 가격이 수요를 결정하니 서로 물고 물리는 셈이다. 하지만 엄밀히 말하면 '균형가격을' 결정하는 것은 '수요곡선'이고, '가격이' 결정하는 것은 특정한 '수요량' 이다. 수요곡선은 모든 가격에 대한 수요량들의 집합이다. 수요량이란 '가격 1000원에서는 100만 개' 식으로 나타난다.

그런데 가격변화에 수요량이 반응하는 정도는 재화에 따라 다르다. 일례로 쌀값이 변동하더라도 쌀 수요량은 별로 달라지지 않는 반면에 술값의 변동은 사람들이 술집에 가는 횟수에 상당한 영향을 미친다. 즉 쌀과 같은 필수품의 수요는 가격변화에 둔감하지만, 술과 같은 기호품이나 사치품의 수요는 가격변화에 민감하다. 물론 밥은 안 먹고 살 수 있어도 술은 안 마시고는 못 산다는 알코올중독자의 경우엔 사정이 뒤바뀌겠지만.

다만 예외적으로 가격이 오를 때 오히려 수요가 더 늘어나는, 즉 수요법칙에 위배되는 경우가 있다. 고급백화점에서 어떤 수입의류가 안 팔려 정가표에 '0' 을 하나 더 붙였더니 금방 팔리더라는 믿거나 말거나 하는 이야기가 그런 사례다. 신분상징을 위한 과시적 소비(conspicuous consumption)인 셈이다. 수십억 원을 호가하는 고급아파트도 가격이 오르면서 미분양 문제가 해결됐다. 고급핸드백이나 고급시계가 품귀현상을 빚는 것도 같은 이치다. 이런 재화를 지위재(地位財, positional goods)라 부른다. 지위재 수요의 상당 부분은 일반 대중이 소비하지 못 하는 것을 자신은 소비할 수 있다는 일부 계층의 우월감에서 유래한다.

가격이 변하지 않더라도 수요량이 바뀔 수 있다. 술값이 똑같더라도 눈먼 돈이 생기면 한잔 걸치는 게 그런 경우다. 그러니까 수요법칙은 '다른 조건들이 같을 때'에만 적용되는 셈이다. 우리는 일반적으로 X와 Y의 인과관계를 고찰할 때 다른 조건이 어떤지에 항상 유의해야 한다. 예컨대 날씨가 무더워질수록 에어컨이 많이 팔린다는 인과관계는 만약 그 시점에 갑자기 불황이 닥치면 들어맞지 않는다.

그렇다면 가격 외에 수요량에 영향을 미치는 다른 조건들에는 무엇이 있을까?

첫째, 소득이다. 대부분의 재화는 소비자들의 소득이 향상될수록 그 수요량이 늘어난다. 한국의 국민소득이 늘면서 해외관광지에 한국인 단체관광객이 북적거리게 된 게 바로 그런 현상이다. 〈그림 4-2〉에서처럼 수요곡선이 D에서 D´로 이동해 동일한 가격에서도 수요량이 늘어나는 것이다. '다른 조건'의 변화는 모두 이렇게 수요곡선의 이동으로 나타난다.

그런가 하면 일부 재화는 소득이 증대하면 수요가 줄어든다. 이러한 재화를 열등재(inferior goods)라고 한다. 요즘 사람들은 별식으로가 아니면 보리밥을 거의 먹지 않는데, 이게 대표적인 열등재다. 선진국 사람들은 단체관광보다는 개인별 혹은 가족단위의 관광을 즐긴다. 그렇다면 단체관광은 일정한 소득수준까지는 정상재(normal goods)이지만 그 이후엔 열등재로 바뀐다고 할 수 있겠다.

한편, 식료품비 지출의 '비중'을 나타내는 엥겔계수가 소득증대에 따라 감소하는 것을 '엥겔의 법칙(Engel's law)'이라 한다. 재벌회장이 집에서 밥 먹는 데 돈을 써봤자 그것이 자신의 총소득 중에서 차지하는 비중이 얼마나 되겠는가. 이에 빗대어 요즘 한국인들의 소득이 향상되면서 자식과 관련된 지출의 비중이 늘어나는 것을 '에인절의 법칙(angel's law, 자식을 천사에 비유한 것임)'이라 부르기도 한다. 엥겔의 법칙이든 에인절의 법칙이든 모두 소득과 수요의 관계를 나타내고 있다.

둘째, '연관재의 가격'이다. 연관재는 마이너스의 연관을 갖는 경우와 플러스의 연관을 갖는 경우로 나뉜다. 떡볶이집 근처에 있는 김밥집에서 김밥 가격을 내리면 떡볶이집의 손님이 줄어들 수 있다. 이때 김밥은 떡볶이와 마이너스의 연관을 갖고 있고, 양자를 '대체

〈그림 4-2〉 수요곡선의 이동

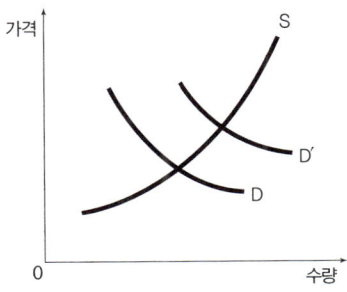

재(substitutes)' 관계라 한다. 버터와 마가린, 영화와 비디오테이프도 대체재 관계다. 쌀 같은 필수품의 경우에 가격이 올라도 소비량이 별로 줄지 않는 것은 마땅한 대체재가 없기 때문이다. 반대로 어떤 재화의 가격하락이 다른 재화의 수요량을 증가시킬 때 양자는 플러스의 연관, 즉 '보완재(complements)' 관계라 한다. 승용차와 휘발유, 컴퓨터와 소프트웨어가 그런 예다.

셋째, 취향(taste) 또는 제도(institution)다. 취향은 개인적 차원의 문제이고, 제도는 사회적 취향을 반영하는 사회적 차원의 문제다. 취향이나 제도가 변하면 수요가 바뀔 수 있다. 예컨대 와인에 맛들인 사람은 술을 마실 일이 있을 때 다른 술보다 와인을 더 찾게 된다. 또 통행금지가 술집 손님을 크게 줄이는 것처럼 제도의 변화는 수요에 영향을 미친다. 제도는 특히 시장에 지대한 영향을 미치는 시장외적 조건이므로, 우리가 경제문제에 접근할 때에는 수요, 공급과 더불어 제도를 함께 고려하는 훈련을 하는 게 좋다. (참고: 엄밀히 따지면 시장도 하나의 제도이지만 여기서의 제도는 시장 이외의 제도를 의미한다.)

넷째, 미래에 대한 '예상'이다. 갑자기 전쟁이 날 것으로 예상되면 라면이 동이 난다. 앞으로 부동산가격이나 주가가 떨어질 것으로 예상되면 현재 가격이 변동하지 않거나 심지어 하락하더라도 오히려 수요가 줄어든다.

공급은 어떻게 결정되나

어떤 재화에 대한 공급을 결정하는 요인에도 여러 가지가 있다. 그중 가장 중요한 요인은 수요의 경우와 마찬가지로 그 재화의 가격이다. 다만 가격변화에 공급이 대응하는 데 걸리는 기간은 재화마다 다르다. 일례로 고추금이 좋아졌다고 당장 생산을 늘릴 수는 없다. 물론 중국에서 고추를 수입할 수는 있다. 그러나 만약 중국 고추의 맛이나 질이 떨어져서 사람들이 중국산 고추를 선호하지 않는다면 우리 농민들은 금년 고추금에 의거해 다음해엔 너도나도 고추를 심을 것이고, 이는 곧 공급과잉으로 이어져 고추금의 폭락을 불러올 것이다. 재화의 가격 외에도 공급에 영향을 미치는 몇 가지 '다른 조건'들이 존재한다.

첫째, 생산요소의 가격이다. 기업이 재화를 공급하기 위해선 자본, 노동, 토지(자연)라는 이른바 생산의 3요소가 필요하다. (참고: 여기에 경영이라는 요소를 추가하면 생산의 4요소가 된다.) 그런데 이 생산요소들의 가격이 올라가면 채산성이 떨어져 기업은 공급량을 줄일 것이다. 너무 오른 인건비를 감당할 수 없어 공장 문을 닫는 경우나, 건물주의 무리한 임대료 인상 요구 때문에 가게 문을 닫는 경우가 그 대표적 사례다.

둘째, 생산기술이다. 분업의 발전에 의해 핀의 공급량이 엄청나게 증대하는 《국부론》의 사례는 이미 2장에서 살펴보았다. 자본주의는 이런 생산기술의 눈부신 발전을 바탕으로 보다 싼 가격에 보다 많은 재화를 공급할 수 있게 됐다. 컴퓨터와 같은 가전제품의 경우를 보라.

셋째, 제도다. 금주법 실시는 술 공급을 감소시켰고, 무상의무교육 제도는 양질의 노동력 공급을 늘렸다. 가격통제도 공급에 직접적으로 영향을 미치는 제도다.

넷째, 미래에 대한 예상이 수요뿐 아니라 공급에도 영향을 미친다. 아파트 값이 급등할 조짐이 보이면 복덕방에 내놓았던 공급물건이 자취를 감추는 현상을 떠올려보라.

밭을 갈아엎는 농민과 탄력성 문제

"풍년이 왔네. 풍년이 왔네. 금수강산에 풍년이 왔네." 풍년이 되면 이렇게 풍년가를 부르고 잔치를 벌여야 마땅하다. 자급자족이 중심이던 사회에선 그랬다. 그러나 시장경제에선 상황이 다르다. 풍년이 들면 배불리 먹을 수 있는 대신에 시장상황이 나빠진다. 우리는 가끔 농부들이 부지런히 일군 마늘밭을 갈아엎는 장면을 보게 된다. 예상을 훨씬 웃도는 풍년으로 공급이 늘면서 가격이 폭락했기 때문이다. 늘어난 공급에 맞추어 수요가 늘려면 가격이 크게 하락해야 한다. 이를 가리켜 탄력성의 문제라고 한다.

어떤 요인이 변했을 때 다른 변수가 얼마나 민감하게 반응하는가를 나타내는 것이 탄력성(elasticity)이다. 탁구공이 팽팽할수록 잘 튀어 오르는 것처럼 탄력성이 클수록 변화정도가 크다. 그 반대의 경우를 비탄력적이라고 한다. 자주 거론되는 탄력성 개념으로는 수요의 가격탄력성, 수요의 소득탄력성, 공급의 가격탄력성이 있다.

수요의 가격탄력성을 식으로 나타내면 다음과 같다.

수요의 가격탄력성 = (수요량의 변화비율) ÷ (가격의 변화비율)

예를 들어, 빵 값이 100원에서 120원으로 올랐을 때 수요량이 200개에서 100개로 감소했다면 수요의 가격탄력성은 다음과 같다. (참고: 여기서 엄밀하게는 수요량이 감소했기 때문에 변화비율이 마이너스이지만 그 절대치를 취해 플러스의 값으로 계산한다.)

$$\left|\left(\frac{100-200}{200}\right) \div \left(\frac{120-100}{100}\right)\right| = 2.5$$

마늘과 같은 필수품은 가격이 싸든 비싸든 사람들이 거의 일정량을 소비하므로 가격탄력성이 작은 상품이다. 공식에서 알 수 있듯이 이 경우 수요량의 변화비율을 조금만 높이려 해도 가격의 변화비율이 아주 높아져야 한다. 수요량을 조금 늘리려면 가격은 그 몇 배로 떨어져야 하는 것이다. 그래서 가격폭락에 분노한 농민이 밭을 갈아엎는다. 농민들이 각자 조금씩 판매량을 줄이면 해결되겠지만, 농민의 수가 많아 이러한 담합이 쉽지 않다.

수요의 소득탄력성은 (수요량의 변화비율)÷(소득의 변화비율)이며, 공급의 가격탄력성은 (공급량의 변화비율)÷(가격의 변화비율)이다. 곡선의 모양과 탄력성의 크기를 나타낸 것이 〈그림 4-3〉이다. 공급곡선이 수직선이면 탄력성이 0이고, 수평선이면 탄력성이 무한대다. 수직선의 공급곡선은 가격이 아무리 올라가더라도 새로

〈그림 4-3〉 공급곡선의 탄력성

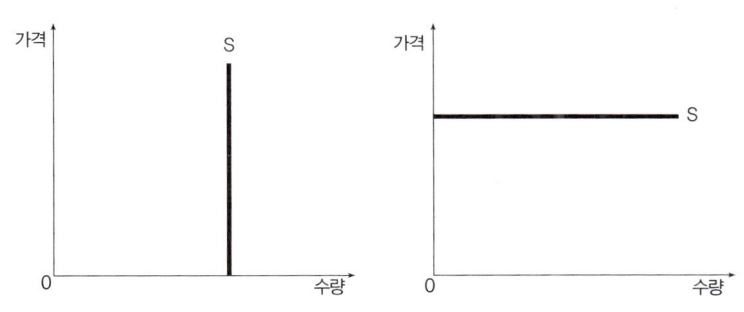

만들어낼 수 없는 골동품과 같은 경우다. 수평선에 가까운 공급곡선은 가격이 아주 조금만 좋아지면 공급량이 크게 늘어나는 닭고기와 같은 경우다. 공급곡선과 마찬가지로 수요곡선도 수평선에 가까울수록 탄력성이 크고, 수직선에 가까울수록 탄력성이 작다.

가격통제는 비합리적인가

몇 해 전 아파트분양 원가연동제를 둘러싸고 논란이 빚어진 적이 있다. 이는 시장에서 수요와 공급에 의해 자유롭게 가격이 결정되도록 내버려 두지 않고 정부가 가격을 통제하려 한 경우다. 이자율을 제한하고, 최저임금제를 실시하고, 대학등록금 인상률을 규제하고, 의료수가와 대중교통요금을 결정하는 것도 이와 마찬가지다.

가격통제에는 가격상한제, 가격하한제, 가격지정제의 세 종류가 있다. 가격상한제는 특정수준 이하로 가격을 받게 하는 경우이고, 가격하한제는 특정수준 이상으로 가격을 지급하게 하는 경우다. 가격을 지정하는 것은 대중교통요금이나 전력요금처럼 독점 가능성이 크거나 의료수가처럼 정보의 비대칭성이 클 때 행해진다. 이는 가격상한제나 가격하한제의 특수형태라고 할 수 있다.

먼저 가격상한제의 효과부터 살펴보자. 64쪽의 〈그림 4-1〉을 보면, 균형가격 P* 이하인 P_2로 가격상한이 지정될 경우에는 공급량이 줄어든다는 것을 알 수 있다. 예컨대 뉴욕의 임대료 규제가 주택공급을 부족하게 만들고 도시의 슬럼화를 야기했다고 비판받는 게 그 대표적인 경우다. 그리고 여기서는 불가피하게 EF 만큼의 초과수요, 즉 물량부족이 발생한다. 이때는 해당 재화에 대해 가격조정이 아닌 인위적 할당방식을 채택할 수밖에 없다.

그 첫 번째 방식이 우리나라에서 아파트분양 때 실시되는 추첨이다. 이때 판교 아파트처럼 초과수요가 크다면 해당 재화는 억세게 재수 좋은 사람이 차지한다. 의료진이 부족한 캄보디아에서 수많은 대기환자 중 누구를 치료할지를 결정하는 데도 이 방식을 이용해 세계 매스컴에서 화제가 된 바 있다.

두 번째 방식으로 선착순(first-come, first-served)을 적용할 수도 있다. 이때는 시간적 여유가 많거나, 새벽이나 전날 밤부터 몸으로 때울 각오가 되어 있는 사람이 해당 재화를 차지한다. 옛 소련과 동유럽의 국영상점에서는 물건이 나오면 다 팔리기 전에 먼저 확보하려는 사람들 간에 경쟁이 치열했다. 이것이 이른바 악명 높은 줄서기다. 한국에서도 명절 기차표처럼 균형가격보다 차표 가격이 낮게 책정되는 경우, 예매 당일 승차권 판매소 앞은 표를 예매하려는 사람들로 장사진을 이룬다.

세 번째 방식은 연고에 의한 배분이다. 소련의 국영상점 직원이 물건을 빼돌려 친척이나 친구에게 배분했던 게 연고에 의한 배분의 한 예다. 푼돈이나 선물을 갖다 주는 사람에게 우선적으로 배분하기도 한다. 이렇게 되면 부정부패가 자리 잡는다. 우리나라에서 이승만정부 시대의 원조물자라든가 박정희정부 시대의 은행대출 및 외

> **명절 기차표의 가격**
>
> 명절을 앞두고는 기차표에 대한 수요가 평상시보다 늘어나므로 균형가격이 크게 올라간다. 하지만 그렇다고 해서 철도공사에서 그만큼 값을 올리면 비난여론이 쏟아질 것이기 때문에 그렇게 할 엄두를 내지 못한다. 평일과 주말의 기차표 값을 약간 달리 하는 정도가 철도공사가 시장친화적(市場親和的)인 조치로 취할 수 있는 최대한이다.

국차관은 시장원리보다는 연고, 즉 뇌물에 의해 배분된 경우가 적지 않았다. 이게 바로 관료와 정치인의 부정축재를 낳았다. 이후락 중앙정보부장이 "떡을 만지다 보니 묻은 떡고물"이라고 표현한 뇌물이 바로 이처럼 균형가격과 괴리된 방식으로 자원을 배분하면서 생긴 부작용인 셈이다.

그러면 이상과 같은 부작용을 유발하는 가격상한제를 정부가 실시하는 이유는 무엇일까. 뇌물을 챙기기 위해서일 수도 있다. 하지만 그렇지 않은 경우도 있다. 독일, 프랑스, 일본, 한국에서 실시하는 이자율상한제를 생각해보자. 어쩌다 얻어 쓴 고리대금의 이자가 시간이 흐르면서 원금의 몇 배로 불어나고 이 때문에 인신매매를 강요당한 어처구니없는 일이 있었다. 연 2000퍼센트의 이자를 갈취하는 미국의 조직폭력배도 있다.

이런 사례를 접하면 우리는 이자율상한제의 당위성을 어느 정도 직감할 수 있다. 그런데 논리적으로 따져 보면 이런 사태는 제도권 금융시장이 제대로 기능하지 못한 데 따른 결과다. 그것을 바로잡는

<그림 4-4> 특수한 공급곡선

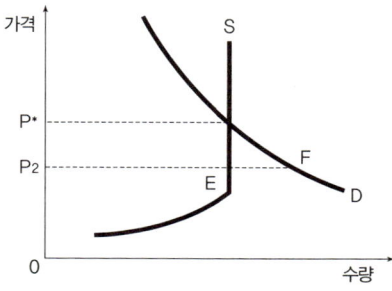

게 시장원리에 입각한 정공법이다. 하지만 그게 쉽게 이루어지지 못하는 현실을 감안해 정부가 차선책으로 채택한 방식이 이자율상한제를 실시함으로써 고리대금으로부터 국민을 보호하는 것이다.

이자율상한제나 분양가상한제는 공급곡선이 만약 〈그림 4-4〉와 같은 특수한 모양을 갖는다면 경제논리로도 타당성을 가질 수 있다. 즉, 공급량이 일정 가격 이상부터는 더 이상 늘어나지 않고 고정돼 있어서 가격을 균형가격 P* 이하의 P_2로 낮추더라도 공급량이 별로 변화하지 않는 경우다. 예컨대 사채업자가 연 100퍼센트의 이자율을 받고 있는데 정부에서 연 49퍼센트로 이자율상한을 정한다고 하자. 이때 사채업자가 49퍼센트 정도면 충분히 채산이 맞는다고 판단해 자금공급을 줄이지 않는다면 이자율상한제의 효과가 달성된다.

비록 초과수요 EF를 처리하는 문제가 좀 골치 아프지만 공급자의 이익 일부를 수요자에게 넘겨주는 게 더 가치 있는 일이라고 판단된다면 이런 가격상한제는 실시해 볼 만하다. 이를테면 서민이 싼 이자로 돈을 빌리는 것이 사채업자가 이익을 많이 올리는 것보다 중요하고, 서민이 싸게 내 집을 마련하는 일이 건설회사가 이익을 많이 올리는 일보다 더 중요하다고 판단될 경우가 바로 그런 경우다.

아파트 분양과 관련해선 재미있는 현상이 생길 수 있다. 예컨대 어떤 아파트가 1억 원에 추첨분양된 경우, 이 아파트를 1억 5000만 원 주고라도 사겠다는 사람 김씨는 추첨에서 떨어졌고 1억 원의 가치만 있다고 생각한 사람 이씨가 당첨되었다고 하자. 이때 분양 후 이씨가 김씨에게 3000만 원의 프리미엄을 받고 전매하면 두 사람 모두에게 이익이다. 채권입찰제는 이런 이익을 사회 전체를 대표해서 국가가 가져가는 것이다.

⟨그림 4-5⟩ 특수한 수요곡선

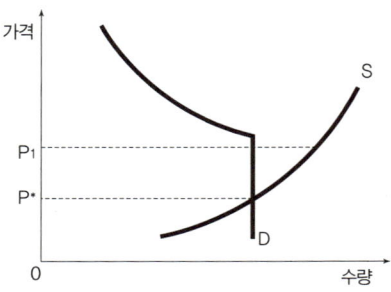

그럼 가격하한제의 효과는 어떨까? 64쪽의 ⟨그림 4-1⟩로 돌아가 최저임금제를 실시하는 경우를 검토해보자. 균형가격 P^*보다 높은 가격 P_1을 강제하면 고용량이 P_1A로 줄어들어 AB만큼의 초과공급, 즉 실업자가 발생한다. 기업에 최저임금을 강제할 수는 있지만 고용량을 강제할 수는 없기 때문이다. 그런데도 한국, 미국 등 많은 나라에서 최저임금제를 실시하는 이유는 무엇일까?

만약에 특정분야의 노동력에 대한 수요량이 ⟨그림 4-5⟩와 같이 일정가격 이하에서는 더 이상 늘어나지 않고 고정적이라고 하자. 이때는 최저임금제로 임금을 인상시켜도 고용량이 줄어들지 않고 노동자에게 혜택이 돌아갈 수 있다. 예컨대 평소 낮은 시급을 주고 1명의 아르바이트생을 쓰던 편의점 주인은 정부의 최저임금제 실시 이후 전보다 높은 시급을 지급해야 하더라도 더 이상 고용을 줄일 수가 없다. 아르바이트를 전혀 안 쓸 수는 없기 때문이다.

가격하한제는 특정 농산물에 대해서도 실시된다. 다만 농산물의 경우, 최저임금제에서처럼 수요자에게 일정가격 이상을 지불하도록 법으로 강제할 수 없다. 그래서 다른 방법을 써서 가격의 하한을 유지한다. 우리 정부가 그랬던 것처럼 정부가 농민으로부터 비싸게 매수하고 소비자에게 싸게 파는 이중곡가제를 실시하는 게 한 방법이다. 또는 미국이나 일본처럼 일부 농지를 놀림으로써 공급을 줄여 가격을 높이기도 한다.

5 정보의 불완전성과 요지경 시장

정보화 시대와 시장의 불완전성

카이사르는 군대를 직접 이끌고 루비콘 강을 건너 로마로 진군함으로써 정권을 잡을 수 있었다. 그런데 우리나라의 전두환은 보안사령관이라는 정보책임자로서 정보의 흐름을 장악해 12.12 쿠데타를 일으켰다. 그만큼 세상이 달라진 셈이다. 경제도 마찬가지다. 고급 정보를 얼마나 빨리 획득하는가가 성패의 갈림길이 되고 있다. 워털루전쟁의 결과를 먼저 안 로스차일드(Rothschild) 가문은 주식시장에서 막대한 차익을 챙겼다. 또 농산물을 수확 전에 매집하려면 정확도가 높은 기상예측이 필수적이다.

사람들은 정보를 얻어내고자 온갖 노력을 다한다. 기업들은 소비자의 기호를 파악하려고 마케팅 조사를 실시하며, 주식투자자들은 애널리스트(analyst)의 분석을 눈여겨보고, 선거 때 정치가들은 수시로 여론조사를 실시하며, 대입수험생들은 학교별·학과별 접수현황을 체크하기 바쁘다. 일본 종합상사의 정보수집 능력은 미국 CIA에 맞먹는다는 이야기가 있으며, 우리나라 모 재벌의 정보수집 능력은 비밀리에 추진된 금융실명제를 미리 알아냈을 정도라고 한다.

과거에는 재화와 용역만이 상품으로 거래되었으나, 이제는 재화와 용역에 관한 정보도 상품으로 등장했다. 상품의 종류는 이렇게 가지치기를 하는 것이다. 그리고 재화와 용역이 아닌 것에 대한 정보도 거래된다. 정치인들이 구매하는 정보지, 즉 시중에 떠도는 비공식정보를 수집해 정리한 속칭 '찌라시'가 그 대표적인 예다. 바야흐로 정보의 시대다. 요즘 각광을 받는 산업도 바로 정보통신산업이 아니던가.

그런데 정보를 취득하기 위해 많은 노력을 기울여야 한다는 것은 달리 표현하면 시장이 불완전하다는 것이다. 시장의 효율성은 소비자는 자신이 필요로 하는 재화와 서비스를 어디서 가장 싸게 구매할 수 있는지를 정확히 알고 있고, 기업은 자신이 필요로 하는 생산요소를 어떻게 가장 싸게 조달할 수 있는지를 정확히 알고 있다는 전제 하에서만 완벽하게 달성될 수 있다. 그러나 실제 현실에선 그러한 전제가 성립하지 않는다. 경제주체들은 불완전한 정보밖에 획득할 수 없다.

게다가 경제주체들에게는 다소 불완전한 정도가 아니라 아예 엉터리인 데이터나 뉴스가 전달되기도 한다. 이런 것을 '잡음(noise)'이라 해서 정보(information)와 엄격히 구분하는 학자도 있다. 일상적인 용어법으로는 '잘못된 정보'가 잡음인 셈이다. 예컨대 주식시장에는 이런 잡음이 난무한다. 어떤 회사가 곧 해저보물을 인양한다는 헛소문이 나도는 게 그런 경우다.

거래당사자 사이에는 한쪽은 정보를 많이 갖고 있지만 다른 쪽은 정보를 적게 갖고 있는 '정보의 비대칭성'도 존재한다. 예컨대 단독주택을 지어서 판매하는 집장수는 집짓는 과정에 계속 관여했기 때문에 집의 품질에 대해 속속들이 알고 있지만, 집짓는 과정을 전혀 볼 수 없었던 구매자는 집의 품질을 잘 알지 못한다. 설령 집에 결함이 있다 하더라도 다 지어진 집만 보고서는 뭐가 문제인지 잘 알 수 없다. 정보의 이와 같은 불완전성 문제는 요지경 같은 여러 흥미로운 현상을 야기한다. 그럼 지금부터 그 흥미로운 현상들에 대해 살펴보자.

탐색과 광고의 필요성

직장 구내식당의 음식이 깔끔하고 다양하다면 별 문제 없겠지만, 그렇지 않다면 오늘 점심은 어디서 해결할까 고민하는 사람이 많을 것이다. 설렁탕 집에 갈까, 아니면 김치찌개 집에 가볼까 하는 식이다. 그런데 같은 김치찌개라도 식당에 따라 맛이 다르고 값도 다르다. 음식뿐 아니라 다른 물건들도 마찬가지다. 같은 종류라도 값과 질이 제각각이다. 어떤 유명 제약회사의 정가 1만 5000원짜리 비타민제를 어떤 약국은 1만 1000원에 팔고, 어떤 약국은 1만 4000원에 파는 것을 필자가 직접 확인한 일도 있다. 이를 '가격분산(price dispersion)'이라고 한다.

소비자들은 싼 가격으로 좋은 품질의 제품을 찾으려고 노력한다. '탐색(search)'이란 이러한 노력과정이다. 만약 탐색에 아무런 비용도 들지 않는다면 손님들은 음식이 싸고 맛있는 식당으로만 몰리고, 약품의 판매가격은 모두 똑같아질 것이다. 그러나 현실은 그렇지 않다. 음식이 싸고 맛있는 식당이 잘되기는 하지만 다른 식당에도 손님이 드나든다. 사람마다 입맛이 제각각인 탓도 있지만, 싸고 맛있는 집을 탐색하는 데는 시간이라는 비용이 들기 때문이기도 하다.

탐색, 즉 쇼핑과정 자체를 즐거움으로 느끼는 사람이 아닌 다음에야 많은 점포를 찾아다니는 수고는 만만한 게 아니다. 그래서 약품은 그저 가까운 약국에서 사고, 전자제품을 살 때는 전자상가를 가더라도 대충 몇 집 들러보고 결정하는 경우가 허다하다. 아니면 음식을 맛있게 잘한다고 소문난 식당에 가든가, 괜찮다고 소개받은 가게에 가서 물건을 산다. '입소문' 혹은 '명성(reputation)'이 탐색과정을 단축시켜주는 셈이다.

사람들의 입을 통한 정보전달이 아니라 기업이 비용을 들여 소비자에게 정보나 이미지를 전달하려는 게 광고다. 광고는 정보제공성 광고(informative advertising)와 설득성 광고(persuasive advertising)로 나누어진다. 정보제공성 광고는 소비자에게 재화의 가격과 특성, 구입할 수 있는 장소에 관한 정보를 제공하는 것이다. 반면에 설득성 광고는 소비자로 하여금 제품이나 기업에 대해 좋은 느낌을 갖도록 만드는 것이다.

30초도 채 안 되는 텔레비전 광고가 제품설명은 거의 없는 설득성 광고의 성격이 짙다면, 상가분양 광고와 같이 신문에만 나는 광고는 정보제공성 광고의 성격이 짙다. 그런데 수많은 생산자들이 동일한 재화를 생산하는 경우에는 어떤 생산자가 혼자서 그 재화를 광고하는 것은 밑지는 일이다. 광고비용은 혼자서 부담하지만 광고혜택은 생산자들 사이에 분산되기 때문이다. 제품이 뭔가 차별적일 때 광고가 효과를 발휘한다. 그래서 우리는 쌀 광고나 옥수수 광고를 볼 수가 없다. 다만 생산자단체에서 집단의 이익을 위해 광고하는 경우,

예컨대 "우리 밀을 먹읍시다"와 같은 광고는 있을 수 있다.

탐색비용은 사람마다 다르다. 가게를 직접 일일이 돌아다니는 소비자와 인터넷으로 쇼핑하는 소비자가 들이는 시간이 서로 다를 것임은 두말할 필요도 없다. 설령 똑같은 시간이 걸린다 하더라도 들이는 비용은 저마다 다를 수 있다. 예컨대 1시간 일해서 10만 원 버는 변호사와 1만 원 버는 파출부의 경우를 생각해 보자. 이들이 똑같이 1시간 동안 쇼핑한다고 할 때 변호사는 10만 원을 손해 보는 셈이고, 파출부는 1만 원을 손해 보는 셈이다. 변호사와 파출부에게 1시간의 기회비용이 다른 것이다. 그 때문에 싸고 좋은 물건을 찾기 위한 탐색에 파출부가 변호사보다는 더 많은 시간을 투입하리라 예상할 수 있다.

역선택과 개살구시장

요즘은 누구나 보험 한 구좌쯤은 가지고 있다. 보험설계사인 친척이나 친구와의 안면 때문에 어쩔 수 없이 보험에 가입하는 사람도 있지만, 대개는 위험에 대비하기 위해 보험에 가입한다. 말하자면 보험은 교통사고나 화재사고, 질병 등에 대한 대비책인 것이다. 그런데 이 보험에 관련되는 중요한 경제문제의 하나가 '역선택(逆選擇, adverse selection)'이다. 역선택은 역방향 선택이란 뜻으로, 생물학에 나오는 자연선택(natural selection)의 반대말이다. 자연선택에서는 다윈의 적자생존 원리에 따라 우수한 종(種)이 살아남는 데 반해 역선택에서는 우수한 것이 아닌 열등한 것이 시장에 남게 된다. 시장은 효율적이라 했는데 어떻게 이런 일이 발생하는 걸까?

보험시장에서 역선택이 발생하는 이유는, 가입자는 자기 자신에 대해 잘 알지만 보험회사는 가입자에 대해 잘 모르는 '정보의 비대칭성' 때문이다. 연간 100만 원의 보험료를 납부하고 사망 시에 1000만 원의 보험금을 지급받는 생명보험을 생각해보자. 보험회사로서는 건강한 사람이 많이 가입할수록 이익이다. 하지만 건강한 사람은 자신이 적어도 10년 이상 생존할 것이라 여기기 때문에 이 보험에 매력을 못 느낀다. 시한부 인생, 예컨대 5년도 채 살기 어려운 사람들이 대거 가입할 가능성이 크다. 이것이 건강 면에서 열등한 사람만 시장에 참가하는 역선택이다. 이런 상황에서 보험회사는 수지를 맞추기 위해 보험료를 인상할 수밖에 없다. 그리 되면 건강이 그나마 나은 사람마저 이탈하고 건강이 더 나쁜 사람만 가입하는 악순환이 일어난다.

현실이 꼭 이대로라면 세상에 보험회사란 게 존립할 수 없다. 보험회사도 나름의 대응책을 강구하게 마련이다. 예컨대 건강검진을 받게 해 건강이 나쁜 사람의 가입을 거부하거나, 병력(病歷)을 기록하게 해 거짓을 기록한 사람에게는 보험금을 지급하지 않는다. 그리고 우리나라 의료보험처럼 어떤 집단 전체를 의무적으로 가입시키는 방법도 있다. 전자는 열등한 대상을 배제하는 방법이고, 후자는 우수한 대상의 이탈을 방지하는 방법이다.

역선택 현상은 보험시장뿐 아니라 일반 상품시장에도 나타난다. 그 대표적인 사례가 중고차 시장이다. 새롭게 출고된 차들 중 일부는 결함을 가지고 있다. 그런데 자동차는 일정기간 몰아보지 않으면 결함 여부를 제대로 파악할 수 없다. 그러므로 결함이 있는 신차를 구매한 소비자는 한동안 차를 몰아본 후에야 비로소 그 결함을 발견할 수 있게 된다. 일단 결함을 발견하면 더 이상 그 차를 몰고 싶지 않을 것이고, 그렇게 해서 그 차는 중고차 시장에 나오게 된다. 또 처음엔 결함 없이 출고된 차도 한 번 사고를 당하고 나면 팔아치우고 싶어진다.

한편, 중고차 시장에는 결함 없는 차도 나온다. 일자리를 잃어서 형편이 어려워지거나 해외로 이주하게 된 사람들이 중고차 시장에 차를 내놓는 것이다. 그런데 결함 없는 차도 결함 있는 차와 같은 값으로 거래된다. 왜냐하면 중고차 시장엔 결함 있는 차가 매물로 나올 가능성이 신차시장보다 훨씬 높은데다 한동안 몰아보지 않고서는 결함 여부를 판단하기 어려워 결함 있는 차와 결함 없는 차를 쉽게 구분할 수 없기 때문이다. 사정이 이렇다 보니 결함 없는 차를 가진 사람은 부득이한 사정이 아닌 한 차를 팔려고 내놓지 않게 되고, 점점 중고차 시장은 결함 있는 차들로 가득 차게 된다. 결국 시장에선 불량품만이 거래되는 역선택이 발생한다. 다음 장에서 살펴볼 그레셤의 법칙, 즉 "악화가 양화를 구축한다"는 법칙이 여기서도 작동하는 셈이다. 이때의 불량품을 가리켜 겉은 번드레할지라도 속은 신통찮다고 하여 영어로 'lemon'이라 하며, 이것을 우리말로는 '빛 좋은 개살구'란 말에서 따온 개살구로 번역한다.

중고차를 사서 파는 딜러들은 이런 역선택 문제를 해결하기 위해 나름대로 여러 방안을 강구한다. 우선 스스로 자동차의 결함 유무에 대한 판별능력을 기른다. 또 딜러가 중고차 구매자에게 일정기간 보증을 제공한다든가 모든 중고차에 대해 사고경력을 기록해 두는 제도를 도입하기도 한다.

중고차가 아닌 신차에 대해 무상보증 기간을 설정하는 것도 같은 원리다. 불량차를 많이 생산하는 업체라면 비용이 많이 드는 품질보증을 제공할 수 없을 것이다. 때문에 자동차 회사들은 자사의 신차에 오랜 보증기간을 설정하는 것으로 품질에 대한 자신감을 드러낸다. 즉 외관상으로는 차의 품질을 판별할 수 없는 소비자가 불안감 때문에 불량차 가격 이상의 차 값을 지불하려 하지 않는 역선택 문제를 해결하려는 것이다. 이를 '신호발송(signalling)'이라 한다. 현대차가 미국에서 10년간 10만 마일 운행에 대해 엔진과 트랜스미션의 무상수리를 보증한 것(흔히 'ten-ten 전략'이라 함)은 고장 잘 나는 차라는 현대차 이미지를 탈피하고자 했기 때문이다. 이런 품질보증은 자동차뿐만 아니라 전자제품, 아파트 등 품질을 쉽게 판별할 수 없는 많은 재화에 대해 제공되고 있다.

도덕적 해이와 본인-대리인 문제

'도덕적 해이(moral hazard)'라 하면 기강이 해이해지거나 풍기가 문란해지는 것을 연상하기 쉽다. 하지만 도덕적 해이는 역선택과 마찬가지로 보험과 관련해 등장한 용어다. 역선택이 건강이 좋지 않은 사람들만 보험에 가입하려 하는 사전적(事前的) 문제라면, 도덕적 해이는 보험에 가입한 이후에 발생하는 사후적(事後的) 문제다. (참고: '사전적'과 '사후적'의 구별은 경제학에서 중요하다. 예컨대 재무제표가 나쁜 기업을 상장하지 못하게 하는 것은 사전적 규제이고, 부도가 발생한 기업의 상장을 폐지하는 것은 사후적 규제다.)

화재보험에 가입한 경우를 생각해보자. 이제는 불이 나더라도 보험회사에서 보상해주리란 생각에 불조심에 소홀해지기 쉽다. 자동차보험 가입도 함부로 운전할 가능성을 높인다. 이게 도덕적 해이다. 의료보험제도는 어떤가. 전두환정권 시절에 민주화를 위해 노력한 교수들이 대거 해직된 일이 있는데, 그때 해직된 교수 한 분이 가족을 모아놓고 이제는 아프면 큰일 나니까 모두 건강에 각별히 유의할 것을 당부했다는 이야기를 들은 바 있다. 당시는 아직 지역의료보험이 실시되기 전이었으므로 직장에서 해직되면 의료보험 혜택을 누릴 수 없었다. 이 사례는 의료보험과 건강관리의 묘한 관계를 드러낸다. 서유럽 국가들처럼 실업보험 제도가 잘 발달된 나라에서는 실업자들이 구직활동에 소홀하다는 주장도 마찬가지로 도덕적 해이와 관련이 있다.

"보험 가입자가 사고방지에 최선을 다한 경우에만 보험금을 지급한다"라는 조항을 계약서에 삽입해 도덕적 해이를 예방하는 방안을 생각해 볼 수도 있다. 그러나 실제로 가입자가 최선을 다했는지 판별하는 것은 대단히 어렵다. 명백한 과실이 아니거나 목격자가 없을 때는 가입자가 최선을 다했다고 우기면 그뿐이다. 그러므로 이런 조항을 넣는 것은 별 의미가 없다. 계약이 이처럼 불완전할 수밖에 없으면 도덕적 해이를 뿌리 뽑을 수 없다.

그래도 보험회사는 도덕적 해이를 최대한 줄이기 위해 여러 방안을 강구한다. 자동차보험 가입자가 사고를 내면 보험금은 지급하지만 차후의 보험료를 인상한다. 건강보험에서는 일정한 자기분담금을 내게 한다. 화재보험에서는 가입자의 과실로 화재가 발생할 경우 가입자를 형사처벌한다. 도덕적 해이에 따른 피해를 가입자가 일부 부담하게 함으로써 사고방지를 위해 노력할 유인을 제공하는 것이다. 실업보험의 경우엔 알선해준 일자리를 몇 차례 이상 거부하면 보험금 지급을 중단하기도 한다.

도덕적 해이는 보험에서만이 아니라 본인(principal)-대리인

(agent) 관계에서도 발생한다. 주부가 파출부에게 장보는 일을 맡기는 경우를 보자. 이때 주부는 본인(의뢰인)이고 파출부는 대리인이다. 한푼이라도 아끼려고 상인과 홍정을 하거나 조금이라도 더 좋은 물건을 사려고 여러 가게를 둘러보며 발품을 파는 파출부는 그리 많지 않을 것이다. 대리인인 파출부는 본인인 주부의 이익을 충실하게 반영해 행동하기 힘들다. 이게 바로 본인-대리인 관계에서 발생하는 도덕적 해이다. 이렇게 말하면 파출부들이 발끈해 저자를 명예훼손으로 고소할지 모르겠다. 사실 주부보다 더 알뜰한 파출부도 많을 것이다. 요즘 백화점이나 슈퍼마켓에선 물건값을 깎아 주지 않는다. 그저 재래시장에서 콩나물 사는 경우에 주부와 파출부의 행태가 어떻게 다를지 추측해 봤을 뿐이다.

본인-대리인 관계는 다른 여러 분야에도 존재한다. 집을 등기할 때는 법무사에게 일을 맡기고, 외국여행을 할 때는 여행사에 비자발급을 부탁한다. 이런 본인-대리인 관계에서는 별로 문제가 없다. 대리인이 더 전문가이며 도덕적 해이의 소지도 적기 때문이다. 국민과 공무원(및 정치인) 사이도 본인-대리인 관계다. 그런데 공무원(및 정치인)이 국민의 이익 대신에 자기 이익을 챙기거나 국민 위에 군림하는 상황이 전개될 수 있다. 이것은 민주주의가 풀어야 할 숙제다.

기업의 본인-대리인 문제

기업 내에서도 본인-대리인 문제가 발생한다. 그것은 대개 주주들과 경영자의 관계, 사장과 근로자의 관계에서 나타난다. 먼저 주주들과 경영자의 관계를 살펴보자. 주주들은 경영을 직접 하기보다 전문경영인에게 맡기는 경우가 많다. 경영에 전념할 시간도 없고 경영능력도 부족하기 때문이다. 그런데 경영을 위임받은 경영자는 주주의 이익보다 자신의 이익을 우선하는 경향이 있다. 회사 돈을 멋대로 쓰거나 빼돌려 주주들에게 피해를 끼치는 게 그런 경우다. 이게 기업지배구조(corporate governance)의 문제다.

주주들은 이를 해결하기 위해 감시(monitoring)와 일체화(bonding)라는 두 가지 방법을 사용한다. 감시 방안의 한 예로 사외이사제라는 게 있다. 경영에는 직접 참여하지 않는 회사 외부의 전문가들을 이사회 구성원으로 선임하여 경영자 또는 대주주의 도덕적 해이를 사전에 방지하는 제도다. 또 다른 감시 방안으로 주주들은 주주대표소송이나 집단소송을 통해 경영자 또는 대주주의 도덕적 해이를 사후에 문책하기도 한다. 우리나라에서 IMF사태 이후 재벌개혁을 위

엔론 사태

엔론 사태(Enron scandal)는 2001년 파산 당시 미국 재계 7위였던 거대 에너지기업 엔론의 회계부정이 드러나면서 수많은 투자자와 종업원들이 500억 달러 이상의 피해를 입은 사건을 가리킨다. 이 회사의 급성장에는 정계의 후원이 중요한 역할을 했으며, 회사 경영진이 부시 대통령 등 정부 고위층과 밀접한 관계를 맺어온 사실이 드러났다. 게다가 엔론은 파산 직전에 〈포천〉이 6년 연속 미국 최고의 혁신기업으로 지정했던 만큼 모두들 경악을 금치 못했다. 그 경제적 영향은 9.11 테러 이상이라고 평가하는 학자도 있다.

회계부정을 저지르고 주가가 90달러에서 30센트로 폭락하기 전에 보유주식을 팔아 막대한 이득을 챙긴 경영진은 검찰에 의해 기소됐다. 또 엔론의 회계부정을 도운 세계 굴지의 회계법인 아서 앤더슨(Arthur Anderson)은 이 사건으로 해체됐다. 엔론에 이어 월드컴(WorldCom)과 타이코 인터내셔널(Tyco International) 등 거대기업의 회계부정이 잇따라 발각되면서 미국은 회계부정이 재발하는 것을 방지하기 위해 사베인스-옥슬리법(Sarbanes-Oxley, 기업개혁법)을 제정했다.

엔론 사태는 정경유착이나 경영진 횡령과 같은 부패와 탐욕에서 오는 도덕적 해이가 판친 결과라는 점에서 선진국 미국의 자본주의도 후진국과 다를 게 없지 않나 하는 논란을 불러일으켰다. 다만 엔론과 같은 기업은 미국기업 중 다소 예외적 존재이고, 사건이 터진 후 관련 경영진을 엄벌에 처한 것이 다르다면 다른 셈이다. 월드컴의 총수는 25년 형을 선고받았으며, 엔론의 경영진 일부는 10년 형을 선고받았다. 시장경제를 위협하는 일종의 반체제(反體制) 사범으로 취급해 무거운 벌을 내린 게 아닌가 싶다.

해 도입한 여러 제도도 바로 여기에 해당한다.

일체화 방안의 한 예로는 경영진에게 부여하는 스톡옵션(stock option, 일정 기간이 지나면 일정 가격으로 회사 주식을 매입할 수 있는 권리)이 있다. 이는 경영진과 주주의 이익을 일치시키려는 시도로, 회사의 경영상태가 좋아져 주가가 상승하면 스톡옵션을 받은 경영자도 큰 시세차익을 남길 수 있게 되므로 경영자의 의욕을 북돋우는 기능을 한다.

그러나 스톡옵션제는 부정적 측면도 가지고 있다. 경영진이 회계장부를 조작하는 분식회계를 통해 주가를 올려 스톡옵션으로 이익을 챙긴 다음 회사를 파산지경으로 몰고 가 일반주주에게 막대한 피해를 끼치기도 한다. 2001년 분식회계 사건으로 전 세계의 이목을 끈 미국기업 엔론의 경우가 대표적인 예다. 또 경영진의 노력보다는 전반적 경기상황이나 다른 우연적 요인에 의해 주가가 상승한 경우에도 경영진이 스톡옵션의 혜택을 받는 게 정당하냐는 논란이 있다.

사장과 근로자의 관계도 비슷하다. 사장은 고용한 근로자가 혼신의 힘을 기울여 열심히 일해주기를 바란다. 하지만 근로자들이 근무시간에 주식시세를 확인한다든가 애인과 전화를 주고받는 일이 없지는 않다. 우리나라의 경우 서구에 비해 노동시간은 훨씬 길지만 얼마나 일을 집중적으로 하는가를 나타내는 노동밀도는 대체로 낮은 것 같다. 근무시간 중의 농땡이 부리기(shirking), 즉 도덕적 해이가 서구보다 더 심한 셈이다. 이런 문제를 해결하려고 주주—경영자 사이에서와 마찬가지로 사장은 직원들에 대해 감시와 일체화의 방법을 사용한다.

규모가 비교적 작은 기업에서는 사장이 직접 나서 근로자가 농땡이를 치나 안 치나 지켜보며 감시할 수 있다. 그러나 규모가 큰 기업에서는 사장이 직접 근로자의 일거수일투족을 감시할 수 없으므로 감시체계를 조직화하는 수밖에 없다. 말단 근로자는 작업반장이 감시하고, 작업반장은 과장이 감시하고, 과장은 부장이 감시하는 식이다.

테일러(F. Taylor)가 고안한 과학적 관리라는 것도 근로자의 동작시간을 조사해 농땡이 부릴 틈을 주지 않으려는 것이다. 돌아가는 컨베이어 벨트에 근로자가 작업속도를 맞춰야 하는 자동차 조립라인이 그 대표적인 예다. 채플린(C. Chaplin)의 영화 〈모던 타임스(Modern Times)〉를 한번 감상해보라. 주인공 채플린은 컨베이어 벨트에서 제대로 숨쉴 여유도 없다. 더 극단적으로는 작업장에 감시카메라를 설치하려는 시도도 있는데, 근로자들의 반발 때문에 실제로 시행된 사례는 드물다.

사장은 일체화 방안도 동원한다. 근로자들이 주인의식을 갖게끔 각종 행사를 실시한다. 사장이 근로자와 어울려 한잔 걸치기도 하며 체육대회도 개최한다. 근로자에게 회사 주식을 나눠주기도 한다. 일본에서는 처우 면에서 블루칼라 근로자와 화이트칼라 근로자의 차이가 작고, 노조위원장이 회사간부가 되기도 하며, 총수의 자식이 아니라 우수한 인재가 승진해 최고경영자가 되는 경우가 많다. 이 때문에 근로자와 회사의 일체감이 대단히 높다. 이게 일본 제조업 경쟁력의 원천이라고 한다.

성과에 따라 보상하는 성과급의 실시도 일체화를 증진시키려는 수단이다. 다만 공동작업에서는 개인의 성과를 별도로 측정하기 힘들다. 그렇다면 더 큰 단위, 예컨대 팀이나 계열사 단위로 성과급을 지급하면 어떨까. 이는 그 단위 내 구성원들이 합심하게 하는 계기로 작용할 수 있다. 하지만 개인의 능력이나 노력과는 별 관계 없이 성과급이 지급된다는 문제점도 낳는다. 그리고 개인별, 팀별 성과급은 개인간 또는 팀간에 과도한 경쟁을 유발해 인간관계를 메마르게 하고 상호협력을 어렵게 만들어 오히려 기업효율을 떨어뜨릴 위험도 있다.

다른 기업보다 더 높은 임금을 지급함으로써 자부심을 갖고 열심히 일하게 만드는 방법도 있다. 포드 자동차회사를 창립한 포드(H. Ford)가 1914년에 당시 평균임금의 두 배인 일당 5달러를 지급한 게 그 대표적인 예다. 만약에 이런 기업에서 쫓겨나면 높은 임금을 받을 기회를 박탈당하는 것이므로 농땡이 부릴 마음이 줄어든다. 이를 '효율임금(efficiency wage)'이라고 부른다.

2부

거시적 관점: 국민경제의 흐름

돌고 도는 돈

성장, 분배, 환경의 변증법

경기변동, 실업, 투기

조세와 정부지출, 규모와 공평성

국경을 넘나드는 경제활동

환율과 국제거래

ⓑ 돌고 도는 돈

돈이 왜 필요할까

돌고 도는 게 돈이라고 한다. A가 떡볶이를 먹고 분식점 주인 B에게 돈을 내면 B는 그 돈을 문방구가게 주인 C에게 지불하고 자녀 학용품을 산다. 돈이 이렇게 돌고 돌아 시장에서 상품거래가 이루어진다. 이런 돈을 고상하게 표현한 말이 화폐다. 다만 우리말에서 "돈 벌려면 무슨 짓을 못하겠느냐"의 '돈'은 소득을 의미하며, "돈 많은 부자와 결혼했다"의 '돈'은 재산을 의미하는 식으로 돈은 더 넓은 뜻으로 쓰이기도 한다. 이 경우 소득은 '유량'이고 재산은 '저량'이다.

TIP 저량과 유량

저량(貯量, stock)과 유량(流量, flow)은 경제학에서 구별해야 하는 중요한 개념이다. 저량은 특정 시점에 존재하는 수량이며, 유량은 일정 기간의 변화량이다. 물탱크에 물을 채우는 경우를 생각해보자. 특정 시점의 물의 양은 저량이며, 1시간 동안 채운 물의 양은 유량이다. 따라서 현재 보유한 재산은 저량이며, 1년간 번 소득은 유량인 셈이다. 통화량이나 외환보유고는 저량이고, 국내총생산(GDP)은 유량이다.

돈이 없다면 세상은 어떻게 될까? 자급자족하지 않는 사회라면 물물교환을 해야 한다. 예를 들어보자. 어떤 시계방주인이 손목시계를 한 개 만들었다. 그는 이 시계를 구두와 바꾸고 싶다. 그런데 구둣방주인이 이미 시계를 갖고 있어서 시계가 더 필요 없다면 그는 난감해진다. 요행히 시계를 원하는 구둣방주인을 찾아냈다고 치자. 그렇더라도 시계방주인은 시계 한 개를 구두 두 켤레와 바꾸려 하고 구둣방주인은 시계 두 개와 구두 한 켤레를 바꾸려 한다면 교환이 성립할 수 없다.

물물교환은 이처럼 교환상대자를 찾아야 함은 물론 교환비율까지 서로 일치해야 하므로 남녀 간에 이상형의 상대를 만나는 것 못지않게 어렵다. 반면에 화폐경제라면 시계방주인은 시계를 돈 받고 팔아 그 돈으로 구두를 산다. 거래상대방을 찾고 거래조건을 교섭하는 일이 훨씬 쉬워지는 것이다. 좀 어렵게 말하면 물물교환에 필요한 '욕망의 상호일치'라는 우연으로부터 인간을 해방시켜 주는 게 돈이다.

이렇게 돈은 재화의 교환을 매개하며, 재화의 가치를 측정할 수 있게 해준다. 아울러 돈은 효과적 재산저장 수단이다. 자기 재산을 배추로 쌓아두는 사람은 없다. 금방 썩기 때문이다. 오늘날 부동산, 주식과 더불어 돈은 재산의 기본형태다. 다만 물가가 상승하면 그만큼 돈 가치가 떨어지므로, 물가가 급격히 상승할 때는 돈이 아니라 금이나 부동산 같은 현물을 더 선호한다. 또 돈 중에서도 한국돈 원화의 가치가 하락할 것 같아 불안하면 미국돈 달러화를 사 모으기도 한다.

돈이 돌아다니는 사회에서 돈의 힘은 막강하다. "사람 나고 돈 났지 돈 나고 사람 났나"라는 말도 돈이 사람 위에 있음을 개탄하는 표현이다. 황금률(golden rule)은 "남에게 대접받고자 하는 대로 남을 대접하라"는 윤리규범이다. 그러나 golden rule을 "He who has the gold makes the rules", 즉 돈을 가지면 룰도 멋대로 한다는 뜻으로 해석할 수도 있지 않을까. 이러한 돈을 획득하려고 사람들은 싫은 일도 하며, 때로는 도둑질 같은 불법적 행위도 자행한다. 돈이 없어 자살하는 사람들은 또 얼마나 많은가. 셰익스피어는 돈의 위력을 다음과 같이 묘사한 바 있다.

"황금! 휘황찬란한 황금이여!
이것만 있으면 검은 것도 희게, 추한 것도 아름답게,
틀린 것도 옳게, 천한 것도 귀하게,
늙은이도 젊게, 겁쟁이도 용감하게 만들 수 있다.
신이여! 어째서 이런 걸 우리에게 주는가."

하지만 돈이 좋은 것만은 아니다. 돈이 많아 강도의 표적이 되기도 하며, 재산상속 문제로 가족들 간에 분쟁이 생기기도 한다. 또 중세시대 교황이 발행한 천당행 티켓인 면죄부를 산 신도들이 모두 천당에 갔겠는가? 요컨대 돈이 반드시 행복을 보장해주지는 않는다. 돈이란 그 돈으로 필요한 재화를 구매할 수 있을 때 의미가 있지 그렇지 않다면 단순한 종잇조각에 불과하다. 사막에서 길을 잃었을 때는 수억만 금을 갖고 있다한들 아무 소용 없다.

그리스 전설에 나오는 미다스(Midas) 왕의 이야기도 시사적이다. 그는 손에 닿는 모든 것을 황금으로 변하게 하는 힘을 얻었다. 그리하여 처음에는 세상을 다 얻은 듯한 심경이었으나, 먹으려는 음식이 황금으로 변하고 심지어 사랑하는 딸마저 황금으로 변해버리는 상황이 벌어졌다. 많은 사람들이 생산적 경제활동은 소홀히 한 채 하루 종일 컴퓨터 앞에 앉아 주식시세만 들여다보고 있거나, 어디 좋은 땅 없나 하고 부동산투기에만 골몰한다면 어떻게 될까. 실물을 무시하고 황금만 추구하는 미다스 왕이 겪은 비극처럼 나라경제가 쇠퇴하지 않을까. 본말이 전도되었다는 것은 바로 이를 말한다.

돈은 어떻게 발전해왔나

자급자족이 기본이고 극히 우연적으로만 물물교환을 했을 크로마농인 시대에 돈이 사용되었을 리 없다. 하지만 돈의 역사는 길고도 길다. 비록 오늘날과 같은 시장경제가 성립하지는 않았더라도 재화의 교환이 어느 정도 발달하면서부터는 돈이 쓰이기 시작했다. 이때 돈은 운반하거나 보존하기 편리해야 했다. 덩치가 너무 크거나 무거우면 교환장소로 가져갈 수 없으며, 쉽게 부패하면 시간이 지남에 따라 사용할 수 없게 되기 때문이다. 그리고 돈은 그 가치가 안정되고, 누구라도 그 가치를 인정해 받아들여야 하며, 사회적으로 적당한 양이 확보되어야 했다.

옛날에는 조개껍데기나 쌀, 베가 화폐로 쓰였고 아프리카의 일부 부족이나 캐나다의 일부 인디언은 오늘날에도 조개껍데기를 화폐로 사용하고 있다. 화폐(貨幣)라는 한자를 뜯어보면 '화(貨)' 자에는 조개를 의미하는 '패(貝)'가 들어 있고, '폐(幣)' 자에는 베를 의미하는 '건(巾)'이 들어 있지 않은가. 이 밖에 소, 양, 야자열매, 소금, 모피도 화폐로 쓰였으며, 심지어 개의 이빨이나 돌로 된 바퀴가 화폐로 사용되기도 할 정도로 인류역사에 출현한 화폐의 종류는 매우 다양했다.

기원전 4000년경부터 인간은 운반이나 보관 등 여러 면에서 현물보다 월등히 앞서는 금속을 화폐로 사용하기 시작했다. 우선 금속제 장신구, 기구, 무기가 화폐로 이용됐다. 반지, 삽, 칼이 바로 그런 것들이다. 그러다 금과 은, 두 가지 귀금속이 화폐의 자리를 차지했다. 금과 은은 장기간 가치가 손상되지 않았고, 다른 금속들보다 우월한 속성을 갖고 있었다. 아름답고 조형성이 좋고 녹슬지 않았던 것이다. 금과 은은 처음엔 덩어리로 무게를 달아서 화폐로 썼다. 영국의 파운드가 무게단위이면서 화폐단위인 것은 여기에서 유래한다. 중국 화폐단위였던 '냥(兩)'도 마찬가지다.

이때까지만 해도 화폐를 주고받을 때 일일이 무게를 달아야 하는 불편함이 있었고, 무게로 가치를 측정하다 보니 다른 쓸모없는 금속을 금이나 은에 섞는 일도 일어났다. 그래서 무게와 순도를 금속표면에 찍은 각인으로 보증하고 일정한 모양을 갖게 한 '주화(鑄貨, coin)'가 통용되기 시작했다. 오늘날까지 제조된 주화는 약 200만 종이라 한다. 지금 우리가 사용하는 10원, 100원, 500원 짜리 동전도 주화다. 그 제작비용은 2008년의 경우 각각 40원, 100원, 150원 정도다.

주화의 액면가치는 주화의 소재가치와 일치하는 게 원칙이다. 그

💡 술, 담배와 화폐

금속화폐나 지폐가 보편화된 이후에도 현물화폐가 쓰인 경우가 있다. 아메리카대륙 발견 이후 영국에서 건너온 이민자들은 모국 화폐를 가져오지 못했다. 그래서 아메리카대륙에서 생산한 중요상품이 화폐의 역할을 대신했다. 즉 위스키나 브랜디가 화폐로 공인된 적이 있었으니, 이땐 술을 마시면 바로 돈을 마시는 셈이었다. 또 버지니아 주에선 근 200년 동안, 메릴랜드 주에선 150년 가까이 담배가 화폐 역할을 담당했다. 이땐 담배를 피우면 바로 돈을 피우는 셈이었다. 일반적 화폐가 통용되지 않는 포로수용소나 감옥에서도 담배가 화폐의 기능을 수행했다는 것은 널리 알려진 사실이다.

런데 오늘날의 동전처럼 소재가치가 액면가치를 밑도는 경우가 옛날부터 있었다. 예컨대 금화를 자루에 잔뜩 넣고 흔들어 금가루를 따로 챙기면 그만큼 금화의 실제가치는 떨어진다. 사람이 땀을 흘리는 것처럼 금화가 금가루를 흘린다고 하여 이를 스웨팅(sweating)이라 불렀다. 제조 당시부터 소재가치가 액면가치보다 낮은 주화도 많았다. 일례로 대원군이 재정위기를 타개하려고 제조한 당백전(當百錢)의 소재가치는 당시 통용되던 상평통보의 5.6배였는데, 그 액면가치는 상평통보의 약 20배로 표시됐다. 이렇게 당백전처럼 소재가치와 액면가치의 차이가 매우 클 경우에는 물가가 폭등하는 부작용이 발생하기도 한다. 시장이 그 주화의 가치를 인정하지 않기 때문이다.

주화를 제작하고 유통하는 과정은 이처럼 부당이득을 챙기는 행위 등 비리가 발생할 가능성이 높은 과정이었다. 그래서 국가, 봉건영주, 교회와 같은 지배층은 다른 이들이 그 일에 접근하지 못하도록 그 권한을 독점했다. 이를 '영주특권' 또는 '화폐주조권(seigniorage)'이라 부른다.

이 같은 금속화폐의 단점들은 시중에 상대적으로 가치가 떨어지거나 질이 나쁜 화폐만 유통되는 '그레셤의 법칙'으로 나타났다. 또 금속화폐는 경제규모 확대에 맞추어 화폐량을 필요한 만큼 공급하지 못하는 단점도 가지고 있었다. 그리하여 시간이 흐름에 따라 지폐, 즉 은행권이 등장한다. 지폐를 발행한 최초의 계층은 금세공(金細工)업자였다. 중세 이탈리아의 금세공업자는 금을 가공하던 데서 더 나아가 금화를 보관하고 이를 맡긴 사람에게 증서를 교부했다. 금화 대신 이 증서가 유통되고 금세공업자가 은행업자로 발전함에 따라 이 증서는 은행권이 되었다.

그리하여 많은 은행이 자신의 은행권을 발행했는데, 이 은행권은 지리적으로 제한된 영역에서만 통용된다는 한계를 가지고 있었다. 이러한 한계를 극복하기 위해 중앙은행, 즉 국책은행이 은행권을 발행할 권리를 독점하게 되었다. 이 지폐는 애초에 금으로 교환해주는 '태환권(兌換券)'이었으나 나중에는 금과 교환해주지 않고 정부가 법적으로 그 가치를 보증할 뿐인 '불환권(不換券)'이 되었다.

미국의 달러 지폐에는 "이 지폐는 모든 사적 및 공적 채무결제에 사용될 수 있는 법화(法貨)다"라는 문구가 인쇄돼 있다. 이 문구의 의미인즉, 술을 마시고 술값으로 법화인 달러 지폐를 지불했을 때 술집 측에서 이 돈을 거부하고 다른 돈을 달라고 하면 그냥 나와도 괜찮다는 뜻이다. 다만 소련이 해체될 당시 사람들이 러시아 돈인 루블화보다 미국돈인 달러화를 더 선호했던 것처럼 국가권력이 불안정할 때는 법화의 통용 역시 불안정해진다.

그레셤의 법칙

금과 은을 화폐로 사용하는 경우를 보자. 둘 중 하나만을 화폐로 통용하는 단본위제(금본위제 또는 은본위제)와 둘 다 화폐로 통용하는 복본위제가 있다. 그런데 복본위제에선 국가가 금화와 은화 사이에 일정 비율을 정해 놓더라도, 금이나 은을 채굴하는 비용의 차이에 따라 금과 은의 가치관계는 끊임없이 변화한다. 그러므로 국가가 지정한 교환비율은 현실과 동떨어질 수 있고, 그랬을 때 사람들은 실질가치가 상대적으로 떨어진 화폐만 유통시키고 실질가치가 올라간 화폐는 자신의 금고에 보관한다. 이런 현상을 목도한 영국 왕실의 재정담당관 그레셤은 "악화(惡貨)가 양화(良貨)를 몰아낸다"고 말했다. 이게 그 유명한 그레셤의 법칙(Gresham's law)이다.

복본위제뿐만 아니라 단본위제에서도 그레셤의 법칙이 통용된다. 사람들이 금으로 된 주화나 은으로 된 주화의 표면을 긁어내는 일이 만연하여 시중에는 조악한 화폐만이 유통되는 것이 그 대표적인 예다. 흥미롭게도 그레셤의 법칙은 다른 인간사에도 나타난다. "까마귀 싸우는 골에 백로야 가지 마라"는 말을 떠올려 보라. 예컨대 어떤 모임에 성질 나쁜 사람들이 들어와 설치면 괜찮은 사람들이 그 모임에 참석하지 않게 된다.

근래에 와서는 지폐뿐만 아니라 수표나 신용카드도 지불수단으로 널리 쓰이고 있다. 머지않은 미래에는 컴퓨터를 통해 결제가 처리되는 전자화폐(electronic money)의 통용이 확대될 것으로 보인다. 이러다간 정말 시장경제에 없어서는 안 될 존재인 화폐가 실물로서는 자취를 감추는 세상이 올지도 모르겠다.

화폐의 수요와 공급

일반 상품과 마찬가지로 화폐의 경우에도 수요와 공급의 원리가 작동한다. 그 원리에 따라 국민경제는 물가, 고용, 성장 면에서 영향을 받는다. 그러면 화폐의 수요와 공급은 구체적으로 어떻게 결정될까?

먼저 화폐의 수요에 대해 알아보자. 화폐의 수요는 거래적 동기, 예비적 동기, 투기적 동기에 의해 발생한다. 거래적 동기란 일상생활의 거래를 위해 화폐를 보유하려는 경우이고, 예비적 동기란 갑자기 돈이 들어가야 할 때를 대비해 화폐를 보유하려는 경우다.

이런 수요들은 소비자건 기업이건 정부건 그들의 거래수준에 따라 결정된다. 소비나 투자 지출이 많을수록 돈을 더 많이 갖고자 한다. 나라 전체로 보면 국민소득이 높아질수록 화폐 수요가 커진다. 다만 국민소득의 증가속도에 비해 화폐량의 증가속도가 더 빠르다. 이는 주식을 사고판다든가 하는 식으로 국민소득과 직접적인 관계가 없는 금융거래가 급속하게 늘기 때문이다.

사람들은 투기적 동기로도 화폐를 수요한다. 부동산도 아닌 화폐를 투기 목적으로 보유한다는 말이 잘 이해되지 않는다면, 시장경제에선 온갖 게 투기의 대상이라는 점을 떠올려보라. 화폐의 투기적 보유란 화폐로 다른 자산을 구입할 적절한 기회를 노리고 있는 경우다. 이는 이자율과 반비례 관계를 갖는다. 화폐와 채권 중에서 선택한다고 생각해보자. 이자율이 떨어졌을 때는 채권을 사면 좋지 않다. 우선 이자수익이 적다. 17장에서 설명하겠지만, 이자율 하락은 채권가격을 상승시킨다. 따라서 이자율이 떨어졌을 때 채권을 사면 이미 값이 오른 채권을 사는 게 되므로 앞으로 채권가격이 떨어질 위험성이 크다. 그래서 이자율이 하락하면 이자율 상승을 기다리며 투기적 화폐보유를 늘리는 것이다.

거래적 동기, 예비적 동기, 투기적 동기에 의한 화폐 수요를 케인스는 유동성선호(流動性選好)라 불렀다. '유동성'이란 흘러갈 수 있는 성질, 즉 다른 자산으로 쉽게 바뀔 수 있는 성질을 말한다. 단독주택은 잘 안 팔리니 유동성이 낮은 자산이다. 반면에 화폐는 언제라도 그것으로 다른 물건을 살 수 있어 유동성이 가장 큰 자산이다. 그래서 유동성은 화폐와 동의어로 쓰이기도 한다.

그러므로 유동성을 선호한다는 것은 실물이나 채권으로 바꿀 때를 대비해 화폐를 보유한다는 의미다. 다만 오늘날엔 유동성을 전부 현찰로 보유하지는 않는다. 대부분은 은행예금이나 다른 금융자산으로 갖고 있다. 그래도 현찰이 너무 없으면 곤란하다. 작고한 모 재벌총수는 도둑이 들었을 때를 대비해 늘 수백만 원의 현찰을 집에 준비해뒀다고 한다. 가져갈 현찰이 없다면, 허탕을 치게 된 도둑이 홧김에 사람을 해칠지도 모른다는 우려 때문이었다.

유동성이 현찰뿐 아니라 여러 금융자산의 형태로 존재한다는 사실은 유통되는 화폐량을 어떤 방식으로 계산하는 게 좋은가 하는 문제를 야기한다. 이게 통화지표 설정의 문제다. 통화지표는 금융정책 수립에 필요한 기본지표다. 우리나라의 통화지표로는 좁은 의미의 통화량이라는 협의(狹義)통화 M_1, 넓은 의미의 통화량이라는 광의(廣義)통화 M_2, 금융기관유동성 L_f 그리고 광의유동성 L이 주로 사용된다. 2012년 말 현재 M_1, M_2, L_f, L은 각각 470조 원, 1836조 원, 2456조 원, 3122조 원이며 그 구성은 다음과 같다.

M_1 = 민간보유 현금통화 + 결제성예금(요구불예금 및 수시입출식 저축성예금)
M_2 = M_1 + 준결제성예금(정기예금, 정기적금 및 양도성예금증서 등)
L_f = M_2 + 비은행금융기관의 예수금
L = L_f + 정부 및 기업 발행 유동성상품(국공채, 회사채 및 기업어음 등)

여기서 보통예금이나 당좌예금 같은 요구불예금이나 MMDA(money market deposit account) 같은 수시입출식 저축성예금은 은행에 요구만 하면 당장 찾을 수 있으므로 현금통화나 마찬가지로 간주한다. 준(準)결제성예금인 정기예금이나 정기적금은 찾으려면 이자손실을 감수해야 하므로 유동성이 좀 떨어진다. 따라서 M_1보다 넓은 의미의 통화지표 M_2에 포함시킨다. 금융기관유동성은 종전의 총유동성(M_3)를 바꿔 부르는 이름이며, 광의유동성(L)은 가장 넓은 의미의 유동성 지표다. 즉각적인 자금수요에 대비하고 때로는 투기를 유발할 수도 있는 부동(浮動)자금은 만기가 6개월 미만인 단기예금으로 계산하며, 2013년 3월 현재 810조 원 정도다.

그럼 이제 화폐의 공급에 대해 살펴보자. 물론 지폐는 조폐공사가 인쇄기를 돌려 찍어낸다. 하지만 조폐공사가 멋대로 화폐를 공급하는 것은 아니다. 정해진 경로에 따라 한국은행이 화폐를 공급한다.

첫 번째 경로는 정부가 한국은행에 맡겨둔 정부예금을 인출하는 경로다. 두 번째 경로는 한국은행이 금융기관을 상대로 국공채를 매입하거나 대출을 해주는 경로다. 세 번째 경로는 외국인이 가지고 들어왔거나 민간이 벌어들인 달러를 한국은행이 매입하는 경로다. 현재 우리나라에서는 세 번째 경로, 즉 달러 매입이 가장 주요한 화폐 공급 원천이다. 이렇게 한국은행을 통해 시중에 흘러나온 화폐를 본원통화(本源通貨)라 한다.

그런데 통화량은 M_1이나 M_2의 정의에서 보듯이 본원통화만으로 구성돼 있지 않다. 예컨대 요구불예금이나 저축성예금도 통화의 일부로서 예금통화라 부른다. 이 예금통화가 창출되는 과정을 간단히 살펴보자. 예컨대 갑이 수출해서 번 달러를 바꾼 돈 1억 원을 A은행에 예금했다고 하자. 그러면 A은행은 이 1억 원 중 지급준비금 1000만 원을 남겨두고 9000만 원을 을에게 대출한다. 을은 그 돈을 자재 대금으로 병에게 지불하고 병은 그것을 B은행에 예금한다. 그러면 B은행 역시 9000만 원 중 지급준비금 900만 원을 제외한 8100만 원을 정에게 대출한다. 이런 식으로 대출을 통해 예금통화가 풍선처럼

지급준비금과 예금인출소동

은행이 갑의 예금액 중 지급준비금을 남겨두는 것은 갑이 불시에 돈을 인출할 경우에 대비하기 위해서다. 단 전액을 준비하지 않는 이유는 갑을 포함한 모든 예금자가 일시에 인출을 요구하지는 않을 것으로 예상하기 때문이다. 그런데 경제환경이 불안정할 때는 어느 은행이 부실하다는 소문이 퍼지면 고객들이 예금을 인출하려고 장사진을 치는 사태가 일어나기도 한다. 이를 뱅크런(bank run, 예금인출소동)이라 부른다. 뱅크런이 다른 은행에까지 파급되면 금융계 전체가 위태로워진다. 1930년대 미국의 대공황기에 뱅크런 사태가 발발한 바 있다. 우리 정부가 5000만 원까지 예금지급을 보장하는 제도는 뱅크런으로 인한 전체 금융시스템의 마비를 방지하기 위해서다.

커지며, 이는 본원통화 1억 원의 여러 배(통화승수라 함)에 달한다.

슘페터는 이를 신용창조라 하여 자본주의 발전의 중요 메커니즘으로 파악했다(여기서 신용, 즉 크레디트(credit)란 돈을 빌려준다는 뜻이다). 신용창조 메커니즘을 보면 은행이 도깨비방망이 같다는 느낌이 든다. 그러나 실물경제가 뒷받침되지 않으면 이런 신용창조도 무의미하다. 경제가 정체하고 있을 때는 대출해 가려는 사람이 별로 없다. 거꾸로 경제가 과도하게 팽창되어 있을 때 예금통화를 늘리면 물가상승만 일으키기 쉽다.

일반상품은 수요와 공급에 의해 가격이 결정된다. 그러면 화폐의 수요와 공급에 의해 결정되는 것은 무엇일까? 그것은 화폐의 가격인 이자율이다. 거래적 동기, 예비적 동기, 투기적 동기에 의한 화폐 수요와 본원통화, 신용창조에 의한 화폐 공급에 따라 균형이자율이 결정된다. 화폐가 가격을 표시해주는 것인데 화폐 자체의 가격이라니 무슨 뜬금없는 이야기인가 하고 생각하는 사람을 위해 설명을 덧붙이자면, 화폐의 가격은 화폐 사용권에 대한 가격이다. 집 가격과 별도로 집 사용권에 대한 가격인 월세가 존재한다는 것을 떠올려보자.

이자율(금리)은 명목이자율과 실질이자율로 나누어진다. 은행예금에 대한 이자율이 연 5퍼센트라 하자. 그런데 1년 동안 물가가 3퍼센트 상승한다면 원금과 이자를 합한 인출금의 실제가치는 그만큼 떨어진다. 이 경우 5퍼센트를 명목이자율이라 하고 명목이자율에서 물가상승률을 뺀 2퍼센트를 실질이자율이라 한다. 이자율은 그 종류별로 각각 다르다. 즉, 예금이자율과 대출이자율이 서로 다르며, 예금이자율도 단기예금이냐 장기예금이냐에 따라 달라진다. 또 금융기관별로도 이자율이 다르다.

인플레이션과 그 효과

"돈값이 똥값이다"라는 표현이 있다. 물가가 올라서 돈을 들고 시장에 가도 전과 달리 살 게 별로 없다는 뜻이다. 여기서 돈값이란 돈의 가격인 이자율이 아니라 상품에 대한 돈의 상대적 가치를 말한다. 이를테면 쌀 1가마니의 값이 5만 원에서 10만 원으로 오르면 쌀에 대한 돈의 가치가 절반으로 떨어지는데, 이럴 때 "돈값이 똥값이다"라는 표현을 쓰는 것이다. 돈이 상품의 가치를 표현하다 보니 돈의 가치는 상품의 가격인 물가에 반비례한다. 인플레이션은 물가가 오르고 돈의 가치가 떨어지는 현상을 의미한다.

전시나 전쟁 직후에는 특히 심각한 인플레이션, 즉 초인플레이션(hyperinflation)이 나타났다. 대표적인 예로, 1차대전이 끝난 직후 패전국 독일은 전쟁을 치르느라 재정이 바닥난데다 막대한 전쟁배상금을 지불하기 위해 돈을 마구 찍어냈고, 그 결과로 곧 천문학적인 물가상승이 이어졌다. 실제로 1920년 7월 한 포대에 1마르크 하던 감자값이 1923년 11월에는 1천억 마르크라는 가공할 금액으로 치솟았다. 상황이 이쯤 되면 화폐는 교환수단으로서의 기능을 상실하고 경제는 물물교환 시대로 돌아간다. 역사는 후퇴도 한다.

특정 상품의 가격이 수요와 공급의 작용에 의해 결정되듯이 상품 전반의 가격, 즉 물가수준도 수요와 공급의 작용에 의해 결정된다. 단, 물가수준을 결정하는 수요와 공급은 개별 수요와 개별 공급이 아니라 나라 전체의 총수요와 총공급이다. 수요 요인에 따른 인플레이션을 '수요견인(demand-pull) 인플레이션'이라 하고, 공급 요인에 따른 인플레이션을 '비용인상(cost-push) 인플레이션'이라 한다.

수요견인 인플레이션에 대한 대표적 설명은 "통화량이 늘어나면 물가가 상승한다"는 '화폐수량설(quantity theory of money)'이다. 풍선에 바람을 불어넣듯이 경제에 돈을 너무 많이 풀어놓은 것이 인플레이션을 야기한다는 이론이다. 이런 상황을 "너무나 적은 재화를 쫓아다니는 너무나 많은 화폐(too much money chasing too few goods)"라고 표현한다. 어떤 재화의 생산량은 일정한데 그 재화를 사겠다는 사람이 늘면 가격이 뛰는 것과 마찬가지다.

비용인상 인플레이션은 공급 요인, 즉 상품가격을 구성하는 요소에 초점을 맞춘다. 1970년대 석유파동 때와 같은 원유가격 상승이나 원자재가격 상승이 세계물가를 상승시키는 게 그 대표적인 경우다. 환율인상은 수입재화의 국내가격 상승을 통해 인플레이션의 원인이 될 수 있다. 독점기업의 이윤증대나 생산성 향상을 초과하는 임금상승 역시 인플레이션을 야기할 수 있다.

그런데 만약 모든 상품의 가격상승률이 똑같으면 어떻게 될까? 임금상승률도 다른 물가상승률과 같고 이자율도 물가상승을 반영한다고 치자. 그러면 경제에 아무런 실질적 변화도 없다. 물가가 두 배로 뛰어도 월급이 두 배가 되면 그게 그것 아닌가. 기껏 식당 메뉴판의 음식가격을 고쳐 써야 하는 비용이 들 뿐이다. 이를 '메뉴비용(menu costs)'이라 한다.

인플레이션의 진짜 문제는 상품들의 가격변동이 불균등하다는 사실에 있다. 다른 물가는 올라가는데 임금이 그대로라면 노동자가 피해를 본다. 대기업의 정규직 노동자는 강력한 노조의 힘으로 큰 폭의 임금상승을 관철시키는데, 중소기업 노동자나 비정규직 노동자는 그렇게 하지 못한다면 경제의 양극화가 심화된다. 또 현찰을 쥐고 있는 사람이나 채권자는 피해보게 마련이다. 예금금리가 물가상승을 반영하지 못하는 수준이라면 예금자의 처지도 마찬가지다. 게다가 초인플레이션 하에선 미래에 대한 합리적 예측이 불가능해져 생산과 교환 활동이 제대로 이루어지지 못하고 투기가 판을 칠 수 있다.

그러나 인플레이션이 모두에게 악영향을 끼치는 것은 아니다. 이득을 보는 계층도 있다. 채무자는 상환해야 할 채무액의 실질가치가 떨어지므로 유리하다. 자본은 임금인상을 요구하는 노조와 직접 싸우지 않아도 인플레이션을 유발시키면 임금의 실질가치를 떨어뜨릴 수 있다. 그래서 완만한(mild) 인플레이션은 경제 전체에 좋다는 주장도 있다. 또 부동산가격 상승이 일반물가 상승보다 빠른 속도로 진행된다면 부동산 보유자가 횡재를 한다.

세계화폐인 달러가 누리는 특권과 그 모순

2011년 미국의 경상수지 적자는 약 4700억 달러라는 천문학적 금액에 달했다. 게다가 이런 적자상태는 한두 해가 아니라 1980년대 중반부터 지금까지 계속되고 있다. 반면에 한국은 경상수지 적자가 200억 달러를 넘어선 게 한 해뿐이었는데도 IMF사태라는 국가부도 위기를 맞았다. 이런 기막힌 차이는 왜 생기는 걸까? 그것은 한국화폐와 달리 미국화폐는 세계 어디서나 통용되는 세계화폐이기 때문이다.

국가권력은 특정지역 내에서만 행사되므로 중앙은행권은 국제거래에서 직접 통용될 수 없다. 외국에 나갈 일이 있을 때 우리는 출국 전에 미리 한국 돈을 달러로 바꿔둬야 한다. 한국 돈은 세계 어디서나 사용할 수 있는 세계화폐가 아니기 때문이다. 그런데 미국인은 자기 나라 돈을 외국에서 마음대로 사용할 수 있다. 뿐만 아니라 수출보다 수입이 많을 때도 달러로 결제하면 된다. 이는 봉건영주의 화폐주조권에 비유할 만한 특권이다. 하지만 봉건영주가 화폐를 주조하려면 명목가치에 미치지는 못하더라도 어쨌든 금속이 소요되는 데 반해 미국은 종이돈을 찍어내면 되니 사실 그 특권은 봉건영주에 비할 바 아니다.

원래 국제거래는 오랫동안 일방적 약탈이나 물물교환 형태를 취했다. 그러다 점차 금이나 은이 세계화폐로 통용되었고, 구미에선 1870년대에 고전적 금본위제(金本位制, gold standard)가 정착됐다. 금본위제에서 각국은 자국의 금 보유량에 맞춰 통화를 발행했다.

2차대전 후에는 금본위제 대신에 새로운 국제통화 체제가 들어선다. 브레턴우즈 체제라 불리는 이 시스템은 미국 달러화만 금과 교환할 수 있고(금 1온스에 35달러), 다른 나라의 통화는 그 가치를 고정된 비율의 달러로 표시하는 금/달러본위제였다. 이렇게 달러화를 유일한 세계화폐로 지정한 것은 당시 미국이 전 세계 금의 3분의 2를 소유하고 있었기 때문이다.

하지만 1960년대 후반 이후 미국은 베트남전쟁 등으로 재정지출이 늘어나 격심한 인플레이션을 겪었다. 반면에 라인 강의 기적을 이룩한 서독과 한국전쟁 등을 발판으로 눈부신 경제성장을 이룩한 일본이 그들의 상품을 미국으로 대거 수출함에 따라 미국의 경상수지 적자가 늘어나고 이 나라들로 달러가 흘러들어갔다. 이런 상황에서 미국은 경상수지 흑자국들이 너도나도 달러를 금으로 교환해 달라고 요구해오지 않을까 우려하지 않을 수 없었다. 자칫하면 미국의 금괴가 바닥날 위험에 처한 것이다. 그리하여 마침내 1971년 미국의 닉슨 대통령은 달러화의 금태환 중지를 선언하고, 이에 따라 브레턴우즈 체제는 사실상 허물어졌다.

이후 국제통화 체제는 금/달러본위제에서 달러본위제로 바뀌었다. 달러가 더 이상 그 가치를 금으로 보장받지 못하게 됐음에도 불구하고 계속 세계화폐로 기능한 것은 그래도 여전히 미국이 세계 최강국이고, 달러를 대신할 세계화폐가 존재하지 않았기 때문이다. 달러본위제에서는 금 보유량에 구애받지 않고 달러를 찍어낼 수 있었기 때문에 국제무역이 훨씬 더 활발하게 이루어질 수 있었다.

하지만 세상엔 양지가 있으면 음지도 있는 법이다. 달러본위제는 몇 가지 심각한 단점을 가지고 있었다. 우선 금본위제나 금/달러본위제에서와 같이 금의 이동을 통해 무역균형을 유지시켜 주는 조정 메커니즘이 없기 때문에 거대한 무역불균형이 심화됐다. 즉, 미국의 무역적자가 엄청난 규모에 달했고, 이는 1970년대 석유파동으로 인해 산유국에 축적된 오일달러와 더불어 전 세계에 달러를 넘쳐나게 만들었다. 물론 중국과 같은 무역수지 흑자국들이 자국으로 흘러들어온 달러로 미국의 채권이나 주식을 구입함으로써 달러가 다시 미국으로 되돌아가기도 한다. 그래도 2013년 현재 미국이 발행한 화폐 약 1조 2000억 달러 중 절반 이상이 해외에서 유통되는 것으로 추정된다.

브레턴우즈 체제가 붕괴된 후 세계는 거품경제, 은행도산, 외환위기를 빈번히 맞고 있다. 1980년대 일본의 버블경제, 1990년대 말 아시아의 외환위기, 오늘날 세계 각국의 부동산투기가 그런 대표적 사례다. 물론 이런 사태들에는 각국 자체의 내적 모순도 커다란 영향을 미쳤다. 하지만 다른 중요한 요인으로서 달러와 같은 세계화폐,

즉 국제유동성(global money)의 과잉공급 문제도 지적하지 않을 수 없다.

매년 수천 억 달러씩 적자를 보는 나라의 화폐가 세계화폐인 현실이 안정적일 수 없다. 달러의 신뢰도는 계속 떨어지고 있다. 요즘은 달러가 독점적으로 차지했던 세계화폐 자리에 유럽연합의 '유로'나 일본의 '엔'이 부분적으로 끼어들게 됐다. 그러나 그렇다고 경상수지 흑자국들이 달러로 표시되는 미국 채권이나 주식을 기피해도 좋을까? 그러면 달러 가치가 폭락하고 세계경제가 요동칠 위험성이 크다.

이런 문제에 대처하려면 어찌해야 할까? 일찍이 케인스가 제창했던 '국제청산동맹(International Clearing Union)', 즉 세계중앙은행의 설립을 생각해볼 수 있다. 세계중앙은행이 달러 대신에 새로운 세계화폐를 창출하고 그 공급을 조절하는 것이다. 이는 단순한 공상이 아니다. 특별인출권(SDR; Special Drawing Rights)이라는 새로운 세계화폐가 부분적으로 창출된 바 있다. 유럽연합 차원에서는 중앙은행이 가동되고 있다. IMF를 새로운 세계중앙은행으로 거듭나게 하지 말란 법이 있는가. 세계정부와 아울러 세계중앙은행의 설립은 우리 인류가 앞으로 심각히 고민해봐야 할 과제다.

성장, 분배, 환경의 변증법

GDP는 경제성장을 바르게 나타내는가

한 나라의 경제규모나 성장수준을 나타내는 개념을 '국내총생산' (GDP; gross domestic product)이라고 한다. GDP는 한 국가의 영토 내에서 일정기간 동안 생산된 재화와 서비스의 가치다. 2012년 한국의 GDP는 1270조 원 정도로 세계 15위를 기록했다. 200개가 넘는 나라들 중 15위라니 뭔가 대단한 듯한 느낌이다.

한편, 한 나라의 경제규모나 성장수준을 나타내는 또 다른 개념으로 '국민총생산'(GNP; gross national product)이라는 게 있다. 지역을 기준으로 하는 GDP와 달리 GNP는 사람을 기준으로 한다. 예컨대 한국에서 일하는 베트남인의 임금은 한국의 GDP에 포함되지만, 한국의 GNP에는 포함되지 않는다. 거꾸로 현대자동차가 중국에 진출하여 벌어들인 이윤은 한국의 GDP에 포함되지 않지만, 한국의 GNP에는 포함된다. 경제지표를 나타낼 때 예전에는 GNP를 사용했지만, 요즘은 GDP를 주로 사용한다. 글로벌화로 인해 국내에서 활동하는 외국인노동자와 해외기업이 많아지고, 반대로 해외에서 활동하는 국내기업도 증가함에 따라 한 나라 내의 경제활동이 얼마나 활발한지를 나타내는 지표로는 GDP가 더 적합하다고 여기게 됐기 때문이다.

GDP는 명목GDP와 실질GDP로 구분된다. 경제현상에서 이렇게 '명목'과 '실질'을 분별해야 하는 것은 물가변동 때문이다. 2012년 한국의 명목GDP는 1270조 원이지만, 2012년에 생산된 재화와 서비스를 한국은행에서 정한 기준연도인 2005년의 가격으로 환산한 실질GDP는 1100조 원이다. 실질GDP는 물가변동을 배제하고 생산량의 변화만 반영한 개념이다. 경제성장률과 같은 실질적 변화는 당연히 실질GDP로 계산한다.

그런데 한국은행은 '국민총소득'(GNI; gross national income)이라는 지표도 발표한다. GNI는 사람을 기준으로 하므로 GNP와 같은 차원의 개념이다. 자취를 감추었던 GNP가 GNI로 부활했다고나 할까. "GNI = GDP + 국외순수취요소소득"이다. 국외순수취요소소득은 해외에서 자국민이 벌어들인 소득을 포함하고 국내에서 외국인에게 지급한 소득을 제외한 것이다.

GNI도 명목GNI와 실질GNI로 구분된다. 실질GNI는 실질GDP에 실질국외순수취요소소득뿐만 아니라 무역손익까지 포함한 지표다. 조금 복잡하다. 무역손익이란 대외구매력의 변화를 말하는데, 이를 감안한 국민의 실질소득(실질구매력)을 측정한 것이 실질GNI다. 만약 수출품 가격이 내리고 수입품 가격이 오르면 동일한 수출량으로 더 적은 양의 수입품을 구매할 수밖에 없다. 예컨대 우리나라의 경우, 주요 수출품목인 반도체 가격이 하락하고 주요 수입품목인 원유가격이 올라가면 무역에서 손해를 보는 셈이고 국민의 구매력이 저하하는 것이다.

주가나 부동산 가격의 상승은 GDP 계산에 넣지 않는다. 이 경우엔 재화나 서비스가 새롭게 생산된 게 아니고 단지 보유한 주식이나 부동산의 가격이 올라간 사람에게 그렇지 않은 사람의 재산가치가 이전된 것이기 때문이다. 그리고 GDP가 높아진 만큼 인구도 늘어난다면 사람들의 생활수준은 달라질 게 없다. 그래서 엄밀한 의미의 경제성장은 GDP를 인구 수로 나눈 '1인당 GDP'의 증대로 정의된다.

이렇게 오늘날 널리 쓰이는 GDP 개념에는 다음과 같은 몇 가지 한계가 존재한다.

첫째, GDP는 시장에서 거래되지 않는 재화와 서비스는 계산하지 않는다. 예컨대 맞벌이 주부가 어린 자식을 친정어머니나 시어머니에게 맡길 경우에 그 수고는 GDP에 계산되지 않지만, 어린이집에 맡기는 비용은 계산된다. 똑같이 어린이를 돌보는 일이지만 GDP에는 차이를 초래하는 셈이다. 후진국일수록 시장에서 거래되지 않는 재화와 서비스의 비중이 높다.

둘째, 시장에서 이루어지지만 계산에 잡히지 않는 거래가 있다. 예컨대 우리나라 의사나 변호사는 소득을 제대로 신고하지 않는 경우가 많다. 그런 미신고소득은 GDP에 계산되지 않는다. 실제로 어느 의사는 연소득이 1000만 원 정도라고 신고했는데, 자동차사고로 사망해 가족이 보상금을 청구하는 과정에서 실제소득이 그 10배였음이 밝혀진 예도 있다. 술집과 같은 자영업의 매출조작도 GDP를 낮춘다. 이런 것들을 가리켜 '지하경제'라고 한다. 이 지하경제의 규모는 선진국의 경우 GDP의 15퍼센트 정도이고, 후진국의 경우 33퍼센트 정도라는 조사가 있다.

셋째로, GDP는 여가(leisure)를 계산에 넣지 않으며, 아울러 환경파괴를 고려하지 않는다. 노동시간이 줄고 여가가 늘면 가족과 단란한 시간을 더 많이 갖게 되는 등 삶의 질은 개선될 수 있다. 그러나 이런 삶의 질 개선은 GDP 계산에서 제외된다. 그리고 폐수로 인한 환경파괴는 국민 복지를 저하시키지만 GDP 계산에는 아무런 영향을 끼치지 않는다.

GDP 개념의 이런 한계를 극복하려고 고안한 새로운 지표가 '순경제후생'(NEW; net economic welfare)이라든가 '진정한 진보지표'(GPI; genuine progress indicator)다. 이 지표들은 경제성장의 편익뿐만 아니라 비용도 계산에 넣는다. 따라서 경제가 성장해도 국민 개개인의 여가가 줄어든다든지 환경이 파괴되면 GPI는 하락할 수 있다. 미국은 1950년에서 1970년대 초까지는 GPI가 증가했으나 그 이후로는 GDP가 증가했는데도 GPI는 줄곧 감소했다고 한다. 인간의 행복은 이런 지표가 더 잘 반영할 것이다. 다만 이런 지표들은 엄밀한 계산이 어렵기 때문에 그다지 활용되고 있지 않다.

경제성장 요인과 허구적 경제성장

우리 경제는 1960년대 이후 1990년까지 연평균 GDP성장률이 8퍼센트가 넘는 눈부신 고도성장을 이룩해왔다. 그러다 근년에는 성장률이 5퍼센트 전후로 떨어졌고 세계 금융위기를 맞아 더욱 출렁거리기도 했다. 지난 100년간 1인당 GDP의 연평균 상승률은 미국이 2퍼센트 정도, 일본은 3퍼센트 정도, 파키스탄은 1퍼센트 정도였다. 이렇게 나라별로 시기별로 경제가 다르게 성장하는 것은 왜일까? 지금부터 경제성장에 영향을 미치는 요인들을 알아보자.

GDP는 생산된 재화와 서비스의 가치로, 'GDP = 노동시간 × 노동생산성'으로 표시할 수 있다. 노동생산성은 노동시간당 생산량이므로 이 식은 항상 성립한다. 따라서 GDP의 증대, 즉 경제성장은 첫째로, 인간의 노동시간 변화에 좌우된다. 노동시간은 전체 인구 중 얼마만큼이 취업자인가, 또 취업자들이 연평균 몇 시간 일하는가에 따라 결정된다. 여성들이 노동시장에 적극적으로 뛰어들면 경제성장에 플러스로 작용하고, 공휴일이 늘어나면 경제성장에 마이너스로 작용한다.

둘째, 노동생산성 변화가 경제성장을 좌우한다. 노동생산성 상승은 물적 및 인적 투자, 연구개발(R&D; research & development), 자원의 효율적 배분 등에 의해 이루어진다. 물적 투자는 기계와 설비를 확대하는 것이고, 인적 투자는 교육과 훈련을 강화하는 것이며, R&D는 기술혁신을 도모하는 것이고, 자원의 효율적 배분은 기업 및 사회 전체의 자원배분을 효율화하는 것이다.

나라의 생산량은 $Q = f(L, K, T)$로도 표시할 수 있다. 경제성장은 Q가 커지는 것이다. 여기서 L은 노동량, K는 자본량, T는 기술수준으로 K와 T가 노동생산성을 변화시킨다. 그리고 L과 K의 증가에 의한 성장은 양적 성장, T의 증가에 의한 성장은 질적 성장이라고 구분한다. 총요소생산성(TPF; total factor productivity)은 Q의 증대에서 L과 K의 증대 효과를 뺀 T의 효과만을 측정한 것이다.

L, K, T 중 어느 것이 경제성장에 큰 영향을 미치는가는 나라와 시기에 따라 다르다. 소련은 스탈린 치하에서 많은 사람이 희생됐지만

한편으로는 경제성장률이 높았고 그것을 바탕으로 나치스 독일과 싸울 수 있었다. 이때의 성장은 주로 노동력과 자본을 최대한 동원한 것이었다. 한국전쟁 후 북한은 노동력을 최대한 동원해 경제회복에 집중했다. 북한의 나이든 세대가 당시 얼마나 힘들게 일했는가는 그들의 고생에 찌든 얼굴모습에서 미루어 짐작할 수 있다.

한국을 비롯한 동아시아의 경우는 어떨까? 크루그먼(P. Krugman)이라는 미국의 경제학자는 동아시아도 옛 소련과 비슷한 양적 성장 유형이어서 곧 한계에 부닥칠 것이라고 주장했다. 이 불길한 예언은 IMF사태로 적중한 꼴이 된 것 같다. 그렇다고 해서 동아시아를 양적 성장 일변도라 한다면 다소 지나친 폄훼이리라. 한 연구에 따르면 한국은 1966~1990년의 경제성장에 노동이 40퍼센트, 자본이 44퍼센트, 기술이 16퍼센트 기여했고, 미국은 1948~1972년의 경제성장에 노동이 19퍼센트, 자본이 39퍼센트, 기술이 42퍼센트 기여했다.

한편 경제성장이 허구적일 수 있음에도 유의해야 한다. 가상의 예를 제시해보자. A와 B 두 나라가 있다. 두 나라의 인구, GDP, 실업률은 모두 똑같다. 그런데 A국의 실업자는 실업보험을 받으며 빈둥거리고 있는데 반해 B국의 실업자는 기발한 아이디어를 냈다. 먼 남쪽 나라에 A국과 B국에 없는 모기라는 곤충이 있다는 이야기를 듣고 그것을 가져와 B국에 퍼트리기로 한 것이다. 모기가 퍼지자 모기향과 모기장이 필요해졌고, 남쪽 나라에서 모기향과 모기장 만드는 방법도 배워온 실업자들이 그걸로 생계를 꾸려가게 되었다. 결국 그만큼 B국은 A국보다 GDP가 증대했다. 하지만 국민의 복지가 GDP 성장률만큼 증대하지는 않았음은 누구나 알 수 있다. 아니 모기도 없고 모기향도 필요 없는 A국의 복지가 더 나을 것이다. 모기향은 피우기도 귀찮고 몸에도 안 좋은 것이다.

이것은 너무 과장된 비유가 아니냐고 반박할지 모르겠다. 하지만 옛날에 없던 에이즈가 퍼짐에 따라 그 치료서비스만큼 GDP가 증대한다 해도 복지가 나아지지 않음을 잘 알 수 있다. 국방비의 경우도 마찬가지다. 냉전을 격화시켜 미국이 무기생산을 늘려 가면 수치상으로는 경제가 성장한 것이 된다. 하지만 이는 없던 모기를 번식시켜 모기향 생산을 증대시킨 것과 별로 다를 바 없다. 그러고 보니 모기나 무기나 발음도 비슷하다.

냉전이 끝나자 미국은 대량살상무기를 보유하고 있다는 근거 없는 혐의를 뒤집어씌워 이라크와 전쟁을 벌였다. 곧 미국 내 무기와 의약품 생산이 크게 증가했다. 하지만 이런 경제성장은 수많은 이라크인의 희생을 바탕으로 이루어진 것이다. 게다가 적지 않은 미군 사상자를 낳고 자원을 파괴적인 쪽에 사용함으로써 미국인의 복지

미국의 군수산업

2012년의 세계 군사비지출은 약 1조 8천억 달러로 추정된다. 세계 GDP의 2.5%에 해당하는 금액이다. 이중 약 75퍼센트를 선진국들이 차지하는데, 그 금액은 이들이 저개발국의 빈곤 타파에 지원하는 금액의 10배가 넘는다. 미국의 군사비지출은 단연 압도적이어서 전체의 40%가량이다.

미국의 군사비는 냉전이 종식된 후 10년 동안은 감소했으나, 1990년대 말부터 조금씩 증가하더니 2001년 9.11 사건 이후 급증했다. 미국은 이른바 세계경찰(Globocop)을 자처하면서 막대한 군사비를 쏟아 붓고 있는 것이다.

이러한 군사비지출을 통해 움직이는 미국의 군수산업은 미국경제의 주요 기반 가운데 하나로서 '군산복합체'를 형성하고 있다. 직접적으로 군수산업에서 일하는 노동자만도 200만 명이 넘는데, 이는 민간노동력의 약 2퍼센트에 해당하는 숫자다. 또 미국 기술자와 과학자의 3분의 1 이상이 군사관련 일에 종사하고 있고, 미연방 차원에서 이루어지는 연구개발(R&D) 지출의 4분의 3 정도가 군사프로젝트다. 조선이나 항공처럼 그 산업의 주요 부분이 군사지출이나 해외 무기판매와 깊은 관련을 갖는 경우도 적지 않다. 보잉, 록히드 마틴, 제너럴 다이내믹스 등이 대표적인 군수기업이다. 또 역사적으로 군수기업들은 '죽음의 상인'으로 불리며 전쟁을 통해 막대한 부를 축적해왔다.

도 희생시킨 셈이다. 이런 문제와 관련해 군인출신 미국대통령 아이젠하워가 1961년 퇴임사에서 군산복합체(military-industrial complex)라는 용어를 사용하며 군수산업의 영향력에 대해 경고한 것은 의미심장하다 아니할 수 없다.

군수산업뿐만이 아니다. 영화 〈볼링 포 콜럼바인〉에 잘 묘사되어 있듯이 미국은 총의 천국으로 개인의 총기사고가 매우 빈번한 나라다. 1998년 미국의 일주일간 총기관련 사망자는 유럽 전체의 1년간 총기관련 사망자 수보다 많았다. 공화당에 막대한 정치자금을 제공하는 총기제조업자에 의해 총기생산이 늘어나고, 또 그에 따른 사고로 의료서비스가 늘어나면 수치상으로는 경제가 성장한 것으로 나타난다. 그러나 이러한 수치상의 경제성장은 국민복지에는 아무런 긍정적 영향을 미치지 않는다. 많은 사람을 비만으로 만든 패스트푸드의 증가와 그로 인한 비만을 치료하기 위한 다이어트산업과 지방흡입술의 유행이 초래하는 경제성장 역시 허구이기는 마찬가지다.

이렇게 이야기하면 경제성장은 모두 헛되거나 나쁘다고 주장하는 것처럼 들릴지 모르겠다. 그러나 보릿고개 시대처럼 끼니를 걱정하거나 19세기 중반의 아일랜드처럼 인구의 10퍼센트가량이 굶어죽는 상태를 아무도 원하지 않는 데서 알 수 있듯이, 경제성장은 우리 삶의 행복을 증진시킬 수 있다. 다만 경제성장 만능주의, 특히 경제성장의 수치에 지나치게 집착해서는 곤란하다는 것이다.

분배의 불평등은 용인할 수 있는가

2012년 삼성전자 등기이사의 평균 연봉은 52억 원가량이었다. 반면에 우리나라엔 끼니를 걱정하는 아동도 많고, 쉼터재소자 및 노숙자는 수천 명에 이른다. 어떤 이들은 천문학적 금액을 연봉으로 받는데, 어떤 이들은 자식에게 밥도 제대로 먹일 수 없고 잠자리도 마련하지 못하고 있는 것이다. 2012년 말 현재 기초생활보장 수급자는 140만 명 정도이며, 여기에 소득이 최저생계비의 120퍼센트 이하인 차상위(次上位) 계층까지 합친 전체 빈곤층은 350만 명 정도로 추산된다. 이런 생활수준 차이나 빈곤 상황이 곧 분배의 문제다. 《논어(論語)》의 "적은 것을 걱정하지 말고 고르지 못한 것을 염려하라(不患寡而患不均)"는 말이 바로 여기에 해당한다.

분배는 소득이 국민들 사이에 어떻게 나누어지느냐 하는 소득분배 문제와 부동산이나 금융자산과 같은 재산이 국민들 사이에 어떻게 분포되어 있는가 하는 재산(富)분배 문제로 나누어볼 수 있다. 소득분배는 다시 국민소득 중에서 임금, 이자, 지대, 이윤이라는 생산요소별 소득이 각각 어느 정도의 비중을 차지하고 있는가 하는 기능적 분배와 가계소득이 어떻게 분포되어 있는가 하는 계층적 분배로 구분된다.

기능적 분배를 나타내는 지표로는 국민소득에서 임금소득이 차지하는 비중을 표시하는 노동소득분배율이 사용된다. 우리나라의 노동소득분배율은 임금노동자의 증대에 따라 계속 상승하다가 1997년 IMF사태 이후 하락해 근년에는 60퍼센트 수준이다. 계층적 분배는 지니(Gini)계수나 5분위배율로 표시한다. 지니계수는 〈그림 7-1〉에서처럼 계산하며, 5분위배율은 상위 20퍼센트의 소득을 하위 20퍼센트의 소득으로 나눈 값이다. 지니계수나 5분위배율이 작을수록 평등한 사회다. 우리나라의 계층적 분배 상태는 1987년 이후 개선되다가 IMF사태 이후 악화됐다.

우리의 경우 소득분배 문제보다 재산분배 문제가 더 심각하다. 그 심각성을 드러내기 싫었던 탓인지 정부는 오랫동안 국민의 금융자산과 부동산의 보유통계를 공표하지 않다가 근년에야 밝혔다. 2002년 저축성 은행계좌 중 1억 원 이상 예금자는 전체 계좌의 0.3퍼센트인 30만여 명이지만 이들의 예금 총액은 전체 예금의 40퍼센트를 상회한다.

우리나라 토지의 전체 가격은 프랑스 토지 전체 가격의 8배나 될 만큼 높은 수준이어서 토지소유의 집중은 재산분배를 매우 불공평하게 만든다. 2005년 발표에 따르면 총세대의 상위 1퍼센트가 전체 사유지의 34퍼센트를 소유하고 있다. 그리고 1가구당 2주택 소유자가 72만 명, 3주택 이상 소유자가 17만 명이며, 10채 이상 보유자도 2만여 명이다. 이런 상황에서 땅값, 집값이 뛰면 재산분배는 더욱 악화된다. 물론 재산분배의 불평등이 우리나라만의 현상은 아니다.

지니계수

지니계수는 〈그림 7-1〉의 로렌츠곡선(Lorenz curve)에 의해 계산한다. 그림에서 정사각형의 수평축은 사회구성원의 비율을 퍼센트로 나타내고, 수직축은 전체소득 중의 점유비율을 나타낸다. 예컨대 하위 10퍼센트가 국민소득의 3퍼센트를 점하고 있다면 그 지점이 a로 표시되는 것이다. 그리하여 지니계수는 초승달 β의 면적을 삼각형 OAB의 면적으로 나눈 값이다. 만약에 한 사람이 나라 소득을 독식하면 지니계수는 1이고 모두의 소득이 똑같으면 0이다.

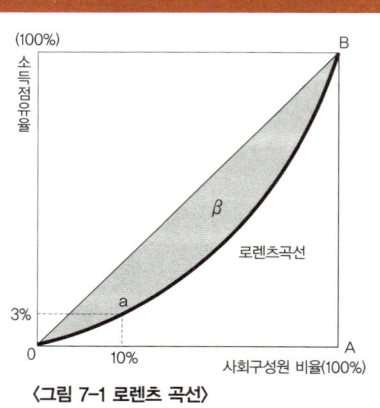

〈그림 7-1 로렌츠 곡선〉

2004년 미국에서는 상위 1퍼센트의 가계가 나라 전체 재산의 34퍼센트를 소유하고 있었다.

　한편, 소득분배는 시장에서 1차적으로 이루어지는 좁은 의미의 분배와 정부에 의해 2차적으로 이루어지는 재분배를 포괄하는 개념이다. 전자는 시장소득으로, 후자는 가처분소득(可處分所得)으로 계산한다. 가처분소득이란 시장에서 벌어들인 소득에서 정부에 내는 세금을 빼고 정부로부터 받는 복지비를 더한 것이다. 조세와 복지지출을 통한 정부의 재분배정책은 시장에 의한 분배의 불평등을 완화시킨다. 고용을 늘리고 교육 및 훈련으로 노동생산성을 향상시켜 시장분배를 개선하는 것이 최선이지만, 그것이 순조롭지 않기 때문에 정부가 재분배정책을 실시한다.

　2010년 우리 도시근로자가구 시장소득의 지니계수는 0.33이나 가처분소득의 지니계수는 0.31이다. 세금과 복지지출을 통해 지니계수가 10퍼센트 개선된 셈이다. 〈표 7-1〉에서 보듯이 한국은 유럽의 선진국들과 비교해 볼 때 시장소득의 불평등도는 낮고 가처분소득의 불평등도는 높다. 유럽 선진국에선 시장소득이 없는 노령 인구의 비율이 높아 시장소득 불평등도는 높지만, 세금을 많이 거두고 복지지출을 늘려 가처분소득의 불평등도는 낮다. OECD에서 재분배정책에 의한 지니계수 개선효과는 한국보다 훨씬 높은 25퍼센트다.

　미국의 불평등도는 다른 선진국은 물론이고 한국보다도 더 높다. 미국은 자기책임을 강조하는 나라로 사회보장이 미비하기 때문이다. 다만 한국에선 자영업자의 소득이 제대로 파악되지 않고 있어서 실제 소득불평등은 미국보다 심각할지도 모른다. 〈표 7-1〉에서 확인할 수 있는 또 하나의 사실은 모든 나라에서 요즘의 소득분배가

1980년대 중반에 비해 악화되었다는 점이다. 정보화와 세계화의 진전 탓이라 여겨진다.

시장에서 분배의 불평등이 발생하는 것은 개개인의 정신적·육체적 능력이 상이하고, 물려받은 재산이 차이 나며, 인생경로를 다르게 선택하고, 운수가 좋거나 나쁠 수 있으며, 사회적 차별이 작용하기 때문이다. 이런 분배의 불평등에는 어쩔 수 없는 측면이 있다. 주연 배우로 안성기를 기용할 때와 덜 인기 있는 배우를 기용할 때에 흥행이 크게 차이난다면 안성기가 막대한 개런티를 요구하는 것도 이해할 수 있지 않은가. 박찬호가 엄청난 연봉을 받는 것이 부럽기는 하지만 부당하다고 생각되지는 않는다.

그러나 사회적으로 유해한 능력, 이를테면 부정부패를 저지르는 능력의 차이가 소득의 차이를 야기한다면 이것은 시정해야 한다. 이는 시장의 존립근거를 위태롭게 하는 분배불평등이다. 우리나라에

〈표 7-1〉 OECD 국가들의 지니계수 추이

	1980년대 중반		2004년	
	시장소득	가처분소득	시장소득	가처분소득
프랑스	0.39	0.27	0.36	0.28
독일	0.36	0.27	0.43	0.30
노르웨이	0.29	0.22	0.40	0.28
스웨덴	0.35	0.22	0.38	0.23
영국	0.39	0.28	0.46	0.34
미국	0.38	0.33	0.47	0.38
일본	0.31	0.28	0.37	0.32
OECD 평균	**0.36**	**0.27**	**0.42**	**0.31**

서 왜 부자에 대한 인식이 좋지 않을까? 그들의 재산축적 과정이 정경유착이나 탈세와 같은 비리로 얼룩져 있기 때문이다. 게다가 우리 부자는 서구의 부자와 달리 자선행위에도 소극적이다. 말하자면 노블레스 오블리주(noblesse oblige, 고귀한 신분에 따르는 도덕적 의무)가 아직 자리 잡고 있지 않은 셈이다.

불법적 행위에 따른 분배불평등뿐 아니라 불공정한 시장구조에 따른 분배불평등도 바로잡아야 마땅하다. 일부 기업이 시장을 독점하고 하청기업을 억압해 독점이윤을 획득하는 것은 사회의 후생(welfare)을 저해한다. 서구에서 독점에 대해 엄격한 규제를 실시하는 것도 이런 이유 때문이다. 대기업 노조가 강력한 조직력으로 노조 외부의 비정규직 또는 중소기업 노동자를 배제한 채 자기만의 이익을 추구하는 것도 시장을 왜곡하고 불평등을 심화시킨다. 이를 '내부자(insider)-외부자(outsider) 문제'라 한다. 요컨대 시장소득의 불평등은 시장의 공정경쟁이 보장될 경우에만 정당성을 갖는다.

시장경쟁에서 뒤처지는 집단에게는 인권존중 차원에서 배려를 해줘야 한다. 이것이 바로 시장경제와 민주주의의 결합이다. 결과의 기계적 평등을 지향해서는 안 되지만 기회의 균등은 보장해야 한다는 것도 같은 취지다. 마르크스가 이야기한 "능력에 따라 일하고 필요에 따라 분배받는" 사회는 유토피아에 지나지 않는다. 사람들이 소욕지족(少欲知足)할 만큼 도통하지 않는 한 분배의 문제는 어느 사회에나 존재하기 마련이다. 중요한 것은 그 분배불평등이 얼마나 합리적인 근거를 갖고 있느냐다.

성장과 분배의 선순환구조

우리 사회에서는 성장이냐 분배냐를 둘러싸고 논란이 자주 일어난다. 성장지상주의 정책을 폈던 박정희정부 시절에는 진보적 인사들이 분배 문제의 개선을 부르짖었다. 1987년 노동자대투쟁 이후에는 고임금이 성장의 발목을 잡는다는 재계의 불만이 강력해졌다. 노무현정부 하에선 실제 별다른 분배개선 정책을 실시하지 않았는데도 분배에 치우친 좌파정부라는 색깔공세가 기승을 부렸다.

그러나 성장과 분배는 경제를 이끌고 가는 양대 수레바퀴다. 바퀴가 한쪽이라도 찌그러지면 수레는 나아갈 수 없다. 길의 모양에 따라 특정 바퀴에 힘이 더 실릴 경우가 있을 뿐이다. 도인(道人)이나 악귀(惡鬼)가 아니라면 '풍요로움을 추구하는 성장'과 '더불어 살고자 하는 분배' 둘 다 무시할 수 없다. 문제는 양자의 결합방식이다.

성장을 우선시하는 입장에서 주장하는 바는 크게 두 가지다. 첫 번째 주장은 성장이 분배 문제를 자동적으로 해결한다는 것이다. 이와 관련해 미국의 경제학자 쿠즈네츠(S. Kuznets)의 논리를 살펴보자. 농업사회가 공업화하기 시작하면 농업부문과 공업부문의 생산성 격차로 인해 모두가 농업에 종사할 때에 비해 불평등이 심화된다. 하지만 대부분의 인구가 공업부문으로 옮겨가면서 불평등 문제는 해소된다. 이것이 '분배 자동해결론'이다. 두 번째 주장은 성장을 위해서는 분배 문제를 포기할 수밖에 없다는 것이다. 성장을 하려면 투자가 필요한데 그 투자자금은 부자로부터 나오기 때문에 성장을 위해서 분배상황의 악화를 참을 수밖에 없다는 얘기다. 이것이 '성장-분배 상충론'이다.

반대로 분배를 우선시하는 입장에서는 분배가 소비를 증대시켜

성장에 기여하는 측면을 강조한다. 소비와 투자는 총수요의 구성부분인데 성장우선론자와 분배우선론자가 역점을 두는 부분이 서로 다르기 때문이다. 또 분배의 개선은 노동자의 질과 노동의욕을 높여 노동생산성을 향상시킨다고 주장되기도 한다. 경쟁 패배자에 대한 인권 측면의 배려는 실패에 대한 두려움을 줄여줌으로써 기업가적 모험정신을 활성화한다는 견해도 있다.

역사를 돌이켜 보면 성장과 분배는 반드시 양자택일해야 하는 것은 아니며, 함께 시너지 효과를 낼 수 있다. 2차대전 이후 1960년대까지 서구에서는 성장과 분배가 '행복한 동거' 관계를 이뤘다. 성장률도 매우 높았으며 복지제도의 정비로 분배도 개선됐던 것이다. 사실 논리적으로 따지면 성장과 분배는 상충되지 않을 수 있다. 나라 전체의 생산물을 소비에 충당할 부분과 투자에 충당할 부분으로 나눈다고 하자. 여기서 성장은 투자부분을 늘림으로써 달성되는 것이고, 분배는 나머지 소비부분을 국민들 사이에 될 수 있는 대로 골고루 나누는 문제이기 때문이다.

그러나 성장이 자동적으로 분배를 보장하지는 않으며, 그 역도 마찬가지라는 점에도 유의해야 한다. 오늘날 미국은 1인당소득 수준에선 세계 최상위 그룹에 속할 만큼의 경제성장을 이루었다. 하지만 분배의 측면에선 선진국 중 꼴찌수준이다. 분배상태를 측정할 수 있는 127개국 중 76위일 정도다. 이렇게 열악한 분배상태로 인해 빚어지는 사회갈등은 범죄를 양산하고, 엄벌주의 정책과 더불어 미국의 수감자 수를 세계 최고로 만들었다. 미국의 수감자 수는 2009년 현재 약 230만 명으로, 인구 10만 명당 캐나다가 120명, 일본이 60명, 멕시코가 210명, 한국이 100명인 데 비해 미국은 740명이다. 한편,

옛 소련이 실시한 기계적 평등주의 분배정책은 경쟁의욕을 떨어뜨리고 성장력을 훼손해 결국은 체제 자체를 파탄시켰다.

우리의 과제는 '성장과 분배의 선순환구조'를 구축하는 것이다. 성장노선을 채택하더라도 분배상황을 개선하는 '분배촉진적 성장노선'을 추구하고, 분배노선을 채택하더라도 '성장촉진적 분배노선'을 추구해야 한다. 예컨대 대기업에만 온갖 특혜를 제공해 성장을 달성하려는 분배저해적 성장노선이나 대기업 노조의 과도한 임금인상 요구에 끌려가는 성장저해적 분배노선은 결국 성장과 분배를 모두 악화시키기 마련이다. 반면에 성장과 분배의 선순환구조를 구축하는 것은 노사정의 타협체제를 형성하고, 숙련과 기술 같은 인적자본을 육성하고, 공정한 시장질서를 확립하고, 투기와 부패를 척결하고, 사회적 안전망을 정비하는 것이라 할 수 있다.

성장을 중시하는 논리나 분배를 중시하는 논리 모두 물질만능주의에 빠질 수 있다는 점에도 유의하자. '파이'를 늘리자는 주장이나 '파이'를 공평하게 나누자는 주장이나 모두 '파이'를 더 많이 가지려는 물질적 욕구에서 기인한 것일 수 있다. 이런 욕구가 도를 넘으면 아귀다툼의 아수라장에서 허덕이게 될 뿐이다. 물질적 욕구에서 더 나아가 성장과 분배의 선순환구조를 통해 인간들 사이가 보다 따뜻하고 활기찬 관계로 발전하는 것을 지향해야 한다.

성장과 환경의 딜레마

경부고속철도 천성산터널 공사는 도롱뇽 등 자연의 피해를 우려한 환경단체의 소송과 한 스님의 단식으로 여러 해 동안 공사가 중단됐다. 전북의 새만금 간척사업 역시 개펄파괴와 수질오염을 우려한 환경단체의 반발로 커다란 차질을 빚었다. 때문에 환경단체의 등쌀에 무엇 하나 제대로 할 수 없다는 지적이 일각에서 제기되고 있다. '금강산도 식후경'인데, 환경단체가 배부른 투정으로 나라발전을 저해하고 있지는 않은가 따져 봐야 한다는 것이다.

그러나 환경을 무시한 성장지상주의의 폐해를 우리는 똑똑히 목도하고 있다. 수질을 믿을 수 없으므로 생수를 사 마시거나 정수기를 설치해야 할 판이다. 최소한 끓여먹기라도 해야 한다. 새만금 사업에 대한 문제제기도 시화호의 수질악화 경험과 무관하지 않다. 또 자본주의사회의 발전은 '대량생산—대량소비—대량폐기'를 낳기 때문에 폐기물의 처리 문제도 갈수록 심각해지고 있다. 방사성폐기물 처리장 건설을 둘러싼 갈등도 그 한 예다.

환경문제와 관련해 '공유지의 비극(tragedy of the commons)'이라는 현상을 생각해 볼 필요가 있다. 필자는 양을 키워 생활하는 미국 인디언들과 며칠을 함께 보낸 적이 있다. 양들은 마을의 공유지인 주변 초원에서 풀을 뜯어 먹고 자란다. 그런데 초원의 면적은 한정되어 있으므로 개별 인디언들이 키우는 양의 수를 자꾸 늘리면 당장은 각자에게 이득이지만 점차로 초원은 풀을 재생산하는 능력을 상실해 황무지로 변한다. 개인재산이 아닌 초원을 사람들이 소홀히 다루는 것이다. 이는 공유지의 비극이다.

성장(개발)과 환경보존은 균형을 유지해야 하는데, 이게 말처럼 쉽지가 않다. 사람의 생명에 직접 피해를 끼치는 공해를 중지시켜야 한다는 데에는 대부분 동의한다. 경제적 이익은 별로 없이 환경에 재앙만 초래하는 대운하사업에도 반대하는 의견이 압도적이다. 하지만 도롱뇽의 생존과 사람의 교통편의 중 어느 쪽이 더 중요할까?

주관적 가치판단이 작용하는 이런 문제에 대해 모두가 수긍하는 정답은 없다. 개발에 따른 환경파괴의 정도는 정확히 예측할 수 없고(불확실성), 또 파괴된 환경은 원래상태로 되돌리기 어렵다는(불가역성) 점도 판단을 힘들게 한다.

환경보존에 대한 지나친 강조는 나치스가 유기농을 보급하고 유대인을 공해로 보고 제거한 것과 일맥상통하는 생태파시즘(eco-fascism)이라는 비판도 있다. 지역환경을 지킨다는 명분을 내세우지만 사실은 어딘가에는 유치해야 할 불유쾌한 시설을 자신은 받아들이지 않겠다는 님비(NIMBY; not in my backyard)현상인 경우도 없지 않다.

어쨌든 소득이 증대함에 따라 환경보존의 중요성이 부각되고 있는 것은 확실하다. 허기가 채워지면 금강산도 즐기고 싶지 않겠는가. 그래서 환경운동은 후진국보다는 선진국에서 활발하며, 우리도 어느 정도 살 만하게 되면서 환경단체가 대두하기 시작했다. 다만 같은 선진국이라도 서유럽이 미국보다 환경보존에 더 열심이다. 자원재활용도 더 발전돼 있고, 태양열과 풍력을 이용한 발전도 더 널리 보급돼 있다.

세계적 차원에서도 환경보존을 위한 노력은 강화되고 있다. 1972년의 유엔 인권환경회의에서만 하더라도 후진국은 선진국과 날카롭게 대립했다. 후진국들은 빈곤이야말로 최대의 환경문제이고 동시에 환경파괴의 주원인이라고 생각했다. 그래서 그동안 지구를 오염시켜왔고 이미 부유하게 된 선진국들이 경제개발을 지향하는 후진국에게 환경보존을 강제하고 경제개발을 저지하는 것은 용납할 수 없다는 입장이었다. 그러나 1987년 유엔의 '환경과 개발에 관한 세계위원회(통칭 브룬트란트위원회)'가 개최된 시점에서는 환경을 보존하면서 생활의 질을 높이는 경제발전 패턴, 즉 '지속가능한 발전(sustainable development)'을 추구하는 것이 인류의 공통과제로 인식됐다. 그리하여 오존층을 파괴하는 프레온 가스의 배출과 지구온난화를 초래하는 이산화탄소의 배출을 줄이려는 세계적 차원의 노력이 이루어지고 있는 것이다. 2005년에 발효된 교토의정서도 그 일환이다. 다만 중국과 더불어 세계 최대 온실가스 배출국인 미국은 부시 대통령 때까지는 교토의정서에 참가하지 않았고, 오바마 대통령이 취임하면서 환경문제에 대한 자세가 바뀌고 있다.

8 경기변동, 실업, 투기

꼭짓점과 바닥을 오가는 경기

근년에 들어 경기가 나쁘다는 말을 자주 듣는다. 시장 상인들은 "IMF사태 때보다 더 나쁘다"는 말도 곧잘 한다. 여기서 '경기가 나쁘다'는 말은 물건이 잘 팔리지 않는다는 뜻이다. 물건이 잘 팔리지 않으면 공장도 잘 돌아가지 않는다. 공장이 잘 돌아가지 않으면 일자리도 부족하다. 반대로 물건이 잘 팔릴 땐 공장도 잘 돌아가지만 사람 구하기가 힘들다.

자본주의경제는 이러한 판매, 생산, 고용의 수준, 즉 경기가 상대적으로 나쁜 '불황(depression)'과 경기가 상대적으로 양호한 '호황(boom)'을 반복한다. 이를 경기변동 또는 경기순환이라 한다. 그리고 경제가 호황에서 불황으로 접어드는 과정이 급격하게 진전되면 이를 일종의 위기상태, 즉 공황(恐慌, crisis)이라 부른다. 불황이 일정 기간 지속되면 경제는 다시 회복세로 접어들고 이것이 호황으로 이어진다. 그러므로 경기순환은 '호황-공황-불황-회복'의 4국면을 거친다.

세계적으로 보면 자본주의가 최초로 확립된 영국은 1825년 이후 대략 10년을 주기로 호황과 불황을 겪었다. 미국은 1929년 10월의 주가폭락을 계기로 대불황(Great Depression, 대공황이라고도 함)이 시작됐고, 이는 전 세계로 파급됐다. 미국에서는 1929년부터 1932년 사이에 8만 5000개 이상의 기업체가 도산했고, 은행의 3분의 1이 문을 닫았다. 뿐만 아니라 뉴욕증시의 주가지수는 1929년 8월의 380에서 1932년 6월의 40까지 폭락했으며, 농업생산과 공업생산이 절반이나 줄어들었고, 실업자는 4명에 1명꼴이었다. 채플린의 영화 〈모던 타임스〉나 존 스타인벡의 소설 《분노의 포도》는 당시의 경제사정을 잘 그리고 있다.

2차대전 이후에는 정부가 경제에 적극적으로 개입하면서 대불황과 같은 심각한 상황은 발생하지 않았다. 그렇다고 경기순환이 완전히 사라진 것은 아니었다. 1970년대에는 석유파동과 더불어 경기는 침체상태인데도 물가가 상승하는 스태그플레이션(stagflation = stagnation + inflation)이라는 특이한 현상이 나타났다. 다만 각국별로 경기변동은 상당히 다른 양상을 드러냈다.

이러한 경기변동은 왜 발생하는 것일까? 인류 경제는 지금까지 좋았다 나빴다를 계속 반복해왔다. 자본주의 이전 사회에서는 경제가 나빠지는 이유가 자연재해라든가 외적의 침략과 같은 경제 외적 요인 때문이었다. 하지만 자본주의사회에 들어오면 경기변동은 주로 경제 내적 요인에 의해 발생한다. 자본주의를 지배하는 자본, 즉 기업의 행동논리가 경기변동을 야기하는 것이다.

경제가 잘 나간다 싶으면 기업들은 투자액을 과도하게 늘린다. 그러다 결국 수익성이 악화돼 도산하는 기업이 발생하고 투자가 위축된다. 이렇게 해서 업계가 어느 정도 정리되면 공급이 부족해지면서 기업의 수익성이 개선되고 경제가 회복기에 접어든다. 금년 배춧값이 좋으면 모두 배추농사를 지어 내년 배춧값이 폭락하고, 그래서 내후년엔 배추밭이 줄어들어 배춧값이 다시 좋아지는 것과 같은 논리다.

물론 항상 적절한 수준으로 생산과 투자가 이루어진다면 경기순환이 사라지겠지만, 미래를 정확히 예측할 수 없는 상황에서 자본주의경제는 이런 순환을 되풀이할 수밖에 없다. 배추농사라면 농협의 지도를 통해 생산을 다소 조절할 수 있지만, 중앙계획경제가 아닌 자본주의경제에서 국가가 기업들에게 이래라 저래라 할 수는 없기 때문이다.

자본주의 이전 사회에서는 경제가 나빠지면 물자가 부족해졌다. 가뭄이 들면 식량이 부족해서 많은 사람들이 굶주렸던 것이다. 옛 소련이나 동유럽에서도 상점에 가봐야 필요한 물자가 없는 것, 즉 '부족의 경제(shortage economy)'가 문제였다. 반면에 자본주의사회에서는 물자를 지나치게 많이 생산하는 바람에 경제가 어려워진다. 즉 '과잉의 경제(surplus economy)'가 문제다.

과잉의 경제란 탄광에서 석탄을 수요량 이상으로 너무 많이 캔 탓에 시장에서 다 소화시키지 못하자 수지를 맞추지 못한 탄광회사가 광부들을 해고하고, 해고된 광부들은 집에서 석탄을 땔 돈이 없어 오들오들 떨고 있는 것 같은 현실이다. 이를 케인스는 '풍요 속의 빈곤(poverty amidst plenty)'이라 불렀다. 홍수가 났는데 정작 먹을 물은 없는 상황과 비슷하다.

대공황기에 미국 정부는 판로를 찾지 못한 밀, 감자, 우유, 면화, 가축 등을 대량으로 폐기했다. 당시 대다수 미국인들은 헐벗고 굶주린 상태였다. 그러나 정부는 감자를 산더미처럼 쌓아놓고 휘발유를 뿌려서 사람들이 먹을 수 없게 했는가 하면, 수백만 마리의 돼지를 땅에 묻어버리거나 미시시피 강에 처넣어버린 것이다.

안 팔리는 석탄을 해고된 광부들에게 팔면 누이 좋고 매부 좋지 않느냐고 생각할지 모르겠다. 하지만 그 광부들에게는 석탄 살 돈이 없다. 공짜로 나누어주면 재고는 처리되겠지만, 탄광회사는 수지가 맞지 않는다. 불황을 초래한 과잉생산은 사회적 생산물이 사회의 실제 필요량을 훨씬 초과해 쓰고도 남을 정도로 되었다는 뜻이 아니다. 단지 대중의 지불능력에 비해 남는다는 뜻이다. 이게 자본주의의 모순이다.

자본주의는 불경기에 실업이 발생한다는 또 다른 특징도 갖고 있다. 자본주의 이전 사회에서는 기근이 들면 고려장이 행해진다거나 굶어죽는 식으로 인구가 감소했다. 옛 소련과 동유럽에서는 물자가 부족하면 공장가동률이 떨어져 직원들이 쉬엄쉬엄 일했다. 하지만 자본주의사회에서처럼 일터에서 대거 쫓아내지는 않았다. 말하자면 실업대책이 필요 없었던 셈이다. 그러면 그때가 더 좋은 세상이었을까?

경기변동에 어떻게 대처하는가

옛날엔 경제가 나빠져도 국가가 할 수 있는 일이 별로 없었다. 기껏해야 비축했던 양곡을 내다 푸는 정도였고, 그것으로 부족하면 아사자들을 방치하는 수밖에 없었다. "가난 구제는 나라도 못 한다"는 말은 한편으로는 국가의 책임회피를 위해 만들어낸 것이지만, 다른 한편으로는 실제로 국가의 역량에 한계가 있었음을 나타내는 것이었다.

자본주의사회에 들어와서도 한동안은 불황기에 국가가 특별히 대책을 강구하지 않았다. 그러다 1930년대의 세계대공황에 직면하자 사정이 달라졌다. 기업이 줄줄이 도산하고 실업자가 무더기로 발생하는 상황을 방치했다간 체제가 붕괴되는 위험에 처할 수도 있기 때문이었다.

그리하여 독일, 이탈리아, 일본에서는 파쇼정권이 등장해 대공황의 위기를 극복해갔다. 국가가 자본과 노동의 활동을 규제하고 군비를 확장해 총수요를 확대시킨 것이다. 케인스가 나치스의 경제운영방식에서 공황을 탈피하는 실마리를 찾은 듯한 발언을 할 정도로 파쇼국가들은 빠른 속도로 경기를 회복시켰다. 적어도 단기적으로는 군홧발이 약발을 받은 셈이었다.

반면에 미국에선 루스벨트 대통령이 뉴딜정책을 실시했다. 그는 독일 등과는 달리 자유주의적 기조 하에서 3R(relief, recovery, reform)을 이념으로 삼아 금융개혁, 노동개혁, 사회보장개혁을 단행하는 한편, 대규모 토목공사를 통해 실업자를 구제해 나갔다. 미국의 뉴딜은 파쇼국가들만큼 성공적이지는 않았지만 서서히 경제를 회복시켰고, 특히 2차대전 이후 국가가 경기대책으로서 금융정책과 재정정책을 적극적으로 시행해가는 출발점이 됐다.

금융정책은 통화량이나 금리를 조절하는 것이다. 경기가 나쁘면 정부는 통화량을 늘리고 금리를 낮춰 민간의 소비와 투자를 진작시키려 한다. 우리나라의 한국은행에 해당하는 미국의 연방준비제도

이사회(FRB; Federal Reserve Board)가 금리를 0.25퍼센트포인트 내리면 세계 각국의 언론이 대서특필하는 것은 이게 경기부양책의 실시를 의미하기 때문이다.

재정정책은 정부의 살림살이, 즉 조세징수와 정부지출을 조절하는 것이다. 경기가 나쁘면 정부는 재정지출을 늘리고 세율을 낮춰 나빠진 경기를 회복시키려 한다. 미국의 경우 주로 민주당이 재정지출을 늘리는 쪽으로 주장하고, 공화당이 세율을 낮추는 쪽으로 주장한다. 상대적으로 진보적인 쪽이 복지지출 등을 늘리자고 하는 반면, 상대적으로 보수적인 쪽은 부자들의 세금을 깎아주자고 하는 것이다. 경기가 과열되면 금융정책과 재정정책은 위에서 설명한 것과 정반대 방향을 취하게 된다.

Tip 경기부양정책의 부작용

경기부양정책은 항상 부작용을 고려해 신중하게 시행돼야 한다. 우리 정부는 IMF사태 이후 경기부양을 위해 카드발급과 카드사용에 관한 규제를 완화했다. 그리하여 일시적으로는 소비를 진작시켰지만 결국 신용불량자를 400만 명 가까이 양산해 오히려 경제회복을 짓누르고 말았다. 체력이 떨어진 사람에게 링거주사 정도가 아니라 모르핀을 함부로 처방한 셈이다.

2000년대 우리 경제의 성장률 3~5퍼센트는 중국의 9퍼센트 성장률에 비하면 낮지만 선진국에 비하면 결코 낮은 수준이 아니다. 사실 중국 같은 고도성장단계를 우리는 이미 1960~1970년대에 거쳤다. 중학생 때 키가 무럭무럭 자라던 것을 대학생이 되어서도 기대할 수는 없다. 선진국 중에서 1인당 GDP 1만 달러에 이른 다음부터 5퍼센트 이상의 성장률을 실현한 경우는 거의 없다.

예외적으로 아일랜드 같은 나라에서 1990년대 후반에 7~8퍼센트의 고도성장을 달성했는데, 이는 인구 400만 명의 소국에 지리적, 언어적 특수성으로 인해 외국자본이 대거 몰려들면서 발생한 현상이다. 따라서 우리의 성장률 3~5퍼센트를 두고 무조건 경기침체라 규정할 수는 없다. 진짜 문제는 경제의 전반적 수준보다는 경기가 양극화해 수출기업과 내수기업, 대기업과 중소기업, 정규직과 비정규직 사이에 심각한 격차가 발생하고 있다는 점이다. 경기대책도 이런 점을 고려해 시행해야 효과가 크고 부작용이 적다. 당뇨에 걸렸는데 기름진 음식을 많이 먹는 것이 최고라는 식으로 대처할 수야 없지 않은가.

실업은 어떻게 발생하나

경기변동은 고용에 영향을 미친다. 예컨대 경기가 나빠지면 실업자가 늘어난다. 졸업 후에도 일자리를 찾지 못해 좌절하는 젊은이가 많아지고, 직장에서 쫓겨나 처자식 먹여 살릴 생각에 골머리가 아픈 중장년층도 넘쳐나서 '이태백'이니 '사오정'이니 하는 말이 유행하는 것이다. 실업의 고통을 아주 친한 친구가 죽었을 때의 고통에 비유하는 심리학자도 있지만, 모아 둔 재산도 별로 없는 가장에게 실업은 어쩌면 그보다 더한 괴로움일지 모른다. 실업가(實業家)와 실업자(失業者)는 한글로는 획 하나 차이일 뿐인데, 한쪽은 떵떵거리는 신분인데 반해 다른 쪽은 인생의 낙오자인 셈이다.

이런 탓에 어느 정부나 실업자 축소가 경제정책의 가장 큰 관심사다. 우리 정부도 '일자리 50만 개 창출'을 주요 정책목표로 내세운 바 있다. 그러나 정부가 기업에 노동력을 강제로 떠맡길 수는 없다. 따라서 경기가 좋아지지 않는 한 실업문제 해결은 만만치 않다. '사회적 일자리' 창출이라 해서 공공부문에서 일자리를 확충하는 방안이 유력하지만 여기에도 한계는 있다.

실업은 경기변동에 의해서뿐만 아니라 계절적 요인에 의해서도 발생한다. 농업부문을 예로 들어보면, 농번기 때는 사람이 모자라지만 농한기 때는 사람이 남아돈다. 건설부문과 관광부문도 마찬가지로 '계절적 실업'을 겪는다. 해수욕장은 한철 장사다. 그런가 하면 노동자가 한 직장에서 다른 직장으로 쉽게 이동하지 못할 경우에는 '마찰적 실업'이 발생한다. 섬유회사를 그만둔 노동자가 다른 직장에 취업하려면 이곳저곳 수소문해봐야 한다. 게다가 섬유회사가 아닌 화학공장에 취업하려면 새롭게 교육과 훈련을 받아야 할지 모른다. 이렇게 새로운 취업을 준비하는 동안의 실업 상태가 마찰적 실업이다. 기술과 산업구조가 급변할수록 새로운 기술 습득에 대한 요구가 높아지고 노동자의 이동이 잦아지기 때문에 마찰적 실업은 더 증가할 수 있다. 건설노동자는 남아돌고 컴퓨터프로그래머는 못 구해서 아우성이라 하더라도 실직한 건설노동자가 쉽게 컴퓨터프로그래머로 변신할 수는 없지 않은가. 수요와 공급의 불일치 상태인 것이다.

세계 각국의 실업률은 경제발전 수준, 경제구조, 경기순환 국면에 따라 다르다. 빈곤한 국가일수록 대체로 실업률이 높다. 일자리가 없기 때문이다. 아시아의 방글라데시, 네팔, 동티모르는 40~50퍼센트 수준이며, 아프리카의 잠비아, 짐바브웨, 라이베리아는 50~80퍼센트 수준이다. 중진국이라 할 만한 한국과 대만의 실업률은 낮은 편이다. 2009년 4월 한국의 실업률은 3.8퍼센트이며 청년실업률은 그 두 배 수준이다. 그리고 선진국의 경우는 빈곤국만큼은 아니지만 중진국보다는 높다. 프랑스와 핀란드의 실업률은 10퍼센트 정도이며 청년실업률은 20퍼센트가 넘는다. 미국, 일본, 덴마크, 아일랜드가 선진국 중에서는 실업률이 낮은 쪽이다.

실업률은 〈표 8-1〉에서와 같이 계산된다. 여기서 유의해야 할 사항은 실업률 통계에 잡히는 실업자가 되려면 통계조사 전 4주일 동안 취업을 위해 적극적으로 노력한 사실이 있어야 한다는 점이다. 실업자가 되는 데도 꽤 까다로운 자격조건이 필요한 셈이다. 그래서 직장을 좀 찾아보다 실망하고 포기해버린 이른바 '실망실업자'는 실업자로 간주되지 않는다. 전업주부, 대학원생, 고시준비생, 노령인구 중 상당수는 이런 실망실업자에 들어갈 것이므로 이를 감안하

〈표 8-1〉 노동력의 구성

- 15세 이상 인구 = 비경제활동 인구 + 경제활동 인구
- 비경제활동 인구 = 학생 + 노약자 + 전업주부 + 구직활동 포기인구
- 경제활동 인구 = 취업자 + 실업자
- 실업률 = 실업자 ÷ 경제활동 인구

면 우리의 실업률은 과소추정된 것이다.

투자와 투기는 로맨스와 스캔들인가

1930년대 세계대공황의 발발에는 1920년대의 투기 붐이 작용했다고 할 정도로 경기변동과 투기는 밀접한 관계가 있다. 경제 전체적으로 투기가 극성을 부리는 때가 호황기 특히 호황 말기이며, 경제가 불황에 접어들면 그 투기의 거품(bubble)이 꺼지는 것이다. 때문에 케인스는 1920년대의 미국경제를 거대한 도박장에 비유한 바 있다. 1980년대 일본도 부동산가격과 주가가 투기적으로 폭등하더니 그 거품이 꺼지면서 1990년대에 장기불황에 빠져들었다.

이처럼 나라경제를 뒤흔드는 투기의 역사는 1630년대 네덜란드의 튤립투기에서부터 시작됐다. 오늘날 네덜란드를 상징하는 튤립은 원래 척박한 아시아 고원에서 자생하던 것으로 오스만투르크제국 술탄의 정원에서 가장 사랑받는 꽃이 되었다. 그러다 한 상인의 옷 감 꾸러미에 실려 유럽으로 건너갔고, 전 네덜란드를 순식간에 사로 잡았다. 부와 상류취향의 상징으로 매력적인 수집품이 된 튤립은 곧 비싼 값에 거래되기 시작했다. 사람들은 정원에 심기 위해서가 아니라 더 비싸게 팔기 위해 튤립을 샀다. 꽃을 감상하는 게 목적이 아니

라 구매와 판매 사이에서 발생하는 차익이 목적이었던 것이다. 그리하여 튤립 가격이 폭등해 튤립 뿌리 하나가 백마 두 마리가 모는 마차와 맞먹을 지경에까지 이르렀다. 그러다 공급이 증가한 튤립 가격이 떨어지면서 '상투를 잡은' 많은 투기꾼을 몰락시켰다.

한편, 18세기 초 재정위기에 처한 프랑스 왕실에 접근한 존 로(John Law)는 은행권을 발행할 수 있는 권리를 부여받고, 미시시피회사를 설립해 주식을 발행했다. 은행권 유통으로 경제가 활기를 띠고 미시시피회사에 대한 기대가 커지면서 투기 붐이 불었다. 남녀노소와 지위고하를 막론하고 모두 이 회사 주식을 사려고 회사사무실 앞에서 배를 곯아가며 압사당할 위험도 무릅쓰고 자기 이름으로 주식에 서명 날인할 기회가 오기를 기다릴 정도였다고 한다. 주가는 2년 사이에 500리브르에서 1만 8000리브르까지 폭등했다가 나중에 40리브르로 폭락했다.

1999~2000년에 미국과 한국이 보여준 IT관련 주식의 널뛰기 장세도 되풀이되는 역사의 한 모습인 셈이다. 오늘날에는 금융거래의 비중이 커지고 경제의 글로벌화가 진전되면서 금융적 투기가 크게 증대하고 있다. 파생금융상품을 통한 투기나 환투기가 그 대표적 예다. "역사는 반복된다. 처음엔 비극으로, 다음엔 희극으로"라는 마르크스의 유명한 말이 있는데, 투기의 역사는 두 번만이 아니라 자꾸만 반복되는 듯싶다.

투기의 규모가 이처럼 엄청나게 확대된 오늘날의 경제를 '카지노 경제'라고 비판하기도 한다. 그런가 하면 투기가 시장의 움직임에 도움이 된다는 주장도 있다. 가격변동에 도박을 거는 투기자들이 일반인들의 거래상대방이 되어 시장의 유동성을 높인다는 것이다. 쉽게 말해 투기자들이 설치지 않으면 부동산 같은 게 잘 팔리겠느냐는 뜻이다. 일면 타당한 구석이 있는 주장이다. 다만 투기를 통한 수요와 공급의 조정은 그 조정비용이 크다. 1930년대 미국과 1990년대 일본을 보라. 투기가 빚어내는 거품을 시장의 광기(狂氣)라고 하는 것도 이 때문이다.

한편 투자(investment)와 투기(speculation)는 어떻게 다른가? 투자는 어감이 좋고 투기는 어감이 나쁘다. 그래서 로맨스와 스캔들의 구분처럼 내가 하면 투자, 남이 하면 투기라는 말도 있다. 보유기간이 길면 투자, 짧으면 투기로 나누는 수도 있다. 수반되는 위험이 작고 예상이 가능하면 투자, 크고 예상이 불가능하면 투기라는 구분도 있다. 그러나 이런 구분은 자의적이다.

투자는 '플러스섬 게임(plus-sum game)', 투기는 '제로섬 게임(zero-sum game)'이다. 투자는 예컨대 공장을 지어 생산을 늘려 부가가치가 발생함으로써 이윤을 분배받는 것처럼 참가자 전체의 몫이 늘어나는 경우다. GDP를 수요 측면에서 계산할 때 소비와 더불어 포함시키는 투자가 바로 이것이다. 반면에 투기는 참가자 가운데 어떤 사람이 이익을 보면 다른 사람은 반드시 손해를 보는 경우다. 고스톱 판에서 모두 다 딸 수는 없는 노릇이고 딴 사람이 있으면 잃은 사람이 있기 마련인 것과 마찬가지다. 다만 투기는 도박과 달리 매매형태를 취한다. 고스톱이나 경마 같은 도박에선 샀다가 다시 파는 거래가 발생하지 않는다.

물론 현실에서 투자와 투기는 칼로 자르듯 명확하게 구분할 수 없다. 주식을 사고팔면서 번 차익은 기업이윤이 증가한 덕분인 부분 즉 투자수익과 다른 사람이 어리석게 주식을 거래한 데 따른 부분

즉 투기수익을 합친 것이다. 상인의 수익도 보관이나 운송에 따른 투자수익 부분에 매점매석에 따른 투기적 부분이 합쳐질 수 있다.

투기 거래가 성립하는 것은 참가자들이 미래에 대해 서로 다른 예측을 하기 때문이다. 어떤 사람은 튤립 값이 더 오를 것으로 생각하고 어떤 사람은 튤립 값이 떨어질 것으로 생각하므로 튤립을 서로 사고판다. 이들은 입수한 정보가 다르고, 정보를 해석하는 방식도 달라서 서로 다른 예상을 한다.

때로는 군중심리에 따른 행동이 투기를 조장하기도 한다. 사람들이 흔히 베스트셀러로 알려진 책을 사고, 식당을 가더라도 손님이 많은 식당을 찾는 행위가 군중심리에 따른 행동의 예다. 이는 의사 결정을 할 때 타인의 평가를 신뢰하고 추종하는 행태로 각자가 스스로 결정하는 데 필요한 정보나 판단력이 부족한 경우에 나타난다. 이른바 '쏠림' 현상이다. 경제에서 투기 붐이 조성되는 데도 이런 군중심리가 어느 정도 영향을 미치고 이것이 어느 순간 뒤바뀌면서 거품이 꺼지는 셈이다.

그렇다고 경기순환을 전적으로 심리의 변화로만 설명할 수는 없다. 이윤을 경쟁적으로 극대화하려는 자본의 논리가 기본적으로 작용한다. 다른 기업들이 투자를 늘리는데 혼자만 가만있으면 경쟁에 뒤처진다는 생각에 무리하게 투자를 늘리다 보니 투자과열로 기업의 수익성이 악화된다. 그러면 돈이 생산적 투자보다는 부동산과 같은 쪽으로 몰린다. 투자과열과 투기과열이 겹치는 것이다. 로맨스인 듯싶다가 스캔들이 되는 것이라 할까. 이게 거품의 발생과 파열을 초래하는 셈이다.

조세와 정부지출, 규모와 공평성

세금 없는 세상이 가능할까

공자가 겪었다는 다음 일화를 보자.

"공자가 제자들과 함께 깊은 산중을 지나는데 어떤 여인이 슬피 울고 있었다. 연유를 물어본즉 호랑이가 부모와 남편을 잡아먹고 이제 아들까지 잡아먹었다는 것이다. 그렇다면 왜 성읍에 살지 않고 호랑이가 있는 이 깊은 산중에 사느냐고 공자가 다시 물었다. 그랬더니 여인이 대답하기를 그래도 이 산중에는 탐관오리의 가혹한 세금이 없기 때문이라고 했다."

다음은 갸륵하면서도 약간 에로틱한 서양의 이야기다.

"11세기 영국의 어떤 영주가 농민들로부터 가혹하게 세금을 거두고 있었다. 이를 보다 못한 영주부인 고디바(Godiva)가 남편에게 세금을 줄여달라고 간청했지만 영주는 비웃기만 할 뿐이었다. 그래도 고디바는 간청을 멈추지 않았고, 이에 영주는 불가능해 보이는 조건을 제시했다. 조건인즉 그녀가 실오라기 하나 걸치지 않고 말을 타고 마을을 한바퀴 돌아 농민에 대한 사랑을 실천해보이면 세금을 줄이겠다는 것이었다. 고민 끝에 고디바가 알몸시위를 하던 날 마을주민들은 그녀에 대한 존경심의 표시로 시위가 끝날 때까지 집 창문을 닫고 커튼을 쳤다고 한다."

　이 일화들이 얼마나 정확한지는 의문이지만, 어쨌든 동서양을 막론하고 세금(조세)은 공포의 대상이었다.

　그렇다면 세금 없는 세상은 행복한 세상일까? 동물은 누구에게도 세금을 바치지 않는다. 원시시대에는 아마도 세금이란 게 존재하지 않았을 것이다. 몇몇 사람들이 동물처럼 떼 지어 다니는데 세금 따위가 있었을 리 없다. 세금을 거두어 쓰는 국가가 없었기 때문이다. 북한 사람들은 자기네들이 세금을 내지 않는 행복한 나라에 산다고 자랑한다. 하지만 북한에서는 세금이라는 명목으로 개인이 뭔가를 납부하지 않을 뿐, 인민이 생산한 것 중에서 국가가 세금만큼을 공제하고 인민에게 나눠준다. 눈 가리고 아웅하는 셈이다.

　국가가 존재하는 곳에선 국가가 쓸 돈을 마련하기 위해 세금을 거두지 않을 수 없다. 외적으로부터 나라를 지키고, 치안을 유지하고, 길을 닦는 등의 공공적 기능이 요구되는 한 세금은 불가피하다. 사람들은 보다 나은 공공서비스를 바란다. 공교육의 강화, 철저한 재난방지, 빈틈없는 방범대책 등 국민이 바라는 게 어디 한둘인가. 그런데 사람들은 가급적 세금을 덜 내고 싶어 한다. 세율을 올리려고 하면 난리를 친다. 자신은 세금을 덜 내면서 서비스는 잘 받으려고 하는 것은 일종의 무임승차 심리다. 특히 언론은 이렇게 모순에 찬 요구를 잘 늘어놓으며, 선거 때 정치인들은 세금 올리겠다는 이야기는 입 밖에 꺼내지도 않으면서 공공서비스를 개선하겠다는 공약만을 남발한다.

　물론 권력자들이 세금을 거두어 흥청망청 쓴다면, 그건 문제다. 과거 지배계급들은 민중의 고혈을 짜서 마음껏 사치를 누렸다. 《춘향전》의 이 도령이 변 사또의 잔치판에서 읊은 대로 "金樽美酒千人血 玉盤佳肴萬姓膏 燭淚落時民淚落 歌聲高處怨聲高(금 술잔의 아름다운 술은 천 사람의 피이며, 옥쟁반의 맛있는 안주는 만백성의 기름이라. 촛농이 떨어질 때 백성은 눈물 흘리고, 노랫소리 드높은 곳에 원망소리 드높도다)"라는 상태도 드물지 않았다. 과거 통치계급은 국가란 백성을 위해 공적 서비스를 제공하는 조직체라 여기기보다 백성 위에 군림하는 신성한 존재라고 여겼다. 그래서 성군(聖君)도 있었지만 가렴주구(苛斂誅求)가 판을 치기도 했다. 그러다 국가의 수탈이 도가 지나치면 백성들의 반란이 일어났다.

　민주주의 사회로 들어서면 세금은 통치자의 일방적인 지시에 의해서가 아니라 국민의 동의를 얻어 징수된다. 1215년 체결된 영국의 대헌장은 의회의 승인 없이 과세할 수 없게 한 역사적 출발점이다. 오늘날의 모든 민주주의 사회에서는 국민이 선출한 의회의 동의를 얻어 조세를 부과한다. 이를 '조세법률주의'라고 한다. 물론 민주주의 사회라 하더라도 실제로는 경제적 강자가 나라를 좌지우지하므로 조세부과는 그들의 눈치를 보지 않을 수 없다. 단지 적어도 형식적으로는 민주적 절차를 밟는다는 뜻이다.

세금을 늘릴까 줄일까

세금은 얼마나 거두는 것이 적당할까? 민주주의 사회라 하더라도 세금을 얼마나 거두는가는 〈표 9-1〉에서 볼 수 있듯이 나라마다 다르

〈표 9-1〉 OECD 주요국가의 조세부담률 및 국민부담률 (단위: %)

구분		한국	미국	일본	독일	영국	이탈리아	OECD 평균
2009년 기준	조세부담률	20	18	16	23	28	30	25
	국민부담률	26	24	27	37	34	43	34
국민소득 1만 달러	달성연도	(2002)	(1978)	(1981)	(1979)	(1987)	(1986)	
	조세부담률	(23)	(22)	(19)	(25)	(31)	(23)	
	국민부담률	(28)	(27)	(27)	(38)	(38)	(36)	

참고 | 조세부담률은 (국세+지방세)/국민소득이며, 국민부담률은 (국세+지방세+사회보장기여금)/국민소득임. OECD(Organization for Economic Cooperation and Development, 경제협력개발기구)는 미국과 일본을 비롯한 선진국과 한국, 멕시코 등 총 30개국이 회원국임.

다. 세금을 많이 거둔다고 해서 반드시 나쁜 나라는 아니다. 세금을 많이 거두고 공공서비스가 좋은 경우와 세금을 적게 거두고 공공서비스가 나쁜 경우 중에 어느 쪽을 더 선호하는가는 사람들의 가치관에 좌우된다. 다만 세금을 많이 거두면서 공공서비스도 나쁜 비효율적인 정부는 누구나 혐오하기 마련이다.

우리나라의 조세부담률은 미국이나 일본과 비슷하고 유럽 국가에 비해서는 낮다. 다만 미국과 일본은 정부가 많은 빚을 져서 낮은 조세율에 따른 재원부족을 메우므로 실제 부담률은 수치보다 높다. 우리는 흔히 영미식 자본주의라고 해서 영국과 미국을 비슷한 나라로 간주하지만, 조세부담률에서 보면 크게 차이가 난다. 각국 내에서도 어떤 정당이 정권을 잡느냐에 따라 조세부담률이나 조세구조가 다소 달라진다. 상대적으로 진보적인 정당은 공공서비스를 늘리는 대신 조세를 더 거두는 쪽으로 기울며, 보수적인 정당은 그 반대다.

미국의 공화당은 늘 감세를 내세우며, 특히 부유층의 세금을 깎아

주는 것이 특기다. 다만 빌 게이츠나 조지 소로스를 비롯한 미국의 대표적 부자들은 '책임 있는 부자(RW; responsible wealth)' 클럽을 결성하고 감세정책이 계층 간 위화감을 조성한다고 하여 반대한다. 이들은 말하자면 '노블레스 오블리주'의 자세를 갖추고 있는 것이다. 한국사회의 정치적 대립구도도 과거의 '민주-반민주'에서 미국처럼 '증세-감세'로 바뀌어가고 있다. 강남의 고가 아파트에 집중 부과되는 보유세 등 부자에 대한 세금을 둘러싼 논란도 그중 하나다.

세율 인하와 재정지출 확대 중 어느 쪽이 경기부양 수단으로 더 바람직한가 하는 것도 커다란 쟁점이다. 세율 인하는 근로의욕과 투자의욕을 고취시키는 장점이 있다. 그렇지만 소득세율 인하에 따른 가처분소득 증가가 저축으로 흡수되면 소비증가로 이어지지 않고, 법인세율 인하는 투자위축이 자금사정과 무관할 경우 투자증가로 이어지지 않는다. 또 감세 혜택이 주로 부유층에 집중되면 양극화가 심화되며, 한번 낮춘 세율은 원상회복이 힘들어 재정의 건전성을 악화시킬 수 있다. 한편, 재정지출 확대는 직접적으로 수요를 증가시키고 서민층을 지원할 수 있으므로 경기부양과 소득재분배에 효과적이다. 하지만 재정지출이 낭비적으로 이루어질 위험성이 존재한다.

조세의 공평성과 탈세의 경제학

애덤 스미스는 '평등, 확실, 편의, 징세비 최소화'라는 '조세부과의 4원칙'을 설파한 바 있다. 대가답게 안 건드린 문제가 없다. 그런데 모든 경제원칙은 효율성과 공평성(민주성)으로 집약된다. 조세 문제도 마찬가지다. 애덤 스미스의 4원칙 중 첫째는 공평성과 관련되며 나머지 셋은 효율성과 관련된다. 조세의 효율성에 대해서는 학자들 사이에 논란이 별로 없다. 문제는 어떤 것이 공평한 과세냐다.

조세가 '공평하다'는 것은 국가로부터 받는 혜택이 클수록 세금을 많이 내야 한다는 의미로 생각할 수 있다(benefit principle). 그런데 국가가 제공하는 국방이 각 개인에게 얼마나 혜택을 주는지 측정하기는 곤란하다. 그래서 공평성은 보통 경제적 능력에 따라 조세를 부담하는 것을 뜻한다(ability-to-pay principle). 다만 경제적 능력이라 하더라도 그 기준을 현재 보유하고 있는 재산, 1년 동안 벌어들이는 소득, 소비할 수 있는 능력 중 어느 것으로 해야 하는가의 문제가 존재한다.

미국의 경제학자 조지(H. George)는 《진보와 빈곤》에서 토지재산에 대해서만 조세를 부과하자고 주장했다. 토지세는 공평할 뿐만 아니라 효율적이라는 근거에서였다. 하지만 실제 대부분의 국가들은 재산, 소득, 소비 모두에 대해 세금을 부과한다. 토지나 건물에 대해 매년 재산세를 고지하고, 매달 월급에서 세금을 원천징수하며, 사는 물건값에 세금을 포함시키고 있다. 소득세는 개인소득세와 법인소득세(법인세)로 나누어지는데, 법인이 벌어들인 이윤에 대해 부과되는 법인세는 법인을 개인처럼 독립적인 조세부담 능력을 가진 주체로 보아 매기는 세금이다.

일정한 조세액 징수를 목표로 할 때 재산세, 소득세, 소비세의 비중을 어떻게 할 것인가가 공평성과 관련된 문제다. 재산세나 소득세는 보통 재산이나 소득이 많을수록 세율이 높아지는 누진세(累進稅)다. 반면에 소비세는 소비액에 비례해서 징수되므로 '소비성향'(소득에서 차지하는 소비의 비중)이 낮은 부자가 소비성향이 높은 가난한 사람보다 상대적으로 세금을 덜 내는 역진세(逆進稅)다.

우리나라는 선진국에 비해 소비세의 비중이 크다. 또 토지나 건물에 대한 보유세가 선진국에 비해 3분의 1도 되지 않는다. 따라서 조세가 분배를 개선하는 효과를 별로 갖지 못한다. 조세에 대한 부유층의 반발, 즉 조세저항이 이런 상황을 낳고 있다. 일부 선진국에서 실시하고 있는 부유세제도를 도입하자고 한 정당에서 주장했지만 이름이 나쁜 탓인지 부자들의 반발이 거센 탓인지 귀 기울이는 사람은 없다.

세금을 내야 할 사람이 제대로 세금을 내야 조세의 공평성이 확보된다. 후진국에선 소득세나 부가가치세(생산 및 유통의 각 단계에서 창출되는 부가가치에 부과되는 세금)를 제대로 내지 않는 탈세가 만연하고 있다. 물론 봉급생활자들의 월급은 '유리지갑'이라 불릴 만큼 탈세가 어렵다. 하지만 기업주와 자영업자는 소득이나 매출을 제대로 신고하지 않는 일이 잦다. 우리나라에선 27억 원을 벌었는데도 1억 원 정도만 신고한 사우나업자도 있다. 부가가치세를 탈세하기 위한 세금계산서를 마련해주는 자료상도 활개를 친다.

탈세가 흔한 또 다른 분야가 상속세와 증여세다. 멍청한 사람만이 제대로 납부하는 세금이라 해서 '바보세'라고도 불리는 상속세와 증여세의 가장 일반적인 탈세 방식은 부모가 자기 재산을 미리 자식 이름으로 바꿔놓아 세금을 대폭 줄이는 것이다. 재벌총수들이라고 해서 예외는 아니며, 오히려 그 탈세규모가 천문학적이어서 사회적으로 커다란 비난을 불러왔다. 그 대표적인 사례가 삼성가문에서 수조 원의 재산을 3세 총수에게 승계하는 과정이었다. 이에 대해 여론이 악화되고 검찰의 기소가 이어지면서 총수일가는 수천억 원의 재산을 재단에 기부했다. 그렇다고 우리 기업가들이 모두 이런 식인 것은 아니다. 유한양행을 창립한 유일한 씨는 자신의 재산을 사회에

환원해 후세의 귀감이 됐다.

　탈세도 그에 따른 편익과 비용을 계산한 경제행위라 할 수 있다. 탈세와 같은 범죄가 경제행위라는 데 독자들은 황당해할지 모르겠다. 하지만 범죄도 그 편익과 비용을 따지는 경우에는 엄연한 경제행위다. 탈세의 편익은 탈세액이고, 문제는 그 비용이다. 탈세의 비용은 탈세행위가 적발될 가능성과 적발에 따른 징벌 정도에 따라 결정된다. 예컨대 1억 원을 탈세했을 때 적발될 확률이 0.1이고 적발에 따른 징벌이 탈세금액의 5배라면 탈세가 초래하는 비용의 기대치는 5000만 원(0.1×5억 원)이다. 이 경우 탈세의 이익이 비용보다 크므로 탈세를 저지를 유인이 작동하는 셈이다. 물론 형사처벌이 병행된다면 사정은 달라진다.

　국세청이 항상 눈을 부릅뜨고 있고 투명한 사회에서는 탈세가 적발될 확률이 높다. 일례로 스웨덴에서는 개별납세자의 소득과 납부할 금액을 국가가 계산해서 통보해 줄 정도로 개인의 소득흐름을 국가가 꿰뚫고 있다. 그리고 미국에서는 마피아 두목들이 감옥에 가는 주요 이유 중의 하나가 탈세일 정도로 탈세행위를 엄벌한다. 선진국에서 후진국보다 탈세행위가 덜한 것은 이 때문이다.

　불법적 탈세와는 별개로 세금을 매기지 않거나 깎아주는 비과세 및 감면 조치도 논란을 불러일으키고 있다. 2011년 우리나라 국세 비과세 감면액은 국세의 16퍼센트인 30조 원에 달했다. 조세특례제한법 등에 의거하는 이 조치는 정부와 국회의원에게 이익집단이 로비를 벌인 결과다. 겉으로는 서민 핑계를 대지만 실속은 부자에게 가져다주는 이 조치가 조세의 공평성을 침해한다는 지적이 있다.

별난 세금과 한국의 조세체계

상품이 거의 유통되지 않고 자본이 중요한 역할을 하지 않은 전근대 농경사회에서는 토지와 사람에 대한 세금이 조세의 중심이었다. 서구 봉건제 하에서는 농노가 영주에게 바치는 지대가 세금인 셈이었다. 조선시대의 세목은 토지에 대한 세금(田稅: 租), 인정(人丁)에 대한 세금(노동력: 庸), 가호(家戶)에 대한 세금(특산물: 調)으로 구분되어 통상 조용조(租庸調) 3세(稅) 체제로 불렸다.

전근대 사회의 통치자들은 이 밖에도 갖가지 기발한 방법으로 세금을 부과했다. 딸을 시집보낼 때 내는 '결혼세', 소행이 나쁜 처녀의 부모로부터 징수하는 '뒤처리세', 마누라가 간통했을 때 내는 '멍청이세' 따위가 그 대표적인 예다. 제정 러시아 시대에는 한때 귀족의 구레나룻 수염에 과세를 한 적이 있다. 영국에서는 귀족들의 호화주택에 세금을 부과하면서 처음에는 벽난로가 있는 집에만 세금을 부과했다. 그러다 벽난로가 있는지 여부를 확인하기 위한 세리들의 실내 출입에 대해 원성이 일자, 밖에서 확인할 수 있는 창문의 수를 기준으로 세금을 매기기도 했다. 이것이 바로 역사적으로 유명한 '창문세'다. 네덜란드에서는 집으로 들어가는 계단의 수에 따라 세금을 매기기도 했다.

창문세나 계단세는 뒤처리세나 멍청이세와는 달리 일정한 합리성을 갖고는 있었다. 왜냐하면 창문이나 계단은 당시에는 사치품의 일종이었으므로 경제적 능력에 비례해 세금이 부과된 셈이기 때문이다. 다만 이런 세금은 주택의 창문이나 계단을 없애는 식의 조세회피 행동을 유발함으로써 오래 지속될 수는 없었다. 산업사회로 들어서면서는 보유재산보다는 직접적인 경제활동에 대한 세금의 중요성이 커졌다. 소득세, 법인세, 소비세가 그 대표적인 항목들이다.

우리나라의 조세체계는 국세 17개와 지방세 15개의 세목으로 구성되어 있다. 국세는 내국세, 관세, 목적세로 구분된다. 내국세는 다시 직접세와 간접세로 나누어진다. 직접세에는 소득세, 법인세, 상속세 등이 포함되며, 간접세에는 부가가치세, 특별소비세, 주세 등이 포함된다. 목적세에는 교육세, 교통세, 농어촌특별세의 세 가지가 있다.

법률적으로 어떤 조세를 납부할 의무를 가진 자가 반드시 그 조세를 실제로 부담하는 자는 아니다. 소득세는 납부할 의무를 가진 자가 곧 실제로 돈을 내는 자, 즉 납세할 의무를 가진 자다. 이렇게 납부 의무자와 납세 의무자가 일치하는 세금이 바로 직접세다. 반면에 주세는 양조회사가 납부하긴 하지만 회사가 직접 세금을 부담하는 게 아니라 단지 대납을 해주는 것일 뿐이다. 즉 주세는 술값에 포함돼 있는 것이므로 사실은 술을 사 마시는 소비자가 세금을 부담하는 셈인 것이다. 이렇게 납부 의무자와 납세 의무자가 일치하지 않는 세금이 바로 간접세다. 이때 다른 경제주체로 조세부담을 떠넘기는 것을 조세부담의 전가(轉嫁, shifting)라 하며, 전가의 과정을 거친 후 궁극적으로 부담을 지는 것을 조세부담의 귀착(歸着, incidence)이라 한다.

우리 정부는 2003년의 10.29 대책에 이어 부동산종합대책을 잇따라 발표해 아파트가격 폭등을 저지하고자 했다. 부동산종합대책의 골자 중 하나는 부동산의 거래세를 낮추고 보유세를 강화한다는 것이다. 2001년 부동산관련 세수의 구성을 살펴보면 부동산의 '취득-보유-양도' 라는 3단계 중 취득단계의 세금인 취득세와 등록세가 전체의 60퍼센트, 양도단계의 세금인 양도소득세가 전체의 17퍼센트, 보유단계의 세금인 재산세와 종합토지세가 전체의 23퍼센트를 차지했다. 그런데 이런 보유세 비중은 선진국에 비해 대단히 낮은 수준이다. 그래서 정부는 이를 시정하고 보완하는 차원에서 종합부동산세를 신설하는 등의 조치를 취했다.

그러면 보유세는 어떻게 매겨지고 누구에게 부과되는가? 토지시장은 공급이 비탄력적이다. 예컨대 토지 가격이 아무리 올라간다고 해도 간척지를 만들지 않는 한 토지를 만들어낼 수 없다. 따라서 균형가격은 세금부과에 관계없이 일정하고 소유자가 토지를 판매할 때 보유세를 매입자에게 떠넘기지 못한다. 정부의 종합부동산세 신설 조치도 여기에 근거해 이루어진 셈이다. 주택도 공급의 탄력성이 낮기 때문에 사정이 비슷하다. 조세는 기본적으로 공공서비스의 재원을 마련하기 위한 것이지만, 투기방지를 위한 종합부동산세처럼 국민의 행동방식에 영향을 주기 위한 것도 있다. 이를 교정적 조세(corrective tax)라 한다. 담배나 술에 대한 높은 세율은 과도한 흡연이나 음주를 억제하고자 하는 것이며, 탄소세는 환경보호를 위해 이산화탄소 배출을 줄이고자 하는 것이다.

재정은 어디에 지출되나

국가가 조세를 재원으로 제공하는 공공서비스에는 '시장의 실패'로 인해 요구되는 공공재와 준(準)공공재가 있다.

공공재는 3장에서 본 대로 공급면의 '배제불가능성'과 수요면의 '비경합성'이라는 특성을 갖는 국방, 치안, 일반행정, 외교, 소방, 공중위생, 과학기술진흥, 공공사업, 생활환경정비와 같은 것들이다.

그런데 배제원칙과 경합성을 적용시킬 수 있고 따라서 시장거래가 가능하지만 그 기초적 공급을 국가가 직접 담당하거나 공적 규제 하에 민간시장에 대행시키는 재화와 서비스가 있다. 이를 준공공재라 하는데 소득재분배나 사회적 이익을 위해 필요한 것이다. 연금, 의료보장, 아동 및 노인의 복지, 학교교육, 주택건설, 통신, 수송 등이 여기에 해당한다.

독일, 프랑스 및 북유럽에서는 모든 학교교육과 의료서비스를 거의 무료로 제공한다. 장애인과 저소득층에 대한 지원제도도 잘 발달돼 있다. 이런 지출을 위해 국민들은 세금과 사회보장기여금을 많이 부담하고 있다. 만약 우리가 유럽식 선진국을 지향한다면 그네들처럼 세금과 사회보장기여금을 더 많이 낼 각오를 하지 않으면 안 된다.

우리나라의 2013년도 예산안을 보면 정부지출 예산은 일반회계와 특별회계를 합쳐 약 340조 원이다. 이 가운데 '경제사업' 지출이 22퍼센트, '복지' 지출이 30퍼센트 수준이다. 각각에 대한 OECD 평균이 10퍼센트, 52퍼센트인 것과 크게 대조적이다. GDP 대비 사회보장지출을 보더라도 OECD 평균이 24퍼센트, 복지가 뒤쳐진 미국과 일본도 15퍼센트인데 비해 한국은 9퍼센트 정도다. 앞으로 선진국으로 가는 과정에서 복지관련 지출의 증대가 불가피한 셈이다.

국가채무는 악인가

정부의 수입이 정부의 지출보다 부족한 것이 재정적자이고 그 반대가 재정흑자다. 재정적자 시에는 기업이 회사채를 발행하듯이 정부가 국채를 발행해 부족분을 메운다. 이것이 국가채무다. 2011년 말 한국의 국가채무는 IMF 기준으로 계산하면 약 420조 원이다. 이 가운데 장차 조세 등 국민부담으로 갚아야 할 채무는 210조 원 정도다. 나머지는 융자금 회수나 자산 매각을 통해 자체상환이 가능한 부분이다.

〈표 9-2〉는 OECD 주요국가의 국가채무 비중을 비교한 것이다. 이 표를 보면 한국의 국가채무는 상대적으로 적은 편이다. IMF사태 이후 부실금융기관에 대한 공적자금 투입 때문에 크게 늘어난 보증채무 80조 원을 국가채무에 포함시키더라도 그렇게 많지는 않다. 국가채무가 최근 빠르게 증가하고 있기는 한데 그것은 국가보증채무를 처리하기 위해 국채를 발행하기 때문이다.

국가채무와 관련해 정치권 일각과 언론에서 가끔 호들갑을 떤다. 우선 채무의 액수면에서 각종 연금의 급부금이나 공기업부채 등을 모두 합쳐 700조 원이니 1000조 원이니 하면서 정부 발표보다 엄청나게 많다고 주장한다. 조 단위의 천문학적 돈이 되면 어차피 일반인들은 그 크기를 실감할 수 없다. 결국 정치권과 언론은 정부 발표의 신뢰성에 문제를 제기하는 셈이다. 그런데 정부 발표는 국제기준에 따른 것이다. 정치권 등이 주장하는 식으로 국가채무를 계산하는 나라는 아무 데도 없다.

문제는 국가가 빚을 내서 제대로 쓸 데 쓰고 있느냐 하는 것과 갚을 수 있을 만큼 빚을 지고 있는가이다. 개인이 빚을 내 노름판에서 탕진해서는 망하기 마련인 것처럼 국가도 빚낸 돈을 제대로 쓰지

〈표 9-2〉 국가별 국가채무/GDP 비율 (2011년 말, 단위: %)

한국	미국	일본	독일	프랑스	영국	OECD평균
34	103	206	87	100	98	**103**

않으면 곤란하다. 아마도 재정지출에는 낭비적인 부분도 적지 않을 것이다. 하지만 우리나라에서 정치권과 언론이 주로 시비 거는 것은 이런 쪽이 아니다. 국가채무의 실제 규모가 정부 발표보다 많아서 갚을 역량이 의문이라는 것이 핵심이다.

국가가 해외로부터 돈을 빌린다면 빚을 갚는 데 문제가 발생할 수 있다. 달러로 갚아야 하는데 수중의 달러가 부족할 수 있는 것이다. 실제로 중남미국가들은 국가의 과중한 대외채무 때문에 국가부도 위기를 맞기도 했다. 그러나 중남미국가들이 졌던 수준만큼 엄청난 대외채무만 아니라면 국가는 개인과 달리 빚 때문에 파산하는 일은 없다. 국가는 조세징수권과 화폐발행권을 가지고 있기 때문이다. 즉, 갚을 돈이 부족하면 세금을 더 거두면 되고, 인플레이션을 각오하고 돈을 더 찍어내도 된다. 국가가 빚을 내기 위해 발행한 채권은 국민이 가지고 있으므로, 결국 국가채무는 국민이 국민에게 진 빚이다. 자기가 자기 빚 때문에 파산할 리 있겠는가.

국가채무는 다음 세대에게 부당하게 부담을 지우는 것이라는 주장이 있다. 일례로 미국의 아이젠하워는 케네디 대통령의 재정지출 확대정책에 대해 "우리는 지금 스스로의 욕망을 채우기 위해 우리의 자손들로부터 도둑질을 하고 있다"고 비판한 바 있다. 이 비판은 정당한 비판일까? 곰곰 따져 볼 필요가 있다.

우선 현재 세대가 미래 세대로부터 돈을 빌리는 일은 있을 수 없다. 국가채무에서는 채무자가 국가, 즉 전체 국민이라고 한다면 채권자는 국채를 산 일부 국민이다. 즉, 미래로부터 돈을 빌려 현재의 지출을 하는 게 아니라 현재의 국민 내부에서 돈이 오가는 것이다. 국채를 상환하는 미래에는 미래세대 내부에서 돈이 오간다. 즉, 국채의 원금이든 이자든 당해 세대 내에서 돈이 오가는 것이므로 국가채무가 현재 세대를 위해 미래 세대에게 부담을 지운다는 말은 성립할 수 없다. 다만 외국인을 상대로 국채를 발행한 경우에는 돈을 쓰는 것은 현재의 내국인 세대고 돈을 갚는 것은 미래의 내국인 세대라고 할 수 있다. 그리고 국채발행은 금리를 상승시켜 민간부문의 투자를 위축시키는 부작용이 있을 수 있다. 이 마이너스 효과를 정부지출에 따른 플러스 효과와 비교해야 국가채무를 종합적으로 평가할 수 있다.

요컨대 국가가 빚을 내서 하는 일이 무엇인가, 또 그 일이 현재와 미래의 생산력 발전에 얼마나 기여하는가가 관건이다. 국가채무는 민간으로부터 국가로 자원사용처를 이동시키는 것이므로 국가의 지출이 민간의 지출에 비해 덜 생산적이지 않는 한 비난받을 이유가 없다. 다만 미국의 이라크 침공이나 한국의 4대강 정비사업처럼 국가가 빚 내서 헛돈 쓰는 것으로 우려되는 경우는 별개다.

10 국경을 넘나드는 경제활동

비교우위 원리와 무역의 이익

성경의 창세기를 보면 이집트의 총리가 된 요셉이 풍년에 비축했던 곡물을 흉년에 다른 나라에 파는 이야기가 나온다. 국제무역은 인류의 출발점인 창세기 때에 이미 존재했던 셈이다. 고대 로마시대에 지중해나 동아시아를 중심으로 번성했던 국제무역이나 중국의 한나라에서 당나라 때까지 실크로드를 통해 이루어진 동서양 사이의 무역에 대해서도 널리 알려져 있다. 그러나 국제무역이 본격화된 것은 자본주의에 들어와서였다. 생산 규모의 비약적 확대와 더불어 기업이 국내시장을 넘어 세계시장을 찾아 나가서 활동하게 됐기 때문이다.

국가 간의 무역이 필요한 가장 분명한 이유는 한 나라 내에서는 생산이 불가능한 상품이 있기 때문이다. 무역을 통하지 않고는 한국인은 커피를 마실 수 없고, 신부에게 다이아몬드 반지를 끼워줄 수도 없다. 물론 옛날엔 커피를 안 마시고도 살았다. 다이아몬드 회사의 상술에 놀아나, 신부에게 사랑을 담은 꽃반지를 끼워주는 대신 귀한 달러를 허비해가며 다이아몬드를 수입하는 것을 미풍양속이라 하기도 뭣하다. 하지만 그렇다고 자급자족 시대의 과거로 돌아간다면 문명이 후퇴하는 것이리라. 흉년이 들었을 때 무역거래를 제대로 하지 못해 수많은 아사자가 발생했던 1990년대 후반의 북한을 보라.

그런데 오늘날 국가 간의 무역에서는 반드시 자국 내에서 생산할 수 없는 것만 수입하지는 않는다. 밀은 우리나라에서도 나지만 미국에서 수입해 오며, 완구는 우리가 생산해서 수출까지 하던 것을 이제는 중국에서 수입한다. 이렇게 어떤 나라가 자체적으로 생산할 수 있는 것을 외국에서 수입하는 현상을 가장 잘 풀이해 주는 설명이 '비교우위(比較優位, comparative advantage)' 원리다.

이 원리를 이해하기 쉽게 개인 사이에 적용시켜 보자. 치과에서 중요한 처치는 의사가 하지만, 스케일링은 보통 간호사가 담당한다. 물론 간호사보다 의사의 스케일링 솜씨가 더 좋을 수도 있겠지만, 그렇다고 의사가 스케일링까지 하면 보다 돈이 되는 중요처치를 할 시간이 줄어 손해다. 따라서 의사는 간호사보다 훨씬 더 잘하는 중요처치를 맡고 간호사는 그래도 의사보다 덜 못하는 스케일링을 맡는다. 이때 의사는 중요처치와 스케일링에서 모두 간호사보다 '절대우위(absolute advantage)'를 갖지만, 의사와 간호사는 각각 중요처치와 스케일링에서 비교우위를 갖는다고 한다. 이처럼 직업을 선택할 때도 자신이 비교우위를 갖는 분야를 선택하는 게 사회적으로 바람직할 것이다.

그렇다면 국가 간 비교우위는 어떻게 나타날까? 우리 다함께 약간의 두뇌운동을 해보기로 하자. 먼저 한국과 미국 두 나라 모두에서 두 가지 재화, 즉 콜라와 소주를 생산한다고 가정한다. 이때 한국의 노동자 1인당 연평균 콜라 생산량은 5000리터이고 소주 생산량은 7500리터다. 미국 노동자의 경우는 콜라가 4000리터이고 소주는 3000리터다. 이러한 노동생산성을 반영하면 양국의 콜라 및 소주 가격은 〈표 10-1〉처럼 나타낼 수 있다. 생산요소는 노동뿐이고 소주의 리터당 가격을 미국에서 1달러라고 하면 다른 것들은 생산성에 반비례시켜 표와 같이 표시할 수 있다.

한국은 콜라와 소주 생산 모두에서 미국보다 효율적이다. 즉, 한국은 '절대우위'를 보유하고 있다. 그렇다면 한국이 둘 다 생산하고 미국은 아무것도 생산하지 않아야 하는가? 물론 한국이 둘 다 생산해 미국의 필요량을 무상원조해 주는 것도 한 방법이다. 하지만 그처럼 한국이 일방적으로 손해를 보는 관계는 장기적으로 지속될 수 없다.

실은 한국은 소주, 미국은 콜라 생산에 특화(specialization)해 양자를 교역하는 것이 두 나라 모두에게 이득이다. 한국은 콜라와 소주 생산에서 모두 미국보다 낫지만 소주 생산에서 특히 더 낫고, 미국은 콜라와 소주 생산에서 모두 한국보다 못하지만 그래도 콜라 생산에선 덜 못한 것이다. 이를 한국은 소주에서 비교우위를 가지며 미국은 콜라에서 비교우위를 갖는다고 한다. 그리고 비교우위를 가진다는 것을 비교생산비(comparative cost)가 적게 든다고 이야기하기도

〈표 10-1〉 리터당 콜라와 소주의 가격 비교

구분	한국	미국
콜라	0.6달러	0.75달러
소주	0.4달러	1달러

한다.

 한국이 소주 생산에 특화하면 콜라를 생산하는 노동자들은 소주 생산 쪽으로 옮겨간다. 만약 1명이 옮겨가면 1년에 콜라 생산이 5000리터 줄어드는 대신 소주 생산이 7500리터 더 늘어난다. 이것을 미국의 시장가격대로 미국에 수출한다고 하자. 그러면 늘어난 소주 수출액은 7500달러가 되고, 이 돈으로 미국에서 콜라를 1만 리터 사 올 수 있다. 즉, 한국은 이 무역을 통해 콜라를 5000리터 더 소비할 수 있게 된다. 그렇지만 미국은 아무런 이익을 보지 못한다.

 그런데 만약 소주를 한국의 시장가격대로 미국에 수출한다면 늘어난 소주 수출액은 3000달러가 되고, 한국은 이 돈으로 미국의 콜라를 4000리터밖에 수입하지 못해 오히려 콜라 소비가 1000리터 줄어드는 손해를 보게 된다. 반면에 미국은 미국가격으로 콜라 3000달러어치를 팔아 소주 7500달러어치를 얻게 되는 이익을 본다. 소주의 수출가격이 최소한 0.5달러는 되어야 한국도 손해를 면할 수 있다.

 따라서 두 나라가 모두 무역을 통해 이익을 보려면 소주 수출가격이 0.5달러와 1달러 사이에서 결정돼야 한다. 이게 교역조건(terms of trade)이다. 소주 수출가격이 한국가격 쪽에 가까울수록 미국이 더 이익을 보고, 미국가격 쪽에 가까울수록 한국이 더 이익을 본다. 또 실제 교역에서는 미국이 수출하는 콜라의 가격도 양국의 손익에 영향을 미친다. 두 나라가 동일한 화폐를 사용하지 않을 경우에는 두 나라 화폐의 교환비율도 교역조건에 영향을 미친다. 선진국과 후진국 사이의 무역에선 선진국이 독점적 힘으로 교역조건을 자기에게 유리하게 만든다는 비판이 자주 제기되고 있다.

 국제무역을 결정하는 이러한 비교우위는 다음과 같은 요인들에 의해 결정된다.

첫째, 부존자원의 차이. 석유가 잔뜩 매장된 중동이나 러시아가 석유수출국이 되는 것은 당연하다. 기후와 토양 측면에서 오스트레일리아는 목축에 적합하지만 한반도는 인삼재배에 더 적합하다. 또 중국과 같이 인구가 넘치는 나라는 생산요소에서 자본보다 노동을 더 많이 쓰는 노동집약적 공업에서 비교우위를 가질 수 있다.

둘째, 선천적이 아닌 후천적 자원의 차이. 일본이나 독일처럼 인적 자본(숙련 및 기술)과 물적 자본(공장 및 기계)을 축적함으로써 비교우위를 개발할 수도 있다. 한국도 공업화 초기에는 단순노동을 많이 쓰는 산업에서 비교우위를 가졌지만 점차 기술집약적이고 자본집약적인 산업으로 비교우위가 옮아가고 있다.

셋째, 오랫동안 어떤 상품에 특화해 온 역사. 스위스가 시계산업에서 비교우위를 갖는 것이나 이탈리아와 프랑스가 패션산업에서 비교우위를 갖는 것은 이 국가들이 오랜 특화를 통해 특정산업의 생산과 유통 측면에서 학습효과(learning by doing)를 많이 축적했기 때문이다.

비교우위 원리의 한계

비교우위론만으로는 설명하기 곤란한 무역현상도 존재한다. 비교우위론에 따르자면 무역은 선진국과 후진국, 또는 성격이 매우 다른 국가들 사이에서 주로 이루어져야 한다. 그리고 이는 '산업 간 무역(inter-industry trade)'이 되어야 한다. 그런데 실제로는 선진국끼리의 무역이 전 세계 무역 중에서 압도적 비중을 점하고 있다. 게다가 선진국끼리의 무역에서는 동일한 산업의 제품을 수출하면서 수입하기도 한다. 필자는 일본과 같은 자동차 강국에서 벤츠와 같은 독일차가 가끔씩 눈에 띄어 놀란 적이 있다. 이러한 '산업 내 무역(intra-industry trade)'이 발생하는 이유는 무엇일까?

비교우위론은 생산성의 상대적 차이, 즉 공급 측면에 주목한다. 그런데 수요 측면으로 초점을 이동시켜보자. 선진국 소비자는 소득수준이 비슷한 다른 선진국에서 만든 제품을 선호하는 경향이 있다. 제품의 디자인이나 질이 괜찮고, 같은 종류의 상품이라도 나라별로 차별화된 특성을 지녔기 때문이다. 이를테면 일본 자동차는 고장이 잘 안 나고 독일 자동차는 안정성이 뛰어나다든가 하는 식이다. 물론 산업 내 무역이 중요하다 해서 비교우위에 따른 산업 간 무역의 존재가 전면적으로 부정되는 것은 아니다.

그리고 '제품수명주기(product life cycle)'를 통해 무역을 설명하기도 한다. 생물의 수명주기가 있듯이 제품에도 '개발-성숙-표준화' 단계가 있고 각 단계에 따라 무역패턴이 달라진다는 것이다. 라디오는 미국에서 최초로 개발됐기 때문에 처음에는 미국이 수출을 독점했었다. 그러나 점차 일본과 같은 다른 선진국들도 라디오 생산에 뛰어들기 시작했고, 자연히 미국의 수출은 줄어들었다. 나아가 제품생산기술이 표준화되면서 후진국인 중국이 라디오를 대량으로 생산하고 수출하기에 이르자 미국은 오히려 라디오를 수입하는 나라로 처지가 바뀌었다. 이 예에서 알 수 있듯이 국가 간의 비교우위는 고정돼 있지 않고 변화한다.

오늘날 무역에서는 완제품이 아닌 반제품(半製品)의 무역비중이 점점 커져가고 있다. 이는 다국적기업이 여러 나라의 공장에 생산과정을 분할하고 있기 때문에 발생하는 현상이다. 이를테면 일본의 자동차회사가 엔진은 일본에서 조달하고, 시트는 말레이시아에서 만들고, 최종조립은 태국에서 할 수 있다. 이 경우 그 다국적기업이 완제품을 만들기 위해 각 공정을 결합하는 과정에서 무역이 이루어지는 것이다.

자유무역이냐 보호무역이냐

자유무역이 좋을까, 보호무역이 좋을까? '자유'란 말도 좋은 말이고 '보호'란 말도 좋은 말이니 헷갈린다. 자유무역은 정부가 무역에 대해 간섭을 하지 않는 것이고, 보호무역은 국내산업을 보호하기 위해 정부가 무역에 대해 규제를 하는 것이다. 그런데 '자유'는 강자의 이익, '보호'는 약자의 이익을 대변하기 쉽다. 동시에 자유는 강자의 효율성, 보호는 약자의 비효율성을 부각시키는 측면도 가질 수 있다. 그래서 자유무역과 보호무역의 관계는 인간사회에 내재하는 모순의 한 표현이기도 하다.

애덤 스미스는 《국부론》에서 정부가 무역을 통제했던 당시의 중상주의(重商主義)를 비판하고 자유무역을 주장했다. 자유무역을 통한 시장의 확대가 분업의 발전, 즉 노동생산성 향상을 가져온다는 이유에서였다. 리카도는 이러한 스미스의 견해를 더욱 발전시켜 비교우위론을 정립했다. 그 뒤로 자유무역 지지는 정통파 경제학의 기조였다. 오늘날의 경제학 교과서도 이 입장을 따르고 있다.

그렇다고 자유무역에 반기를 든 비주류 경제학자가 없었던 것은 아니다. 그 대표가 19세기 독일의 리스트(F. List)다. 리스트는 당시 영국이 독일보다 공업발전이 앞서 있는 상황에서 비교우위를 기준으로 각국이 수출산업을 전문화한다면 성장성이 높은 공업을 영국이 독차지할 것으로 보았다. 이렇게 되면 독일은 영구히 후진상태를 벗어나지 못할 것이므로, 자국 공업이 충분한 국제경쟁력을 가질 때까지 국가가 중요한 수입품에 높은 관세를 매겨 자국 공업을 보호함과 동시에 육성해야 한다는 주장을 펼쳤다.

한 가지 놀라운 사실은 자유무역론이 주류 경제학계의 일관된 주장인데도 무역을 100퍼센트 자유화한 나라를 찾아보기 힘들다는 점이다. 마찬가지로 자유무역을 100퍼센트 저지하는 나라도 없다. 그러니까 엄밀히 말하자면 자유무역과 보호무역은 완전히 다른 게 아니라 정도의 차이에 따라 구분되는 셈이다. 시장이냐 정부냐 하는 논란과 마찬가지다. 현재 자유무역의 전도사를 자처하는 미국조차도 과거에는 강력한 보호무역을 실시했고, 지금도 극히 일부 국가와만 자유무역 관계를 맺고 있다. 게다가 그 관계도 완전한 자유무역은 아니다.

오늘날 보호무역은 유치산업, 사양산업, 안보산업에 대해 이루어진다.

첫째로, 리스트의 주장처럼 유치산업(infant industry)을 육성하기 위해 보호무역을 시행한다. 사람도 어릴 때는 주위의 특별한 보호가 필요하다. 또 어린아이를 어른과 싸우게 할 수는 없다. 마찬가지로 산업도 아직 미숙한 단계에 있을 때는 외국기업의 경쟁압력으로부터 보호할 필요가 있는 것이다. 학습효과로 생산경험이 축적됨에 따라 생산비용이 절감된다면, 발전 초기단계의 기업을 일시적으로 보호해 학습효과를 거둘 수 있는 기회를 제공하는 것이 바람직할 수 있다.

또 생산규모가 커짐에 따라 비용이 떨어지는 규모의 경제가 존재하는 경우에는 국내기업이 어느 정도까지 커져서 규모의 경제를 누릴 수 있을 때까지 국내시장을 외국기업으로부터 차단할 필요가 있을 수 있다. 특히 초기단계에 막대한 투자가 요구되는 산업에서는 정부가 보호하고 지원하는 전략적 무역정책(strategic trade policy)을 실시해야 한다는 주장도 있다.

나라 사이의 비교우위가 고정되어 있지 않고 변화할 수 있다는 이른바 '동태적 비교우위(dynamic comparative advantage)'론에 따르면 각국 경제가 처해 있는 초기조건의 차이 자체를 변화시킬 수도 있다. 외국자동차의 수입을 규제하지 않았다면 한국이나 일본의 자동차산업이 오늘날과 같은 수출산업으로 성장했을지 의문이다.

다만 유치산업에 대한 보호무역은 다음과 같은 반론에 부닥칠 수 있다. 보호할 산업을 결정하는 과정에서 장차 어떤 산업이 살아남을지, 살아남게 될 때의 이익이 그동안 소비자가 치러야 할 손실보다 클지를 정부가 판단하기란 쉽지 않기 때문에 결국 목소리가 크거나 뇌물을 잘 갖다 바치는 산업이 보호를 받을 가능성이 크며, 이는 비효율성을 초래한다는 것이다.

만약 어떤 산업이 단기적으로는 손해를 보더라도 장기적으로는 이익을 볼 수 있는 유치산업이라면 기업은 정부의 보호를 받지 못하더라도 스스로 거기에 뛰어드는 것이 시장의 논리다. 물론 자본시장이 불완전하면 그런 기업에 자금이 잘 제공되지 않을 수 있다. 특히 후진국에서 그런 경우가 많다. 그런데 이 경우에도 굳이 보호무역을 실시하기보다 정부가 자금을 지원하는 게 더 효율적일 수 있다.

둘째로, 어린이단계가 아니라 노인단계에 접어든 사양산업에 대해 보호무역이 실시된다. 노인을 젊은이와 같은 조건에서 싸우게 할 수 없다는 식이다. 여기에는 자유무역이 시행되면 사양산업의 일자리가 상실될 것이라는 우려가 작용한다. 예컨대 값싸고 고장이 잘 안 나는 일본 자동차가 자유롭게 미국으로 수입되면 미국 자동차산업이 타격을 받는다. 이는 미국의 자동차산업 및 관련 산업에서 일하는 사람들을 실업상태로 내몬다. 때문에 일본이 자동차수출을 자율 규제하도록 미국 정부가 압력을 행사하는 것이다.

그러나 곰곰이 생각해보면, 자유무역 하에서 미국차가 일본차와의 경쟁에서 밀린다는 것은 그만큼 미국 자동차산업의 생산성이 낮다는 의미다. 경제의 효율성을 높이려면 생산성이 낮은 부문으로부터 더 높은 부문으로 자원을 재배분해야 하며, 그러기 위해서는 미국 자동차공장의 쇠퇴가 불가피하다. 그러나 자동차공장에서 상대적으로 높은 임금을 받던 노동자들이 비슷한 임금을 받는 새 직장을 찾는 것은 쉬운 일이 아니다.

한국에 값싼 외국농산물이 수입되는 경우도 마찬가지다. 많은 소비자가 이익을 보기는 하지만 식료품비 지출비중이 낮아진 오늘날 소비자 개개인의 이익은 그다지 크지 않다. 반면에 개개 농민이 입는 타격은 엄청나다. 특히 나이든 농민은 다른 일자리를 찾는 게 거의 불가능하다.

즉, 자유무역으로 인해 주어지는 혜택은 국민 전체에게 얇게 분포되지만 그 손실은 일부에게 두껍게 깔리기 때문에 자유무역을 지지하는 목소리는 다수이지만 저음이고 반대하는 목소리는 소수이지만 고음이다. 이에 대해 논리적으로 가능한 해결방안은 다수가 얻는 이익의 일부를 모아서 소수 희생계층의 손실을 보상하면서 자유무역을 추진하는 것이다. 그러나 희생계층이 감당하는 손실의 크기를 측정하기 힘들기 때문에 구체적인 실행은 만만치 않다.

셋째로, 안보산업에서 보호무역을 실시하는 것은 경제적인 이유 때문이 아니다. 무기생산에 비교우위가 없다고 수입에만 의존하는 나라가 어쩌다 무기수출국가와 전쟁을 치른다면 어찌 되겠는가! 직접적인 무기생산이 아니더라도 무기생산과 관련이 깊은 중공업 분야라면 같은 논리로 보호를 요청할 수 있다. 미국의 시계산업계에선 오랫동안 국가안보를 위해 시계산업을 보호해야 한다는 주장을 해왔다. 시계산업의 기능공들이 보유한 정밀기계 조작능력이 전쟁수행에 필수적이라는 이유에서다.

식량을 수입에만 의존하다 식량수출국이 갑자기 수출을 중단하면 큰일이다. 이게 이른바 '식량안보'의 문제다. 스크린쿼터에 의한 우리 영화의 보호 역시 민족문화가 할리우드문화에 압살당하지 않도

스크린쿼터와 한미FTA

스크린쿼터(screen quota)란 국산영화 의무상영제를 말한다. 외국영화가 지나치게 국내시장을 지배하는 것을 막아 자국영화를 보호·육성하자는 취지에서 마련됐다. 과거엔 스크린쿼터가 연간 상영일수의 5분의 2 이상이었으나 한미FTA 협정의 분위기 조성 차원에서 2006년에 5분의 1(73일)로 축소됐다.

스크린쿼터 축소·폐지론자들은 1993년 16퍼센트였던 한국영화의 시장점유율이 1999년 40퍼센트, 2005년 59퍼센트로 급상승했으므로 더 이상 스크린쿼터와 같은 보호가 필요하지 않다고 주장한다. 외국영화와의 치열한 경쟁이 한국영화의 질을 향상시킬 것이라는 논리도 제시한다.

반면에 한국영화계 측에선 대만과 멕시코에서 스크린쿼터를 축소한 뒤 자국영화의 시장점유율이 급격하게 하락했음을 반대의 근거로 내세운다. 예컨대 대만의 경우 1990년대 초반까지 35퍼센트였던 자국영화의 점유율이 1998년에 5퍼센트 이하로 떨어졌다는 것이다. 할리우드영화 직배사의 끼워팔기(인기영화 배급을 조건으로 다른 영화 상영도 강제하는 것) 위험성도 제기하고 있다.

한편 2006년부터 협상이 시작된 한미FTA는 많은 논란을 불러일으키고 있다. 정부는 대미수출이 증가하고 서비스업 개방에 따라 서비스산업의 질이 높아질 것이라는 점을 긍정적 효과로 제시한다. 반면에 반대하는 측은 농업 등의 피해가 우려되고, 경제정책의 자율성을 침해받을 수 있으며, 우리 경제의 양극화가 심화될 수 있다고 한다.

록 하기 위한 '문화안보'라 할 수 있을지 모르겠다.

 넷째로, 국내산업을 보호하기 위해서는 아니지만 자유무역을 규제하는 경우가 있다. 비가치재, 즉 마약, 포르노물, 총기와 같은 경우다. 다만 예전에는 힘이 약한 나라는 이런 비가치재의 수입도 마음대로 규제할 수 없었다. 아편전쟁의 예를 보자. 19세기 후반에 영국은 중국 차(茶)의 수입대금을 마련하려고 인도 아편을 중국에 수출했다. 아편 수입으로 인해 중국엔 아편 중독자가 급증하고 사회가 위태로워졌다. 이에 중국이 아편 수입을 금지하자 영국은 이를 구실로 중국과 전쟁을 일으켰다. 이게 '아편전쟁'이다.

무역규제 방식과 오늘날의 무역자유화

자국산업을 보호하기 위한 구체적 방안으로는 관세부과, 수입할당제, 수출자율규제, 비관세무역장벽이 있다.

 첫째로, '관세(tariff)'는 수입품에 일정 비율의 세금을 부과하는 것으로 무역규제 중 가장 널리 사용되고 있다. 관세가 부과되면 소비자는 그만큼 비싼 가격을 치러야 하므로 손해를 보고, 대신 국내 생산자들은 이익을 본다. 관세율이 아주 높으면 수입이 사실상 불가능하다. 관세 중에 '반덤핑관세(anti-dumping duties)'라는 게 있다. 이는 외국기업이 고의로 싼 가격에 수출하고 있을 때, 즉 덤핑을 하고 있을 때 부과하는 관세다. 여기서 '덤핑'이란 기업이 어떤 제품을 자국에서 팔 때보다 수출할 때 더 싸게 판다는 의미다. 기업의 입장에서 볼 때 덤핑은 이윤을 극대화하기 위한 합리적 행동이다. 어떤 제품, 예컨대 디지털 카메라의 국내시장과 해외시장이 분리돼 있다고 하자. 국내시장에서는 그 제품을 생산하는 기업이 몇 안 돼 가격을 좌지우지할 수 있는 반면에 해외시장, 예컨대 미국시장에서는 세계 각국의 수많은 기업이 경쟁하는 일이 생길 수 있다. 이때 해당기업은 국내시장에서는 비싸고 팔고 해외시장에서는 싸게 파는 '가격차별(price discrimination)'을 시행하는 게 이득이다.

둘째로, '수입할당제(import quota)'는 어떤 상품에 대해 수입할 수 있는 최대한의 양을 정해놓는 것이다. 해체된 대우그룹이 설립 초기에 급성장을 할 수 있었던 가장 큰 이유는 바로 이 수입할당제를 적절히 활용했기 때문이다. 한때 미국이 섬유류 수입에 대해 할당제를 실시한 적이 있는데, 당시 대우그룹의 모태였던 대우실업이 이를 미리 예측해 많은 쿼터물량을 확보한 전략이 들어맞은 것이다.

쌀 수입에 대한 일부 국가의 규제방식도 할당제다. 1993년 한국, 일본, 대만, 필리핀은 농산물 중 쌀만은 예외로 하는 조건으로 우루과이라운드 협상을 타결했다. 즉, 한동안 자국의 쌀 소비량 중 일정 비율을 의무적으로 수입하는 대신 그 이상의 수입은 금지하기로 한 것이다. 이게 '최소시장접근(minimum market access)'이다. 한국은 2006년부터 단계적으로 최소시장접근 물량을 4퍼센트에서 8퍼센트로 확대해가기로 했다.

한편 일본은 1999년부터 일정한 수입량까지는 관세가 없거나 낮은 관세를 적용하지만, 그것을 초과하는 물량에 대해선 490퍼센트라는 높은 관세를 매기는 방식으로 쌀 수입 규제방식을 바꾸었다. 이는 '관세화'의 일종으로, 관세율할당(TRQ; tariff rate quota)제도라고 한다.

셋째로, '수출자율규제(voluntary export restraint)'는 수입국 정부가 수출국 기업에 압력을 행사해 자율적으로 수출물량을 줄이도록 유도하는 정책이다. 공식적으로 관세율을 인상하거나 할당제를 실시하지 않고 '알아서 기게' 만드는 방식이다. 1980년대에 미국은 일본의 자동차 수출에 대해 이런 조처를 시행했다.

넷째로, '비관세무역장벽(non-tariff trade barriers)'은 제품안전성에 관한 규정 또는 독특한 유통망을 통해 수입을 규제하는 조처다. 예컨대 일본은 광우병 감염 여부를 전수(全數)검사한 소의 고기만을 수입할 수 있게 해 표본검사만 실시하는 미국 쇠고기의 수입을 사실상 금지한 바 있다. 또 미국 식품의약국(FDA)은 위조품이 섞여들 수 있다는 이유를 들어 자국 의약품보다 25~50퍼센트 싼 캐나다 의약품의 수입을 금지하고 있다.

근래 들어 무역의 자유화가 가속화되고 있다. 1995년에 '세계무역기구(WTO; World Trade Organization)'라는 공식조직이 등장하면서 자유무역의 흐름이 강화됐다. 또 이미 지역적 차원에서 유럽연합(EU; European Union)이 출범했으며, WTO의 협상이 다소 지지부진한 가운데 두 나라 사이 혹은 여러 나라 사이의 자유무역협정(FTA; Free Trade Agreement)이 활발해졌다.

국제수지 계산은 어떻게

국제무역을 통해 나라와 나라 사이에 돈이 이동한다. 그런데 돈은 무역 이외의 다른 경제관계를 통해서도 국경을 넘나든다. 국내기업이 외국은행에서 돈을 빌리거나 부모가 유학 중인 아들에게 송금을 하는 경우가 그런 예들이다. 국제수지는 이렇게 무역 등을 통해 이루어지는 국제적인 수입과 지출의 관계다. 국제수지는 크게 경상수지(current account), 자본수지(capital account), 준비자산 증감(changes in reserve assets)의 세 부문으로 나뉜다.

경상수지에는 상품수지, 서비스수지, 소득수지, 경상이전수지가 있다. 상품수지는 수출액과 수입액의 차이다. 서비스수지는 외국인이 한국에 관광 와서 쓴 돈과 한국인이 해외여행 중에 쓴 돈의 차이를 비롯해 운수, 보험, 서비스의 국제거래에서의 차이다. 소득수지는 한국기업이 해외에서 번 돈을 들여온 것과 외국인 주주들이 국내기업에서 받은 배당금을 자국으로 송금한 것의 차이를 비롯해 이자, 임금의 국제거래에서의 차이다. 경상이전수지는 미국에서 직장을 잡은 아들이 한국의 노모에게 생활비를 부쳐준 것 같은 자금이전의 차이다.

수출보다 수입을 더 많이 해서 경상수지가 적자가 나면 그만큼 외환, 예컨대 달러가 부족하게 된다. 이것을 메워주는 것이 자본거래다. 외국인들이 한국의 공장을 인수하기 위해 달러를 들여오거나(이를 '외국인 직접투자'라고 한다), 한국기업의 주식이나 채권을 사기 위해 달러를 들여오거나(이를 '외국인 증권투자'라고 한다), 혹은 외국은행이 달러를 꿔줌으로써 우리나라가 그것으로 경상수지 적자를 메우는 것이다. IMF사태 전 몇 년간 한국이 막대한 경상수지 적자를 내면서도 버틸 수 있었던 것은 단기외채의 급증으로 자본수지가 흑자였기 때문이다. 빚이 늘어나는데 흑자라 하니 좀 이상하지만, 여기서는 일단 돈이 들어오면 흑자로 간주한다.

이렇게 해도 달러가 부족하면 정부가 보유하고 있던 달러나 금을 내다 쓰는데 그것이 준비자산, 즉 외환보유고의 감소다. 준비자산 감소 역시 그만큼 달러가 들어온 것으로 보아 국제수지표에 플러스의 수치로 표시한다. IMF사태가 나기 직전에는 달러가 외국으로 빠져나간 탓에 정부가 보유하던 달러마저 바닥이 났다. 그래서 IMF에 구제금융을 요청했던 것이다.

거꾸로 1998년 이후에는 경상수지 흑자로 달러가 넘쳐나, 그것으로 미국의 국채를 매입하고 있다. 이는 국제수지 상에서 준비자산 증가로 나타나고 마이너스의 수치로 표시한다. 〈표 10-2〉를 통해 우리는 IMF사태를 전후하여 준비자산 증감을 비롯한 국제수지 동향을 알 수 있다. 표에 있는 '오차 및 누락' 항목은 자료의 시차나 통계 기술 상의 문제로 수입과 지출이 일치하지 않는 부분을 의미한다.

우리나라는 1980년대 전반까지 경상수지가 거의 매년 적자였다. 그 적자는 차관으로 메워졌다. 즉, 외국에서 돈을 빌려 우리에게 필요한 물자를 수입한 것이다. 그러다 1986년에서 1989년까지 잠깐 3저(低)(원유가 하락, 달러화 약세, 국제금리 하락) 현상으로 수출이 늘어

〈표 10-2〉 한국의 국제수지 (단위: 억 달러)

연도	1997	1998	2002	2012
〈경상수지〉	-83	404	61	431
상품수지	-33	416	142	383
(수출)	(1,387)	(1,321)	(1,626)	(5,526)
(수입)	(1,420)	(905)	(1,484)	(5,142)
서비스수지	-32	10	-75	26
소득수지	-25	-56	5	49
경상이전수지	-6	34	-11	-28
〈자본수지〉	13	-32	15	-436
〈준비자산 증감〉	119	-310	-118	-119
〈오차 및 누락〉	-49	-62	42	5

나 경상수지가 흑자로 바뀌었다가 1990년부터 다시 적자로 돌아서 1997년 IMF사태 때까지 적자가 누적됐다. 1998년 이후에는 한국 돈의 가치가 떨어지면서 수출이 수입보다 더 빠르게 증가했다. 그 결과 경상수지 흑자가 계속되고 대외준비자산이 크게 증가했다. 그러다 2008년에는 세계 금융위기가 닥치면서 경상수지가 적자를 보이고 대규모 자본수지 적자 즉 자본의 대외유출이 일어나기도 했다.

 환율과 국제거래

환율의 마술

2003년 노무현정부는 1인당 GDP 2만 달러를 목표로 내걸었다. 다만 정부는 이 목표가 노무현 대통령의 임기 내에 달성되기는 힘들다고 못 박았다. 2002년의 1인당 GDP가 1만 달러 정도였으므로 매년 7퍼센트씩 성장하더라도 임기 말의 수준이 1만 4000달러에 불과할 것이기 때문이었다. 그런데 실제로 임기 말년인 2007년의 1인당 GDP가 2만 달러를 돌파했다. 그것도 7퍼센트가 아닌 5퍼센트 내외의 성장률 하에서다. 이게 무슨 귀신의 조화일까.

답은 바로 환율의 마술이다. 1달러에 1200원대이던 환율이 〈그림 11-1〉에서 보듯이 계속 하락했기 때문이다. 환율이 떨어지는 만큼 한국 돈의 상대적 가치가 높아지므로 자연히 달러로 환산한 1인당 GDP도 그만큼 높아진다. 예컨대 1인당 GDP가 똑같이 1200만 원이더라도 1달러가 1200원에서 600원으로 하락하면 1인당 GDP는 1만 달러에서 2만 달러로 상승한다. 반대로 환율이 오르면 그만큼 1인당

GDP는 낮아진다.

일본에서는 1달러가 1985년 2월에 260엔대이다가 1988년 1월에 120엔대로 변동했다. 엔화의 가치가 2배 이상 뛴 것이다. 그리하여 일본의 1인당 GDP가 오늘날 3만 달러를 넘는 수준에 이르렀다. 싱가포르를 포함한 다른 몇몇 나라의 1인당 GDP가 2만 달러에 이르게 된 데도 환율변동이 큰 역할을 했다. 이처럼 달러로 표시한 1인당 GDP는 환율의 마술에 의해 널뛰기를 한다. 그러나 국민의 실제 생활수준은 그런 식으로 변동하지 않는다. 연소득이 전혀 오르지 않은 상태에서는 환율하락 덕분에 달러로 환산한 소득이 2배가 되더라도 국내 물가가 떨어지지 않는 한 생활수준은 그다지 나아지지 않는다. 마술은 마술이지 현실이 아니다.

〈그림 11-1〉 한국의 환율변동 추이

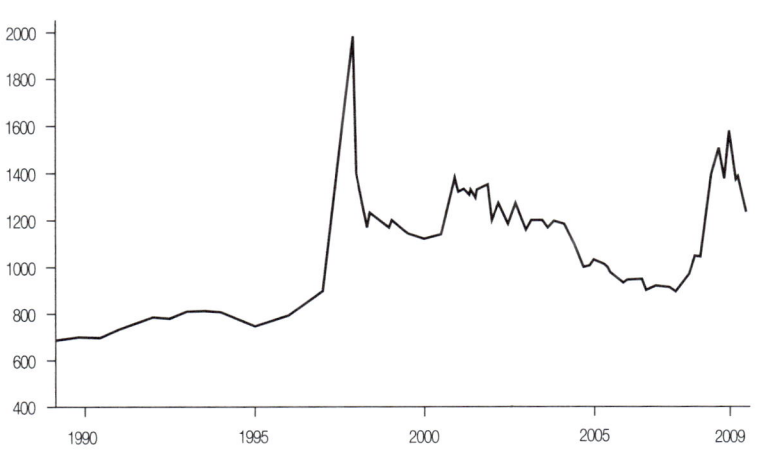

여러분은 이제 '환율(exchange rate)'이 각국 화폐 사이의 교환비율임을 깨달았을 것이다. 국제무역이 발전하면 각국 화폐 사이의 교환, 즉 환전이 필요하다. 성경을 보면, 예수가 성전에 올라가 환전상들의 탁자를 뒤엎는 장면이 나온다. 로마제국에서는 로마화폐를 중심으로 각국의 화폐가 교환됐고, 그 교환비율이 환율이었다. 그런데 성전에서는 유대화폐로만 성전세를 바치도록 했으며, 그래서 환전상이 활개를 쳤던 것이다.

오늘날에는 미국이 로마처럼 세계를 지배한다. 그리하여 달러가 세계화폐 역할을 하면서 대부분의 국가들이 1달러가 자국화폐 얼마에 해당하느냐로 환율을 표시한다. 한국의 경우 엄밀하게는 이를 원/달러 환율이라 한다. 한국에서 환율이 올라간다는 것은 달러 가치가 그만큼 올라가고 원화의 가치가 그만큼 떨어지는 것이다. 엔화에 대한 원화의 환율은 달러에 대한 엔화 환율과 달러에 대한 원화 환율을 비교해 환산한다. 예컨대 1달러가 100엔이면서 1000원이라면 1엔은 10원인 셈이다. 달러에 비해 엔화 가치나 원화 가치가 높아지는 것을 '엔고(高)'나 '원고(高)'라 부른다.

환율변동의 모순적 영향

우산장수 아들과 소금장수 아들을 둔 부모가 있다 하자. 만약 그 부모가 비관적인 사람이라면 맑은 날은 우산장수 아들을 걱정하고, 비 오는 날은 소금장수 아들을 걱정할 것이다. 거꾸로 그 부모가 낙관적인 사람이라면 맑은 날은 소금장수 아들 때문에 흐뭇해하고, 비가 오면 우산장수 아들 때문에 흐뭇해할 것이다. 환율변동에서도 이득을 보는 집단과 피해를 보는 집단이 동시에 존재하기 마련이다. 이런 모순구조 속에서 정부와 언론은 비관적 입장과 낙관적 입장 중 어떤 입장을 가져야 할까? 환율변동이 영향을 미치는 부문을 구체적으로 검토하면서 생각해보자.

첫째, 환율변동은 자산운용의 성과에 영향을 미친다. 우리 정부는 2013년 현재 3000억 달러가 넘는 외환(foreign exchange, 외국화폐)을 보유하고 있다. 이 외환을 정확히 어떤 형태로 운용하는가는 기밀이지만, 60퍼센트 이상이 미국의 국공채와 같은 달러표시 자산이라고 한다. 그렇다면 달러 가치 하락, 즉 환율 하락은 정부에 손해를 끼친다. 미국의 부동산이나 채권을 매입한 개인이나 기업의 경우도 마찬가지다.

반대로 한국에 투자한 외국인들은 환율이 하락하면 이익이다. 예컨대 1달러가 1200원일 때 1억 달러를 들여와 1200억 원으로 주식에 투자했다고 하자. 이때 비록 주가상승도 없고 배당도 받지 못했다 하더라도 1달러가 1000원으로 하락하면 1억 2000만 달러를 회수할 수 있다.

둘째, 환율변동은 자금조달 비용에 영향을 미친다. 다만 그 영향의 내용은 자산운용의 경우와는 반대다. 가령 우리 기업이 외국에서 1억 달러를 빌린 경우를 생각해보자. 돈을 빌릴 때 1달러에 1200원이었던 환율이 돈을 갚을 시기에 1달러에 1000원으로 떨어진다면, 1200억 원을 빌려 쓰고도 1000억 원만 갚으면 되므로 이익이다.

셋째, 환율변동은 물가와 실질소득에 영향을 미친다. 환율이 올라가면 수입제품의 가격이 올라가 물가를 상승시킨다. 거꾸로 환율이 떨어지면 수입제품 가격이 하락하고 물가가 하락해 국민의 실질소득이 증가한다. 환율이 하락하면 해외여행도 싸게 갈 수 있다. 달러로 환산한 소득이 환율하락에 따라 2배가 되었을 때 실질소득이 2배로 되지는 않지만 물가하락과 해외서비스가격 하락만큼은 상승하는 셈이다.

넷째, 환율변동은 기업의 수익성과 경쟁력에 영향을 미친다. 미국에 자동차 1대를 1만 달러에 수출하고 있는데 환율이 1달러에 1000원에서 1200원으로 올랐다고 하자. 그러면 자동차 1대 수출해서 1000만 원 받다가 1200만 원 받게 되므로 의외의 이득을 챙긴다. 이렇게 환율이 올라가면 1만 달러짜리를 9000달러에 팔아도 밑지지 않으므로 그만큼 수출량이 늘어날 수 있다. 즉 환율인상은 수출경쟁력도 높인다. 거꾸로 환율이 떨어지면 수출전선에 이상 있다고 언론에서 소리치는 것도 이 때문이다.

그런데 만약 자동차를 생산하려면 일부 부품을 미국에서 수입해야 한다고 하자. 이때 환율이 올라가면 부품 값으로 지불해야 하는 원화의 액수가 높아진다. 따라서 자동차 수출가격은 한국 돈으로 1000만 원보다는 높아야 한다. 뿐만 아니라 수출가격은 환율상승에 따른 물가와 임금의 상승도 반영해서 결정해야 한다.

수출을 주로 하는 기업의 수익성과 경쟁력은 대미환율에 의해서만이 아니라 수출시장에서 경쟁하고 있는 다른 나라의 대미환율에도 영향을 받는다. 예컨대 한국과 일본의 전자회사가 미국시장에서 경쟁하고 있는 경우를 보자. 1980년대 후반에 한동안 한국의 수출이 일본보다 더 유리했는데, 이는 달러 대비 원화 가치는 그대로인 반면 엔화 가치가 상승하여, 미국시장에서 한국 텔레비전 같은 것이 일본 제품에 비해 상대적으로 더 싸졌기 때문이다.

한편 수입비중이 큰 기업은 수출비중이 큰 기업과는 정반대되는 영향을 받는다. 항공, 정유, 전기가스 업종은 환율이 하락하면 원자재 수입가격이 떨어지므로 이득을 얻는다. 예컨대 정유회사는 환율이 하락해 원유 수입가격이 하락해도 국내 석유 판매가격을 곧바로 환율하락폭만큼 떨어뜨리지 않기 때문이다.

다섯째, 환율변동은 국제수지에 영향을 미친다. 환율이 올라가면 수입품의 가격이 오르므로 수입은 줄어드는 반면, 수출품의 가격경쟁력이 높아지므로 수출은 늘어난다. 이는 국제수지를 개선시킨다. 우리나라는 1996년에 230억 달러, 1997년에 83억 달러의 경상수지 적자를 기록했다가 1998년에 400억 달러가 넘는 경상수지 흑자로 전환됐다. 여기에는 환율이 1달러 800원 대에서 2000원까지 급등한 것이 큰 영향을 미쳤다.

환 헤징

환율변동은 기업의 수익성과 경쟁력에 커다란 영향을 미친다. 안정적 성장을 원하는 기업이라면 환율변동으로 인해 손실을 입을 위험을 줄여야 한다. 이를 환 헤징(exchange hedging)이라 한다. 환 헤징을 위해 우리나라 기업이 취할 수 있는 방안으론 다음과 같은 것들이 있다.

첫째, 수출보험공사의 환율변동보험을 활용한다. 이 보험은 기업이 환율변동으로 입는 손실, 즉 환차손(換差損)을 보상해주고 이익, 즉 환차익(換差益)은 환수하는 보험이다.

둘째, 선물환(先物換)을 활용한다. 선물환이란 미래 일정시점에서 주고받을 달러를 지금 정한 환율로 거래하는 것이다. 선물환거래를 이해하기 위해 선박을 건조해 1년 뒤 1억 달러를 받고 파는 경우를 생각해보자. 1달러 800원인 현재 환율이 만약 1년 뒤에 1달러 900원이 되면 환차익 100억 원(900억 원 — 800억 원)을 챙기지만, 1달러 600원이 되면 환차손 200억 원(600억 원 — 800억 원)이 발생한다. 그러나 1년 뒤에 1억 달러를 1달러당 800원에 팔기로 하는 선물환 계약을 체결해두면, 환차익을 기대할 수는 없지만 환차손을 입을 위험에선 해방된다.

셋째, 받을 외화와 줄 외화의 타이밍을 비슷하게 맞추는 매칭(matching)이나, 본사와 해외지사 간에 발생하는 채권·채무관계에서 차액만을 결제하는 상계(netting)라는 기법을 활용한다.

그 밖에 생산거점을 해외로 확대하는 것도 환 헤징에 도움이 된다.

다만 환 헤징에도 한계가 있다. 그리고 무리한 환 헤징을 하면 KIKO 사태에서 보듯이 큰코다칠 수 있다. 일시적 등락이 아닌 장기적 추세의 환율변동은 받아들일 수밖에 없다.

결론적으로 환율인상은 자산운용, 수출기업, 국제수지에는 긍정적으로 작용하고 자금조달비용, 물가, 실질소득, 수입기업에는 부정적으로 작용한다. 환율하락 효과는 물론 이와 반대다. 어떤 쪽을 더 중시해야 할지는 나라가 놓여 있는 상황에 따라 다르다. 현재 우리나라처럼 수출비중이 높은 경우에는 환율인상을 추구하기 쉽다. 그러나 환율은 정부가 멋대로 결정할 수 있는 게 아니다. 게다가 우리가 환율을 인상해도 우리의 경쟁국이 같이 환율을 인상하면 그 효과는 상쇄된다.

환율은 어떻게 결정되나

환율은 달러(좀더 넓게 엔이나 유로까지 포함한다면 '외환')라는 상품의 가격이다. 1달러를 한국 돈 얼마를 주고 사느냐가 원/달러 환율이다. 그러므로 다른 상품의 가격과 마찬가지로 환율도 달러에 대한 수요와 공급에 의해 결정된다. 그러면 달러는 누가 수요하고 누가 공급하는가?

먼저 달러의 수요는 다음과 같다.

첫째, 외국에서 상품을 들여오는 수입업자가 그 상품의 대가를 치르기 위해 자국화폐를 달러로 바꿔야 한다.

둘째, 해외여행을 하거나 자녀를 유학 보내기 위해 달러가 필요하다. 베트남 노동자가 한국에서 번 돈을 송금할 때도 달러로 한다.

셋째, 외국에 공장을 짓거나 외국기업의 주식을 사거나 외국의 부동산을 살 때에 달러가 소요된다.

넷째, 우리 쪽에서 외국에 돈을 빌려주거나 무상으로 줄 때도 달러로 처리해야 한다. 한국금융기관이 외국은행에서 빌린 돈을 갚을 때도 달러가 필요하다.

다섯째, 달러의 투기적 수요자가 존재한다. 장차 달러 가치가 올라갈 것으로 예상하고 달러를 끌어 모으는 것이다.

달러의 공급은 다음과 같다.

첫째, 상품을 해외에 파는 수출업자는 수출대금으로 받은 달러를 은행에 판다. 그리고 달러를 팔고 받은 원화로 납품대금이나 직원월급을 지급한다.

둘째, 한국을 찾아오는 외국관광객이 뿌리는 돈이나 외국에서 일하는 한국근로자들이 부쳐오는 송금이 달러의 또 다른 공급원이다.

셋째, 한국기업의 주식을 사거나 한국에 공장을 짓거나 한국의 부동산을 매입하는 외국인들이 달러를 갖고 들어온다.

넷째, 외국에서 돈을 꾸는 국내 금융기관은 달러를 공급한다. 이들은 빌린 달러를 원화로 바꾸어 기업 등에 대출한다.

다섯째, 달러의 투기적 공급자가 존재한다. 장차 달러 가치가 떨어질 것으로 예상하고 달러를 내다파는 것이다.

그리고 정부가 달러를 시중에서 사들이기도 하고 팔기도 한다. 우리나라에선 정부가 환율 조절을 위한 외국환평형기금 등으로 국내 외환시장은 물론 해외 외환시장에까지 참여한다.

그런가 하면 과거에 우리 정부가 그랬듯이 현재의 중국 정부는 사실상 환율을 고정시켜놓고, 즉 고정환율제를 실시하면서 필요하다고 판단될 때마다 간헐적으로 환율을 변경시킨다. 또 미국 정부는 환율을 변경하도록 다른 나라들에게 압력을 가하기도 한다.

요컨대 상품 수출입업자, 대내외 서비스 수요자, 금융업자와 투자자, 투기적 거래자들에 의한 달러의 수요, 공급과 더불어 정부의 외환정책에 의해 환율이 결정되는 것이다. 다른 경제문제와 마찬가지로 환율문제에서도 수요, 공급, 제도(여기서는 정부정책)가 기본 3요소다.

IMF사태 이전 우리나라에서는 상품이나 서비스 측면의 달러수요가 달러공급을 초과해 환율인상의 압력으로 작용했다. 그런데 외국 금융기관들이 한국에 달러를 많이 빌려줌으로써 그 초과수요를 메워 환율이 올라가지 않았다. 경상수지 적자를 자본수지 흑자로 메움으로써 꾸려나갔던 셈이다. 하지만 태국의 외환위기와 한국재벌의 연쇄도산을 계기로 외국금융기관이 대출을 회수하자 갑작스레 달러 부족 사태가 전개됐다. 정부는 보유한 달러를 풀어 사태를 수습하려 했지만 때는 늦었고 IMF사태가 발발하게 됐다. 바로 이런 상황전개가 환율을 둘러싸고 경제가 어떻게 움직이는지 극적으로 보여준 사례다. 여기서 우리가 얻을 수 있는 교훈은 '환율을 우습게 보지 말라'는 것이다.

수요와 공급 이외에도 환율을 결정짓고 변동하게 하는 다른 어떤 요인이 있지 않을까 하는 생각을 할 수 있다. 그런 사고에 입각한 이론 가운데 하나가 상품에 대한 각국 화폐의 구매력에 초점을 맞추어 환율결정 메커니즘을 설명하는 구매력평가(購買力平價, purchasing power parity)설이다. 여기서는 예컨대 어떤 재화 A가 미국에서는 2달러이고 한국에서는 3000원이라면 환율이 '1달러 = 1500원'이 되어 2달러나 3000원이나 A에 대한 구매력이 동등해진다고 본다.

그런데 문제는 전자제품은 한국에서 싸지만 농산물은 한국에서 비싸다는 식으로 재화에 따라 구매력을 동등하게 만드는 환율이 다른 점이다. 또 한 나라에서 거래되는 상품 중에는 국제무역의 대상이 되기 곤란한 비교역재(非交易財, non-traded goods)가 꽤 있고, 이들의 가격을 국가 간에 비교한다는 것은 별로 의미가 없다. 이발업 등 서비스 상품이 그 대표적인 예다. 이민이 자유롭지 못한 현실을 감안하자.

이런 문제와 관련해 영국의 〈이코노미스트〉는 맥도날드의 빅맥 햄버거 가격을 국제 비교한 '빅맥 지수'를 계산한다. 햄버거의 경우 전 세계 80여 국가에서 공통된 규격과 품질로 팔리고 있어 비교가 용이하다. 게다가 이 상품은 농축산물, 공업원자재, 인건비, 물류비용 등 많은 요소비용을 포함하고 있어 재화와 서비스 가격의 전반적 수준을 잘 나타낸다. 그래서 구매력평가를 표시하기에 적절하다고 여긴 것이다. 한국의 1인당 GDP를 이런 구매력평가 환율로 계산하면 공식 환율로 계산할 때보다 대체로 높아진다.

어쨌든 구매력평가에 따른 상품과 서비스의 경상수지가 대체로 환율의 중기적(中期的) 동향을 규정하고, 금리 등의 변동에 따른 자본수지가 환율의 단기적 동향을 규정한다고 학자들은 생각하고 있다. 실제 환율의 움직임은 중기적 동향과 단기적 동향이 어우러지고 여기에 정부정책이 작용해 일어나는 것으로 보면 어떨까 싶다.

외환거래가 실제로 이루어지는 현장

환율은 외환의 수요자와 공급자가 만나는 거래과정에서 결정된다고 했는데, 우리나라에서 외환시장은 실제로 어떻게 움직이고 있는가? 달러가 몹시 귀했던 이승만정부 시절에는 달러로 해외에서 물자를 수입하면 큰 돈을 벌었다. 그래서 달러를 입수하려면 대통령의 결재까지 필요했고, 이 때문에 달러 배정을 둘러싸고 정경유착이 발생하기도 했다. 외환에 대해서 시장메커니즘이 작동했다기보다는 계획경제처럼 배급제도가 작동했다고 할 수 있다.

그 후 박정희정부를 거쳐 오늘날에 이르기까지도 외환거래에는 많은 제약이 있었다. 외환관리법 위반은 유력인사를 감옥에 집어넣을 때 쓰이는 단골메뉴였다. 명동의 암달러상은 시장이 자유롭게 작동하기 않기 때문에 존재하는 일종의 암시장 상인이었다. 재미있게도 당국은 암달러상을 사실상 묵인했고, 이를 통해 북한 공작원의 활동을 파악하기도 했다. 그러다 1997년 외환위기(IMF사태) 이후 우리 경제가 전면 개방되면서 비로소 외환거래는 기본적으로 시장 틀 속에 들어갔다. 하지만 지금도 환치기와 같은 암거래는 근절되지 않고 있다.

현재 외환거래는 외환딜러들이 담당한다. 카지노의 딜러가 카드 패를 돌리듯 외환딜러는 외환을 주고 받으며 거래한다. 다만 외환시장은 남대문시장처럼 거래자들이 직접 만나는 게 아니라 딜러들이 전화로 거래하는 무형의 시장이다. 여기선 은행을 비롯한 50여 기관의 딜러들이 서울외국환중개와 한국자금중개라는 2개의 브로커회사를 통해 거래를 체결한다. 외환시장에는 실수요자인 기업이나 개인은 직접 참가할 수 없기 때문에 외환딜러가 거래의 주체로 등장한 것이다. 최근 사이버 공간에서 개인 간 거래가 일부 등장했으나 이것도 은행을 매개로 한다.

외환딜러는 기업과 개인의 의뢰를 받는 대고객 딜러와 은행 사이의 거래를 담당하는 은행 간 딜러로 구분된다. 시장환율은 은행 간 딜러들이 '사자'와 '팔자' 주문을 하면서 결정한다. "10만 달러 솔드(sold) 5.5"라고 전화로 외치면 "10만 달러를 955.5원(현재 950원대에서 거래 중일 때)에 사겠으니 팔라"라는 뜻이다. 은행창구에서 고객들이 달러를 살 때는 이 환율보다 조금 높고(달러가 비싸고), 달러를 팔 때는 이보다 조금 낮다(달러가 싸다). 은행은 그 차액만큼 수수료를 챙긴다.

외환딜러들은 고객의 수요량만큼만 거래하는 게 아니라 환율변동에 따른 차액을 노리고 투기적으로도 거래한다. 2008년에 세계무역량이 연간 16조 달러인데 외환거래량은 단 하루에 3조 달러일 만큼 투기적 외환거래가 압도적으로 많다.

외환딜러들은 막대한 돈이 왔다 갔다 하는 결정을 순간순간 전화로 내린다. '남아일언 중천금'이 아니라 '딜러일언 중천금'인 셈이다. 따라서 이들에겐 순발력과 엄청난 체력이 요구되며, 나이가 들면 외환딜러 일을 계속하기 힘들다. 이들 중엔 포커판을 휩쓸던 인물도 적지 않다. 외환시장이 한편으론 '자본주의의 꽃'으로 불리지만 다른 한편으론 '돈 놓고 돈 먹기'의 '카지노 경제'를 대표한다는 비판이 나오는 것도 당연한 셈이다.

소로스는 영국의 파운드에 대한 투기공세로 수십억 달러를 챙긴 바 있다. 우리나라의 어떤 자동차회사도 수출을 통해 획득한 달러를 굴리려고 외환 딜링, 즉 환투기를 했다가 단번에 회사가 1년간 벌어들인 이윤보다 더 많은 이익을 냈다. 첫 시도에서 얼떨결에 대박을 터뜨린 그 회사는 이후 운용규모를 더 키웠다가 자칫하면 회사 전체가 위기에 빠질 뻔한 경험을 하고는 화들짝 놀라 환투기를 중단했다고 한다.

외환시장에 큰 영향력을 행사하는 기관에는 은행 외에도 기획재정부와 한국은행이 있다. '외환당국'이라 불리는 이들은 직접 시장에 참가하지는 않고 시중은행을 통해 주문을 낸다. 기획재정부는 2013년 현재 약 120조 원의 외국환평형기금을 가지고, 한국은행은 돈을 새로 찍어내거나 3000억 달러가 넘는 외환보유액을 가지고 각각 달러를 사고판다. 한국은행의 외환보유고가 3000억 달러를 넘어 세계 7위가 된 것은 환율상승을 막기 위해 달러를 계속 사들인 탓이다.

요즘 들어 그동안 현물환 거래 중심이던 외환시장에 선물환 거래의 비중이 늘고 있다. 선물환 중에서 최근 주목을 받는 것이 '역외시장 차액결제선물환(NDF; Non-Deliverable Forward)'이다. 이는 외국인이 달러를 원화로 바꾸어 한국에 투자할 때 발생하는 환율변동 위험을 줄이기 위해 개설된 것으로 현재 한국 밖인 홍콩, 싱가포르 등에 형성되어 있으므로 역외(域外)시장이라 한다.

NDF의 구체적 메커니즘을 보면 다음과 같다. 예컨대 A은행이 한 달 뒤 1달러 800원에 B은행으로부터 100만 달러를 매입하는 NDF 계약을 체결했다고 하자. 만약 한 달 뒤 현물시장 환율이 900원이 되면 A은행은 달러당 100원씩 1억 원의 이익을 보게 된다. 그리고 B은행은 이 차액만을 달러로 환산해 A은행에 지급한다.

외국인들이 한국의 주식을 사서 주가가 상승하더라도 만약 환율이 더 많이 상승하면 손해를 본다. 가령 한 외국인이 1달러 800원일 때 10만 달러를 들여와 8000만 원어치 주식을 샀는데 그것이 1년 뒤 9000만 원이 됐다고 하자. 이때 환율이 변함없이 1달러에 800원이라면 그는 이익을 본 셈이지만, 환율이 올라 1달러에 1000원이 됐다면 9000만원은 9만 달러밖에 안 된다. 결국 1만 달러를 손해 본 셈이 된다. 그런데 NDF 시장에서 달러를 사두면 1년 뒤 환율이 오르더라도 위에서 보았듯이 그 만큼을 차액으로 챙길 수 있어 환차손을 메울 수 있는 것이다.

이런 취지에서 시작된 NDF 시장에도 점차 투기적 성격이 더해지고 현물환에 대한 그 영향력도 커지게 됐다. 그리하여 우리 정부도 환율을 안정시킨다는 이유를 들어 NDF 시장에 뛰어들기 시작했고, 때때로 막대한 손실을 입곤 한다. 2004년에 정부가 이 시장에서 1조 8000억 원을 손해 보았다는 사실이 국회에서 밝혀진 바 있다.

PART 2

현실 속의 경제

흔히들 경제학은 강의실에서나 접할 수 있는 난해하고 골치아픈 학문이라 여긴다. 그러나 자본주의 사회에서 살아가는 우리에게 경제학은 현실의 삶 그 자체다. 입시와 취업의 문턱에서, 결혼과 이혼의 문제에서도 우리는 은연중에 경제학적 사고를 한다. 여기서는 개인의 인생경로, 기업활동, 세계화의 갈등 등 세상의 모든 현실적 측면과 두루 관련된 경제논리에 대해 살펴본다.

3부

개인의 인생경로

입시전쟁터로 내몰리는 전사들

합리적 직업선택을 위하여

결혼과 이혼의 경제학

출산, 양육, 가사분담의 경제학

노후, 어떻게 대비할 것인가

재테크에 비결이 있을까

12 입시전쟁터로 내몰리는 전사들

한국 교육의 빛과 그림자

몇 해 전 수능시험에서 일부 학생들이 휴대전화를 이용한 부정행위를 저질러 사회를 떠들썩하게 했다. 그 사건은 커닝페이퍼를 준비하는 수준을 넘어선 조직범죄 차원의 입시부정이었다. 정답을 밖으로 알려주는 '선수'도 있었고, 그것을 수험생에게 다시 전달하는 '도우미'까지 동원됐다. 정보통신기술의 발달과 수험경쟁의 과열이 결합된 어이없는 한국적 풍경이라고나 할까! 최근 베트남에서도 유사한 일이 벌어졌다. 이것도 한류일까?

교육에 대한 우리 국민의 관심은 세계적으로 유명하다. 아이들의 입시준비는 곧 집안 전체의 대사다. 맹자의 어머니도 저리가라 할 만한 교육열이 아파트가격 폭등의 한 요인이라는 분석도 있다. 가계소득 중 교육비 지출의 비중은 세계 최고다. 대학진학률도 세계 최고다. 이런 높은 교육열이 배출해낸 대량의 우수한 노동력이 우리 경제성장의 견인차였다.

하지만 현재의 교육현실에 대한 우려도 만만찮다. 과도한 수험경쟁 속에 아이들은 자연과 친해지고 노동의 가치를 깨닫고 진정한 동무를 사귀는 일에서 멀어진다. 중등과정의 공교육이 허물어지고 있다고도 한다. 그리하여 학교교육에 만족하지 못하는 많은 학생들이 사교육이나 해외유학으로 몰리고 있다. 그런데 사교육비 지출은 기본적으로 군비경쟁과 마찬가지로 낭비적 성격이 강하다. 문제풀이 기술 중심인 탓에 인격함양이나 진정한 실력향상과 거리가 멀기 때문이다. 또한 남들이 하니까 안 할 수 없고, 이는 축구장에서 경기를 잘 보려고 누군가가 일어서면 그 뒤의 모두가 따라 일어서고, 결국은 대부분의 사람이 괜히 서 있는 고생만 하면서 나아지는 게 없는 것과 같은 현상이다.

교육의 계층 간, 지역 간 격차 문제도 심각하다. 사교육비는 공식 수치로도 상위 10퍼센트 가계가 하위 10퍼센트 가계의 7배 이상을 지출한다. SKY(서울대, 고려대, 연세대) 진학 여부를 가르는 핵심 변수는 부모가 보유한 자산 수준이라는 분석도 있다. 이러한 교육격차가 소득격차를 낳고 그것이 다시 교육격차를 낳는 악순환을 형성한다.

대학이 인재를 제대로 양성하지 못한다는 비판이 제기된 지는 오래다. 하지만 초중등교육에 비해 대학교육의 내실화에는 사회가 그다지 관심을 기울이지 않는다. 게다가 최근 대학을 산업으로 파악하는 논리가 득세하면서 경쟁력과 인격의 균형발전은 도외시되고 있다. 대학생 다수는 학문이나 교양을 내팽개치고 취직공부에만 몰두한다. 서울대 패권주의에 대한 사회적 비판도 제기되고 있다.

교육의 역할과 교육서비스의 수요공급

전근대사회에서는 교육이 소수 지배층의 전유물이었다. 조선시대에 여성이나 서민이 어디 서당에 다닐 수 있었던가. 전근대사회의 농업생산은 연장자의 경험을 따르면 충분했고, 수공업생산은 도제교육이 전부였다. 그러다 근대 자본주의사회에 들어와 대중교육체계가 확립됐다. 국민을 정치적으로 통합해야 했으며, 산업화를 위한 인력을 대규모로 육성할 필요가 있었고, 민주주의의 발전으로 교육에 대한 욕구가 폭발했기 때문이다. 그리고 대중교육은 초기엔 초등교육에 머물렀으나 점차 교육기간이 연장됐다.

그러면 자본주의사회에서 교육은 어떤 기능을 하는가?

첫째, 교육은 학생들의 노동생산성을 향상시킨다. 그리하여 보다 많은 교육을 받은 노동력은 그렇지 않은 노동력보다 시장에서 높게 평가된다. 이렇게 장래의 수익성을 기대하고 행해진다는 점에서 교육투자는 자본투자와 마찬가지다. 그래서 교육을 인적 자본(human capital)을 축적하는 수단이라 하는 것이다. 교육의 중요성이 강조되는 오늘날의 경제를 '지식기반경제'라고도 한다.

둘째, 교육은 학생들의 가치체계를 형성시킨다. 무엇보다 사회생활에 순응하게끔 하여 체제의 안정화에 기여한다. 학생들은 학교의 규율에 복종하는 훈련을 쌓음으로써 회사와 사회의 규율을 따르게 되는 것이다. 죄수처럼 머리를 빡빡 깎고 윗사람에게 복종하는 학창시절을 보낸 탓에 우리나라 노동자들은 단조롭고 힘든 공장작업이나 중동의 뙤약볕 아래서 해야 하는 건설작업을 견뎌낼 수 있었다. 이게 고도성장의 비결이었을까?

그런데 교육에는 체제에 순응시키는 측면만 존재하지는 않는다.

1960~1970년대의 서구 학생운동이나 우리의 오랜 학생운동을 보라. 교육은 인류의 보편적 가치를 전파하고 보다 나은 다른 사회의 실태를 전달한다. 그리하여 학생들에게 기존체제의 모순에 불만을 품게 하는 것이다. 한국의 보수세력이 전교조를 비난하고 교과서에 대해 색깔공세를 퍼붓는 것은 교육이 갖는 바로 이런 저항적 성격 때문이다. 결국 교육은 체제에 순응하게 하는 기능과 저항하게 하는 기능을 동시에 수행함으로써 체제를 역동적으로 움직여간다고 할 수 있다.

셋째, 교육은 사람들의 능력을 검증하는 기능을 한다. 학생들은 주기적인 시험을 통해 우열을 검증받는다. 시험성적에 따라 나뉘는 이런 우열은 뛰어난 학업능력과 높은 향상심을 가진 사람과 그렇지 않은 사람을 구분해주기는 하지만, 인격을 드러내주지는 못한다는 단점이 있다. 그러나 평가제도를 더 발전시키면 학업능력뿐 아니라 리더십이나 사교성 등 보다 다양한 면을 검증할 수 있을 것이다.

물론 공부를 잘 했다고 반드시 사회에서 성공하는 것은 아니다. 하지만 적어도 회사에서 인재를 고용할 때 교육에서의 성과는 중요한 판단기준으로 작용한다. 배우자를 고를 때도 이왕이면 학벌이 좋은 이를 선호하는 것이 인지상정이다. 대통령후보들의 생활기록부도 가끔 공개된다.

자본주의사회에서 이상과 같은 기능을 수행하는 교육서비스의 공급과 수요는 어떻게 이루어질까?

먼저 공급 측면부터 살펴보자. 나라마다 다소 차이는 있지만, 대체로 정부는 교육의 공급에 크게 개입한다. 교육은 순수한 공공재가 아닌, 민간이 공급할 수도 있는 준공공재다. 하지만 국민의 교육수준 향상은 사회통합에 긍정적으로 작용하고 나라경제를 발전시킨다든가 하는 외부효과를 갖기 때문에 정부가 적극 개입하는 것이다.

정부는 우선 초중등교육의 의무화에 노력한다. 초중등교육을 시장에 완전히 맡기면 어떻게 될까? 교육을 받을 것이냐 말 것이냐 하는 문제를 실제로 교육을 받을 아이가 아닌 그 부모가 결정하게 될 것이고, 그렇게 되면 자식에게 무관심한 부모를 만난 아이는 교육을 제대로 받지 못하는 일이 벌어질 것이다. 어린 자녀를 술집에 팔아넘기는 부모도 있을 수 있다. 이런 사정 탓에 '기회의 균등' 차원에서 의무교육제가 불가피하다. 나아가 정부는 국공립대학을 통해 고등교육에도 참여한다. 또 민간이 운영하는 각급 학교에 대해서도 정부는 재정지원과 규제를 통해 영향을 미친다.

그런데 정부에 의한 이러한 교육공급 방식을 둘러싸고는 갈등이 많다. 우리나라에선 평준화에 대한 찬반논란이 그 대표적인 경우다. 기존의 학교체제를 거부하는 대안학교도 등장한다. 교육재원을 각급 학교 사이에 어떻게 배분해야 하는가도 골칫거리다. 또 각급 학교 내에서도 자원배분과 관련된 문제가 제기되고 있다. 우수학생, 평균학생, 부진학생 중 어느 쪽에 중점을 둘 것인가가 바로 그런 예다.

교육서비스를 직접 담당하는 교원들에게 어떻게 동기를 부여할 것인가도 커다란 과제다. 그 한 방법으로 미국의 대학에서는 교수평가제를 시행하고 있다. 초중등과정에선 부적격교사와 우수교사의 대우를 어떻게 달리 해야 교육의 질이 향상될지를 두고 논쟁이 뜨겁다. 미국의 일부 주에선 학생들의 성적에 따라 교사봉급에 차등을 두기도 한다. 우리나라에서도 성과급이나 다면적 교원평가제를 도입하고 있다. 문제는 교사의 성과를 평가할 객관적인 기준이 존재하는가이다.

공적 교육서비스와 별개로 사적 교육서비스도 점점 중대하고 있다. 민간이 운영하는 각급 학교를 포함해 우리나라에선 사교육 시장이 날로 번창하고 있다. 대학생 아르바이트에서 소수정예 학원, 대규모 입시학원에 이르기까지 사교육 공급주체는 다양하다. 교육서비스의 공급을 둘러싸고 정부와 민간이 각축전을 벌이고 있는 양상이다. 3장에서 제기했던 문제를 다시 던져보자. 이 둘의 관계는 결혼일까 결투일까?

한편 교육서비스에 대한 수요는 어떻게 작동할까? 공적 교육에서는 수요자의 선택권이 제한된다. 그래서 수요자인 학생 또는 학부모에게 학교선택권을 주어야 한다는 주장이 있다. 그 대표적인 방안으로 바우처제도(voucher plan)라는 게 있다. 이는 학부모가 정부로부터 받은 쿠폰인 바우처를 자신이 선택한 학교에 납부하는 제도로서, 학교에 대한 정부의 직접적 재정지원이 학교에 '도덕적 해이'를 초래한다는 판단에 근거해 만들어진 것이다.

바우처제도는 학교들 사이에 학생유치 경쟁을 불러와 교육의 효율성을 높이고, 자녀교육에 대한 학부모의 관심을 중대시킨다고 찬성론자들은 주장한다. 반면에 반대론자들은 이 제도가 계층 간 격차를 심화시킬 수 있으며, 학교에 대한 정보나 통학거리 내 학교 수가 제한된 환경에서는 학교선택의 실효성이 떨어지므로 별 의미가 없다고 주장한다. 현재 미국의 일부 지역, 스웨덴, 덴마크 등은 이 제도를 시행 중이다. 우리나라도 유아교육 부문에서 얼마 전부터 바우처제도를 도입했다.

한국의 학생은 성적과 경제적 여건에 따라 해외유학, 과학고, 외국어고, 예술학교를 선택할 권리가 있다. 특정 학교에 진학하기 위해 그 근처로 이사하기도 한다. 이미 반쪽이 된 평준화를 폐지하고 과거의 일류고를 부활시키자는 주장도 드세다. 여기엔 단순한 학교 선택의 자유라는 차원을 넘어 성적우수자끼리의 집단을 조직하려는 의도도 들어 있지 않나 싶다.

진학이냐 취업이냐

자본주의체제 하에서 교육이라는 문제는 경제 전체의 문제이기도 하지만 개인별 선택의 문제이기도 하다. 개개인은 고등학교를 졸업할 때 대학진학이냐 취직이냐를 선택한다. 이는 인생에서 스스로 행하는 최초의 중요한 선택이다. 집안이 가난하거나 성적이 나빠서 대학에 진학하고 싶어도 못하는 경우도 있지만 그것은 여기서 논외로 한다. 진학도 하고 취직도 할 수 있는 방송통신대학, 산업대학, 야간대학도 있지만 논의의 편의상 그런 경우도 제외한다.

〈그림 12-1〉은 한국의 대학진학률(전문대 포함) 추이를 보여주고

〈그림12-1〉 대학진학률 추이

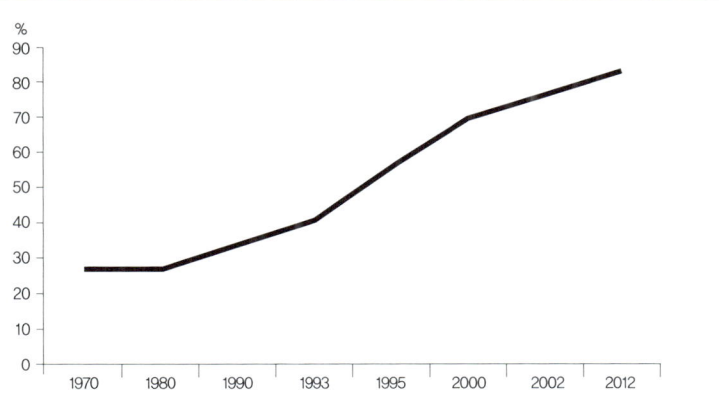

있다. 1980년에 27퍼센트, 1990년에 33퍼센트이던 대학진학률이 2010년에는 79퍼센트 수준에 이르렀다. 이는 세계최고 수준으로 국민의 지적 수준 향상을 의미하기도 하지만 다른 한편으론 학력 인플레이션, 즉 교육의 과잉생산을 나타내기도 한다. 예전엔 대학졸업장이 필요도 없던 자리에 대학졸업자들이 몰려들 수밖에 없게 된 것이다.

1990년대 이후 우리나라의 대학진학률이 급등한 데는 대학의 정원을 정부규제에서 대학자율로 바꾼 공급 요인이 큰 영향을 미쳤다. 그러나 교육정책과 관련된 이런 공급 요인은 한국의 특수사정이므로 여기서는 논외로 하고, 일반론적으로 대학교육에 대한 수요 요인을 '투자'의 측면과 '소비'의 측면으로 나누어 고찰해 보기로 하자.

대학교육을 투자의 측면에서 따져본다는 것은 현재비용과 미래수익을 비교하는 것이다. 대학교육을 받는 동안 투자할 비용보다 졸업 후 얻을 수익이 클 것으로 예측되면 대학에 진학한다. 그렇지 않으면 대학에 진학하는 게 손해라는 말이다. 이때 대학교육을 받는 데 드는 비용은 직접비용과 기회비용을 합친 것이다. 직접비용은 등록금, 책값 등 대학교육을 위해 직접 지출하는 비용이다. 기회비용이란 대학에 다니는 대신 취직해서 벌 수 있는 소득액이다.

대학교육의 미래수익은 대졸자로서 벌 수 있는 평생소득과 고졸자로서 벌 수 있는 평생소득의 '차액'이다. 물론 대졸자 소득이나 고졸자 소득은 개인별로 천차만별이다. 고졸자가 대졸자보다 더 출세하거나 더 많이 버는 경우도 얼마든지 있다. 우리나라에서는 고졸 출신 대통령이 두 사람이나 나왔다. 요즘엔 직장을 구하지 못한 대졸자들이 다시 직업전문학교를 다녀 취업한 예도 적지 않다.

그렇지만 평균적으로는 대졸자가 고졸자보다 평생소득이 많다. 4

년제 대졸자의 평균임금을 고졸자와 비교하면 미국이 1.9배, 일본이 1.3배, 한국이 1.5배 정도다. 한국의 경우 이는 1년 더 교육을 받으면 10퍼센트 남짓 임금이 높아지는 것을 의미한다. 그러므로 교육투자의 수익률은 연10퍼센트를 넘고 이는 금융자산에 대한 수익률보다 높다. 교육에 투자하는 게 저축하는 것보다 나은 셈이다.

대졸자와 고졸자 사이에 학력격차가 발생하는 것은 생산성 차이가 존재하기 때문이다. 하지만 그것이 이유의 전부는 아니다. 사회를 지배하는 대졸자가 고졸자를 차별한다. 그리고 자본의 입장에선 노동자를 차별하는 것이 노동자 관리에 유리하다. 노동자에 대한 분할통치(divide and rule)가 노동자의 단결을 약화시키기 때문이다.

대학교육이라는 투자의 현재비용과 미래수익을 비교하는 데 '투자의 현재가치(present value of investment)'라는 개념을 이용할 수 있다. 대학교육의 미래수익을 지금의 가치로 환산한 현재가치를 현재의 비용과 비교한다. 그리하여 수익의 현재가치가 현재비용보다 크

투자의 현재가치

어떤 사업에 투자할 경우, 지금 Q만큼의 비용이 들고 1년 후부터 10년간 매년 Y만큼의 수익이 발생한다고 하자. 이때 그 투자의 현재가치 P는

$$P = \frac{Y}{1+i} + \frac{Y}{(1+i)^2} + \cdots + \frac{Y}{(1+i)^{10}}$$

이다.

여기서 i는 시중이자율(또는 시중이자율 + 위험프리미엄)이다. i에 위험프리미엄을 포함시키는 이유는 투자의 수익성이 예금의 수익성보다는 불확실하므로 프리미엄만큼 더 높은 수익성이 예상될 때 투자한다는 의미다.

i가 20퍼센트라면 1년 뒤의 120만 원은 현재가치로는 100만 원이다. 왜냐하면 100만 원을 그냥 은행에 넣어두어도 1년 뒤면 120만 원이 되기 때문이다. 결과적으로 현재가치 P가 현재비용 Q보다 클 때 투자할 가치가 있다.

면 클수록 대학교육의 투자효율이 높아진다. 쉽게 말해서 대학 다니는 데 비용이 적게 들수록, 또 대졸자와 고졸자의 소득차이가 커질수록 대학교육에 대한 수요가 증대한다. 뻔한 이야기를 괜히 어렵게 한 것인가?

대학을 졸업하고 본인이 직접 취업하지 않는다 하더라도 배우자(주로 남편)가 벌어들일 소득이 달라지는 경우를 생각할 수 있다. 대졸여성의 배우자는 거의 대부분 대졸이고 고졸여성의 배우자는 대졸과 고졸이 섞여 있다. 따라서 대학교육의 비용과 수익을 비교함에 있어서 여성은 본인이 직접 벌어들일 소득과 남편이 벌어들일 소득을 모두 감안하기 마련이다. 특히 여성의 취업률이 낮았던 시기에는 후자가 더욱 중요했다.

한편 대학교육을 투자가 아닌 소비의 측면에서 수요하기도 한다. 미래의 수익이 아니라 현재의 만족을 기대하고 대학교육을 선택한다는 의미다. 이때 중요한 변수는 다른 상품들의 경우와 마찬가지로 가격, 서비스의 내용, 소득이다. 그런데 가격은 위의 투자 측면과 관련해서 본 비용과 동일하고, 소득은 다른 소비에서도 마찬가지이므로, 여기서는 대학교육이 제공하는 서비스, 즉 만족의 내용에 대해 검토해 보자.

첫째, 새로운 지식과 진리를 탐구하는 즐거움을 얻을 수 있다. 이는 일방적인 강의청취를 통해서뿐 아니라 교수와 학우들과의 학문적인 토론이나 논문작성의 즐거움을 통해서도 두루 얻을 수 있다.

둘째, 동아리활동을 통해 사람들과 교제하는 즐거움을 느낄 수 있다. 과거 운동권학생들은 이쪽 방면에 더 치중했다. 또 운동권이 아니더라도 대학가요제에 참가하기 위해 대학에 왔다고 말하는 학생도 있었다.

셋째, 시골 출신에게는 대학뿐만 아니라 대학주변의 환경에서 얻을 수 있는 정보도 무시할 수 없다. 몇 년간 대도시 분위기를 맛보면 인생행로를 결정할 때 선택의 폭을 넓힐 수 있는 것이다.

대학생활에서 얻을 수 있는 이러한 서비스는 인간의 생존에 꼭 필요한 것이라기보다는 인생을 보다 풍요롭게 하기 위한 것이다. 즉, 필수품이라기보다는 사치품적인 성격이 강하다. 대학진학률이 낮은 나라들에서는 특히 그렇다. 반면에 한국에서는 대학교육이 사치품에서 필수품으로 전환되고 있다. 이는 사치품이었던 텔레비전이 점차 필수품으로 바뀌어 간 것과 비슷하다.

한국의 대학교육을 일종의 지위재(positional goods)로 파악할 수도 있다. 지위재란 고급의류처럼 다른 사람보다 높은 지위임을 과시하기 위해 소비하는 재화다. 한국에서처럼 대중화된 대학교육은 높은 지위를 상징하기 위해서라기보다 적어도 남보다 낮은 지위는 아니라는 것을 나타내려는, 일종의 변형된 지위재인 셈이다.

입시전쟁의 경제학

일단 대학에 진학하기로 결심하면, 그 다음 문제는 어느 대학에 가느냐다. 이 과정에서 학생들은 가능하면 명문대학에 가려고 경쟁한다. 특히 한국은 '입시전쟁'이라는 말까지 생겨났을 만큼 그 경쟁이 치열한 나라다. 엄청난 사교육비는 여기에 사용되는 실탄이다. 반면에 독일에선 고교졸업장만 있으면 어느 대학에든 자유롭게 입학할 수 있다. 여기선 입시전쟁 따위가 있을 리 없다. 꿈같은 현실도 있는 셈이다.

그러면 입시전쟁은 왜 일어나는 걸까? 다시 말해 왜 꼭 명문대학에 가려고 하는 것일까?

물론 대학보다 학과가 더 중요할 수도 있다. 자격증을 발급하는 의예과나 약학과가 그런 경우다. 이 학과들은 대학별 커트라인에 별 차이가 없다. 그러나 이런 경우를 제외하고는 대부분 명문대학을 선호한다. 그것은 '좋은 회사'에 입사하기 위해서다. 이때 말하는 좋은 회사란 한마디로 돈을 많이 주는 회사를 말한다. 일반 기업에 비해 더 많은 급여를 지급하는 소위 일류기업들이 주로 명문대 졸업생을 선호하기 때문이다.

'좋은 회사'는 왜 명문대 졸업생을 선호하는 걸까? 공부 잘 한 학생이 회사 일도 잘 한다는 법이 없고, 인격이 훌륭한 것도 아닌데 말이다. 엄밀하게 따지면 회사의 이러한 채용관행은 한편으론 한국기업이 인재를 육성하고 활용하는 방법과 관련돼 있고, 다른 한편으론 노동시장에서 정보가 불완전하다는 점과 관련돼 있다.

먼저 인재육성 방법과의 관련성을 살펴보자. 한국의 '좋은 회사'는 갓 졸업한 인재를 채용해 기업 내에서 교육을 실시하고 단계적으로 그들을 보다 높은 지위로 승진시킨다. 이를 '내부노동시장'이라 한다. 업무능력은 채용 후 훈련시키면 되므로 채용 시점에서는 업무능력이 그다지 중요하지 않다. 채용 시점에서 가장 중요하게 보는 것은 상급자의 가르침을 얼마나 참을성 있게 효율적으로 배울 수 있을 것인가 하는 점이다. 한마디로 '훈련효율'이 가장 중요하다. 그리고 훈련효율이라는 관점에서 보면 입시경쟁을 뚫고 명문대학에 진학한 학생들이 가장 바람직한 자질을 갖추고 있다고 볼 수 있다. 이들은 주어진 과제를 효율적으로 처리하는 능력을 이미 검증받았기 때문이다.

예컨대 가전제품을 생산하는 기업을 생각해보자. 텔레비전이든 세탁기든 소비자의 요구는 대체로 알려져 있다. 또 그것을 만드는 기술은 선진국에서 배우면 된다. 기업의 수익은 팔릴 만한 물건을, 알려진 기술을 이용해 만들되, 얼마나 효율적으로 생산하고 판매하느냐에 달려 있다. 그러기 위해서는 알려진 기술을 빨리 습득하는 능력이 중요하다. 이는 학습능력과 일맥상통한다. 즉, 뛰어난 학습능력을 바탕으로 치열한 입시전쟁을 뚫고 명문대에 들어간 학생은 기업의 수익을 극대화시키는 데 필요한 기술을 습득하는 능력도 뛰어나다는 것이다. 그래서 기업은 명문대 졸업생을 선호한다.

다음으로 노동시장의 정보 불완전성이 어떻게 기업의 명문대 졸업생 선호를 초래하는지 검토해보자. 명문대 졸업생이 아니라도 훈련효율이 높은 인재는 있으며, 거꾸로 명문대 졸업생 중에 훈련효율이 낮은 인물도 있다. 그러나 회사 측은 일단 써보지 않고서는 누가 훈련효율이 높은지 파악하기 어렵다. 이게 정보 불완전성이다.

〈그림 12-2〉는 대졸자의 훈련효율에 관한 분포를 나타낸 것이

〈그림 12-2〉 졸업생들의 훈련효율에 관한 분포

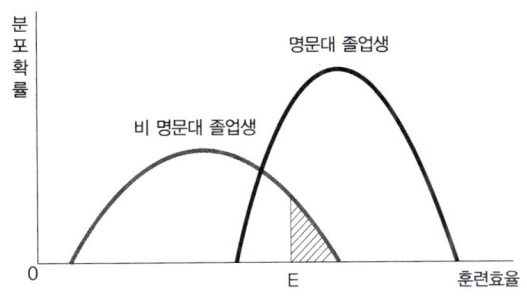

다. 개인차는 있지만, 보통 명문대학 쪽이 높고, 수준도 고르다. 따라서 훈련효율이 E 이상인 인재를 채용하려 하면 명문대 쪽에서 찾는 것이 쉽다.

훈련효율뿐 아니라 고위 공직자나 정치인과의 연고관계를 중요하게 여기는 기업도 있다. 우리나라 정상의 재벌은 친한 유력 인사가 많은 사원을 우선적으로 승진시킨다고 한다. 그렇다면 입사 후에는 물론이고 입사 당시부터 친한 유력 인사를 많이 확보할 수 있는 배경을 가진 졸업생을 선발하는 게 유리하다. 따라서 만약 고위 공직자나 정치인에 명문대 출신의 비중이 크다면 기업은 자연히 명문대 졸업생을 선호하게 된다.

고용의 경직성도 명문대 선호를 부채질한다. 고용의 경직성이란 기업이 일단 채용한 직원은 어떻게든 키워서 일을 시키면서 정년까지 데리고 가는 것을 말한다. 이 경우 기업의 인사에서 최대의 위험은 '꼴통' 같은 인물을 채용하게 되는 일이다. 몇십 년간 '꼴통'을 데리고 있어야 한다고 생각해보라. 명문대 졸업생은 입시지옥을 뚫고 나온 인물이므로 모범생일 확률이 높다. 따라서 명문대 출신을 뽑으면 꼴통을 뽑을 위험이 줄어든다.

입시전쟁이여 안녕

후진국의 '선진국 따라잡기'가 어느 정도 진척되면 '알려진' 지식을 습득하기만 하면 되는 시대가 끝난다. '알려진' 것보다 '알려지지 않은' 것을 탐구하는 능력이 중요해진다. 변화하는 소비자의 욕구를 파악하는 시장감각이 필요하고, 본격적인 연구 및 제품개발로 승부해야 한다. 창조력과 감수성의 세계가 시작되는 것이다. 이렇게 되면 입시전쟁이 갖는 경제적 합리성은 약화된다. 만약 창조력이나 감수성이 대학 커트라인과 무관하다면 대기업은 명문대 졸업생에 집착하지 않을 것이다.

출신대학 이외에 사원을 분별할 수 있는 다른 기준이 발달해도 명문대학 졸업생이냐 아니냐의 여부는 덜 중요해진다. 요즘은 영어능력이 중요한 하나의 기준이며, 지원자끼리 토론을 시켜본다거나 등산로에서 물건을 팔게 해본다든가 하는 여러 가지 기발한 방법이 동원되고 있다. 이렇게 큰 비용을 들이지 않고 인재를 판별하는 새로운 방식들이 출신대학을 따지는 것보다 더 중요해지면 학벌 지상주의는 사라진다.

노동시장의 유연화도 궁극적으로는 입시전쟁을 해소할 것이다. 노동시장의 유연화란 좋게 말하면 기업에 들어오고 나가는 게 훨씬 자유스러워지는 것이고, 나쁘게 말하면 언제 해고될지 모르는 불안이 심화되는 것이다. 기업의 고용이 보다 유연해지면 명문대 졸업생을 선호할 필요성이 줄어든다. 비명문대 출신을 채용해 혹시 '꼴통'으로 판명되면 중도에 해고하면 되기 때문이다.

창조력과 감수성을 갖춘 인재가 경쟁력의 핵심이 되는 시대에는 '괴짜이지만 좋은' 인재를 놓치는 위험을 막아야 한다. 그렇게 하려면 무난한 모범생만을 뽑아선 안 된다. 그런데 중도채용과 중도해고가 늘어나면 기업은 명문대 출신에 집착할 필요가 없어진다. 꼴통은 중도해고하면 되고 괴짜는 중도채용할 수 있기 때문이다. 이는 대학입시라는 한 번의 승부에서 모든 것이 결정되는 게 아니라 대학입시 이후에도 여러 차례 승부의 기회가 주어짐을 의미한다.

나아가 사회가 투명해져 연고주의가 사라지면 기업의 명문대 졸업생 선호도가 떨어질 것이다. 고위 공직자나 정치인과의 동창관계가 기업의 사업추진에 영향을 미치지 않기 때문이다. 그리고 정규 학교교육에 못지않게 평생교육과 직장교육의 중요성이 커질수록 대학입시에 올인(all-in)하는 이들이 줄어들 것이다.

한편, 입시생들이 명문대에 집착하지 않게 만드는 것도 입시전쟁을 종식시킬 수 있는 한 방법이다. 이를테면 좋은 기업과 그렇지 않은 기업의 근로조건 격차를 축소시키는 것이다. 사회보장제도가 발달한 유럽에서는 좋은 기업의 근로자와 그렇지 않은 기업의 근로자가 누리는 삶의 질의 차이가 미국이나 한국만큼 크지 않다. 따라서 기를 쓰고 명문대에 들어가려고 노력하지 않아도 된다. 단, 기를 쓰고 노력하는 풍토가 사라지면 사회가 정체할 수도 있다.

요컨대 기업의 경쟁력을 높이는 데 창조력과 감수성이 중요해지고, 어느 대학을 나왔는가 하는 점 말고도 사원의 능력을 판별할 수 있는 다양한 기준이 생겨나고, 노동시장이 유연해지고, 사회가 투명해질수록 기업의 명문대 선호도는 떨어질 수밖에 없다. 아울러 기업 간 격차의 축소나 사회보장제도의 발전은 학생들의 명문대 선호를 약화시킨다. 그렇게 되면 입시전쟁의 치열함도 완화된다. 이런 조건이 구비되지 않은 상황에서는 '학벌사회 철폐'와 '입시지옥 해소'를 아무리 부르짖어도 효과가 별로 없다.

덧붙여서 한마디. 회사가 명문대와 비명문대를 차별하는 논리는 인종차별 논리와 유사하다. 백인과 흑인 중에서 사람을 뽑는다고 하자. 그런데 흑인은 오랜 역사를 통해 차별받는 열악한 조건 속에서 생활해왔기 때문에 어쩔 수 없이 백인에 비해 능력이 뒤떨어지거나 문제인물일 확률이 높다. 따라서 인재의 적합성을 판별할 다른 기준이 개발되지 않으면 흑인이 차별받는다. 변호사와 같이 자격증이 부여되는 직종에서 흑인차별이 상대적으로 덜한 이유는 이 때문이다. 인종차별이 부당하듯이 학력차별 또한 부당하며, 이는 마땅히 해소돼야 한다. 그러려면 그 차별의 경제적 근거를 허물어뜨려야 한다. 그것이 근본적인 해결책이다.

13 합리적 직업선택을 위하여

직업선택의 의미

'취직(就職)', 즉 어떤 직업을 가질 것인가는 우리 인생에서 가장 중요한 선택 중 하나다. 세상에는 직업의 종류가 엄청나게 많다. 미국에는 약 20만 가지의 직업이 있으며, 한국에는 약 4만 가지의 직업이 있다고 한다. 미국은 우리보다 선진사회이고 시장도 넓으므로 분업이 더 세분화되어 있는 셈이다. 취직은 이렇게 수많은 직업 중 하나를 선택하는 것이다.

직업과 관련된 선택은 엄밀히 따지면 두 종류로 나뉜다. 하나는 어떤 일을 할 것인가 하는 일의 내용과 관련되는 선택이고, 다른 하나는 어떤 형태로 일할 것인가 하는 일의 방식에 관한 선택이다. 전자는 변호사가 될 것인가 엔지니어가 될 것인가 하는 문제로서 방대한 직업의 가짓수만큼 선택의 범위가 넓다. 후자는 변호사 일을 하더라도 독자적으로 변호사 사무실을 차리느냐, 법무법인에 들어가느냐의 선택이다.

우리나라는 선진국에 비해 자기 사업을 하는 사람들의 비중이 상당히 높다. 취업자 중 30퍼센트 정도가 자영업 종사자다. 그런가 하면 이탈리아는 26퍼센트로 우리와 비슷하지만 미국은 7퍼센트, 일본은 12퍼센트에 불과하다. 한국의 자영업자 비율이 높은 것은 우리 국민의 독립심이 유별난 탓도 있겠고, 자영업자가 주로 분포된 서비스업의 구조개혁이 지지부진한 탓도 있으리라.

다른 나라에 비해 자영업자의 비율이 높은 편이긴 하지만, 그래도 우리나라 취업 인구의 다수는 회사에서 일한다. 엄밀히 말해 자영업은 회사를 그만 둔 후에 시작하는 경우가 많으므로 학교를 졸업하고 처음 일자리를 가질 때에는 대다수가 회사에 들어간다. 입사하는 회사는 고교나 대학에서 공부한 전공에 의해 그 범위가 결정된다. 문과계 학생은 이과계에 비해 회사 선택의 범위가 넓은 반면 취직의 확실성은 낮은 편이다.

취직과 결혼의 유사성

오늘날 대부분의 학생에게 취직은 곧 회사 골라잡기이다. 그런데 회사 고르기는 결혼 상대를 고르는 것과 크게 다음 네 가지 측면에서 유사하다.

첫째, 남대문시장에서 옷을 살 때처럼 마음대로 골라잡을 수는 없다. 원한다고 누구나 일류회사에 들어갈 수는 없다. 성적이 좋거나, 회사의 기대를 충족시킬 만한 다른 특출한 재능이 있어야 한다. 그게 안 되면 회사의 유력자와 연줄이 통하거나, 그에게 뇌물을 바쳐야 한다. 결혼 상대를 선택할 때 재색을 겸비한데다 부잣집 딸이기도 한 여자, 혹은 성격과 학벌이 좋고 직장도 괜찮은 남자와는 쉽게 혼담이 오고가지 않는 것과 마찬가지다. 즉, 졸업장과 실력의 범위 내에서 회사를 선택할 수밖에 없다.

둘째, 완벽한 정보를 가지지 못한 채로 선택하는 경우가 대부분이다. 연애로 결혼에 이르면 연애와 결혼엔 천양지차가 있다는 사실을 모른 채 결혼하기 십상이다. 연애할 때는 당신밖에 없다고 했는데, 결혼하자 술 취해 오밤중에 들어오는 남자가 한둘인가. 아는 이나 중매쟁이를 통해 상대방을 소개받을 경우엔 좋은 점만 전해 듣기 마련이다. 취직도 비슷하다. 회사에 들어가 어떤 괴팍한 상사를 만날지 알 수 없다. 또 회사의 공식설명회 석상에서나, 이미 회사를 다니고 있는 선배를 만나더라도 그 회사의 취약점에 관한 정보를 입수하기 힘들다.

셋째, 쉽사리 되돌릴 수 없다. 장기판에서처럼 물러서 쉽게 원상태로 돌아갈 수 있는 게 아니다. 친지나 친구 등 하객을 잔뜩 불러 결혼식을 치러 놓고 나중에 이혼하게 되면 여러 사람 볼 낯이 없지 않은가. 더 큰 문제는 이혼하려면 대부분 심한 부부싸움을 여러 차례 거치게 되고, 더욱이 자녀양육권이나 위자료 문제로 골치를 앓는다. 직장을 자주 옮기는 게 능력의 징표로 여겨지기도 하는 미국이라면 또 모르지만 직장을 옮기는 데도 이혼만큼은 아니지만 비용이 든다. 최소한 왜 직장을 그만뒀느냐 하는 의혹의 눈초리가 뒤따르는 것이다.

넷째, 하나만 선택해야 한다. 물론 옛날 임금이나 초기 모르몬교도처럼 여러 아내를 거느리는 경우도 있다. 성매매와 불륜이 만연한 부르주아사회에서의 결혼도 실제로는 아내를 여럿 소유하는 제도라는 마르크스의 극단적 주장도 있다. 마찬가지로 낮에는 경찰이고 밤에는 술집을 경영하는 식으로 두 개, 심지어 세 개의 직업을 갖는 사람도 있다. 그러나 오늘날 결혼제도는 기본적으로 일부일처제이고 회사는 보통 한 군데만 다닌다. 따라서 결혼과 취직은 둘 다 한 번 선택하면 다른 가능성은 모두 포기해야 한다는 점에서 기회비용이 발생하므로 신중하게 선택해야 한다.

회사 선택의 기준과 소득의 기대치 및 분산

회사를 선택하는 기준은 사람마다 다를 수 있다. 각자 여러 요인을 종합적으로 감안해 최종결정을 내린다. 그 대표적인 요인에는 다음 다섯 가지가 있다.

- 소득 요인: 임금, 퇴직금, 부가급여
- 노동시간 요인: 출퇴근 시간, 휴가제도
- 일의 즐거움 요인: 일의 보람, 능력개발 가능성
- 라이프스타일 요인: 회사 소재지, 전근 가능성
- 고용안정성 요인: 정년 시기, 중도해고 가능성

소득이 많을수록, 노동시간이 짧을수록, 일이 재미있을수록, 본인이 좋아하는 라이프스타일에 방해가 되지 않을수록, 고용이 안정적일수록 들어가고 싶은 회사일 것이다. 이 다섯 가지 요인 모두에서 다른 회사보다 앞서는 기업이 바로 초일류기업이다. 하지만 그런 회사는 거의 없고, 있다 하더라도 대다수에겐 그림의 떡이다.

다시 결혼의 경우와 비교해보자. 옛날에 한 노처녀가 있었다. 그녀가 시집을 못 가고 있는 이유는 아버지가 이것저것 모든 점에서 뛰어난 신랑감만을 찾기 때문이었다. 어느 날 그 노처녀는 놀러가는 아버지께 점심을 싸드리면서 반드시 '정자 좋고 물 좋은 곳'에서 식사를 하시라고 말씀드렸다. 그날 아버지는 그런 곳을 찾아 헤매다 결국 점심을 굶고 말았다. 그제야 아버지는 깨달은 바가 있었다고 한다.

취직과 관련해선 일본과 한국에서 사회문제가 되고 있는 니트(NEET; not in employment, education or training)족이 이에 해당한다. 니트족은 취업도 하지 않고, 공부를 하는 것도 아니고, 일자리를 갖기 위한 훈련도 받고 있지 않는 젊은이들을 가리킨다. 이런 젊은이들이 나타나는 것은 사회가 풍요로워져 일하지 않아도 부모에게 계속 얹혀 살 수 있게 된데다 원하는 직장에 대한 기대와 현실 간의 괴리가 심각하기 때문이다.

우리나라 모 대기업은 월급은 많이 주는데 퇴근이 새벽 1시, 2시인 경우가 잦다. 공무원은 월급은 그리 높은 수준은 아니지만 연금제도가 상대적으로 잘 돼 있고 고용이 안정돼 있다. 시민단체에서 일하는 사람은 최저생활이 될까 말까 하는 형편없는 소득을 받으며 밤낮없이 일하지만 보람은 넘친다. 보통 이렇게 뭔가가 좋으면 다른 뭔가가 나쁘기 마련이다. 일종의 상충(trade-off)관계다. 그런데 좋은 면 없이 죄다 나쁜 면만 있는 일자리도 있다. 이른바 3D(difficult, dirty, dangerous) 업종이다. 우리나라의 경우 이런 3D 업종에서는 주로 외국인노동자들이 일한다. 그나마 그들 입장에서는 그래도 자기 나라에서보다는 훨씬 많은 월급을 받고 일하는 것이므로 완전한 악조건은 아닌 셈이다.

소득 요인을 고려해서 회사를 선택할 때는 미래 소득에 대한 기대치를 근거로 선택할 수밖에 없다. 앞으로 얼마를 벌게 될지는 실제로 닥쳐봐야 알지 현재로서는 정확히 알 수 없기 때문이다. 미래의 실제 소득은 회사 내에서 본인이 얼마나 빠른 속도로 어디까지 출세하느냐에 따라, 또 회사가 얼마나 발전하느냐에 따라 달라진다. 회사를 선택하는 시점에서 예상할 수 있는 소득의 기대치는 그 시점의 회사에서 평균적인 승진경로를 밟았을 때의 평생소득이다.

기대치는 다음과 같이 계산한다. 예컨대 장래 연봉이 1억 원이 될 확률이 4분의 1, 2억 원이 될 확률이 4분의 1, 3억 원이 될 확률이 2분의 1이라고 하면 연봉의 기대치는 2.25억 원(1억×1/4 + 2억×1/4 + 3억×1/2)이다. 복권의 기대치가 각 등수의 상금액과 당첨확률을 곱해서 합산되는 것과 마찬가지다.

기대치는 분산(分散)을 갖는다. 통계학적으로 분산이란 평균과 차이 나는 정도를 말한다. 예컨대 A그룹 학생들의 키는 각각 150센티미터, 160센티미터, 170센티미터이고 B그룹 학생들의 키는 각각 155센티미터, 160센티미터, 165센티미터일 때 두 그룹의 평균은 160센티미터로 같지만 A그룹의 분산이 B그룹보다 더 크다. 미래 소득에 대한 기대치는 같더라도 들쑥날쑥 하는 정도, 즉 분산이 크면 위험성이 크다.

승진의 폭이 크지 않고 보너스의 차이도 별로 나지 않는 교사 같은 직업은 일반 직장인보다 분산이 작은 셈이다. 월급이 적더라도 안정을 추구하는 사람들은 이렇게 분산이 작은 직종을 선택한다. 이런 사람들을 경제학에서는 '위험 기피자(risk-averter)'라고 하며, 반대로 위험을 감수하더라도 출세도 빠르고 돈도 많이 받을 수 있는 직장을 택하는 사람을 '위험 애호자(risk-lover)'라고 한다.

더 좋은 회사를 선택하기 위해 다섯 가지 요인을 검토할 때 우리는 시간선호(time preference), 즉 현재를 더 중요시하느냐 미래를 더 중요시하느냐를 동시에 따져보게 된다. 이를테면 소득 요인을 고려하면서, 젊을 때 월급을 많이 받을 수 있는 회사를 선택할 것인가, 초봉은 적지만 나이 들어 더 많은 월급을 받을 수 있는 회사로 갈 것인가를 함께 생각하는 것이다. 여러분이나 여러분의 가족이 다니는 회사는 어느 쪽인가?

정보의 불완전성과 대기업 선호

지금까지의 논의는 회사 선택에 앞서 다섯 가지 요인을 고려하는 과정에서 그 기대치나 분산을 아무런 비용 없이 파악할 수 있다는 전제 하에 이루어진 것이다. 그러나 실제로 그런 정보를 손에 넣으려면 정보비용이 많이 든다. 회사의 공식설명회에 참가하는 정도로는 객관적이고 충분한 정보를 얻을 수 없다. 완벽한 정보를 입수하려면 그에 상응하는 돈과 시간을 투자해야 한다. 회사의 내부 정보 같은 것은 아무리 애써도 접근 불가능한 경우가 대부분이다. 상황이 이러하므로 취업준비생들은 이미 정확도가 검증된 정보에 의존할 수밖에 없다. 그리고 그 결과는 대기업 지향으로 드러난다.

다섯 가지 요인의 기대치와 분산이 대기업과 중소기업에서 어떻게 다른지는 대체로 알려져 있다. 우선 대기업은 중소기업보다 평생소득의 기대치가 크다. 우리나라 중소기업 직원의 급여는 대기업 직원 급여의 50~80퍼센트 수준에 불과하다. 대기업은 중소기업에 대해 우월한 독점적 지위를 갖고 있기 때문에 더 많은 급여를 지급할 여유가 있다. 아울러 대기업에는 높은 급여를 받아낼 수 있는 강력한 노조가 조직돼 있다. 혹시 노조가 조직돼 있지 않더라도 노조설립을 막기 위해 월급을 많이 준다. 고용도 대기업이 안정적이다.

물론 중소기업 중에도 높은 평생소득을 지급하는 곳이 없지 않고, 대기업 중에도 평생소득이 낮은 곳이 있다. 하지만 평균은 대기업 쪽이 높다. 〈그림 13-1〉을 보라. 평생소득이 Y 이상인 곳에 입사하겠다는 계획을 세웠을 때, 중소기업 중에서 조건을 충족하는 곳을 찾아 입사할 확률은 빗금 친 부분에 불과하다. 대기업 쪽에서 조건을 충족하는 곳을 찾을 확률이 훨씬 높다. 따라서 짧은 기간에 원하는 회사를 효율적으로 찾으려면 우선 대기업 쪽에서 시작하는 게 유리하다.

또한 대기업보다 중소기업에서 평생소득의 분산이 크다. 호봉제가 시행되는 대기업보다 그렇지 않은 중소기업에서 개인별 소득편차가 크다. 대기업은 과거에는 특별히 정권에 밉보이거나 부실이 아주 심각하지 않은 한 안전했다. IMF사태를 거치면서 대마불사(大馬不死)의 신화가 사라졌지만 그렇더라도 대기업은 중소기업만큼 불안

〈그림 13-1〉 중소기업과 대기업의 소득 비교

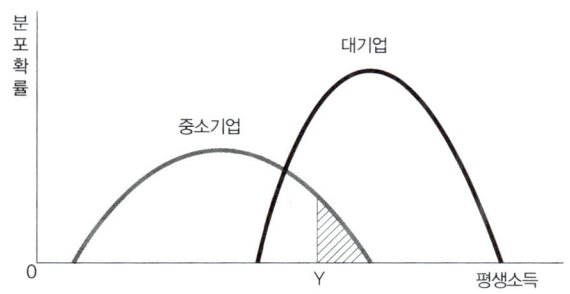

하지는 않다. 중소기업은 원래 끊임없이 생성소멸(生成消滅)하는 것이 기본 속성이기 때문이다. 〈그림 13-1〉에서 중소기업의 소득곡선이 대기업에서보다 옆으로 더 퍼져 있는 게 이를 나타낸다.

이처럼 중소기업보다 평생소득의 기대치가 높고 분산이 작은 재벌기업이나 공기업을 '괜찮은 일자리'라 부른다. 그래서 취업준비생들은 요즘처럼 실업률이 높아 찬밥 더운밥 가릴 형편이 아닌 경우에도 일단 대기업에 원서를 넣고 보는 것이다.

이직과 중도채용

예전에는 한 회사에 들어가 정년퇴직 때까지 근무하는 사람이 많았다. 이른바 '평생직장'에서 '종신고용'돼 일한 것이다. 그러나 요즘은 평생직장의 개념이 거의 사라졌다. 교사와 같은 몇몇 직종에서 일하는 사람을 제외하고는 대부분이 직장을 여러 차례 옮긴다. 미국 직장인의 이직 횟수는 평생 동안 평균 10회 정도다. 그보다는 덜하지만 한국도 IMF사태 이후 기업들이 구조조정을 상시화하면서 이직률이 늘었다. 이런 세태를 반영해 '평생직장에서 평생직업으로'라는 슬로건이 유행한다.

평생직장이 사라지고 이직이 느는 것은 경제구조의 변화와 관련이 있다. 미국도 경제가 잘 나가던 1950~1960년대에는 종신고용이 보편적이었다고 한다. 그러나 경제성장률이 저하하면서 기업은 구조조정의 필요성에 직면하게 됐고, 자연히 고용의 안정성이 떨어졌다.

숙련형성 방식도 이직 빈도에 영향을 미친다. 기업이 자체적으로 교육이나 훈련 등을 통해 직원을 숙련시킬 경우에는 이직률이 낮다.

막대한 비용을 들여 키워놓은 직원이 다른 곳으로 옮겨가버리지 않도록 기업이 신경을 쓰기 때문이다. 그런가 하면 노동자가 특정한 기업에서만 쓰이는 기술을 익히는 경우에도 이직률은 낮다. 그 기술을 써먹을 만한 다른 기업을 찾기가 쉽지 않으므로 노동자가 이직을 꺼리기 때문이다. 반면에 숙련이 기업의 외부에서 주로 형성되고 '여러 기업에 두루 쓰이는 숙련'이 중요한 경우일수록 이직이 잦아진다.

노동자가 이직을 고려하는 이유는 회사의 근로조건이 입사 전에 예상했던 것과 다르기 때문이다. 일반적으로 신입사원의 이직률이 나이 든 사원의 이직률보다 더 높다. 나이 든 사원은 이미 회사를 알 만큼 알고 있기 때문에 특별한 사정이 없는 한 골치 아프게 이직하려 하지 않는다. 그러나 신입사원은 불완전한 정보에만 의지해 회사를 선택하기 때문에 막상 들어간 후에 경험하는 현실과 이상 사이에서 더 큰 괴리를 느끼게 되는 것이다. 특히 취업난 속에 일단 아무 데나 취직부터 하고 보자는 '묻지 마 입사'가 늘어나면 직장에서의 불만은 더 커지고 이직은 더 많아질 수밖에 없다. 또 보다 나은 직장을 찾아서 일한다고 할 때 갓 입사한 젊은 사원은 나이 든 사원보다 거기에 종사할 수 있는 기간이 길다. 그만큼 젊은 사원에게는 보다 나은 직장을 더 열심히 찾을 유인이 존재하는 것이다.

그런데 재취업 시장에는 5장에서 살펴본 중고차 시장에 관한 이론이 적용된다. 이제 막 학교를 졸업한 사람의 업무능력은 졸업생 자신도 회사도 잘 모른다. 그러나 중도 입사자의 업무능력은 회사는 잘 모를 수 있어도 입사자 자신은 잘 알고 있다. 회사와 입사자 간에 이른바 '정보의 비대칭성'이 존재하는 것이다. 중고차 시장에서처럼 능력이 뒤떨어진 사람이 시장에 나올 확률이 막 졸업한 사람의 경우보다 높다. 그래서 과거에 대기업들은 막 졸업한 사람을 선호했다. 아울러 중도채용을 하더라도 다른 회사를 그만 두고 쉬고 있는 사람보다는 다른 회사에서 좋은 평가를 받고 있는 사람을 스카우트하려 했다. 그런 사람은 시장에서 검증받은 인재다. 근래 들어 이직과 중도채용이 활발해졌다는 것은 과거와 달리 이제는 회사가 중도 입사자의 능력을 판별하기가 쉬워졌음을 의미한다.

14 결혼과 이혼의 경제학

경제학적으로 결혼을 정의하면
"결혼은 두 사람이 한 사람이 되려는 것이다." "결혼은 인생의 무덤이다." "결혼은 연애라는 잔치가 끝난 뒤의 설거지다." "결혼은 해도 후회하고 안 해도 후회한다." 결혼에 대한 정의는 부지기수다. 하지만 경제학적으로 정의해보면, 결혼이란 '생산활동과 소비활동을 공동으로 영위하기 위해 남녀가 만나서 가족을 구성하는 행위'라 할 수 있겠다.

먼저 가족의 생산활동 측면을 살펴보자. 농경 중심의 전통사회에서 아내를 맞이하는 일은 새로운 농업노동력을 추가하는 것이었다. 간혹 가내공업 또는 상업의 가족종사원을 확보하는 방안일 수도 있었다. 가족 단위로 경제를 꾸려가던 시절에 아내는 중요한 노동력이자 사업파트너였다. 여성에게 결혼이란 '취집(취직+시집)'인 셈이었다. 단, 이때 여성의 노동은 가사를 돌보면서 수행하는 파트타임 노동의 성격이 강했다.

그런데 공업화가 전개되면서 직장과 가정이 분리되고 생산성이 향상됨에 따라 남편의 돈벌이만으로 가계를 유지할 수 있게 됐다. 그 결과 이전까지는 극히 일부의 상류층에만 가능했던 '전업주부'라는 것이 점차 중산층, 근로계층에까지 확산됐다. 주거와 작업의 공간이던 과거의 가정은 공업화와 더불어 사적 영역으로 국한되고 새롭게 공적 영역인 직업세계가 등장한 것이다. 물론 자본주의 초기엔 어린이와 여성의 노동력이 동원되기도 했다. 그러나 19세기 이후 공장법 제정 등으로 아동노동과 여성노동에 대한 규제가 강화되면서 아동과 여성, 특히 주부는 노동시장에서 축출됐다.

그러나 근래 들어 주부들이 다시금 산업전선에 뛰어들고 있다. 전자제품의 보급으로 가사노동 시간이 단축되고 자녀 수가 감소하면서 주부가 육아에 전념해야 하는 기간이 줄어들었기 때문이다. 서구의 경우를 보면 여성취업률 상승은 19세기 말부터 나타나기 시작해 1차대전 이후 본격화됐다.

다음으로 가족의 소비활동 측면을 살펴보자. 가족의 소비활동은 소비를 통해 만족을 느끼는 행위임과 동시에 노동력을 재생산하는 행위다. 주부가 밥 짓고 빨래하는 일들은 남편이 영양을 공급받고 깨끗한 옷차림으로 직장생활을 계속할 수 있게 해주는 것이며, 이것이 바로 남편의 노동력을 재생산하는 과정이다. 가사를 부부가 분담하는 경우라도 그것이 노동력 재생산 과정임에는 차이가 없다. 또한 자식을 낳아서 보육하고 교육시키는 것 역시 새로운 노동력을 만들어내는 과정이다.

이렇게 본다면 가족의 소비활동도 사실은 생산활동인 셈이고, 가족도 하나의 작은 공장이라고 볼 수 있다. 다만 주부가 밥 짓고 빨래하는 일은 시장에서 이루어지는 경제활동, 이를테면 가정부에게 그런 일을 맡기는 것처럼 돈이 오가는 일이 아니다. 이 점이 보통의 생산활동과 다른 부분이다. 물론 가족의 소비생활 중에는 단순한 시간 때우기로 텔레비전을 보는 것처럼 노동력 재생산과 무관한 부분도 존재한다.

결혼이 제공하는 편익

결혼에 관한 의사결정도 다른 경제적 의사결정과 마찬가지로 결혼이 가져다주는 편익(benefit)과 비용(cost)을 비교해 편익이 비용을 상회할 경우에 합리성을 갖는다. 그러면 오늘날 결혼 당사자들은 결혼을 통해 어떤 편익을 추구할까?

첫째, 결혼은 생활의 안정과 행복을 가져다준다. 조금이라도 방심하면 경쟁자에게 좋은 사람을 빼앗기지 않을까 하는 심리적 불안감에서 벗어나 특정한 배우자가 언제나 곁에 있다는 안도감을 결혼을 통해 획득하는 것이다. 총각들이 정서적 안정을 잘 찾지 못하고 돈도 별로 모으지 못하다가 결혼하면서 달라지는 경우가 이에 속한다. 또한 결혼을 하면 성적 에너지의 분출도 안정적으로 이루어진다.

그런데 결혼의 안정성은 대체 어디에서 오는 걸까? 그것은 결혼관계가 쉽사리 해소되지 않는 데 기인한다. 일단 채용하면 함부로 해고하지 않는 종신고용제도처럼 결혼도 일종의 종신고용관계를 맺는 셈이고, 이것이 삶에 안정을 가져다주는 것이다. 또 서로 좋아하는 부부의 결혼생활이라면 안정감을 넘어서 행복감까지 누릴 수 있게 해준다.

둘째, 결혼을 하면 의식주에 소요되는 자원들을 보다 효율적으로 이용할 수 있다. 즉 '규모의 경제'가 작동한다. 남녀가 각각 독립된 생활을 하다가 결혼하는 경우를 생각해보자. 세탁기나 밥솥은 하나만 있으면 충분하다. 텔레비전은 채널 다툼을 방지하기 위해 두 대가 필요할지도 모르겠다. 어쨌든 이런 경비절감 효과를 노리고 정식으로 결혼하지 않더라도 남녀가 동거하는 경우도 있다.

셋째, 결혼은 자식을 낳고 키울 수 있게 해준다. 옛날식으로 말하면 대를 잇게 해주는 것이다. 자식은 키우는 데 따르는 부담도 주지만 즐거움도 주며, 노후보장 수단이 되기도 한다. 결혼하지 않고 정자은행을 이용해 자식을 낳는 일도 있지만 아직은 예외적인 경우다.

넷째, 유리한 소득의 기회를 제공해줄 수도 있다. 예컨대 큰 사업체를 가진 집안의 무남독녀와 결혼하면 그 사업체를 물려받을 수 있다. 조선족 여자가 한국 남자와 결혼하면 한국 국적을 얻을 수 있고, 그러면 불법체류자로 전전긍긍할 필요 없이 안심하고 한국에서 일을 하고 돈을 벌 수 있다. 미국에서 영주권을 얻기 위해 미국인과 위장 결혼하는 경우도 마찬가지다.

다섯째, 사회적 신용이나 지위를 높일 수 있다. 권문세가(權門勢家)의 여성과 결혼한 남성의 사회적 지위는 상승한다. 여성은 남편 잘 만나면 영부인도 될 수 있다. 같은 고교동창이라도 대령 사모님과 소령 사모님이 서로 어떻게 대하는가는 잘 알려져 있다. 사장 사모님과 상무 사모님의 차이도 마찬가지다.

다만 결혼의 편익은 남녀 간의 역학관계에 따라 남성과 여성 사이에 다를 수 있다. 남성중심 사회에서는 객지생활을 하며 식당 밥이나 하숙집 밥으로 끼니를 해결하던 남성이 결혼하면 아내가 차려주는 음식을 맛볼 수 있다. 말하자면 의식주의 질이 높아지고, 그와 관련된 가사를 아내에게 맡길 수 있다. 반대로 여성은 가사부담 면에서 편익을 거의 제공받지 못한다. 물론 이런 편익의 차이는 남녀 간 역학관계가 변화하면 그에 따라 달라진다.

결혼이 초래하는 비용

편익이 있으면 그에 응당한 비용이 수반됨은 결혼에서도 예외가 아니다. 결혼의 비용은 다음과 같다.

첫째, 결혼을 하려면 돈이 든다. 보건복지부의 조사에 따르면, 신혼부부 한 쌍당 평균 결혼비용이 2011년에 약 1억 3000만 원이었다. 이 가운데 3분의 2가량이 주거비용이고, 나머지는 살림살이, 결혼식, 신혼여행 등에 들어간다. 결혼비용 중에서도 예식비용이나 신혼여행비용은 결혼이라는 거래를 위한 일종의 '거래비용'인 셈이다. 남자 측의 4분의 3가량이 경제적 부담 때문에 결혼을 늦추고 있다는 조사결과도 있는 걸 보면 결혼비용이 만만치 않음을 알 수 있다. 다만 우리 사회에서는 결혼식 때 받는 축의금으로 결혼비용의 상당부분을 충당할 수 있기는 하다. 힘 있는 사람들에게는 자녀 결혼식이 합법적으로 한몫 챙기는 기회이기도 하다.

둘째, 결혼은 자유를 제한한다. 친구들과 만나서 밤늦게까지 놀 수도 없고, 외식이나 취미생활도 배우자와 의논해서 결정해야 한다. 심지어 텔레비전 프로도 마음대로 선택할 수 없다. 우리나라 여성들의 경우에는 시댁과 관련한 일들로 인해 자유를 더욱 제약받는다. 남녀가 자라온 환경이 너무 다를 때는 이런 문제로 인한 갈등의 골이 깊어질 수 있다. 서로 간에 의견조정이 어렵기 때문이다.

셋째, 결혼을 위해 포기해야 할 것들이 많다. 우선 더 나은 배우자를 만날 기회를 포기하는 것이 결혼이다. 물론 결단을 미루다 종국에는 가장 먼저 선본 상대가 제일 나았다고 후회할 수도 있다. 하지만 나이 들어 몸값 떨어지기 전에 속히 배우자를 결정해야 한다는 생각도 다른 선택의 가능성을 너무 빨리 차단하므로 바람직하다 할 수 없다. 이처럼 배우자 선택은 주식을 사고파는 적당한 시점을 결정하는 것만큼 어려운 문제다.

그리고 여성은 결혼을 함으로써 직장을 잃을 수도 있다. 예전에는 결혼하면 그만둔다는 서약을 쓰라고 강요하는 회사도 있었다. 오늘날은 그 정도는 아니지만 그래도 기혼 여성의 승진에 제약을 가하는 등 따가운 시선을 보내는 직장이 없지 않다. 설사 그런 문제가 없더라도 여성이 가사 일과 직장 일을 병행하는 것은 쉬운 일이 아니다. 특히 육아는 남편과 양가부모의 도움이나 외부 서비스를 이용하더라도 직장에 다니는 여성에겐 벅찬 일이다.

근래 들어 결혼연령이 높아지고 있다. 미국의 경우 1970년 남자와 여자의 평균 초혼연령이 각각 25살, 21살이었는데 2011년에는 29살, 27살로 높아졌다. 한국의 경우엔 2012년에 각각 32살, 29살로 10여 년 전에 비해 남녀 모두 3살 이상 높아졌다. 이는 결혼의 비용이 점점 커지고 있기 때문이 아닌가 싶다.

결혼시장과 장기계약

시장원리는 결혼에서도 작동한다. 결혼을 시장거래에 비유하고 그 편익과 비용을 따지는 것에 대해서 어처구니없어 하는 독자가 있을 수 있겠다. 현대 자본주의는 상품화돼서는 안 될 것까지 시장에서 거래하는 '과잉상품화' 사회라는 비판을 제기하는 학자도 있다. 결혼시장이 그런 과잉상품화의 대표적인 예일 것이다. 자본주의를 벗어나면 시장적 거래가 아니라 진정한 사랑에 기초한 결혼이 성립할 수 있을지도 모르겠다. 그러나 사랑도 만족이라는 편익의 일종이다. 사랑 때문에 자기를 희생한다고 하는 것도 사실은 더 높은 만족을 추구하기 때문이 아닐까?

결혼시장은 물물교환 시장이다. 여기서의 물(物)은 사람이다. 그런데 물물교환에선 교환상대자를 찾아야 할 뿐만 아니라 교환비율도 일치해야 한다. 게다가 결혼시장에서의 교환비율은 1대 1이므로 남녀의 가치가 동등해야만 거래가 성립한다. 그만큼 거래가 힘들 수밖에 없다. 가치의 그런 차이를 메우려는 것이 신부가격(bride price)이나 지참금(dowry)인 셈이다. 우리 사회에서 이른바 '사'자가 들어간 직업을 가진 신랑을 맞으려면 열쇠 몇 개가 필요하다든가 하는 것도 시장논리에 따르자면 합리적인 구석이 없지는 않다. 물론 사람의 가치를 평가하는 데서 인품보다 돈 버는 능력을 더 중시하는 것이 문제가 있기는 하지만.

사람들은 모든 시장거래에서 가급적 비싸게 팔고 싸게 사려 한다. 결혼시장에서도 자신의 가치를 높게 보이려고 노력한다. 남자는 허세를 부리고 여자는 예쁘게 단장한다. 동시에 상대방의 가치를 냉철하게 계산한다. 물건 살 때 디자인이나 성능을 꼼꼼히 따져보는 것과 마찬가지다. 그러면 결혼에서 사랑은 무엇일까? 사랑은 이성의 계산은 아니지만 감성의 계산이라 볼 수도 있지 않을까? 사랑에 기초한 결혼은 결혼 후 서로 이해관계를 맞춰가는 과정에서 조정비용이 적게 든다는 장점도 있다.

결혼시장은 형태로 보면 독점적 경쟁시장이다. 공급자가 하나만 있는 게 독점시장이고 같은 제품의 공급자가 무수히 많은 게 완전경쟁시장이다. 독점적 경쟁시장은 공급자가 다수이지만 그 공급제품 사이에 약간씩의 차별성만 존재하는 시장이다. 많은 브랜드가 존재하는 의류시장이 이에 해당한다. 의류처럼 배필감들도 유사상품이 많지만 그렇다고 똑같지는 않다. 외모, 성격, 학력, 직장 등 여러 면에서 차이가 나는 것이다.

또한 결혼은 상호 간의 고용계약이다. 남편과 아내가 서로 서비스를 제공하기로 계약하는 것이다. 그 고용계약은 기업에서 고용한 노동자를 함부로 해고할 수 없는 것과 마찬가지로 함부로 해지할 수 없는 장기계약이다. 한국에선 '검은 머리 파뿌리 될 때까지', 서양에선 '죽음이 서로를 갈라놓을 때까지(till death do us part)' 같이 살기로 하는 백년가약을 맺는다.

기업에 입사한 노동자는 고용의 안정성이 보장되어야만 그 기업에 고유한 숙련을 쌓으려 한다. 예컨대 반도체공장의 노동자가 입사 직후부터 얼마 안 가 해고될지도 모른다는 불안감을 느낀다면 반도체와 관련된 용어나 기술을 애써 익히려 노력하겠는가? 이런 노력이 기업에 대한 노동자의 투자다.

결혼은 기업에 못지않게 계약당사자 간에 많은 투자가 뒷받침돼야 한다. 상대방을 이해하려는 노력이 일차적인 투자다. 결혼 후 서로의 일가친척이나 친구들과 관계를 쌓아가는 일도 필요하다. 그러나 뭐니 뭐니 해도 가장 중요한 투자는 자녀를 낳고 기르는 것이다. 특히 여성에게 임신, 출산, 보육은 막대한 노력이 소요되는 투자다.

이렇게 많은 투자가 소요되는 결혼이 파기된다면 엄청난 손해다. 특히 자녀를 낳고 기르는 투자는 계약이 파기됐을 때 여성에게 커다란 손실을 가져다준다. 만약 이혼 후 자녀를 남편이 데려간다면 여성은 자신이 가장 많이 투자한 재산을 빼앗기는 셈이다. 반대로 자녀를 여성이 데려간다면 그 여성은 재혼시장에서 가치가 떨어진다.

따라서 결혼계약을 통해 자녀를 가지기 위해서는 그 계약이 장기간 지속된다는 보장이 필요하다. 이를 사회시스템으로 만들기 위해 과거에는 이혼을 아예 금지하기도 했다. 영국 왕 헨리 8세는 이혼하기 위해 나라의 종교를 바꾸어야 했다. 오늘날에는 이혼을 허용하는 대신 남성에게 위자료와 양육비를 부담하게 함으로써 결혼계약을 장기간 유지시키려 한다. 그렇다면 이런 보장이 제대로 되지 않을 경우 여성들은 어떻게 대응할까? 미국의 예를 보면 위자료를 요구하기 어려운 주일수록 결혼율과 출산율이 낮다.

결혼계약은 남녀간에 동등한 계약일까? 형식적으로는 동등하다. 이는 기업에서 자본가와 노동자 사이의 계약이 형식적으로 동등한 것과 마찬가지다. 하지만 기업에서 재산을 소유한 자본가가 재산이 별로 없는 노동자보다 실제로는 우위에 있듯이, 결혼계약에선 여성이 상대적으로 불리한 처지다. 자녀가 여성의 활동범위를 제약하며, 아울러 재혼시장에 나왔을 땐 적어도 노인이 되기 전까지는 여성의 가치가 남성의 가치보다 훨씬 더 빠른 속도로 떨어지기 때문이다. 여성들은 발끈하지 마시길. 남성과 여성의 서로에 대한 선호체계가 현재 그렇게 되어 있다는 의미일 뿐이다. 여기서 가치는 인격과는 무관하다. 또 현재의 선호체계가 바람직하다는 것도 아니다.

기업에서 자본가의 우위는 자본가가 노동자를 부당하게 대우하는 결과를 초래할 수 있다. 같은 이치로 결혼에서도 남편이 상대적으로 불리한 입장에 놓인 부인에게 멋대로 권력을 행사하는 경우가 많다.

그래서 노동자가 부당한 대우를 받지 않도록 보호하는 각종 법률이 제정되었듯이 여성이 부당한 대우를 받지 않도록 위자료와 양육비를 남성에게 부담시키는 제도가 도입된 셈이다.

한편, 결혼시장을 통해 형성되는 가족의 내부는 흥미롭게도 시장원리가 적용되지 않는 영역이다. 기업의 내부에서 기본적으로 시장원리가 아니라 계획과 명령이 작동하는 것과 마찬가지다. 부모가 어린 자식에게 돈을 받고 음식을 제공하지는 않는다. 아내의 서비스도 마찬가지다. 이렇듯 가족은 '시장의 외부'에 존재하는 셈이다.

그런데 시장은 시장의 외부에 있는 가족에 의존한다. 우선 시장은 가족으로부터 노동력을 공급받는다. 그와 더불어 노동력으로서의 기능을 상실한 노인, 병자, 장애자를 '산업폐기물'로 가족에 배출한다. 시장에서 의미를 갖는 사람은 건장한 성인이다. 건장한 성인이 산업사회의 현역병 또는 간호병(대체로 여성의 경우)이라면, 아이들은 훈련병, 노인들은 퇴역병, 병자나 장애자는 상이군인인 셈이다. 이와 같은 훈련병, 퇴역병, 상이군인, 간호병을 관리하는 비(非)시장적 조직인 가족이 있어야 현역병이 시장에서 싸울 수 있다.

결혼시장과 불확실성

사람들은 결혼 상대방을 어디서 찾을까? 필자가 만난 어떤 미국인은 농담으로 자기 한국인 아내를 '주웠다'고 말했다. 여성비하적인 표현으로 들리기는 하는데, 어쨌든 길에서 우연히 만나 연애결혼을 했다는 이야기다. 이와 정반대되는 결혼방식이 서로 아는 가문의 어른들이 정략혼 계약을 맺어 자식들을 결혼시키는 것이다. 옛날에는 자주 볼 수 있었던 이런 결혼방식에서는 정작 결혼 당사자들은 서로 얼굴도 모른 채 결혼하는 경우도 많았다. 그 밖에도 이 양극단 사이에 여러 결혼형태가 존재하는데 크게 연애결혼과 중매결혼으로 구분할 수 있다.

어떤 방식의 결혼이든 앞 장에서 살펴본 취직과 마찬가지로 불완전한 정보를 바탕으로 의사결정을 해야 한다. 탐색할 수 있는 정보의 범위도 매우 좁다. 결혼적령기의 남녀 전체에서 고르는 게 아니라 당사자가 접촉할 수 있는 범위 내 혹은 중매쟁이의 사교범위 내에서 상대를 찾아야 하기 때문이다. 탐색범위를 넓히기 위해 결혼중개업소에 돈을 내고 등록하는 방법도 있긴 하다. 하지만 중개업소의 신뢰성 문제 등으로 크게 활성화되어 있지는 않다. 게다가 결혼 시장에서는 구입한 물건에 하자가 있다고 정품으로 바꿔주지 않는다.

이처럼 제한된 조건에서 사람들은 어떻게 결혼이라는 의사결정에 도달하는가? 우선 연애하자마자 결혼에 골인하는 경우가 있다. 필요로 하는 주요 정보를 짧은 연애기간에 모두 취득했기 때문일 수 있다. 하지만 상대방에 대한 정보에는 관심 없이 그저 상대방과 같이 있을 수만 있다면 좋다고 생각해 성급히 결혼했다가 곧 파경에 이르는 경우도 많다. 충동구매 후 곧 후회하는 것과 마찬가지다. 미국 가수 브리트니는 결혼 후 55시간 만에 이혼한 바 있으며, 우리나라에서도 신혼여행에서 돌아오는 공항에서 각자 자기 집으로 직행하는 '공항이혼'을 하는 커플이 없지 않다.

연애결혼이라도 오랜 교제기간을 가진다면 보다 많은 정보를 획득할 수 있다. 또 동급생이었거나 직장동료라면 상대를 관찰할 수 있는 기회를 꽤 가질 수 있다. 다만 연애는 서로 즐거운 시간만을 공유하는 것인데 반해 결혼은 생산과 소비 활동 전반을 공동으로 영위하는 것이므로 아무리 오래 연애하더라도 불확실성은 여전히 남는다. 게다가 결혼에 뒤따르는 양가 가족과의 관계는 연애시절의 정보만으로는 판단하기 힘들다.

중매결혼의 경우에는 결혼 당사자와 양쪽 집안에 대해 잘 아는 중매쟁이가 나서서 서로 어울릴 것이라고 판단되는 커플을 대상으로 일을 추진한다. 때문에 연애결혼에 비해 정보가 풍부하고 불확실성이 줄어든다. 그러나 중매쟁이는 일을 성사시키려고 가급적 서로에게 좋은 정보만 전달하는 경향이 있다. 맞선 전에 사주와 궁합을 보기도 한다. 사주와 궁합이 동양철학적 또는 통계학적으로 의미를 갖는다고 믿는 사람들에게는 이런 사전작업이 불확실성에 따른 위험을 줄이는 한 방편이다.

한편 결혼 전에 약혼이라는 절차를 밟는 것도 결혼에 따르는 불확실성을 줄이려는 시도다. 좋은 상대방을 빼앗기지 않을까 하는 불안감을 약혼으로 덜어냄과 동시에 결혼 전까지 상대와의 적합성을 더 따져볼 수 있는 시간을 갖는 것이다. 혼전동거 역시 당장 결혼할 수 없는 제반 사정에 기인하기도 하지만, 정보탐색 기간을 연장하려는 노력의 일환이라고도 볼 수 있다. 물론 이렇게 해도 결혼에 필요한 주요 정보를 모두 미리 획득할 수는 없다. 그래서 이혼이라는 계약파기 행위가 발생하는 것이다.

이혼의 비용과 편익

최근 한국에서는 이혼이 크게 늘고 있다(그림 〈14-1〉 참조). 인구 1000명당 이혼건수(조(粗)이혼율)는 1980년 0.6, 1990년 1.0, 1997년 2.0, 2012년 2.3으로 급증해왔다. 2012년의 수치는 미국의 3.8보다는 낮지만 일본의 2.3보다는 높은 수준이다.

2012년에는 하루 평균 894쌍이 결혼하고 312쌍이 이혼했는데, 이를 결혼 대비 이혼율로 나타내면 무려 35퍼센트에 이른다. 단 여기서 계산하는 이혼건수는 그해 결혼한 사람 중에서 이혼하는 경우가 아니라 이미 결혼한 사람 전체 중에서 이혼하는 경우를 계산한 것이므로 실제로 그해 결혼한 부부 중에서 36퍼센트가 이혼한 것은 아니다. 2004년 현재 결혼경력자의 총 결혼횟수를 분모로 놓고 이혼경력자의 총 이혼횟수를 분자로 놓으면 그 비율은 9퍼센트다. 다시 말해서 결혼한 부부 중 이혼한 비율은 11쌍 중 1쌍꼴이다. 이 비율은 미국의 50퍼센트 정도에 비하면 크게 낮은 편이다.

한국에서 결혼 대비 이혼율이 높아진 이유는 오랜 세월 이혼하지 않고 견디던 부부가 황혼녘에 접어들어 이혼하는 사례가 늘어났기 때문이라고 볼 수 있다. 이혼소송을 낸 일흔 넘은 할머니의 사례가 뉴스거리가 된 적도 있지 않은가. 황혼이혼, 정년이혼이 다 이런 현상을 지칭하는 신조어(新造語)다. 전체 이혼에서 20년 이상 동거한 부

〈그림 14-1〉 연도별 결혼건수와 이혼건수

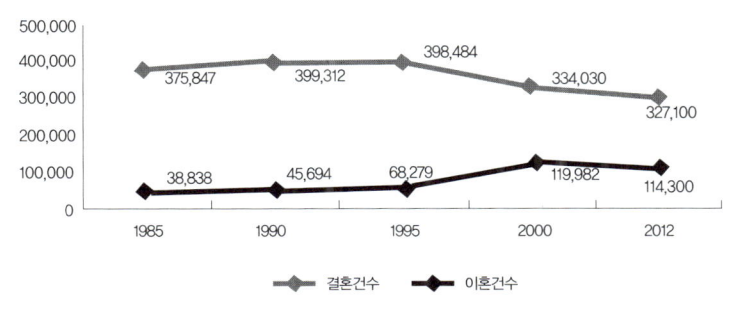

부의 이혼 비율은 1993년 7퍼센트에서 2012년 25퍼센트로 급증했다.

이렇게 이혼이 늘고 있는 것은 한국의 압축적 불균등 발전과 관계가 깊다. 압축적 발전은 사회 각 부문 간에 발전의 불균등성을 초래했다. 여자의 경제활동 참가율은 1963년 36퍼센트, 1984년 41퍼센트에서 2012년엔 50퍼센트로까지 높아졌다. 이렇듯 노동시장에 참여하는 비율이 높아지면서 여성의 의식도 빠른 속도로 변화했다. 이에 반해 남성의 가부장적 의식은 더디게 바뀌고 있다. "옛날 여인들은 시루떡에 김이 안 오른다고 대들보에 목을 매고 죽었는데, 요즘 여인들은 팔자가 좋아져 페미니즘 운운한다"는 식으로 이문열의 소설 《선택》에서 표출된 사고방식이 그 대표다. 남녀 간의 이런 의식불균등이 갈등을 증폭시켜 이혼을 늘리고 있다.

이혼율의 상승은 결혼이라는 장기계약이 점차 단기계약으로 바뀌고 있음을 의미한다. 이는 기업의 고용에서 비정규직이 늘어나고 고용기간이 짧아지는 고용의 유연화와 비슷하다. 고용이 유연화하는 것처럼 남녀관계도 유연화하는 것이다. 다만 고용의 유연화는 사회보장제도가 제대로 갖춰져 있지 않을 경우 노동자의 지위를 불안하게 하는 마이너스적 측면이 강한 데 반해, 남녀관계의 유연화는 여성의 지위가 상승했다는 플러스적 측면이 강하다.

이를 이혼의 비용과 편익이라는 관점에서 고찰해보자. 비용 측면을 보면 우선 이혼으로 인한 여성의 경제적 타격이 줄어들었다. 여성의 일자리 진출이 늘어나면서 이혼 후에도 여성의 생계유지가 가능해졌기 때문이다. 또 예전에는 딸을 출가시킬 때 시댁의 귀신이 되라고 가르쳤고, 시집간 딸이 친정으로 도망쳐오면 설득해서 돌려보내기 바빴다. 그러나 요즘엔 같이 살기 싫으면 그만 두라고 큰소리치는 장모도 늘었다고 한다. 즉 여성이 이혼하더라도 친정의 박대를 덜 받게 된 것이다. 이혼에 대한 사회의 눈길도 많이 부드러워졌다. 재혼도 쉬워져 2007년 한국에서 결혼한 커플 중 5분의 1이 최소 한쪽이 재혼인 경우다.

물론 자녀 문제로 들어가면 이혼의 비용은 여전히 크다. 부모의 이혼은 자녀에게 씻을 수 없는 상처를 주고, 자식과 떨어져 살게 되는 부모 역시 커다란 고통을 느낀다. 때문에 과거에는 자식이 있는 부부는 웬만하면 참고 살았다. 하지만 요즘은 자식 대신에 만족을 주는 여러 대체재가 생겨났다. 꿩 대신 닭이라고 자식과 헤어지더라도 일이나 여가생활을 통해 만족을 획득할 수 있게 된 것이다.

그런가 하면 이혼의 편익은 마음에 들지 않는 배우자와 생활하는 데서 오는 비효용(非效用), 즉 고통으로부터 해방되는 것이다. 근래 들어 여성의 의식 수준이 높아져 마음에 들지 않는 남편과의 생활이 주는 고통이 더 심해졌을 수 있다. 앎은 해방의 길이면서 동시에 고통의 씨앗이기도 하다. 이혼이 그처럼 심해진 고통으로부터의 해방이라면 이혼의 편익은 그만큼 더 커진 셈이다.

이처럼 이혼의 비용은 줄고 편익은 커졌기 때문에 이혼율이 상승하고 있는 것이다. 물론 이혼의 비용이나 편익은 정확히 계산할 수 없다는 불확실성을 갖고 있다. 자식과의 이별이 가져다줄 고통을 미리 측정할 수도 없고, 현재 사이가 나쁜 배우자와의 관계가 앞으로 좋아질 가능성도 있다. 이런 불확실성 때문에 이혼을 생각해본 부부들이 모조리 이혼을 실행에 옮기지는 않는 것이다.

15 출산, 양육, 가사분담의 경제학

가족계획에서 출산장려로

세계인구는 1500년에 4억 5000만 명, 1800년에 9억 명, 1900년에 16억 명에서 1960년에 30억 명, 2011년에 70억 명이 됐다. 20세기 이전에는 400년에 걸쳐 인구가 4배가량 늘어났으나 20세기에는 인구가 4배로 늘어나는 데 겨우 100년밖에 안 걸렸다. 가히 인구폭발의 세기라 할 만하다. 단 나라에 따라 인구가 변화하는 양상은 상당히 다르다. 계속해서 인구가 늘고 있는 나라가 있는가 하면 근년에는 인구가 줄고 있는 나라도 있다.

한국은 1970년대 전반까지만 하더라도 합계출산율(total fertility rate, 15~49세의 가임여성이 평균적으로 낳는 자녀 수)이 4명 이상인 후진국형의 다출산(多出産) 국가였다. 그래서 정부는 가족계획이라는 이름의 산아제한 정책을 적극 추진했다. "아들 딸 구별 말고 둘만 낳아 잘 기르자"는 표어가 도처에 나붙었고, 정관수술을 받으면 예비군훈련을 면제시켜 준다거나 아파트분양 우선권을 제공한다든가 하는 유

238

인책도 실시됐다.

그러다 1970년대 후반과 1980년대 전반에 걸쳐 출산율은 빠르게 하락했고, 그때 저하된 수준이 1990년대까지 대체로 유지되다가 2000년 이후 다시 큰 폭으로 떨어졌다. 〈그림 15-1〉이 그 변동양상을 잘 보여준다. 이제는 과거와 정반대로 아이를 많이 낳는 가족에게 아파트분양 우선권을 주는 방안이 거론되고 있다. 금석지감(今昔之感)이란 바로 이럴 때 쓰는 말일 것이다.

2010년 현재 세계의 평균출산율은 2.5명이다. 대체로 저개발국일수록 출산률이 높고, 반대로 소득이 높은 나라일수록 출산율이 낮다. 선진국 나라별로는 영국 2.0명, 스웨덴 2.0명, 프랑스 2.0명, 독일 1.4명, 일본 1.4명, 미국 1.9명이다. 미국의 평균출산율이 다른 나라보다 높은 것은 이민, 특히 출산율이 높은 중남미계 이민이 미국의 출산율을 높이고 있기 때문이다.

경제성장과 인구의 관계를 보면, 경제성장에 따라 인구는 다산다사(多産多死)형에서 다산소사(多産少死)형으로 전환하고 다시 다산소

〈그림 15-1〉 한국의 출산율 저하

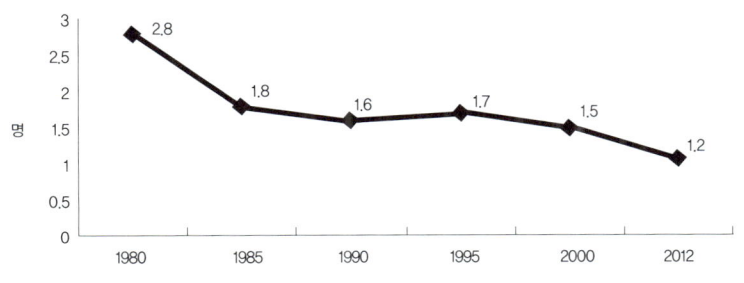

사형에서 소산소사(少産少死)형으로 전환한다. 많이 낳고 많이 죽다가, 많이 낳고 적게 죽으며, 나중엔 적게 낳고 적게 죽는다는 뜻이다. 첫 번째 전환은 주로 유아사망률의 감소에 의해 나타나며 제1의 인구전환이라 부른다. 두 번째 전환은 출산율의 저하로 나타나며 제2의 인구전환이라 부른다.

그런데 우리나라의 2012년 출산율 1.2명은 선진국보다 더 낮은 세계최저 수준이므로 초선진국형(?)인 셈이다. 우리나라뿐 아니라 유럽 중에서도 가족주의적 전통이 강한 그리스, 스페인, 이탈리아나 체제전환국인 폴란드, 체코 등의 출산율도 1.3명 근처로 낮은 수준이다. 또 1980년대에 아시아 신흥공업국가로 불리던 나라들도 상황이 비슷하다. 싱가포르 1.3명, 대만 1.1명, 홍콩 1.1명이다.

인구가 동일한 규모를 유지하려면, 즉 인구의 단순재생산을 위해서는 합계출산율이 얼마가 되어야 할까? 두 사람이 부부로 만나서 두 사람을 만들어내야 한다고 생각해 그 답이 2명이라 생각하기 쉽다. 하지만 이는 오답이다. 우선 평균수명이 늘어나면 출산율이 2명보다 낮아도 인구가 증대할 수 있다. 현재의 한국이 그렇다. 또 평균수명이 일정하다면 2.1명 정도가 되어야 한다. 사고에 의한 사망과 같은 요인을 고려해야 하기 때문이다. 이를 '인구치환(置換) 수준'이라 한다.

그런데 많은 나라의 출산율은 이 인구치환 수준보다 낮다. "자본을 재생산하기 위해서는 노동계급이 계속해서 유지되고 재생산돼야 한다. 자본가는 이러한 자본 재생산의 조건을 노동자의 자기보전 본능과 생식 본능에 맡겨두기만 하면 된다"는 마르크스의 명제가 타당성을 잃게 된 셈이다. 현재 출산율이 지속된다면 한국 인구는 대략

2020년에 정점에 이르고 그 후엔 줄어들 것이다.

그렇다면 이렇게 여러 나라에서 출산율이 저하하고 있는 이유는 무엇일까? 이를 편익과 비용 분석을 통해 검토해보자. 물론 임신과 출산은 냉철한 계산이 아닌 충동적 본능에 의해 이루어질 수도 있다. 특히 미국처럼 낙태를 엄격히 규제하는 곳에서는 충동이 출산으로까지 이어지기 쉽다. 그리고 스트레스나 공해의 증가로 정자의 활동성이 떨어져 출산율이 저하할 수도 있다. 하지만 여기서는 그런 요인들은 고려하지 않고 오직 편익과 비용의 계산이 출산에 미치는 영향만을 따져보기로 한다.

출산과 육아의 편익

자녀가 제공하는 편익의 관점에서 출산율 문제를 파악하면 다음과 같다. 자녀는 부모에게 만족, 즉 효용을 제공하는 존재다. 자녀는 인간이 갖고 있는 '종족유지의 본능'을 충족시켜 준다. 또 자녀는 즐거움을 준다. 일종의 내구소비재(가구, 냉장고, 자동차 등과 같이 내구성이 좋아 오랫동안 사용할 수 있는 소비재)와 같은 기능을 한다.

일반적으로 내구소비재는 소득이 높아질수록 수요가 증대한다. 그런데 경제발전과정에서 왜 자녀에 대한 수요가 감소할까? 자녀는 소득이 증대함에 따라 수요가 감소하는 보리밥과 같은 열등재인가? 그렇게 볼 수는 없다. 소득증대로 유아사망률이 줄어들면 자녀를 많이 낳지 않아도 필요한 수의 자녀가 확보된다. 또한 소득이 높아지면 부모는 자녀의 양(quantity)보다 질(quality)을 더 추구하게 된다. 많은 자녀를 키우면서 즐거움을 느끼기보다 소수의 자녀를 잘 키우면서 즐거움을 느끼려 하는 것이다.

자녀에 대한 수요에서 '한계효용체감(diminishing marginal utility)의 법칙'이 작동할 수 있다. 한계효용이란 어떤 재화를 하나 더 소비할 때 더 늘어나는 효용(만족)이다. 그런데 한계효용은 재화의 소비를 늘림에 따라 점점 감소한다. 우리가 목마른 상태에서 사이다 한 잔 마실 때는 그지없이 상쾌하지만 한 잔 더 마셨을 때는 처음의 상쾌함을 느끼지 못하는 것과 비슷하다.

자녀의 한계효용은 어떻게 변화하는가? 첫 아이를 갖는 일은 커다란 즐거움이다. 아이를 갖지 못할 경우 부부 사이에 벽이 생기거나 극단적으로는 이혼에 이르기도 한다. 따라서 아이를 갖게 되면 부부 간의 친밀도와 가정의 결속력이 훨씬 높아지게 된다. 그런데 둘째가 생겼을 때는 첫째가 생겼을 때만큼 만족감이 크지 않다. 셋째를 가졌을 때는 만족감이 더 줄어든다. 자녀의 경우에도 한계효용체감의 법칙이 적용되는 셈이다.

자녀는 이러한 소비재의 측면과 더불어 투자재의 측면도 갖는다. 많이 달라지긴 했지만 아직까지도 자녀는 가업을 잇고 부모의 노후를 돌보는 존재로서의 의미를 가진다. 때문에 자녀를 낳고 양육하는 것은 기계나 설비를 구매하는 것과 같은 일종의 투자행위다. 과거에는 이런 투자재로서의 의미가 무척 컸기 때문에 남아를 선호하고 장남을 중시하여 자녀의 상속권에 차등을 두었다. "키우는 재미는 딸이지만 나중에 남는 것은 아들이다"라는 말이 그런 분위기를 단적으로 증명해준다.

그러다 산업사회로 접어들고 핵가족화가 진전되면서 투자재로서의 자식의 기능은 약화되었다. 대신 양육에 많은 비용이 드는 값비싼 소비재로서의 성격이 강화되었다. 이처럼 자식의 기능이 변화하고, 여성에 대한 차별을 철폐하라는 목소리가 높아짐에 따라 자녀의 상속권도 평등해졌다. 사실 요즘에는 아들보다 부모의 노후를 더 챙기는 딸도 있다.

그런데 자녀와 관련된 '양의 질로의 대체', 즉 출산율의 저하는 투자재의 측면에서도 나타난다. 부모는 낮은 소득단계에선 인해전술로 자녀에게 가업을 물려주고 자신들의 노후를 보장받을 확률을 높인다. 자녀가 여럿이면 그중의 한둘이라도 이런 일을 해줄 것이라고 보기 때문이다. 게다가 자녀의 수가 많을수록 합쳐진 힘은 그만큼 커진다. 그러나 경제발전단계가 높아지면 양으로 승부하는 시대는 끝난다. 인해전술이 아니라 좋은 무기를 갖는 게 중요해진다. 기술발달이 인적 자본에 의해 좌우되면 자녀의 교육수준이 성공여부를 결정하는 것이다. 그리하여 소수의 자녀에 대한 집중적 투자가 이루어진다. 유대인은 다른 민족에 비해 더 많은 소득을 벌고 있지만 자녀는 적게 낳으면서 자녀교육에는 더 힘을 쏟는다. 미국에서도 백인은 흑인보다 출산율이 낮지만 소득수준은 더 높고 자녀에 대한 투자도 더 많이 한다.

출산과 육아의 비용

"무자식이 상팔자"라는 말이 있다. 자녀와 관련된 비용을 과장한 표현이다. 사자는 새끼를 벼랑에서 떨어뜨려 기어 올라오는 장래성 있는 새끼만 키운다는 이야기가 있다. 고대 스파르타에서도 사내아이가 태어나면 허약하거나 기형인 아이는 동굴에 버렸다고 한다. 자녀의 양육비용을 최소화하고 편익을 극대화하기 위한 노력인 셈이다. 자녀를 출산하고 양육하는 데 드는 비용은 크게 세 측면에서 파악될 수 있다.

첫째, 부모와 자녀 사이에 갈등이 야기될 수 있다. 이른바 '웬수'인 자녀가 없지 않다. 부모를 폭행하거나 남의 돈을 훔치는 따위의 비행을 저지르는 경우다. 이런 자녀는 공해와 같이 마이너스 효용을 가져다주는 존재로, 재화(goods)의 반대인 악재(bads)인 셈이다. 부부 사이라면 고통을 주는 관계는 이혼을 통해 해소할 수 있다. 하지만 부모자식 관계는 그렇게 쉽사리 끊을 수 없다. 따라서 출산은 평생의 골칫거리를 만들 위험성을 내포한다. 이 정도는 아니더라도 부모에게 걱정거리인 자녀는 허다하다. 공부를 안 한다든지 몸이 아프다든지 말을 잘 안 듣는다든지 속 썩일 일이 어디 한두 가지인가.

둘째, 출산비용과 양육비용이라는 금전적 직접비용이 발생한다. 미국의 경우 의료보험이 없는 임산부는 정상분만이라도 우리 돈 1천만 원에 육박하는 엄청난 비용이 든다. 이에 비하면 우리나라는 의사들이 의료수가가 싼 정상분만보다 제왕절개를 유도함으로써 비용을 늘리는 경우만 제외하면 출산비용이 적게 드는 편이다.

양육비는 식비와 교육비 등을 말하는데 우리나라에서는 교육비, 특히 사교육비의 비중이 높아서 온갖 종류의 사교육비와 공교육비를 합치면 가계지출 중 교육비가 차지하는 비율이 20~50퍼센트에 이른다. 또 자식이 늘면 따로 방을 만들어줘야 하므로 큰 집이 필요해진다. 이에 따른 주거비도 자녀를 양육하기 위한 비용이다. 그래서 집값이 올라가면 사람들이 그만큼 출산을 주저하게 되는 것이다.

셋째, 간접비용도 발생한다. '간접비용'이란 자녀를 가짐으로써 잃게 되는 기회비용이다. 그중 가장 큰 것은 직장을 포기함으로써 상실하는 소득이다. 여성의 취업기회가 확대되고 남녀 임금격차가 축소되면 그만큼 자녀 출산과 양육으로 인해 포기해야 하는 기회비용이 커진다. 이것이 출산을 억제하는 작용을 한다. 직장과 육아를 병행하려면 슈퍼우먼이 돼야 한다. 슈퍼우먼이 되면 소득을 상실하지는 않겠지만 육체적, 정신적으로 많은 비용을 치르는 데는 변함이 없다.

이런 문제로 인해 여성의 연령별 경제활동 참가율 추이는 선진국과 한국에서 각각 다르게 나타난다. 오늘날 선진국에선 10대 여성의 경제활동 참가율은 매우 낮고, 20대를 거쳐 30~40대로 갈수록 높아진다. 그러다 50대가 되면 다시 경제활동 참가율이 낮아지는 ∩모양을 보인다. 반면에 보육시설이 미비한 과거의 선진국이나 오늘날 한국에선 10대에서 20대 초반까지는 높아지던 경제활동 참가율이 20대 후반에서 30대 초반에는 낮아졌다가, 30대 후반에서 40대 초반에 다시 높아지고, 그후 나이 들면 떨어지는 M자형을 이룬다.

넷째, 부모의 자유가 제한된다. 갓난아이가 밤중에 울어대면 부모는 잠을 설칠 수밖에 없다. 요즘처럼 입시지옥에다 위험한 사회에서는 자녀가 무사히 성장해 대학에 들어가기 전까지 부모는 자기들만의 오붓한 시간을 갖기가 어렵다. 소득이 향상되어 부부가 질 높은 여가를 보낼 여유를 갖게 돼도 자녀로 인해 그것이 불가능해지는 셈이다.

떨어지는 출산율, 어떻게 막을 것인가

자녀의 편익이 줄어들고 출산과 양육의 비용이 커지면 출산율이 떨어진다. 출산율이 떨어지면 전체 인구가 줄어들 수 있다. 경제적으로 볼 때 인구는 노동력이라는 플러스의 측면과 부양대상이라는 마이너스의 측면을 동시에 가지고 있으므로 인구감소가 반드시 나쁘다고 말할 수는 없다. 개개인의 삶의 질 향상이 중요하지 무턱대고 전체 인구를 늘리는 것은 바람직하지 않다. 교통 문제나 주택 문제를 생각해보라. 그러나 출산율이 떨어지면 장차 노동력으로 활동할 인구보다 노동력으로 활동하기 힘든 노령 인구가 더 많아지는 결과가 빚어진다.

선진국에서는 이런 문제를 해결하기 위해 갖가지 대책을 실시하고 있다. 출산보조금이나 양육비 지급을 비롯해 탁아소 정비에도 애를 썼다. 출산휴가 및 육아휴직 제도도 발전시켰다. 우리나라도 일부 지자체에서 출산장려금을 지급하는 등 여러 대책을 강구하고 있다. 하지만 자녀의 출산과 양육에 따르는 비용을 획기적으로 감소시킬 방안을 마련하지 않는 한 출산율 저하의 흐름을 되돌릴 수 없을 것이다.

이런 문제와 관련해 유럽 국가들 사이의 차이에 주목할 필요가 있다. 북유럽은 여성의 경제활동 참가율이 80퍼센트, 출산율은 1.9 정도다. 반면에 남유럽은 여성의 경제활동 참가율이 53퍼센트, 출산율이 1.4 정도다. 여성의 경제활동 참가율이 높아지면 출산율이 저하하는 게 일반적 현상이지만 북유럽과 남유럽의 사례는 이를 거스르고 있다. 그 이유는 출산과 양육에 대한 국가의 지원정책에 차이가 있기 때문이다. 북유럽은 국가의 지원이 충실한 반면 남유럽은 그렇지 못한 것이다.

남유럽은 아시아의 신흥공업국과 더불어 전통적 가족주의, 남성중심주의가 강한 지역이다. 이 지역에서는 급속한 공업화로 여성의 경제적 지위가 상승하고 의식이 높아진 뒤에도 남성의 의식이나 사회 전반의 제도에 별다른 변화가 이루어지지 않았다. 이런 현실은 여성의 반발을 불러와 출산율 저하를 초래하고 있기도 하다. 이에 대해 가부장적 이데올로기의 소유자인 이문열씨처럼 "나는 여성이 자기 성취를 위해 아기 갖기를 거부하는 데 반대한다"고 소리친다고 문제가 해결되지 않는다. 오히려 가부장적 지배질서를 버리고 과감한 개혁을 택하는 게 출산율 저하 방지에 도움이 된다.

많은 나라들이 출산율 저하를 국가적 문제로 취급한다는 것은 자녀가 부모의 단순한 사적(私的) 재화가 아니라 공적(公的) 재화의 성격도 띠고 있음을 의미한다. 자녀는 부모의 자유의지로 생산되긴 하지만, 경제적으로 볼 때 경제성장을 유지하고 노인층을 위한 사회보장 재원을 만들어내는 공공재의 역할을 수행하기 때문이다. 이런 공공재적 성격을 가지고 있음에도 불구하고 양육수당이나 탁아소에 대한 국가의 지원이 극히 부족한 게 우리의 현실이다. 이를 개선해야 한다. 아울러 기업의 인사관리정책도 자녀의 공공성을 감안하여 여성이 출산과 양육 활동을 해나가면서도 직장에서 남성과 동등한 경력관리를 할 수 있도록 배려하지 않으면 출산율 저하를 막을 수 없다.

왜 여성이 주로 가사를 떠맡을까

과거의 귀족이나 양반 가문에서 가사노동은 노예나 하녀가 담당했다. 여주인인 주부의 역할은 직접적 가사노동이 아니라 이들의 노동을 지휘감독하는 일이었다. 그러다 산업화 이후 노예와 하녀가 점차 사라지면서 평민층뿐 아니라 상류층에서도 주부가 가사노동의 주체가 됐다. 주부들에게 한 가지 다행스러운 점은 가전제품의 보급, 식품산업의 팽창, 가사서비스의 상품화로 가사노동의 상당부분을 시장에서 조달할 수 있게 됨으로써 가사노동 시간 자체는 점점 줄어들고 있다는 것이다.

그런데 가사노동의 절대량이 과거에 비해 줄어들었다 해도 그것을 부부 간에 어떻게 분담하는가 하는 문제는 남는다. 이는 출산율을 떨어뜨리는 하나의 원인이기도 하다. 2004년의 한 조사에 따르면 한국 남성의 가사노동 시간은 독일이나 미국 남성의 가사노동 시간의 4분의 1에서 3분의 1 수준이다. 여성의 사회진출이 늘면서 남편의 가사분담이 늘고는 있지만 아직 구미에 비해선 남편의 분담 시간이 현저하게 적다. 자연히 가사분담을 둘러싼 부부 간의 갈등이 선진국에 비해 더 심할 수밖에 없을 것이다. 옛날 한옥과 달리 아파트는 가사분담 문제를 더욱 두드러지게 한다. 남편과 아내의 생활공간이 겹치기 때문이다.

한국이나 구미나 분담비율의 차이는 있지만 아내가 가사를 주로 책임지고 남편이나 자녀가 이를 보조하는 형태를 취하는 점에서는 차이가 없다. 현재 상황은 한국이든 구미든 남녀 간에 임금격차가 존재하고, 승진이나 능력개발과 같은 경력구축 과정에서 여성이 남성에 비해 차별을 당하고 있다. 이럴 때 가사에 종사함으로써 잃어버리는 임금이나 경력의 손실은 여성 쪽이 작다. 따라서 가사를 누가 담당하는가를 경제적 합리성만으로 판단한다면 대개 상대적으로 기회비용이 적게 드는 쪽, 즉 여성이 담당하는 게 이득인 셈이다. 거꾸로 아내의 수입이 남편보다 많은 부부의 경우는 남편의 가사분담 비중을 높이는 게 이득일 것이다.

아내가 주로 가사를 담당하는 오늘날의 현실에서 기업은 여성보다 남성을 더 선호하고, 더 지원할 수밖에 없다. 때문에 여성은 남성보다 낮은 임금을 받고 승진에서도 뒤처진다. 이는 다시 여성의 가사노동의 기회비용을 남성보다 더 낮게 만듦으로써 가사를 여자가 주로 담당하는 악순환을 초래한다.

이런 악순환을 벗어나려면 제도적 강제가 필요하다. 그것이 바로 여성에게 남성보다 유리한 기회를 제공하는 '적극적 차별시정책(affirmative action)'이다. 미국의 인종차별이나 인도의 신분차별을 완화하기 위해 시행된 이 조치는 여성차별 완화에도 적용된다. 대학교수 중 일정 비율을 여성에게 할당한다든지 신임 대법관으로 여성을 뽑는 것이 바로 적극적 차별시정책의 한 예다.

남녀차별은 교사, 변호사 등의 전문직에서부터 해소되고 있다. 이렇게 남녀관계가 바뀌기 시작하면 가사분담도 변화한다. 그 하나의 방향이 남성의 가사분담이 늘어나는 것이고, 또 다른 방향은 외부에다 가사노동을 맡기는 것이다. 양 방향의 흐름이 모두 나타나고 있지만, 한국의 경우를 보면 주된 쪽은 후자다. 파출부를 고용한다든지 시댁이나 친정의 도움을 받는 것이다.

지금까지는 가사분담을 경제적인 기회비용의 측면에서만 파악했다. 그러나 실제로는 남편이 빈둥거리고 있는 시간에 아내는 가사에 허덕이는 경우도 많다. 이때 남편에게 시간의 기회비용은 0에 가까우므로 엄밀히 따지면 이는 기회비용에 입각한 합리적인 가사분담이라고 할 수 없다. 경제적 우위에 있는 남편이 가부장적 이데올로기를 바탕으로 아내를 지배하는 상황에서 이루어지는 가사분담의 형태다. 이런 관점에서 보면, 아내의 수입이 많아질수록 남편의 가사분담 비중이 커지는 이유도 경제적 우위에서 밀려난 남편의 가부장적 지배력이 허물어진 데서 찾을 수 있다. 가사분담의 현실을 파악하는 데도 결혼 문제에서처럼 '편익과 비용'의 관점뿐만 아니라 '지배와 종속'의 관점도 필요한 것이다.

덧붙여 가사분담에서는 양적 시간뿐 아니라 질적 내용도 고려해야 한다. 여성은 열 달의 임신기간을 거쳐 출산에 이르므로 그런 오랜 노고의 결과물인 자녀에 대한 애착이 남성보다 강하다. 이러한 강한 애착 때문에 여성은 자녀 양육에 관한 한 남성보다 훨씬 더 세심한 관심과 열성을 보인다. 따라서 아이를 키우는 일에서는 여성이 남성보다 효율적이다. 게다가 자연적 수유(授乳)는 여성만이 가능하다. 이런 관점에서 비교우위의 원리를 적용한다면, 가사분담에서 남성은 자녀양육 이외의 분야에 치중하는 게 좋다고 볼 수도 있겠다.

16 노후, 어떻게 대비할 것인가

세계적인 고령화 추세

전 세계적으로 출산율이 떨어지고 평균수명이 늘어나면서 전체 인구 중 노인 인구의 비중이 빠르게 증가하는 고령화 현상이 나타나고 있다. 유엔(UN)에 따르면 2010년 현재 65세 이상 노인 인구가 전체 인구의 8퍼센트다. 일반적으로 전체 인구 중 노인 인구가 7퍼센트 이상이면 고령화사회(aging society), 14퍼센트 이상이면 고령사회(aged society), 20퍼센트 이상이면 초고령사회(super-aged society)라 부른다. 대부분의 선진국들은 이미 고령사회가 됐다(〈표 16−1〉 참조). 최신통계에 따르면 일본은 2006년에 노인 인구가 20퍼센트를 넘어서 초고령사회로 접어들었다.

우리나라도 2000년에 이미 고령화사회로 진입해 2012년 현재 전체 인구 중 노인 인구가 차지하는 비율이 12퍼센트로 집계됐다. 이는 출산율은 떨어진 반면 평균수명은 늘어났기 때문이다. 2012년을 기준으로 우리나라의 출산율은 1.2명으로 세계최저 수준이고, 평균

〈표 16-1〉 주요 국가의 노인 인구 비율 (단위: %)

	1950년	1975년	2000년	2025년(추정)
프랑스	11.4	13.5	16.0	22.2
영국	10.7	14.0	15.8	21.9
독일	9.7	14.8	16.4	24.6
이탈리아	8.3	12.0	18.1	25.7
미국	8.3	10.5	12.3	18.5
일본	4.9	7.9	17.2	28.9
한국	3.0	3.6	7.1	16.9

수명은 80세로 20년 전에 비해 10년 이상 길어져 OECD 국가들의 평균치와 비슷해졌다.

우리의 이런 고령인구 수치 자체는 선진국에 비해 아직 낮은 편이지만 고령화의 진전속도는 세계최고라고 할 수 있을 만큼 빨라서 고령화사회에서 고령사회로 이행하는 데 걸리는 기간이 19년 정도밖에 안 걸릴 것으로 전망된다. 이는 미국이 71년, 프랑스가 115년, 이탈리아가 61년, 일본이 24년이었던 것에 비하여 엄청나게 빠른 속도다.

인구구조의 이러한 변화는 '장수(長壽)사회론'으로 대표되는 밝은 면을 갖고 있다. 인간은 누구나 죽음을 두려워하고 오래 살고 싶어 하는데, 평균수명이 길어지면 그만큼 좋아하지 않겠는가. "인생은 육십부터"라는 말도 그래서 나왔다. 하지만 풍자소설《걸리버 여행기》에 나오는 럭낵 왕국의 불사(不死)인간들이 겪는 고통은 장수사회가 반드시 행복한 사회만은 아님을 잘 묘사하고 있다. 나이 들어도 건강하게 지낼 수 있다면야 괜찮겠지만 그렇지 않다던 '장수'는 자신에게나 타인에게나 괴로움만 가져다 줄 수도 있다. '안락사' 또는 '존엄사(尊嚴死)'가 일부 선진국에서 용인되는 것도 이와 관련되어 있다.

고령화의 경제적 효과

고령화는 여러 가지 경제적 효과를 갖는다. 그 대표적인 몇 가지를 살펴보자.

첫째, 노인층을 대상으로 하는 산업, 즉 '실버산업(silver industry)'을 확대시킨다. 실버산업이란 용어는 일본에서 1970년대 후반부터 사용되기 시작한 것으로, 여기서 '실버'는 노인의 은백색 머리카락을 가리킨다. 영어권에서는 '노인시장(elderly market; mature market)'이란 표현을 주로 사용한다.

실버산업은 기본적으로 노인복지 서비스를 수행한다. 과거에는 이를 주로 가족이 담당했다. 그래서 부모가 중풍이나 치매에 걸리면 온 가족이 고통을 받았고, "긴 병에 효자 없다"라는 말도 나왔다. 그러나 사회가 발전하면서 가족이 담당하던 노인복지 서비스를 국가와 시장이 일부 떠맡게 됐다.

스웨덴처럼 국가가 노인 부양에 일차적 책임을 지느냐, 미국처럼 시장이 상대적으로 더 중요한 기능을 수행하느냐에 따라 실버산업은 공공산업이 되기도 하고 민간산업이 되기도 한다. 실버산업의 구체적 형태로는 실버타운, 치매병원, 효도관광이나 노인수발 서비스를 들 수 있다.

둘째, 금융업을 발전시키고 세계화하기도 한다. 은행의 프라이빗 뱅킹 고객센터나 VIP코너에서 노인들이 열심히 상담하는 모습을 어렵잖게 목격할 수 있는데, 한창 때 재산을 많이 모은 노인들이 돈을 이리저리 굴리는 덕택에 금융업이 발전하는 셈이다. 노인층을 위한 연금의 운용도 금융업 발전에 큰 몫을 한다. 나아가 연금은 세계를 휩쓸고 다니는 국제금융자본의 중요한 자금줄이기도 하다. 미국 캘리포니아 공무원퇴직연금(CalPERS)은 세계 각국에 투자하고 있으며, 근래 우리나라를 떠들썩하게 한 영국의 헤르메스(Hermes)나 미국의 론스타(Lone Star) 같은 펀드도 퇴직연금의 투자를 받고 있다.

셋째, 사회의 생산력을 떨어뜨림으로써 경제성장 속도를 둔화시킨다. 이는 앞의 두 가지 효과와는 달리 국가경제에 부정적 영향을 미치는 측면이다. 사회란 일하지 않거나 일할 수 없는 사람들을 일하는 사람들이 어떤 식으로든 부양함으로써 유지되는데, 고령화란 바로 이런 피부양 계층의 증대를 의미한다.

물론 오늘날에도 많은 노인들이 농업과 서비스업 등 다양한 분야에서 일하고 있다. 그러나 다른 계층에 비하면 노인들의 경제활동 참가율은 현저하게 낮은 수준이다. 특히 75세 이상의 노인들이 일하는 경우는 거의 찾아보기 힘들다. 그들은 거의 생산보다 소비에 치중한다. 경제활동을 하지 않는 노인 중 여성은 그나마 손자손녀를 돌보거나 다른 집안일을 담당하기도 하지만 남성의 역할은 그저 밥만 축내는 일이 되기 쉽다. 게다가 노인들은 병치레도 잦다.

이런 이유들 때문에 고령화가 진전될수록 국가의 부담은 커지고, 경제성장 속도는 떨어진다. 2010년 현재 15~64세 인구가 65세 이상 인구의 몇 배인가를 나라별로 보면 다음과 같다. 일본 3배, 독일 3배, 미국 5배, 한국 7배, 중국 9배다. 대체로 그 비율이 높을수록 경제성장률이 높음을 알 수 있다. 미국이 다른 선진국에 비해 경제성장률이 높은 이유에는 젊은 이민자의 유입으로 노인 인구의 비율이 상대적으로 낮다는 점도 포함된다. 반면에 최근 한국의 급속한 고령화는 성장률 하락을 초래한 하나의 요인이다. 위의 비율이 한국도 2025년 경엔 4배 이하로 예상되는 바, 그때엔 지금의 일본이나 독일과 같은 저성장국가가 되어 있을지 모른다.

나라마다 고령화 문제로 골머리를 앓고 있다. 연금을 비롯한 사회보장제도의 정비는 항상 뜨거운 쟁점이다. 노인층은 숫자와 조직에 기초한 정치력을 갖고 있고, 젊은층은 소득을 창출하는 경제력을 갖고 있다. 사회보장제도에서 노인층의 혜택과 젊은층의 부담을 어느 정도로 하는가는 바로 이런 정치력과 경제력이 맞부딪쳐서 결정된다. 1인1표의 민주주의와 1원1표의 시장경제가 상호작용하는 셈이다.

그런가 하면 노동연령을 연장하려는 움직임도 강하다. 이를 '생산적 고령화'라고 한다. 노동연령이 연장되면 세금납부 기간이 연장되고, 사회보장 급부기간은 단축된다. 2차대전 이전의 미국에서는 다수의 고령자가 취업상태였다. 그러다 1950년대부터 퇴직연령이 낮아졌다. 1930년대 퇴직자의 평균연령은 69세, 평균여명(餘命)은 10년이었는데, 지금은 각각이 63세와 19년이다. 생산적 고령화란 이런 변화를 되돌리자는 것이다.

삶에서 일과 여가 중 어느 것이 더 중요한가는 사람마다 다르다. 다만 일할 의지와 능력이 있는 노인층에겐 기회를 부여하는 게 바람직하다. '교육-노동-휴양'의 3분할 인생경로 대신에 언제라도 재교육을 받고 노동에 복귀할 수 있는 무(無)분할 인생경로를 창조할 필요가 있다. 물론 고령자 고용에 장애가 없지는 않다. 나이에 따라 임금이 올라가는 연공(年功)임금제 하에선 기업의 부담이 크다. 노인이 되면 약해지는 체력도 문제다. 그러나 해결방안은 있다. 임금피크제나 퇴사 후 재고용제는 임금부담을 줄일 수 있다. 임시고용이나 파트타임 노동도 노인층에 도움이 된다. 공장자동화는 체력의 중요성을 감소시킨다.

노인부양 경로: 시장, 국가, 가족

경제학에는 '시장이냐 국가냐'라는 이분법이 자주 등장한다. 대체로 보수파는 시장에 더 의존하려 하고, 진보파는 국가에 더 의존하려 한다. 그런데 노인복지 문제는 이런 이분법적 사고만으로는 완전히 해결할 수 없다. 정부의 사회보장 프로그램은 가족 내부에서 이루어지던 노인복지를 일부 사회화한 것이다. 따라서 노인복지 문제는 시장, 국가와 더불어 가족을 함께 고려해야 한다.

대가족 중심이던 예전에는 가족이 고령자의 생활보장에서 결정적 역할을 수행했다. 소득이 있는 자녀가 결혼 후에도 소득이 없는 부모와 함께 동거하면서 부모의 생계를 책임진 것이다. 물론 그 대가로 자녀는 부양하던 부모가 돌아가시면 재산을 물려받았다. 그러다가 산업화와 함께 핵가족화가 이루어지고, 여성의 사회진출이 두드러지면서 고령자의 생활보장을 담당하는 가족의 기능이 크게 저하됐다.

그렇지만 오늘날도 노인의 생활보장에서 가족이 차지하는 비중을 무시할 수 없다. 시장이나 국가가 가족의 기능을 완전대체하기에는 재정적으로나 심리적으로 한계가 있다. 시장의 가격메커니즘에는 배타성이라는 한계가, 국가의 관료조직에는 획일성이라는 한계가 존재한다. 뿐만 아니라 가족이 제공하는 심리적, 정서적 만족을 시장과 국가는 도저히 공급할 수 없다. 이리하여 노인의 생활보장은 시장, 국가, 가족이라는 세 가지 경로를 통해 이루어진다.

첫째, 시장 경로란 일하던 시절에 모아둔 재산으로 노년을 스스로 책임지는 방법이다. 이자 수입이나 임대료 수입, 사적 연금으로 생활하거나 모아둔 돈을 조금씩 까먹으며 사는 방법이 이에 해당한다. 이와 관련해 근래 새로 등장한 금융상품으로, 주택을 소유한 노인에게 그 주택을 담보로 매월 일정액의 생활비를 대출해주는 역모기지론이란 게 있다.

둘째, 국가 경로란 정부가 관장하는 사회보험제도를 통해 노년에 지원을 받는 방법이다. 사회보험은 가입자 자신이 낸 보험료와 운용 수익을 노후에 연금으로 지급받는 적립식(pre-funding system)과 현재의 근로자들이 낸 세금으로 은퇴한 노령층을 부양하는 부과식(pay-as-you-go system)으로 나뉘는데, 둘 중에서 부과식이 진정한 국가적 경로라 하겠다.

셋째, 가족 경로란 앞에서도 설명했듯이 가족 중 소득이 있는 사람이 소득이 없는 사람을 부양하는 방식이다. 우리나라는 선진국에 비해 가족 경로를 통해 노인을 부양하는 비중이 매우 높고, 국가 경

〈표 16-2〉 각국의 노인 부양비 분담비율 (2004년, 단위: %)

	시장 경로(본인 부담)	가족 경로(자식 부양)	국가 경로
한국	37	54	9
일본	36	7	57
미국	42	2	56
독일	21	2	78

로를 통해 부양하는 비중은 매우 낮다.

〈표 16-2〉를 보면, 선진국의 경우에도 시장 경로와 국가 경로를 통해 노인을 부양하는 비율이 나라별로 각각 다르다는 것을 알 수 있다. 이는 각국의 정치사회적 특성이 다르기 때문이다. 이를테면 자기책임을 강조하는 미국은 본인부담의 비중이 높고, 사회적 연대를 강조하는 독일은 공적 부양의 비중이 높다. 우리가 지향할 선진국은 미국에 가까워야 할까, 아니면 독일에 가까워야 할까.

공적 연금과 한국의 국민연금

'국민연금의 8가지 비밀'이라는 선정적 제목이 붙은 인터넷 글이 2004년에 논란을 불러일으킨 적이 있다. 논란의 바탕에는 오해도 있었지만, 우리나라에서 국민연금제도가 아직 제대로 뿌리내리지 못했다는 점도 크게 작용했다. 대다수 국민들은 1998년에 개정한 국민연금법을 몇 년 지나지 않아 또 고치는 것을 쉽게 이해하지 못하고 혼란스러워했다. 사실 국민연금제도의 개혁을 둘러싸고 논란이 벌어지는 것은 우리나라뿐 아니라 선진국에서도 늘 있는 모습이다. 연금 문제라는 게 개개인의 서로 다른 가치관이 충돌할 수밖에 없는 이슈인데다 시행착오를 되풀이하기 때문이다.

은퇴 후 생계를 꾸려나갈 소득원 중 그 중요도가 점점 더 높아지고 있는 게 바로 연금이다. 연금은 크게 공적 연금과 사적 연금으로 나뉜다. 공적 연금은 국민연금처럼 정부가 운영하는 연금제도다.

공적 연금의 역사는 그리 길지 않다. 1889년에 독일 총리 비스마르크가 도입한 '노령 및 장애 보험'이 그 시초다. 이는 당시 급성장하던 사회주의 세력을 견제하고 노동자의 지지를 확보하기 위한 조치였다. 사회주의 운동이 자본주의를 '인간의 얼굴을 한 따뜻한 자본주의'로 거듭나게 한 셈이다. 역사의 아이러니다. 반면 견제세력이 사라진 오늘날의 자본주의는 고삐 풀린 망아지 꼴이 아닌지 모르겠다.

그럼 여기서 사회보장제도가 비교적 잘 발달한 네 나라, 즉 독일, 스웨덴, 미국, 일본이 공적 연금을 어떻게 운용하고 있는지를 우선 살펴본 후 우리나라의 공적 연금에 대해 논의해보자.

연금선진국 독일의 보험료율은 19.1퍼센트다. 연금은 소득에 비례하여 지급되며, 1989년 통일 이후에는 연금기여 실적이 전혀 없는 동독 거주자들에게도 정부의 재정으로 연금을 지급하고 있다. 그 밖에도 저소득층에게는 우리의 기초생활보장제도와 같은 공적 부조를 실시하고 있다.

복지국가 스웨덴의 보험료율은 18.5퍼센트다. 과거에는 모든 노인에게 일률적으로 기초연금을 지급하고 소득에 따라 부가연금을 추가로 지급하는 2층 구조였으나, 지금은 소득에 비례하여 지급하는 것을 기본으로 하되 저소득층 노인에게만은 소득에 관계없이 최저보증연금을 지급한다.

미국은 1930년대 대공황기에 제정된 사회보장법을 근거로 소득의 12.4퍼센트를 사회보장세로 징수해 노령자, 유족, 장애자를 위해 지출한다. 빈곤노인층에 대해선 별도로 보충적 소득보장 프로그램을 운영한다.

일본의 공적 연금은 기초연금과 소득비례연금의 2층 구조로 되어 있다. 기초연금은 전 국민을 대상으로 하는 것이고 소득비례연금은 일반근로자, 자영업자 등을 대상으로 하는데 소득비례연금의 보험료율은 13.9퍼센트다. 또 극빈층에 대해선 별도로 생활보호제도를 적용한다.

우리나라에도 두 가지 형태의 공적 연금이 있다. 그중 하나가 공무원, 군인, 사립학교 교직원을 대상으로 하는 특수직역연금이다. 특수직역연금은 1960년부터 시작돼 체계가 그런 대로 잡혀있고 안정적이다. 일반 기업체에 비해 월급은 적지만 연금제드가 잘 되어 있는 것이 공무원이라는 직업의 매력이라고 흔히 말한다.

다른 하나는 18세 이상 60세 미만의 일반 국민을 대상으로 하는 국민연금이다. 국민연금은 1988년 10인 이상을 고용하는 사업장에 처음 도입된 이래 점차 그 대상을 확대시켜 1999년에는 도시 자영업자까지 포괄함으로써 마침내 전 국민 연금시대를 열었다. 그러나 출산율이 급격히 떨어지고 고령화가 급진전되면서 문제점이 드러나고 있다.

그 문제점이란 무엇일까?

국민연금이 지니고 있는 첫 번째 문제는 지속가능성이 있느냐 하는 점이다. 국민연금의 보험료율은 9퍼센트이고, 가입자가 만기 시 받는 연금액을 산출하는 근거인 소득대체율은 가입기간에 따라 달라지는데, 제도시행 초기에는 40년 가입 시 자기 평균소득의 60퍼센트였다. 그런데 보험료율 9퍼센트에 소득대체율 60퍼센트라는 '저부담-고급여' 구조를 계속 유지하면, 연금의 적립금이 21세기 중반에는 고갈될 것으로 예측됐다. 그리되면 그 이후엔 보험료율을 30퍼센트대로 높여야 약속한 급여를 제공할 수 있게 된다. 이는 결국 후세대에 엄청난 부담이 된다고 하여 60퍼센트의 소득대체율을 일단 50퍼센트로 낮추고 차차 40퍼센트까지 줄여가게 되었다.

이런 적립금 부족 문제는 다른 공적 연금에선 오래된 사안이다. 이미 1977년에 군인연금의 적립금은 고갈되었고, 공무원연금도 1999년에 적립금이 고갈됐다. 하지만 그 이후 보험료를 인상했고 수지적자는 재정에서 보전토록 하고 있다. 앞으로 국민연금에 적자가 발생해도 같은 방법을 쓸 수밖에 없다. 그런데 국민연금은 다른 공적 연금보다 규모가 훨씬 크기 때문에 '저부담-고급여' 구조를 빨리 바로잡아야 할 필요가 있었다.

그런데 '저부담-고급여' 구조를 바꾸는 방향은 두 가지로 생각할 수 있었다. 급여 수준은 그대로 두고 독일이나 스웨덴처럼 부담을 대폭 늘리는 게 하나의 방안이었다. 다른 하나는 미국 정도의 수준으로 부담을 조금만 높이고 급여를 낮추는 방안이었다. 이 선택은 우리가 유럽식 자본주의를 지향하느냐, 아니면 미국식 자본주의를 지향하느냐와 관계가 있는 것이라고 할 수 있었다. 전자를 지향하는 쪽에서는 소득대체율을 60퍼센트보다 더 낮추면 노후생활을 보장한다는 연금의 의의가 퇴색한다고 주장했다. 반면에 후자를 지향하는 쪽의 주장은 그렇게 부담을 높였다가는 경제의 활력이 손상을 입는다는 것이었다.

결과는 유럽식도 미국식도 아닌 한국식이었다. 부담 즉 보험료율은 아예 손대지 않고 소득대체율만 낮춘 것이다. 아마도 현재 납부하는 보험료율을 높이는 데 대한 정치적 반발이 미래의 소득대체율을 낮추는 데 대한 정치적 반발보다 크다고 판단한 탓이 아닌가 싶다. 미래보다 현재의 가치를 더 높게 보는 인간의 본성에 부응한 셈이지만, 사실 개인의 이런 근시안적인 사고를 보완하는 게 정부의 역할이라는 점을 되새겨 보게 하는 대목이다. 어쨌든 이리하여 노후생활보장의 의미가 약해진 것은 물론이고 적립금 부족 문제가 말끔하게 해소됐다고 보기도 어렵다. 문제가 터지면 그때 가서 보자는 식이고, 한마디로 어정쩡한 조치다. 미국은 사회보장세를 2퍼센트에서 출발해 현재의 12.4퍼센트까지 높였는데 한국은 보험료율을 높이려는 시도를 포기한 것이다.

경제정책 결정은 이처럼 항상 정치논리, 즉 정치적 역학관계에 좌우되기 마련이다. 그렇다고 정치논리라는 게 반드시 나쁘다는 의미는 아니다. 단 정치논리는 경제논리와 균형을 이뤄야 한다. 이때 중요한 것은 정치논리가 얼마나 민주적으로 작동하고 있느냐와, 경제논리와 정치논리의 균형을 달성하기 위한 정치적 리더십이 제대로 발휘되고 있느냐다.

국민연금이 지니고 있는 두 번째 문제는 국민연금에 사각지대가 존재한다는 점이다. 국민연금이 제대로 걷히지 않고 있다. 국민연금은 경제활동을 할 연령대의 국민들이 대부분 소득이 있는 일에 종사해 보험료를 납부한다는 전제 하에 설계된 제도다. 그런데 2012년 현재 2000여 만 명의 가입대상자 중 약 470만 명이 사업 중단이나 실직으로 인해 보험료를 납부하지 않고 있는 납부예외자다. 또 보험료 체납 사업장도 약 40만 개소에 이른다.

체납자들은 대개 자영업자와 같은 지역가입자들이다. 이들은 보험료를 납부할 때도 소득을 낮추어 신고하는데, 그게 가능한 것은 이들의 소득을 정부가 제대로 파악하지 못하기 때문이다. 세금에서와 마찬가지로 연금보험에서도 자영업자들의 지하경제가 골칫거리인 셈이다. 이렇게 소득을 낮춰 신고하는 자영업자들 때문에 국민연금의 소득재분배 기능이 훼손된다.

그런가 하면 보험료를 납부하지 못해 늙어서 연금을 받지 못하는 이들이 있다. 이들은 대개 하층서민이다. 즉 정작 재정적 지원이 필요한 하층서민들 중에서도 노령연금이 누구보다도 절실한 노인들은 아무런 연금혜택도 받지 못하고, 재산이 있어 굳이 재정적 지원이 없어도 되는 계층은 연금혜택을 누리는 것이다. 이는 노인층의 빈부격차를 더욱 확대시킬 뿐 아니라 국민연금이 사회안전망이라는 제 기능을 제대로 발휘할 수 없게 만든다.

세 번째 문제는 국민연금이 특수직역연금보다 홀대를 받고 있다는 점이다. 특수직역연금의 보험료율(기여금요율)은 17퍼센트로 국민연금에 비해 높기는 하다. 하지만 이들의 소득대체율은 76퍼센트로 국민연금보다 더 높다. 특수직역연금은 맞벌이부부의 연금혜택도 좋은 편이다. 게다가 수지적자가 발생하면 재정에서 메워준다. 관존민비(官尊民卑)가 여전히 위세를 떨치고 있다는 불만이 나올 만하다.

물론 직장인 국민연금 수혜자들이 별도로 퇴직금을 수령하는 데 반해 공무원은 연금이 곧 퇴직금이므로 양자를 똑같은 잣대로 비교할 수는 없다. 또 공무원은 민간 대기업 근로자에 비하면 낮은 월급을 받고, 재직기간 중 사익을 추구하는 행동을 해서도 안 되는 게 원칙이다. 하지만 퇴직금을 포함시켜 비교하더라도 공무원연금이 유리하며, 공무원의 월급이 과거에 비해 많이 개선되었다는 점 등을 고려할 때 현재와 같은 특수직역연금 우대는 재고할 필요가 있다.

네 번째 문제는 현행 제도 아래서 2035년경까지 천문학적으로 증대하는 국민연금기금의 운용이 제대로 이루어질까 하는 점이다. 2008년 말 현재 국민연금기금 액수는 240조 원에 이른다. 우리 국민연금이 적립식이기 때문에 일정기간 엄청난 자금이 쌓여가는 것인데, 이를 어떻게 운용해야 금융시장이나 실물시장을 왜곡시키지 않을 것인가가 문제다.

이미 국민연금은 채권, 특히 국공채 시장에서 큰 비중을 차지하고 있고 주식시장에서도 우량주식의 상당 부분을 소유하고 있다. 근래 들어 국민연금의 주식투자 비중을 두고 논의가 활발하다. 주식투자 비중을 늘리자고 주장하는 측은 캘리포니아 공무원퇴직연금의 경우 그 비중이 60퍼센트 정도인 데 비해 우리나라에서는 그 비중이 너무 작아 주식시장이 정체하고 있다고 말한다. 반면에 국민연금은 안정성이 무엇보다 중요하므로 주식투자 비중을 함부로 키워서는 안 된다는 반론도 만만찮다.

기업연금과 개인연금

사적 연금은 기업연금과 개인연금으로 구성되어 있다. 기업연금은 기업이 종업원을 위해 적립하는 연금저축제도이고, 개인연금은 개인이 스스로 금융기관을 통해 적립하는 연금이다. 기업연금과 개인연금을 합친 사적 연금이 연금소득(사적 연금 + 공적 연금)에서 차지하는 비중은 나라마다 다르다. 개인책임을 강조하는 미국은 55퍼센트, 사회적 연대를 강조하는 독일은 15퍼센트, 영국은 그 중간으로서 35퍼센트다.

우리나라의 경우 그동안 일반 기업에서는 퇴직금제도만이 존재했다. 그러다 2005년에 기업연금제도를 도입했다. 이에 따르면 사업장은 사정에 따라 퇴직금제도와 퇴직연금제도 중에서 선택할 수 있고, 퇴직연금 중에선 다시 사전에 연금수취액이 정해져 있는 확정급부형과, 갹출액을 정해놓고 그 운용성과에 따라 수취액이 달라지는 확정기여형을 선택할 수 있다.

한편 1994년부터 도입된 한국의 개인연금은 세제혜택이 주어지면서 한때 전 가구의 40퍼센트 정도가 가입했으나, 현재는 세제혜택이 축소되고 저금리체제가 지속되면서 가입인구가 상당히 줄어든 상태다. 결국 우리나라는 특수직역연금을 제외하곤 공적이건 사적이건 연금체계가 아직 취약한 셈이다. 따라서 각 연금체계를 정비해야 함은 물론이고, 공적 연금과 사적 연금 중 어디에 중점을 두어야 할지도 선택해야 한다. 이는 곧 우리 사회 전체의 미래를 선택하는 일이기도 하다.

 재테크에 비결이 있을까

사람들은 왜, 얼마큼 저축하는가?

사람들은 돈을 벌면 일부는 소비하고 일부는 저축한다. 소비는 현재의 욕구를 충족시키기 위한 행위이고, 저축은 미래의 욕구를 충족시키기 위한 행위다. 물론 찰스 디킨스의 소설 《크리스마스 캐럴》에 나오는 스크루지 같은 수전노는 저축하는 행위 그 자체에서 만족을 느낀다. 일반 사람들도 저축을 통해 어느 정도 '마음의 평화'를 얻는다. 그러나 사람들이 저축을 하는 가장 큰 이유는 미래의 욕구를 충족시키기 위해서, 다시 말해 미래에 소비를 하기 위해서일 것이다. 쓰지 않는 돈은 종잇조각에 지나지 않는다.

그러면 사람들은 미래의 어떤 욕구를 위해 저축하는 걸까?

첫째, 돈을 벌지 못하게 되는 미래의 어떤 시기에도 계속 소비생활을 영위하기 위해서다. 대표적인 예가 노후에 대비한 저축이다. 은퇴 후 소득이 끊어졌을 때 필요한 소비를 위해 저축한다. 예전에는 자식을 길러 부모의 노후생활을 돌보게도 했다. 하지만 요즘은 부모의 노후생활을 책임지는 자녀가 별로 많지 않다. 오히려 결혼 후에도 부모에게서 돈 뜯어갈 궁리만 하는 경우를 더 흔히 볼 수 있다 해도 과언이 아니다. 따라서 자신의 노후는 자신이 책임지는 차원에서 미리미리 저축해놓지 않으면 안 되게 됐다.

사람들 가운데는 《이솝우화》에 나오는 개미와 베짱이 중에서 개미 같은 유형이 있는가 하면 베짱이 같은 유형도 있다. 우화에서 베짱이는 "노세 노세 여름에 노세" 하다가 겨울이 닥쳐 먹을 것이 없어지자 여름에 부지런히 먹을 것을 모아둔 개미에게 도움을 청한다. 베짱이처럼 소득을 버는 대로 다 써 버리고 노후에 쩔쩔 매는 사람도 있기 마련이다. 이런 사람이 많아지면 사회가 불안해진다. 그래서 국가가 개인들에게 강제로 저축하게 하는 것이 국민연금과 같은 사회보험제도다.

둘째, 현재의 소득만으로는 살 수 없는 값비싼 물건을 사기 위해서다. 이는 노후, 즉 먼 미래의 소비욕구를 충족시킬 수 있게끔 대비하는 저축과는 달리 현재 혹은 가까운 미래의 소비욕구를 충족시키기 위해 하는 저축이다. 이를테면 주택처럼 당장 필요하고 또 소비할 수 있지만 돈이 많이 들어 쉽게 사지 못하는 것을 사기 위해 하는 저축이라고 할 수 있다.

개미와 베짱이 우화의 허점

베짱이는 겨울이 되면 춥고 천적이 많아 목숨을 부지하지 못한다. 따라서 애당초 겨울에 대비할 필요가 없다. 또 수컷 베짱이가 열심히 노래를 부르는 것은 암컷 마음에 들어 번식을 도모하려는 엄연한 '일'이다. 열심히 일하는 것 같은 개미도 실제로는 집단 전체의 20~30퍼센트만이 일을 한다. 우화는 우화일 뿐이다.

소득 중 저축하는 비율을 '저축성향(貯蓄性向)'이라 하고, 소비하는 비율은 '소비성향(消費性向)'이라 한다. 소비성향과 저축성향을 합치면 1이 된다. 일반적으로 부자가 서민보다 저축성향이 높다. 단 개미형(型)이냐 베짱이형이냐에 따라 똑같은 소득을 얻더라도 저축액은 달라진다. 신용카드를 믿고 함부로 소비함으로써 신용불량자가 된 경우는 마이너스의 저축을 한 셈이다.

　소비와 저축은 경기에도 영향을 받는다. 경기가 나빠져서 소득이 하락하면 당장에 소비가 줄어들 것이라고 생각하기 쉽지만 실상은 그렇지 않다. 사람들이 제일 먼저 줄이는 것은 소비가 아니라 저축이다. 이를 소비의 '비가역성(非可逆性)' 또는 '하방경직성(下方硬直性)'이라 한다. 이런 현상이 나타나는 이유는 사람들이 자신이 속한 사회계층의 소비행태에 맞춰 생활하기 때문이다. 또 당장은 소득이 줄어들었지만 머지않아 회복될 것으로 예상하기 때문일 수도 있다. 이는 일생에 걸친 평균적 소득, 즉 '항상소득(恒常所得, permanent income)'에 맞춰 소비하는 경우다. 그런가 하면 어떤 사람의 소비는 다른 사람들의 소비에 끌려가기도 한다. 친구들이 멋진 DMB폰을 들고 다니면 자신도 사고 싶어진다. 이를 '부화뇌동 효과(bandwagon effect)'라고 부른다.

어떤 자산을 선택할 것인가

소득 중 일정액을 저축하기로 했으면 그 다음에는 어떤 형태로 저축할 것인가를 결정해야 한다. 장롱 깊숙이 넣어둘 수도 있고, 은행에 예금하거나 주식에 투자할 수도 있다. 보석을 사 모으거나 아파트나 땅을 구입할 수도 있다. 이를 '자산선택(portfolio selection)'이라 한다.

흔히 말하는 재테크(財務 technology)다.

사람들은 복부인을 비난한다. 그러나 어찌 보면 복부인은 재테크를 잘해보려고 애쓰는 아줌마들이다. 알뜰부인이 소비를 줄이려고 노력한다면, 복부인은 저축을 효율적으로 해보려고 노력한다. 물론 복부인의 행위는 대부분 사회적 부(富)의 창출과는 무관하다. 그들은 눈덩이를 굴리듯이 돈을 굴려보려는 다소 허황된 욕심에 사로잡혀 있다. 하지만 문제의 본질은 복부인이 투기를 추구하게끔 하는 사회적 상황이다.

그렇다면 자산을 선택할 때 사람들이 고려하는 요소는 무엇일까?

첫째, 수익(return)이다. 사람들은 다른 조건이 같다면 수익이 높을 것으로 기대되는 자산을 선호한다. 수익은 두 가지 요소로 구성된다. 하나는 자산으로부터 파생되는 수익이다. 예금이나 채권의 이자, 주식에 대한 배당금, 건물에 대한 임대료가 바로 그런 것들이다. 이런 것들은 대체로 그 액수가 미리 정해져 있다. 단 경기나 물가변동에 따라 수익의 실질가치는 변화할 수 있다. 이를테면 상가를 세놓았을 경우 임차인으로부터 받는 임대료는 경기에 따라 달라질 수 있다.

다른 하나의 수익은 자산 그 자체의 가치변동 과정에서 발생한다. 자산의 가치가 상승하면 '자본이득(capital gain)'이, 떨어지면 '자본손실(capital loss)'이 발생한다. 그런데 자산의 형태에 따라 그 가치의 변동폭이 많이 달라진다. 예컨대 예금의 가치는 물가변동에 따라 달라지긴 하지만 그 정도가 그리 심하지는 않은 반면, 주식이나 부동산의 가치변동은 격심하다. 일제 강점기에 논밭을 사는 것은 소작료를 받는 것이 주목적이었다. 하지만 오늘날 부동산, 특히 땅을 사는 것은 소작료와 같은 파생수익을 기대해서라기보다는 땅 자체의 가격상승을 기대하기 때문이다.

  사람들은 자산을 선택할 때 수익이 발생하는 시점을 고려한다. 휴전선 부근의 땅을 사는 것과 행정중심복합도시 부근의 땅을 사는 것을 비교해보자. 휴전선 부근 땅은 통일이 이루어지거나 최소한 남북교류가 활발해져야 그 값이 오를 것이다. 이에 비해 행정중심복합도시 부근의 땅은 더 빠른 시일 내에 가격이 상승하리라고 판단할 수 있다. 만약 둘 다 비슷한 비율의 가격상승이 예상된다면 사람들은 당연히 후자를 선택한다. 전자를 선택하려면 더 높은 비율의 가격상승을 예상할 수 있어야 한다. 수익발생 시점이 서로 다른 자산들을 비교하려면 그 수익을 '현재가치'로 환산해야 한다. 시중이자율이 i라면, 같은 수익 Y라도 1년 후 Y와 5년 후 Y의 현재가치는 각각 $Y/(1+i)$와 $Y/(1+i)^5$로 다르다.

  자산수익은 기대수익(expected return)이다. 보유한 자산을 통해 앞으로 얼마의 수익을 얻을 수 있을지는 단지 예상만 할 수 있을 뿐 누구도 그 결과를 미리 알 수 없기 때문이다. 그나마 은행예금에 대한 이자는 어느 정도 예측가능하고 안정적인 편이지만, 주식이나 부동산의 가격변동은 아무도 정확히 예측할 수 없다. 신만이 알 수 있을 이런 일을 사람이 안다면 그는 순식간에 억만장자가 될 것이다.

  따라서 자산선택은 정확히 계산된 수익을 근거로 하는 게 아니라 약간의 확률적 사고를 토대로 한 막연한 예상 혹은 경제사회적 분위기를 바탕으로한 전망을 근거로 할 수밖에 없다. 일반인들 사이에서 이른바 '묻지 마 투자'가 성행하는 것은 이런 이유에서다. 물론 월스트리트나 여의도 증권가의 펀드매니저들은 갖가지 정보를 수집하고 분석하는 등 일반인보다는 좀더 꼼꼼히 따져본 후에 자산을 선택하겠지만.

만약에 200만 원에 산 주식 A가 한 달 후에 400만 원이 될 확률이 25퍼센트, 300만 원이 될 확률이 50퍼센트, 100만 원이 될 확률이 25퍼센트라고 예상한다고 하자. 이때 기대수익은 {(400−200)×0.25} + {(300−200)×0.5} + {(100−200)×0.25} = 75(만 원)이다.

물론 여기서의 예상확률은 사람마다 다르다. 모두가 어떤 주식의 가격이 오른다고 생각한다면 그 주식의 거래가 이루어지겠는가. 어쨌든 일반인들이 이렇게 확률로 따져서 기대수익을 계산하는 것은 아니지만, 어림짐작의 밑바닥에는 확률적 사고가 깔려 있다는 점만 이해하면 되겠다.

둘째, 위험(risk)이다. 물론 여기서 말하는 위험은 생명을 잃을 위험이 아니라 재산을 잃을 위험이다. 불확실성이 클수록 위험도 크다. 값이 큰 폭으로 오르내리는 자산은 위험이 큰 것이다. 위험도가 낮은 은행예금과는 달리 주식, 특히 코스닥 주식 같은 경우는 오를 땐 몇십 배로 오르기도 하지만, 떨어질 땐 휴짓조각이 되기도 한다. 부동산도 주식만큼은 아니지만 가격변동이 심하다. '고위험, 고수익'이란 이런 자산의 특성을 일컫는 말이다.

위험의 정도는 '분산(分散, variance)'으로 나타낸다. 예상수익이 평균값으로부터 떨어져 있는 정도가 분산이다. 예컨대 앞의 주식 A와 마찬가지로 다른 주식 B도 200만 원에 샀는데 이것은 한 달 후에 500만 원이 될 확률이 25퍼센트, 300만 원이 될 확률은 50퍼센트, 0원이 될 확률이 25퍼센트라고 하자. 이 경우 주식 B의 기대수익도 75만 원이다. 하지만 수익이 흩어져 있는 정도인 분산은 B가 더 크다. B가 더 위험한 자산인 것이다.

〈그림 17-1〉 주식수익의 분산

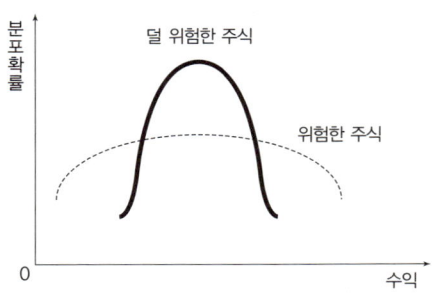

〈그림 17-1〉을 보면 위험한 주식의 수익 예상치가 더 흩어져 있다. 여기서 위험, 즉 스릴을 즐기는 사람(위험 애호자)이라면 변동폭이 큰 자산을 선택할 것이다. '대박 아니면 쪽박' 식으로 행동하는 사람이 여기에 해당한다. 반대로 위험을 싫어하는 사람(위험 기피자)이라면 변동폭이 작은 자산을 선택할 것이다. 이런 사람들도 기대수익이 더 클 것이란 확신만 있다면 위험도가 높은 자산을 선택하기도 한다. 이를테면 은행 금리보다 주식 수익률이 명백히 높은 경우에는 예금 대신 주식투자를 하는 것이다.

셋째, 유동성(liquidity)이다. 유동성이란 쉽게 현금으로 바꿀 수 있는 정도를 의미한다. 예금과 주식은 유동성이 높다. 반면에 부동산은 유동성이 낮다. 부동산 중에서는 땅보다 주택의 유동성이 높고, 주택 중에서는 단독주택이나 빌라보다 아파트의 유동성이 높다. 사람들은 다른 조건이 같으면 급할 때 쉽게 현금으로 바꾸기 쉬운 자산을 선호한다.

넷째, 세금이다. 사람들은 세금을 내고 난 뒤의 순이익을 비교해 자산을 선택한다. 따라서 세금이 많이 부과되는 자산은 기피 대상이다. 하물며 없던 세금이 새롭게 부과되는 것을 꺼리지 않는 사람이 어디 있겠는가. 1986년 대만은 선진국처럼 주식거래의 차익에 세금을 부과했다가 주가가 폭락하자 3개월 만에 그 시행을 철회했다. 우리나라에서도 주식의 양도차익에 과세하는 방안에 대한 논의는 많았으나, 주가에 미칠 영향을 우려하여 아직 제대로 실시하지 못하고 있다.

반면 부동산투기를 억제하기 위해 우리 정부는 세제를 여러 번 바꿨다. 양도세를 중과하고 종합부동산세를 도입했으며 개발부담금제를 실시했다. 이러한 조치는 부동산의 수요에 상당한 영향을 미칠 것이다.

요컨대 사람들은 기대수익, 위험, 유동성, 세제를 고려해 저축수단으로서의 자산을 선택한다. 대표적인 자산은 은행예금, 채권, 주식, 부동산이다. 지금부터는 그 각각의 특성에 대해 살펴보겠다. 다만 주식은 기업의 활동과 밀접한 관계가 있으므로 기업을 다루는 4부에서 별도의 장을 할애하여 상세히 검토하기로 한다.

자산선택의 대상(1) : 은행예금

은행예금은 안전성과 유동성이 가장 높은 자산이다. 한국인과 일본인은 미국인보다 은행예금을 선호한다(〈표 17-1〉 참조). 돈을 넣어둔 은행이 망해도 예금은 일정액까지 지급받을 수 있도록 법으로 보장하고 있는데 그 액수가 미국은 10만 달러, 일본은 1000만 엔이다. 우리나라의 경우 예전에는 예금지급을 사실상 전액 보장했으나 IMF사태 이후 5000만 원으로 한도가 정해졌다.

<표 17-1> 개인의 금융자산 구성 (2012년) (단위: %)

	현금·예금	주식·채권	보험·연금	기타
한국	45	27	27	1
일본	56	12	28	4
미국	15	53	29	3

　은행예금 중 당좌예금이나 보통예금은 요구하면 예금한 돈을 곧바로 내주는 요구불예금(demand deposit)이라고 하며, 금리가 낮은 대신 유동성이 높다. 반면에 정기예금이나 정기적금과 같은 저축성예금(savings deposit)은 요구불예금보다 높은 금리를 적용받지만 만기가 되기 전에 돈을 찾으려면 이자손실을 감수해야 한다.

　은행예금은 안전성과 유동성이 높은 대신 수익성이 낮다. 저축성예금의 금리가 4퍼센트인데 물가상승률이 4퍼센트라면 실질수익률은 0퍼센트다.

　금리는 은행마다 약간씩 다르다. 보다 안정적이라고 평가받는 은행일수록 대체로 금리가 낮다. 때문에 IMF사태와 같이 은행이 심각한 위기에 처할 수도 있는 상황이 아닐 때는 돈 굴리기에 열심인 사람들이 금리가 상대적으로 높은 상호저축은행으로 몰리는 현상이 나타나기도 한다.

　은행 간에는 마일리지가 쌓이면 선물을 제공하거나 고액예금 고객에게 특별대우를 하는 등 일종의 비가격경쟁(non-price competition)도 이루어진다. 그런가 하면 은행들은 당첨자에게 보너스 금리를 주는 추첨식 예금이나 주가지수에 금리를 연동시키는 예금 같은 새로운 상품을 개발하기도 한다.

자산선택의 대상(2): 채권

텔레비전 뉴스에서는 언제나 주가지수와 더불어 채권금리가 소개된다. 그만큼 채권의 움직임이 우리의 삶에서 중요한 위치를 차지하고 있다는 뜻이다. 채권(債券)은 채권-채무 관계를 논할 경우의 채권(債權)이 아니라 남의 돈을 비교적 장기로 빌리기 위해 발행하는 증서다. 이 증서는 원금과 이자의 지급시기와 금액이 약정돼 있는 것으로, 개인 간의 차용증서와는 달리 만기 전에 제3자에게 팔 수 있다.

발행 주체에 따라 채권은 크게 국공채(國公債)와 회사채로 나뉜다. '국채'는 중앙정부가 발행하는 것이다. '공채'는 지방자치단체가 발행하는 '지방채'와 특별법에 따라 설립된 법인이 발행하는 '특수채'로 나뉘며, 특수채 중 금융기관에서 발행하는 채권을 '금융채'라 한다. '회사채'는 일반 기업이 발행하는 채권으로서 사채(社債)라고도 한다. 이는 음성적으로 거래되는 사금융(私金融)의 사채(私債)와는 다르다.

회사채는 발행한 기업의 상환능력에 따라 신용평가기관에 의해 등급이 매겨진다. AAA, AA+로부터 B, C, D 등 알파벳순으로 18개의 등급이 있는데 BBB까지를 투자적격등급, BB 이하를 투자부적격등급, 즉 투기등급이라 한다. 등급이 낮을수록 위험도가 높은 대신 이자율이 더 세다. 미국에서는 투기등급의 채권을 정크본드(junk bond)라 부른다.

회사채 중에는 일정 기간 내에 주식으로 바꿀 수 있는 전환사채, 새로 발행되는 주식을 인수할 수 있는 권리가 덧붙여진 신주인수권부사채(新株引受權附社債), 발행회사가 보유한 다른 증권과의 교환을 요구할 수 있는 교환사채 등 특수한 것들이 있다. 재벌총수가 불법적으로 자식에게 재산을 승계할 때 주로 이용하곤 한 것이 바로 이런 특수사채들이다.

이제는 추억이 됐지만, 채권수집상이 "채권 사려!"를 외치며 주택가를 돌아다니던 시절이 있었다. 오늘날 채권거래는 증권거래소에서 행해지기도 하지만 주로 기관투자가 사이에서 직접 이루어진다. 일반인들은 아파트 분양 시 채권입찰을 통해 구입한 채권을 그 자리에서 할인해서 팔아버린다. 당장 현금이 아쉬운 형편이므로 잘 알아보지도 않고 헐값에 팔아버리는 것이다. 개인은 보통 여러 채권에 투자하는 수익증권(펀드)을 투신사에서 구매함으로써 채권에 간접적으로 투자한다. 투신사에서는 채권형, 혼합형, 주식형의 각종 펀드를 만들어 놓고, 개인들은 안전성과 수익성 중 어느 쪽을 더 중시하는가에 따라 적절한 펀드에 가입한다. 요즘은 정기적금처럼 매월 일정액을 주식 또는 채권에 투자하는 적립식펀드가 인기를 끌고 있다.

근래 들어 자산담보부채권(ABS; asset-backed securities)의 발행이 증가하고 있다. 자산담보부채권이란 금융기관이 보유하고 있는 여러 종류의 자산을 하나로 통합한 후 그것을 담보로 발행하는 채권으로 IMF사태 이후 국내에 도입됐다. 예컨대 여러 대출채권(債權)을 하나로 묶어 그것을 담보로 새로운 채권(債券)을 발행함으로써 기존의 상태로는 거래할 수 없는 개별채권들을 거래가 가능하도록 하고 위험을 분산시킨다.

2002년 대통령선거 때 재벌기업들이 거액의 정치자금을 후보들에게 전달한 사실이 폭로된 바 있다. 그때 전달수단으로 이용된 것이 무기명채권이다. 양도성예금증서(CD)와 더불어 일부 무기명채권은

1993년에 금융실명제가 실시된 후에도 무기명거래가 가능해 불법정치자금이나 뇌물 제공, 비자금 조성에 악용되는 등 금융실명제의 사각지대를 형성하고 있다.

한편 채권수익률은 시중금리의 변화와 부도의 위험성에 영향을 받는다. 국공채와 달리 회사채는 발행회사가 부도나면 휴짓조각이 될 수도 있다. 시중금리가 하락하면 채권가격은 상승하고, 시중금리가 상승하면 채권가격은 하락한다. 이 메커니즘을 이해하려면 채권을 발행할 때 정해진 표면금리와 자금사정에 따라 변화하는 시중금리를 분별해야 한다.

예컨대 액면가 100만 원에 표면금리가 연 10퍼센트이고 만기가 없는 채권을 가지고 있다면, 시중금리의 변동에 관계없이 매년 10만 원의 이자수익을 올릴 수 있다. 그런데 시중금리가 연 5퍼센트로 하락했다고 하자. 이때 채권을 새로 사는 사람은 200만 원짜리 채권을 사야지 매년 10만 원의 이자수익을 올릴 수 있다. 그러니까 기존의 액면가 100만 원짜리 채권이 200만 원짜리 값어치를 하게 되므로 그만큼 채권가격이 상승하는 것이다.

물론 대부분의 채권에는 만기가 있기 때문에 계산이 꼭 이대로 되지는 않지만, 시중금리와 채권가격이 역관계에 있는 것은 분명하다. 채권은 만기까지 보유하는 게 일반적인데, 혹시 중도에 급히 자금이 필요해서 팔아치울 때는 금리변동에 영향을 받는다. IMF사태 직후 금리가 폭등했을 때 채권을 사서 나중에 금리가 하락했을 때 채권을 팔아 엄청난 차익을 챙긴 사람들의 이야기가 전설처럼 전해오는데, 이들은 채권가격과 금리의 관계를 잘 파악한 셈이다.

부도 위험성에 따른 채권가격의 변동도 심하다. 발행기업이 망해서 받을 것이 별로 없을 듯하면 채권 값이 폭락하지만 그 기업의 경영이 정상화되면 돈을 제대로 받을 수 있게 된다. 일례로 1997년 진로그룹이 부도가 났을 때 진로그룹이 발행한 채권을 3000억 원 정도에 매입한 외국인투자자는 몇 년이 지나 진로의 경영이 정상화되자 2조 원이 넘는 가격으로 되팔았다.

자산선택의 대상(3): 부동산

주택, 땅, 상가로 구성된 부동산은 한국인이 특히 선호하는 자산이다. 각국 국민의 금융자산과 부동산 보유비중을 살펴보면, 미국인은 6 대 4, 일본은 4 대 6 정도인 데 비해 한국인은 2 대 8이다. 부동산이 재테크의 가장 주요한 수단이기 때문에 빈번한 부동산거래를 중개해주는 중개업소가 난립해 있다. 선진국에는 보통 인구 5000명당 1곳인 부동산중개업소가 한국에는 500명당 1곳꼴로 있다. 이제 막 장관 같은 고위 공직에 임명된 이가 부동산 스캔들에 휘말려 직책을 박탈당하는 경우도 어렵잖게 볼 수 있다. 상황이 이러하니 한국은 농본주의(農本主義)에서 자본주의(資本主義)를 거쳐 지본주의(地本主義)에 이르렀다는 말이 나오는 것은 어찌 보면 당연하다.

한국인들은 결혼하면 우선적으로 '내 집 마련'의 꿈을 실현하기 위해 전력질주하고, 그 목표가 달성되면 다시 '내 집 키우기'를 향해 줄달음친다. 더 여유가 있는 사람들은 '내 집 여러 채 만들기'에 나선다. 이리하여 집에서 삶을 즐기기보다는 집을 마련하고 키우는 일이 삶 자체가 된, 본말이 전도된 상태에 빠져 있다. 중국에서도 최근 집의 노예란 뜻으로 '팡누(房奴)'라는 말이 유행한다. 미국인의 90퍼센트도 모기지로 집을 마련하고 평생 할부금을 갚아간다고 한다.

집은 소비대상인 동시에 재테크의 대상이다. 한 조사에 따르면 우리 국민의 70퍼센트가량이 여유자금을 부동산에 투자하겠다고 답했다. 집은 가격이 하락하더라도 주식처럼 휴짓조각으로 변하지 않을뿐더러 그동안 엄청난 가격상승이 있었던 선례가 사람들로 하여금 집을 사두면 수익성과 안전성이라는 두 마리 토끼를 다 잡을 수 있다는 확신을 심어준 것이다. 2000년과 2005년을 비교하면 서울의 아파트 가격은 5년 동안 2배 정도 상승했다. 강남을 비롯한 일부 지역의 아파트가격 상승률은 이보다 더 높다.

이러한 집값 급상승은 전체 세대 중 절반에 가까운 무주택자의 내집 마련을 더욱 힘들게 만들었다. 2002년에 7년 정도이던 결혼 후 내집 마련에 걸린 기간이 2012년에는 8년 정도로 늘어났다. 뿐만 아니라 집값 상승폭이 지역에 따라 큰 차이를 보임으로써 재산의 분배상태가 악화하고 있다. 인플레이션의 문제점은 재화의 가격상승폭이 불균등하다는 점이었음을 상기하자.

집값 안정을 위해 정부는 종합부동산세를 신설하는 등 보유세를 강화하여 선진국 수준에 접근시키려 한다. 토지공개념제도의 정신을 이어받은 개발부담금제도도 재건축아파트에 대해 도입했다. 또 네덜란드 40퍼센트, 영국 24퍼센트, 스웨덴 22퍼센트, 일본 7퍼센트인 데 비해 한국은 겨우 3퍼센트에 지나지 않는 장기공공임대주택의 비율도 늘리려 하고 있다. 다만 증세에 대한 부유층의 저항이 만만찮으므로 정부가 어떻게 이에 대응해야 하는가가 커다란 과제다.

땅도 농민이 농지를 소유하고 있는 경우 이외에는 주로 재테크의 대상이다. 그런데 땅은 주식처럼 작은 단위로 사기도 어렵고, 소비대상도 아니기 때문에 일반인이 별로 접근하지 않는 자산이다. 그 결과 우리나라 땅의 소유집중도는 매우 높은 편이다. 2005년의 통계에서는 총세대의 상위 1퍼센트가 전체 토지의 34퍼센트를 보유하고 있는 것으로 나타났다.

이렇게 편중된 땅 소유는 빈부격차를 심화시키는 기능을 한다. 1974년부터 2004년까지 30년간 소비자물가는 10배 상승했는데 전국 땅값은 19배, 서울 땅값은 37배나 상승했다. 결국 토지를 통한 엄청난 자산이득이 극히 일부 계층에 귀속된 것이다. 이처럼 우리나라는 소득격차가 다른 나라에 비해 그렇게 크지는 않은데 집값과 땅값 상승에 따른 재산격차가 크다는 것이 불평등 문제의 핵심이다. 참고로, 구미 선진국들은 대개 땅값 총액이 GDP와 비슷한 수준인 데 비해 일본은 2배 이상이고 한국은 3배 이상이다.

상가나 빌딩도 주요한 자산 가운데 하나다. 주택이나 땅이 주로 가격상승에 따른 이득을 겨냥한 자산이라면, 상가나 빌딩은 임대료 수입을 얻기 위한 자산이다.

토질이 좋은 농지의 지대가 높은 것처럼 상가의 임대료도 그 위치에 크게 좌우된다. 위치에 따라 임대료가 예금이자보다 수익성이 높을 수도 있고 낮을 수도 있다. 상가나 빌딩의 가격은 장래 임대료 수익을 현재가치로 환산해 합산한, 즉 자본화(capitalization)한 것이므로 임대료가 높아지면 그 가격이 자연히 올라가게 된다. 토지가격의 상승이 공장건립의 비용을 증가시키는 것과 마찬가지로 상가 임대료의 상승은 자영업자의 경영을 압박한다.

4부

기업과 금융

자본주의 사회에서 기업이란
주식시장 제대로 알기
독과점기업은 어떻게 움직이나
금융시장과 금융기관

18 자본주의 사회에서 기업이란

기업은 무엇을 하는 조직인가

2012년 현재 한국에는 회사와 개인사업체를 합쳐 약 350만 개의 기업이 활동하고 있다. 이 기업들은 한편으로 우리가 소비하는 재화와 서비스를 공급하며, 다른 한편으로 우리가 노동을 하는 일자리를 제공한다.

전근대사회에선 일부 상인과 수공업자를 제외한 대부분의 사람들이 기업과 무관한 자급자족생활을 영위했다. 동양에서는 사농공상(士農工商)이라고 순서를 매겨서 기업활동을 하는 계층을 천시하기까지 했다. 그러다 근대 자본주의사회로 들어서면서 기업은 사회의 주인공으로 등장한다. 자본주의사회는 시장에서 재화와 서비스를 생산하고 판매하는 기업활동을 바탕으로 하는 사회이기 때문이다. 자본주의사회에서 살아가고 있는 우리는 이러한 기업활동을 통해 창출된 부가가치에 기대어 삶을 꾸려가고 있다.

기업은 돈을 버는 조직이다. 그래서 흔히들 기업의 목적을 '이윤

(순이익)추구' 또는 '이윤의 극대화'라고 한다. 그러나 이는 자본가의 입장만 고려한 시각이다. 기업구성원 전체의 관점에서는 이윤뿐 아니라 이윤을 내는 과정에서 발생하는 모든 부가가치의 창출이 바로 기업의 역할이요 목적이다. 그래서 GDP를 계산할 때도 이윤만을 합치는 것이 아니라 임금을 비롯한 모든 부가가치를 합산하는 것이다. 또한 구성원들은 기업을 통해 부가가치를 창출할 뿐만 아니라 삶의 보람도 추구한다. 사람도 사귀고 즐거움도 느끼면서 자신의 존재를 확인하는 것이다. 이 점에서 기업은 '일터임과 동시에 삶터'다.

기업이 효율적으로 활동하고 있는지 어떤지를 판가름하는 기준이 이윤이다. 시장에서는 기업들이 서로 치열한 경쟁을 벌이고 있다. 그 속에서 이윤을 내지 못하는 기업은 문을 닫고 이윤을 많이 내는 기업은 성장함으로써 자원의 이동이 이루어진다. 도산기업 노동자들이 성장기업에 취직하고 은행돈도 성장기업으로 몰린다. 이윤이 자원배분의 도구인 셈이다. 이렇게 경쟁 속에서 자원이 배분되는 과정을 통해 나라경제가 성장한다. 과거 소련과 동구에서는 이러한 이윤의 자원배분 메커니즘이 제대로 작동하지 않아 경제가 정체했다.

그런데 기업이 효율을 증대시키기 위해 무슨 짓이든 다 할 수 있는 것은 아니다. 마약을 팔거나 아동포르노를 제작하면 철창행이다. 명품의 짝퉁을 생산하는 것도 위법이다. 노동자를 열악한 조건에서 혹사시키거나, 폐수를 강에 쏟아 붓거나, 정치권에 뇌물을 줬다간 비난에 휩싸이든가 검찰에 불려간다.

이렇듯 취급하는 상품, 노사관계, 지역사회나 정치권과의 관계에서 기업활동은 갖가지 제약에 부닥친다. 이는 사회의 공정성(민주성)

원리가 기업의 효율성원리를 견제하기 때문이다. 기업이 공정성을 지키면서 효율성을 증대시킬 때 기업과 사회는 건전한 발전을 이룩할 수 있다.

기업은 왜 필요할까

기업이 왜 필요한가라는 질문은 사과가 왜 떨어지는가라는 질문과 비슷하다. 사과가 떨어지는 데에 만유인력의 법칙이 작용하듯이 기업이 존재하는 데에는 경제적 논리가 작용한다.

오늘날 기업은 우리에게 너무나 당연한 존재이지만, 전근대사회에서는 오히려 예외적 존재였다. 자급자족생활에서 탈피해 시장경제가 보편화되면서 돈 버는 조직인 기업이 당연한 존재가 된 것이다. 즉 기업의 존재는 시장의 존재로부터 필연적으로 도출되는 셈이다.

1인기업도 존재하지만 일반적으로 기업이라 함은 자본가의 주도하에 다수의 노동자가 고용되어 일하는 '위계적인 명령체계를 갖춘 상설조직체'를 가리킨다. 그러면 왜 기업에선 여러 사람이 모여서 일을 할까? 그것은 공동작업의 이점 때문이다. 개인들이 각기 따로 작업하는 대신에 하나의 집단을 이루어 공동으로 작업하면《국부론》의 핀 제조 사례에서처럼 생산성 향상을 기대할 수 있다. "백지장도 맞들면 낫다"라는 말도 있지 않은가.

그런데 공동작업이 필요하다 하더라도 필요에 따라 그때그때 모여서 작업을 할 수도 있고, 생산의 각 공정을 담당하는 개인들이 시장에서 거래를 해도 될 텐데 왜 굳이 기업과 같은 상설적인 조직체를 만드는 걸까?

이 문제에 대한 답을 찾기 위해 우선 비유가 뭣하지만 두 유형의 범죄집단을 생각해보자. 사기꾼이 주인공으로 등장하는 〈범죄의 재구성〉이나 〈스팅(Sting)〉 같은 영화를 보면, 각자 특기를 가진 일당이 보통 때는 자기생활을 하다 일을 벌일 때만 모여 한탕하고 몫을 나눈다. 이게 시장적 거래다. 반면에 조폭은 보스의 지도 하에 상설적인 조직체를 운영한다. 이게 기업적 조직이다.

기업이 존재하는 것은 범죄형태로서 조폭이 존재하는 것과 마찬가지 논리다. 사기꾼의 경우엔 일당을 모으는 일이 대단히 힘들다. 따로 떨어져 사는 인물들을 찾아가서 포섭하는 것은 쉽지 않은 데 반해 어렵게 모은 구성원 중 일부가 배신자로 돌변하기는 쉽다. 이처럼 사기꾼이 범죄를 도모할 때마다 구성원을 모으고, 구성원 간에 불만이 없도록 이익배분율을 적절히 조정해서 배신자가 나오지 않게 주의를 기울이는 데 들이는 노력을 경제학적으로 표현하면 거래비용이라 한다. 일상적으로 범죄활동을 하는 조폭이 기업적 조직형태를 갖는 것은 이런 거래비용을 절감할 수 있기 때문이다.

요컨대 내부적으로 일을 조정하는 비용이 시장에서 거래하는 비용보다 적게 들 때 기업이라는 조직이 탄생한다. 단순노무자가 아닌 종업원을 매일 새롭게 찾아서 계약을 맺으려면 얼마나 비용이 많이 들겠는가.

기업 내부에서 일을 조정하는 비용이 시장에서 거래하는 비용보다 항상 적게 드는 것은 아니다. 더 많이 들 수도 있다. 어쩌다 손님 접대를 위해 이용하는 술집을 기업의 한 부서로 둔다고 해보자. 매일 같이 접대하지 않는 이상 이는 낭비다. 회사의 일부 부서를 해체하고 아웃소싱하는 것도 내부조정비용이 시장거래비용보다 커졌기 때문이다. 반면에 내부조정비용이 시장거래비용보다 적게 드는 경우는 인간의 '제한된 합리성(bounded rationality)'과 '기회주의(opportunism)'에 의해 설명된다.

경제학은 보통 경제주체들의 합리적 행동을 전제로 한다. 소비자는 효용을 극대화하고 자본가는 이윤을 극대화한다고 생각한다. 그러나 사이먼(H. Simon)에 따르면 인간의 정보수집력과 판단력에는 한계가 있으므로 인간은 제한된 합리성밖에 갖지 못한다. 때문에 복잡하고 돌발적인 상황이 생길 수 있는 거래에 임할 경우 모든 상황을 예측하여 계약을 체결하지 못한다. 이런 경우에는 시장을 통해 직접 거래에 임하는 것보다 명령의 위계를 갖춘 기업조직을 통해 일을 처리하는 게 바람직하다.

인간의 기회주의적 행동도 기업조직을 필요하게 한다. 예컨대 노동자가 어떤 회사의 특유한 기능을 익혔을 때를 생각해보자. 만약 노동자가 다른 회사로 옮길 때는 그 기능이 쓸모없다면 어떻게 될까. 회사는 이 점을 기회주의적으로 이용해 노동자가 그 기능을 익히기까지 들인 노력을 인정하지 않을 수 있다. 때문에 매일 새롭게 계약을 맺는다면 노동자도 한 회사에만 특유한 기능을 익히려고 노력하지 않을 것이다. 이렇게 되면 기업의 생산성이 향상될 수 없다. 따라서 지속적인 고용관계를 맺고 일정한 규칙에 입각해 임금을 책정하는 기업을 조직하는 것이 훨씬 효율적이다.

기회주의

일반적으로 기회주의란 원칙 없이 힘센 편에 붙는 것을 의미한다. 그런데 경제학에서는 자기 이익을 위해 전략적인 행동을 하는 것을 말한다. 법으로 처벌받지 않는 한 자기에게 불리한 계약을 지키지 않는 것 따위가 해당된다.

한편 주주나 경영자나 종업원이 바뀌어도 존속하는 명성도 기업이라는 조직을 바탕으로 할 때 비로소 존재하는 것이다. 기업이 누리는 명성과 신뢰는 곧 그 기업의 브랜드 가치라는 중요한 무형자산으로 이어진다. 브랜드 가치를 창출하는 것은 기업 내부에 축적된 기능, 기술, 관리 등의 능력과 그 기업만이 가진 독자적인 정체성이다. 그리고 기업이 높은 브랜드 가치를 쌓고 명성과 신뢰를 유지하는 것은 고객을 비롯한 이해관계자들을 상대로 기회주의적 행동을 하지 않는다는 의미다.

현실에서는 시장적 거래와 기업적 조직의 중간형태도 많이 존재한다. 시장을 바다라 하고 기업을 섬이라 해보자. 섬 같은 기업들은 바다 같은 시장을 매개로 서로 관계를 맺는다. 그런데 때로는 섬이 되고 때로는 바다가 되는 개펄이 존재한다. 마찬가지로 대기업과 하청업체의 관계, 재벌계열사 사이의 관계, 파트타임 노동자, 일용노동자, 소(小)사장제, 주거래(主去來)은행제도는 시장과 기업의 중간형태다. 그리고 이러한 중간형태의 존재양식은 나라와 시대와 산업에 따라 상당히 다르다.

기업은 누구의 것인가

이 책을 읽는 독자들은 이 책의 소유자다. 이렇게 명명백백한 경우도 있지만 소유자가 누구인지 시비가 붙는 경우도 많다. 독도 이야기만 나오면 한국과 일본은 사이가 나빠진다. 프랑스는 한국의 규장각 문서를 반환하지 않고 있다. 친일파 후손들이 자기 땅을 찾겠다고 소송을 제기하기도 한다. 지적소유권은 나라마다 그것을 인정하는 방식이 다르다.

전근대사회에서는 소유권이 불분명했다. 서양의 봉건사회에서는 토지에 대해 영주의 소유권과 농노의 소유권이 중첩되어 있었다. 동양에서도 "하늘 아래 땅 치고 왕의 땅 아닌 것이 있으랴(普天之下 莫非王土)"라고 하여 토지소유권이 불분명했다. 근대 자본주의사회가 시작되면서 비로소 사유재산권(운용권, 수익권, 처분권)이 확립된다. 하지만 자본주의사회에서도 주인이 누구인가를 둘러싼 갈등은 심심찮게 발생한다. 단순한 상품이 아니라 조직체인 경우 문제는 더욱 복잡해진다.

한때 '대학은 누구의 것인가'를 놓고 학생과 교수가 대립한 적이 있다. 당시 학생 측은 자신들이 학교를 유지하기 위한 등록금을 납부한다는 점을 내세웠던 것 같다. 교수 측에선 학생은 4년만 재적하다 졸업하는 데 반해 교수는 정년퇴직 때까지 근무한다는 점과 교수가 가르치는 입장이라는 점 등을 강조했다. 대학의 주권을 둘러싼 이런 논란은 총장 선거에서 교수와 직원의 참여비율을 정하는 경우라든가 일부 사립대학에서 전횡을 부리는 이사장 측과 교수, 학생 측이 충돌할 경우에도 빠지지 않고 일어나곤 한다.

'기업은 누구의 것인가'를 둘러싸고도 마찬가지 논란이 벌어진다. 이미 노동자의 경영참여를 시행하고 있는 유럽 선진국과 달리 근래 들어 노조가 경영참여권을 요구하고 나선 한국에서 요즘 이 문제는 특히 주목받고 있는 논점이다. 기업의 주인은 주주라는 게 주류적 입장이다. 하지만 일본에선 회사를 일터 및 삶터로 생각하고 몸바쳐온 직원이야말로 회사의 진정한 주인이라는 관념이 강하고, 실제 기업관행도 거기에 많은 영향을 받고 있다.

주식을 매집해 기존의 지배주주나 경영진을 교체하는 적대적 인수합병(M&A; merger & acquisition)이 활발해지면서 기업의 주인 논쟁은 그 양상이 더욱 복잡해졌다. 경영을 잘못해 기업의 가치를 떨어뜨리는 경영진을 교체하는 것은 당연하다. 그러나 일시적으로 주식을 매집해 경영진과 종업원을 함부로 해고하고 회사 자산을 팔아치워 단기적 이익을 노리는 세력을 과연 주인으로 취급해도 좋은가 하는 의문이 제기되고 있는 것이다.

기업이 누구의 것인가 하는 물음의 근원에는 기업을 자본의 결합체로 파악하는가, 혹은 노동의 결합체로 파악하는가 하는 문제가 깔려 있다. 다시 말해 기업을 자본을 갹출한 사람들의 결합체로 보느냐, 경영과 노동을 담당하는 사람들의 결합체로 보느냐다. 물론 기업활동은 자본 없이는 이루어질 수 없고, 노동 없이도 이루어질 수 없지만 어느 쪽을 우선하는가가 문제다.

주식회사의 경우, 회사법에서는 주주에게 주권자의 권리를 부여한다. 그래서 회사는 주주다수결의 원칙하에 의사결정을 하고, 주주에게 기업활동에 따른 이익에 대한 배당 청구권과 기업청산 시 잔여재산에 대한 분배 청구권을 부여함으로써 주주의 궁극적 수익권을 인정한다. 기업을 자본의 결합체로 파악하는 셈이다. 채권자도 기업에 자본을 제공하지만 채권자가 아닌 주주를 주권자로 인정하는 이유는 주주가 기업의 성립에 '기여하는 본질적 공헌'과 '부담하는 위험'이 크기 때문이다.

기업 설립에서 최우선적으로 필요한 것은 주주의 창업자본이다. 그런데 분배의 우선순위에서 주주의 배당청구는 채권자의 이자청구에 밀리고, 기업이 도산하면 채권자에게 빚을 먼저 갚고 남은 재산만 주주에게 분배한다. 게다가 주주는 채권자와 달리 기업을 해산하거나 감자(減資, 기업이 과대자본을 시정하기 위해 자본의 총액을 줄이는 일)를 하는 경우를 제외하고는 기업으로부터 자본을 빼낼 수 없다. 물론 주주 개인은 주식을 매각해서 돈을 찾아갈 수 있지만 주식의 자본 자체는 그대로 있다. 이렇듯 주주는 채권자에 비해 분배청구권의 순위와 퇴출가능성이라는 두 가지 측면에서 보다 큰 위험을 걸머지고 있는 셈이니 기업의 주권자를 따지는 데서 상대적으로 우선권을 가진다고 볼 수 있겠다.

그런데 주주들 중에서도 지배주주와 일반주주(흔히 소액주주라 부름)의 권한은 다르다. 지배주주는 단독으로 또는 다른 주주들의 지원하에 기업의 의사결정을 지배한다. 반면에 일반주주는 배당을 받고 주주총회에 참석해 선물을 받는 정도의 권한밖에 갖고 있지 않다. 이렇게 된 것은 지배주주는 자기 자산의 커다란 부분을 기업에 투입했으므로 그만큼 애착이 강하고, 또 보유지분을 팔고 기업에서 떠나기도 어렵기 때문이다. 지배주주의 공헌과 위험이 일반주주보다 큰 셈이다. 다만 기업에 대한 권한의 차이로 지배주주가 일반주주의 이익을 침해할 위험이 존재하게 되고, 이를 방지하기 위해 갖가지 제도를 도입하는 것이다.

그렇다면 기업에 노동, 경영, 기술을 제공하는 종업원(편의상 경영자도 포함)은 어떤가? 그들이 제공하는 서비스는 주주가 제공하는 자본과 비교할 때 기업의 주권자 자격을 얼마큼 뒷받침할까? 이를 몇 가지 측면에서 살펴보자.

첫째, 기업에 대한 공헌도 측면을 보자. 기업에 있어 종업원의 노동서비스는 주주의 자본 못지않게 중요하다. 노동이 뒷받침되지 않는다면 가장 기본적인 기업활동도 불가능하기 때문이다. 따라서 기업에 대한 공헌도 면에서 주주와 종업원 사이에 차이는 존재하지 않는다. 특히 핵심 노동서비스는 시장에서 쉽게 조달할 수 없고, 기업이 시간을 들여 육성하는 것이 최선인 경우가 많다.

둘째, 기업의 위험부담 측면을 보자. 대개의 경우 종업원은 기업의 성과와는 거의 무관하게 일정한 임금을 받으므로 기업의 성과에 따라 이익배당을 받는 주주보다는 분배에 관한 위험이 낮다고 볼 수 있다. 그러나 종업원은 기업의 실적이 악화되거나 기업이 도산하면 자신의 의지와는 무관하게 강제퇴출당할 수 있다. 이렇게 되면 그 기업에 쏟아 넣은 시간과 에너지가 무(無)로 돌아갈 가능성이 크다. 또한 주주는 분산투자를 통해 위험을 분산할 수 있지만, 종업원은 분산노동을 통해 위험을 분산할 수 없다.

셋째, 투자적인 측면을 보자. 연공임금체계(근속연수에 따라 임금이 상승하는 시스템)와 퇴직금제도가 실시되는 경우에 종업원은 사실상 '보이지 않는 출자'를 하고 있는 셈이다. 동일한 기업에서 오랫동안

기업의 사회적 책임과 사회책임투자

기업의 여러 이해관계자를 중시하는 흐름으로 최근 '기업의 사회적 책임'(CSR; corporate social responsibility)에 관한 논의가 주목을 받고 있다. 기업이 장기적으로 존속하려면 이익을 올리는 것뿐만 아니라 법령과 인권을 지키고 환경을 보존하고 지역에 공헌하는 등 사회적 존재로서 활동하지 않으면 안 된다는 것이다. 이런 논의는 원래 구미의 다국적기업이 개발도상국에서 아동노동이나 환경파괴 등의 문제를 야기한 것이 계기가 되어 1990년대 후반부터 유럽에서 제창되기 시작한 것으로 기업이 주주만의 소유물이 아니라 사회 전체의 재산이기도 하다는 점을 드러내고 있다.

이와 관련해 '사회책임투자'(SRI; socially responsible investment)도 최근 활발하다. 이는 사회의 일원으로서 책임을 다하는 기업을 적극 지원하고 그렇지 않은 기업은 배제하는 투자경향을 말하는데, 미국에서는 연금기금이나 투자신탁회사가 투자대상을 고를 때 환경이나 인권 등의 사회적 책임을 고려한다. 2007년 미국에서는 전체 펀드투자의 약 12퍼센트가 사회책임투자로 이루어졌다. 한국에서도 투자기업을 선정할 때 재무적 측면뿐 아니라 환경친화성도 고려하는 에코펀드가 선을 보이고 있다.

일하는 종업원은 젊을 때는 자신의 생산성보다 낮은 임금을 받고, 나이 들어서는 생산성보다 높은 임금을 받는다. 젊을 때 적게 지불받은 임금의 차액만큼이 기업의 내부유보(기업의 순이익에서 세금, 배당금, 인센티브 등 외부에 유출되는 부분을 뺀 나머지 금액)로 축적되어 투자자금으로 쓰이는 것이다. 이는 보이지 않는 출자로서 주주와 똑같이 종업원도 자본을 갹출하고 있는 셈이다.

이상의 세 가지 측면에서 살펴본 바와 같이 종업원도 주주 못지않은 주인 자격을 갖고 있다. 특히 경영진을 비롯한 핵심종업원은 지배주주와 마찬가지로 쉽게 떠날 수 있는 '가벼운 중'이 아니라 '무거운 절'인 셈이다. 법무법인이나 공인회계법인에서 일정 기간이 지나 소속 멤버를 파트너로 승진시키는 것은 주인의 일원임을 명시적으로 인정하는 절차다. 벤처기업에서 핵심기술 보유자에게 일정 지분을 주는 것도 마찬가지다. 일반 기업에서도 경영자를 비롯한 핵심종업원에게 기업활동에 관한 일부 의사결정을 위임함으로써 이들을 주인의 일원으로 인정한다.

종업원이 주인의 일원이 되면 기업의 생산성은 향상될 수밖에 없다. 실무와 정보에 능통한 종업원이 의사결정에 참여함으로써 정보의 흐름이 원활해지고, 기업의 이해와 종업원의 이해가 일치하므로 같은 목표에 매진할 수 있기 때문이다. 단 기업에 공헌하는 바도 없고 위험부담도 지지 않으려는 종업원은 회사의 주인이 될 자격이 없다. 그리고 종업원의 주권은 또 다른 주권자인 주주의 견제 속에서 행사돼야 한다.

기업에 대한 주주나 종업원의 권리는 나라마다 다소 다르다. 흔히 영국과 미국의 자본주의를 '주주자본주의(shareholder capitalism)'라

하고 대륙유럽과 일본의 자본주의를 가리켜 '이해관계자자본주의(stakeholder capitalism)'라 한다. 주주자본주의에서는 주주의 권리가 상대적으로 강하다. 이해관계자자본주의에서는 주주가 아닌 기업의 다른 이해관계자들, 특히 종업원의 권리가 주주자본주의에서보다 중시되는 편이다.

한국의 경우엔 재벌의 창업총수가 주주이면서 핵심종업원으로서 압도적 권한을 행사해왔다. 과거에 비해 지금은 종업원과 일반주주의 권한이 약간 강화되기는 했지만 한국은 여전히 총수가 주권을 행사하는 '총수자본주의'라 할 수 있지 않을까?

상호의존과 상호대립의 노사관계

노동과 자본은 기업에 없어서는 안 될 필수요소다. 둘 중 하나라도 빠지면 기업이 아무런 경제적 기능도 할 수 없음은 말할 것도 없고 애당초 기업의 성립 자체가 불가능하기 때문이다. 이런 점에서 노동과 자본, 즉 노사는 상호의존 관계에 있다.

그런데 우리는 상호의존 관계에 있는 노사가 서로 충돌하는 모습을 종종 목격하곤 하다. 왜일까? 충돌은 경제적 이해관계를 둘러싼 노사 간의 갈등에서 비롯된다. 기업이 생산한 부가가치를 누가 더 많이 가져갈 것인가를 둘러싸고 대립이 일어나는 것이다. 이런 점에서 노동과 자본은 상호대립 관계에 있다.

결국 노사관계는 상호의존과 상호대립의 양면적 성격을 띠고 있는 셈이다. 세상일은 이처럼 양면적 성격을 띠고 있는 경우가 많다. '변증법'이니 '모순'이니 하는 말도 이와 관련된다. 그런데 사람들은 흔히 상호의존과 상호대립 중 어느 한 측면만을 강조한다. 전근대적 사용자들은 자신들 덕분에 노동자가 먹고 산다고만 생각하고, 정반대로 기업주를 타도대상으로 간주하는 노동자들도 있다. 노사관계가 건전하게 발전하려면 한쪽 측면에만 치우친 극단적 입장에서 벗어나 양 측면을 균형 있게 인식해야 한다.

자본주의사회에서는 노동자와 자본가 중 누가 더 힘이 셀까? 머릿수로 따지면 당연히 노동자가 압도적 우위에 있다. 그러나 자본주의는 '돈이 말하는' 사회다. 자본가는 재산이 있기 때문에 노동자가 없어도 먹고 살 수 있다. 반면에 노동자는 자본가에 고용되어 일하지 않으면 먹고 살기 힘든 존재다. 즉 노동자가 상대적으로 불리한 입장이다.

때문에 자본주의 초기에는 노동자들이 열악한 작업환경 속에서 장시간 노동에 신음할 수밖에 없었다. 영국의 초기 자본주의 시절 공장 노동자들의 평균수명은 20세였다. 그만큼 노동환경이 형편없었단 얘기다. 1970년대 중반에 필자가 근무했던 방직회사는 규모가 큰 공장인데도 여공들이 제대로 옷을 갈아입을 장소가 없었고, 생산직근로자와 사무직근로자의 식당이 따로 있었으며, 생산직근로자의 식사에 나오는 김치에서는 썩은 내가 풀풀 날 때도 있었다.

그러다 민주주의가 발전하면서 노동자가 단결하고 그 조직력으로 노동조건을 개선해 나가기 시작했다. 노동조합이 파업을 통해 실력을 행사하고 정부가 근로기준법과 같이 노동자를 보호하는 법을 제정한 것이다. '1원1표의 자본의 논리'에 대항하여 '1인1표의 인권의 논리'가 발전하면서 효율성과 공정성이 균형을 찾아간 셈이다. 다만 노동자가 단결하는 형태나 정부의 노동자 보호입법의 내용은 나라에 따라 상당히 다르다. 그게 바로 각국 노사관계의 차이를 만

들어낸다.

노사관계는 구체적으로 전국차원, 산업차원, 기업차원으로 나뉜다. 한국노총이나 민주노총과 같은 노조 중앙조직은 전국차원의 노사관계에 대응하는 것이고, 전국금속노조나 전국병원노조연맹과 같은 조직은 산업차원의 노사관계에 대응하는 것이며, 각 기업별로도 노조가 활동하고 있다. 나라에 따라 이 세 차원의 노조가 보유하는 힘이나 세 차원 사이의 관계가 상이하다.

기업의 형태와 주식회사의 발전

역사적으로 기업제도는 개인기업으로부터 출발했다. 개인기업은 출자자가 1인인 기업이다. 그래서 출자의 규모에 한계가 있다. 뛰어난 경영능력을 가진 인재를 확보할 수도 없다. 이런 한계를 극복하기 위해 출자자가 여럿인 회사가 등장한다.

회사의 가장 초기적인 형태는 합명회사(合名會社)다. 합명회사에서는 모든 사원이 자신의 전 재산을 담보로 회사의 채무를 갚아야 하는 무한책임을 진다. 합명회사에서 발전된 합자회사(合資會社)는 무한책임사원과 출자액 한도 내에서만 회사의 채무를 책임지는 유한책임사원으로 구성된다.

오늘날 대기업의 지배적 형태는 주식회사다. 주식회사는 1602년 네덜란드의 동인도회사를 시작으로 등장했고, 19세기에 들어와 철도와 제조업 부문으로 확산됐다. 주식회사는 모든 출자자가 유한책임만 지도록 하고 주식의 자유양도를 인정함으로써 거대한 자본을 조달할 수 있는 기업형태다.

주식회사 제도가 발전하면 '소유와 경영의 분리'라는 현상이 발생한다. 먼저 소액주주들이 경영에서 소외되고, 점차 대주주들도 경영 일선에서 손을 뗀다. 기업이 대규모화되고 복잡해짐에 따라 경영은 경영능력이 우수한 전문경영인에게 맡기고 주주는 그 전문경영인을 감시하고 평가하는 일만 수행하는 쪽으로 나아가는 것이다.

주주의 의사결정 및 사업경영과 관련된 의견수렴은 모두 회사의 공식기관을 통해 행해진다. 이를 위해 설치해야 하는 기관으로는 주주총회, 이사회, 대표이사, 감사가 있다.

주주총회는 회사의 주요사항을 결정하기 위해 매년 일정한 시기에, 또는 필요에 따라 임시로 소집되는 최고 의결기관이다. 그런데 실제로 주주총회는 그저 선물 받고 박수 치고 끝내는 경우가 대부분이다. 중요한 사안은 이미 이사회에서 사전에 결정되기 때문이다. 어쩌다 경영권 분쟁이 벌어진다거나 시민단체가 어떤 문제를 집요하게 추궁할 때에는 양상이 달라지지만 이런 일은 가뭄에 콩 나듯할 뿐이다.

이사회는 이사들로 구성된 회의체로서 사업의 경영방침을 결정하는 기관이다. 주식회사에는 다수의 주주가 존재하지만 이들이 모두 경영에 참여할 수는 없다. 때문에 주주들이 주주총회에서 선출한 이사가 경영을 위임받는 것이다. 이사는 자신의 직무에 필요한 만큼의 주의를 기울여야 하는 '선관주의의무(선량한 관리자의 주의의무)'와 더불어 자신의 지위를 이용해 회사의 이익을 희생시키면서 자기 또는 제3자의 이익을 도모해서는 안 되는 '충실의무'를 진다. 이런 의무를 제대로 수행하지 않으면 주주가 제기하는 소송에 걸려들 수 있다.

이사회는 대외적으로 회사를 대표하는 대표이사 아래 사내이사

(executive director)와 사외이사(non-executive director)로 구성된다. 사내이사는 회사 내부에서 경영을 직접 담당하는 이사이고, 사외이사는 회사 경영과 직접적 관계가 없는 외부 전문가로서 회사의 경영상태를 감독하고 조언하는 역할을 한다. 미국의 경우 사외이사가 전체 이사의 80퍼센트 정도를 차지하는 게 일반적이다. 우리나라도 IMF 사태 이후 은행과 대기업에 대해서는 전체 이사의 절반을 사외이사로 구성하도록 했다.

감사는 이사의 업무집행과 회계에 관한 사항을 감사하는 기관으로 필요한 경우 주주총회를 소집할 권한도 가지고 있다. 일정규모 이상의 법인은 외부감사를 받도록 해 내부감사를 보완하고 있다. 감사는 형식적으로는 상당히 강력한 기관이지만 우리나라에선 유명무실한 경우가 대부분이다. 업무집행을 담당하는 이사들과 한통속인 인물을 감사로 임명하기 때문이다.

19 주식시장 제대로 알기

주식시장이 하는 일은

필자가 공부했던 1960년대 중학교 교과서에는 주식으로 한밑천 잡았다가 폭삭 망한 사람의 이야기가 실려 있었다. 이는 어려서부터 '한탕주의'를 멀리하게 하려는 의도였고, 당시 주식에 대한 우리 사회의 이미지가 얼마나 나빴던가를 잘 나타내 준다. 주식은 투자대상으로서의 성격과 투기대상으로서의 성격을 함께 갖고 있기 때문에 이런 부정적 이미지가 따르는 것은 어쩔 수 없는 일이리라. 게다가 1960년대에 권력층이 일으킨 증권파동 같은 사건은 주식에 대한 부정적 이미지를 강화했다.

요즘엔 주식투자 인구가 크게 늘어서 직접 주식을 거래하는 개인투자자가 400만 명이 넘는다. 적립식펀드 같은 것을 통한 간접투자자까지 치면 주식투자 인구는 훨씬 더 많을 것이다. 주식시장의 이미지도 달라졌다. 주식이라면 소가 닭 쳐다보듯 할 것 같은 철학 전공자인 필자의 친구는 자본주의를 이해하기 위해서라도 주식투자에

〈표 19-1〉 주식 소유구조 (유가증권시장 주식, 시가총액 대비 비중, 단위: %)

	정부 및 정부관리기업	기관투자자	일반법인	개인	외국인
1995	12	32	13	31	12
1998	20	14	20	29	18
2000	14	16	20	20	30
2003	5	17	19	20	40
2011	3	14	30	21	33

끼어들겠다고 했다.

한국의 주식투자자 구성은 IMF사태를 거치면서 크게 변화했다(〈표 19-1〉 참조). 기관투자자의 비중은 크게 줄어든 반면 외국인의 보유 비중은 급속도로 증가했다가 근래에는 줄어드는 추세다.

주식시장은 발행시장과 유통시장으로 구성돼 있다. 발행시장은 기업이 상장(上場)이나 증자(增資)를 통해 필요한 자금을 조달하는 곳이다. 주식시장을 통해 조달한 자금은 은행대출과는 달리 상환할 필요가 없다. 상장이란 소수주주만이 보유한 주식을 일반인도 보유할 수 있도록 기업을 공개하는 조치이며, 증자란 상장된 주식회사의 자본금을 늘리는 것이다. 유통시장은 이미 발행된 주식이 거래되는 시장이다.

발행시장과 유통시장은 떼려야 뗄 수 없는 관계다. 주식이 유통되려면 우선 발행이 돼야 한다. 또 주식이 원활하게 유통돼야 발행시장도 활력을 띤다. 발행시장과 유통시장은 공간적으로가 아니라 개념적으로만 분리되어 있을 뿐이다. 우리나라에서 주식의 발행과 유통은 모두 한국거래소를 중심으로 이루어진다.

주식은 여러 권리의 복합체다. 즉, 주식은 이윤을 배당받을 권리를 가진 이윤증권이고, 주주총회에서 의결권을 행사할 권리를 가진 지배증권이고, 회사가 해산할 때 남은 재산을 분배받을 권리를 가진 재산증권이고, 주가가 상승하기를 바라며 보유하는 투기증권이다. 주식의 수익률은 배당과 주가변동에 의해 결정된다.

한국인들은 주가변동에 민감하기 때문에 주식 보유기간이 매우 짧다. 2000년대의 경우 평균적으로 개인은 3개월가량, 기관투자자는 7개월가량에 불과하다. 반면에 한국에 진출한 외국인투자자의 주식 보유기간은 평균 1년 2개월로, 그들은 우리보다 훨씬 장기적인 안목으로 투자를 한다. 만약 자본의 투기성을 보유기간만으로 판단한다면 외국자본보다는 한국자본이 훨씬 더 투기적인 셈이다.

주식거래는 어떻게

주식은 개인과 개인 사이에서 일대일로 거래할 수도 있지만, 대체로 한국거래소 같은 전문기관을 통해 거래된다. 한국거래소에서 거래되는 주식은 증권시장에 상장한 기업의 주식이라 하여 상장주식이라 부른다. 한국거래소는 유가증권시장(과거의 거래소시장)과 코스닥시장을 개설하고 있으며, 2013년 6월 현재 유가증권시장에 773개, 코스닥시장에 993개의 기업이 상장돼 있다. 상장을 하려면 일정한 조건을 갖춘 후 한국거래소의 심사를 통과해야 한다. 상장하지 못한 기업이 발행한 주식들은 공인된 거래중개자가 없는 장외시장에서 거래된다. 그리고 2013년에는 중소기업 전용 주식시장으로 코넥스시장이 개설되었다.

주식에는 우선주와 보통주가 있다. 우선주는 보통주보다 배당률이 높고 회사가 해산하여 주주에게 재산을 분배할 때에도 우선권을 갖는 장점이 있는 반면, 주주총회에서 의결권을 행사할 수 없는 단점도 있다. 때문에 우리나라에서는 일반적으로 보통주보다 낮은 가격에 거래된다.

신문의 주식시세표를 한번 펼쳐보자. 거기에는 코스피지수, 코스닥지수, 통합지수가 적혀 있다. 코스피지수(KOSPI; Korea Composite Stock Price Index)는 유가증권시장에 상장된 종목에 대하여 1980년 1월 4일을 기준시점으로 해서 {(비교시점의 상장종목 시가총액) / (기준시점의 상장종목 시가총액)} × 100으로 계산한다.

코스닥지수는 1996년 7월 1일을 기준시점으로 잡고 기준지수를 100이 아닌 1000으로 해서 KOSPI와 같은 방식으로 계산한다. 그리고 2005년 6월 1일에 만들어진 새로운 종합주가지수인 통합지수(KRX100; Korea Exchange 100)는 유가증권시장의 87개 종목과 코스닥시장의 13개 종목을 합친 100개 우량종목으로 계산하며, 2001년 1월 2일이 기준시점이고 기준지수는 1000이다. 외국의 경우를 보면, 미국의 다우존스 공업평균지수는 30개 대표종목의 가격변동을 계산하고, 일본의 닛케이지수는 225개 대표종목의 가격변동을 계산한다.

주식거래 중엔 자전거래(自轉去來, cross trading), 반대매매라는 특이한 거래방식이 있다. 자전거래란 증권회사가 같은 주식을 동일가격 동일수량으로 동시에 매도·매수 주문을 내어 거래를 체결시키는 방법이다. 이 거래는 증권회사가 시장의 거래량을 늘리려 한다든가 그룹 계열사끼리 지분을 주고받을 때 주로 행해진다. 반대매매는 전과는 반대로 매매하는 것으로, 예컨대 고객이 신용으로 주식을 매입한 뒤 결제를 하지 않을 때 증권회사가 고객의 허가 없이 그 주식을 매도하는 것을 말한다. 깡통계좌란 이런 반대매매로 텅 비어버린 고객계좌다.

주식거래에는 실제 주식을 사고파는 현물거래 외에도 주가지수 선물거래와 주가지수 옵션거래가 있다. 우리나라의 경우 이 두 거래는 KOSPI 200 지수를 거래대상으로 해 이루어진다(선물과 옵션의 상세한 내용은 21장 참조). KOSPI 200은 상장종목 시가총액의 70퍼센트 이상을 차지하는 우량주 200종목을 골라내 그 주가변동을 측정하는 종합주가지수다. 쉽게 말해 주가지수 선물거래와 주가지수옵션거래는 KOSPI 200 지수의 미래시세를 예측하는 데 돈을 거는 주가지수 맞추기 게임이라 할 수 있다.

KOSPI 200 선물거래는 앞으로 지수가 일정수준 이상이 될 것으로 예상하는 쪽은 선물을 사고, 반대로 그 수준 이하가 될 것으로 예상하는 사람은 선물을 파는 방식으로 이루어진다. KOSPI 200 옵션거래는 앞으로의 지수변화를 예상하여 옵션, 즉 '사거나 사지 않을 권리' 또는 '팔거나 팔지 않을 권리'를 매매하는 거래다. 주식 현물거래에서는 주가가 상승하면 모두가 이익을 보는 플러스섬 게임이 가능하지만, 주가지수 선물이나 옵션은 한쪽이 이익을 보면 다른 쪽은 반드시 손해를 보는 제로섬 게임이다. 투기 성격이 그만큼 더한 셈이다.

춤추는 주가

주식시장은 주식이라는 상품의 매매가 이루어지는 시장이다. 따라서 주식의 가격인 주가는 다른 상품의 가격과 마찬가지로 수요와 공급에 의해 결정된다. 스커트 길이나 태양흑점이 주가를 결정하는 게 아니다. 그런데 주식은 소주나 쌀에 비해 가격변동이 격심하다. 코스닥시장을 보면 주가가 100배씩 뛰거나 100분의 1로 떨어지는 종목도 있다. 왜 그럴까? 그 이유는 주식이라는 상품이 특수한 성격을 갖고 있기 때문이다.

소주나 쌀의 최종 수요자는 소비자다. 이들은 소주나 쌀을 구입하면 마시거나 먹어치우는 실수요자다. 반면에 주식의 수요자는 주식을 소주나 쌀처럼 소비해 버리지 않는다. 대부분 되팔 시점을 노린다. 실수요자가 아니라 가격차익을 추구하는 수요자가 시장을 좌지우지하는 셈이다. 아파트도 가격등락이 크지만 주식에 비할 바 아니다. 아파트의 수요자는 실수요자의 성격도 상당히 갖고 있다. 가격차익을 추구하는 수요가 판을 흔드는 주식시장은 사람들의 심리변화에 큰 영향을 받는다. 상황에 따라 급변하는 인간심리가 주가를 춤추게 하는 것이다.

주가가 광란의 춤을 추는 또 다른 이유는 기업의 실적을 반영하고 있기 때문이다. 기업의 실적은 급변할 수 있다. 기술혁신을 통해 고성장을 이룩하는가 하면, 졸지에 부도를 맞기도 한다. 게다가 주가는 미래의 기업실적에 대한 예상을 반영하는 것인데, 예상이란 현재 상황에 대한 과장된 해석을 담기 십상이다.

이렇게 춤추는 주식시장에 무턱대고 뛰어들어도 될까? 천만의 말씀이다. 만약 현재까지의 주가변동에 관한 역사적 자료를 챙겨들고 타임머신을 타고 과거로 날아가 주식투자를 한다면 모를까, 그렇지 않다면 아서라. 자연과학자 뉴턴은 자신이 보유한 주식의 주가가 상승하자 오를 만큼 올랐다고 판단해 매도해버렸다. 그런데 매도한 후 주가가 계속 오름세를 보이자 잘못 팔았다는 생각이 들었는지 그 회사 주식을 전보다 더 많이 사들였다. 그러자 곧 주가가 폭락해 요즘 돈으로 200만 달러의 거금을 손해 봤다. 경제학자는 어떤가. 리카도나 케인스처럼 주식시장에서 큰돈을 번 인물도 있지만, 1929년 10월 미국에서 주가가 폭락하기 일주일 전에 주가가 내려가지 않을 거라고 호언장담했다가 자신의 재산은 물론 예일대학의 재정까지 파탄낸 피셔 같은 유명한 경제학자도 있다.

미국에서는 다음과 같은 실험을 한 적이 있다. 신문의 주가 면을 벽에 붙이고 화살을 던져 꽂히는 종목에 투자를 한 경우와 주식전문가들의 추천을 받은 종목에 투자를 한 경우를 비교해보았다. 그랬더니 화살에 꽂힌 종목이 전문가 추천종목보다 수익률이 별로 떨어지지 않거나 오히려 더 나았다. 주식에서 돈 버는 원리는 '쌀 때 사서 비쌀 때 판다'는 아주 단순한 것인데, 전문가조차 언제가 바닥이고 언제가 상투인지 제대로 알 수 없다는 이야기다. 물론 돈이 안 되는 실험이어서 전문가들이 성의를 다하지 않았을 수는 있겠다.

그래서 주가변동을 예측해 돈을 번다는 것이 원천적으로 불가능하다는 가설마저 등장했다. '효율적 시장(efficient market)'과 '불규칙 행보(random walk)'의 가설이 그것이다. 효율적 시장에서는 경제와 기업 상황에 관한 새로운 정보가 발생하더라도 수많은 전문가의 경쟁적인 정보수집과 분석활동 때문에 주식은 순식간에 그런 정보를 소화해 가격에 반영시킨다. 이렇게 되면 아무도 지속적으로 타인보다 우수한 투자수익을 올릴 수 없다. 시장이 효율적일수록 돈벌기가 쉽지 않다는 희한한 역설인 셈이다. 이 경우 주가의 움직임은 불규칙 행보, 즉 술에 만취한 사람의 걸음걸이와 같다고 비유된다. 만취한 사람이 다음 발을 어디로 내밀지 알 수 없듯이, 과거의 주가 움직임은 미래의 주가 움직임을 예측하는 데 아무 도움도 되지 않는다는 것이다.

그렇다면 주식시장에서 실제로 많은 수익을 올린 버핏이나 소로스의 존재는 어떻게 설명할 수 있을까? 이들의 수익은 단순한 우연일까? 우리나라 주식시장에서 외국인투자자들이 떼돈을 번 것은 또 어떤가? 우리는 시장이 불완전하다는 점을 강조한 바 있다. 그런데 효율적 시장의 가설은 시장이 완전하다는 비현실적 가정을 내세우고 있다. 이는 문자 그대로 가설이지 현실이 아니다. 다만 미국의 경우가 한국보다 상대적으로 더 효율적인 주식시장이라거나 과거보다 현재의 주식시장이 더 효율적이라는 주장은 성립할 수 있다. 절대적 유토피아는 존재하지 않지만 현재가 과거보다 유토피아에 가깝다(삶이 개선되었다)는 식의 이야기는 할 수 있는 것과 마찬가지다.

주식시장의 불완전성과 주식투자

주식시장이 불완전하다는 것은 어떤 의미를 갖고 있을까?

첫째, 수집하는 정보의 양과 분석능력이 투자자에 따라 다르다는 것을 의미한다. 예컨대 어떤 회사가 신제품개발에 성공했다는 정보를 남보다 먼저 알면 그때 바로 주식을 사서 이득을 챙길 수 있다. 어떤 회사가 곧 부도날 형편이라는 정보를 미리 알면 그때 바로 주식을 팔아 손해를 피할 수 있다.

그러나 미리 정보를 입수하는 것은 쉽지 않다. 더구나 이 정도의 기밀정보를 입수해 이루어졌다면 그 거래는 십중팔구 불법적인 내부자거래(insider dealing)일 가능성이 높다. 몇 해 전 임클론(ImClone)이란 미국회사의 암 치료제가 식품의약국의 승인을 받는 데 실패했다. 이 정보를 발표 직전에 입수하고 자신이 보유하던 임클론 주식을 팔아버린 사장과, 그 매각정보를 증권회사로부터 듣고 역시 주식을 판 거물 여성기업가의 예가 내부자거래의 대표적 사례다. 이들은 내부자거래를 통해 수만 달러 이상의 손실을 예방했지만 그것이 발각되어 철창신세를 졌다. 내부자거래에 대한 적발과 처벌규정이 엄격한 미국과 달리 한국은 느슨한 단속과 처벌규정으로 인해 내부자거래가 성행하고 있다. 주식투자의 공정성을 위해서 이는 하루빨리 바로잡아야 할 문제다.

둘째, 주식시장이 불완전하다는 것은 수요와 공급이 조작될 수 있다는 의미다. 시장이 완전하면 수요자와 공급자의 숫자가 많기 때문에 일부 집단이 수요와 공급을 조작하여 가격에 영향을 미칠 수 없다. 그런데 수요자와 공급자가 소수인 불완전한 시장에서는 그 소수가 가격에 영향을 끼칠 수 있다. 한전의 전기 공급이나 미국의 전투기 판매의 경우를 생각해보라. 주식시장에서도 일부 큰손들이 작당하여 수요와 공급을 조작할 수 있다.

예컨대 작전세력 몇몇이 짜고 서로 주식을 샀다 팔았다 하면서 주가를 억지로 끌어올리는 것이다. 이렇게 해서 일반투자자, 이른바 개미가 가세하면 적당한 시점에서 작전세력은 팔고 떠난다. 보물선 발굴과 같은 허황된 소문을 흘려 주가를 띄운 다음 팔아치우기도 한다. '바이 코리아'를 외치면서 특정 종목이 아니라 장세 전체를 조작한 경우도 있었다.

이처럼 불완전한 주식시장에서 어떻게 투자하는 것이 합리적일까? 이에 관해 시중에는 많은 책들이 나와 있다. 그 저자들은 과연 주식투자로 돈을 많이 벌었을까 하는 의문이 일기도 하지만, 어쨌든 그 책들이 주장하는 기본적 내용은 다음 세 가지다. 즉, 장세를 잘 읽고, 종목을 잘 고르고, 사고파는 시점을 잘 선택하라는 것이다.

이 세 가지와 관련된 분석기법은 기본적 분석(fundamental analysis)과 기술적 분석(technical analysis)으로 나뉜다.

'기본적 분석'은 경제성장률, 물가, 금리 등의 거시지표를 통해 장세를 예측하고 대차대조표, 손익계산서 등의 재무제표를 통해 기업의 내재가치를 파악하는 것이다. 여기서 PER(price earnings ratio, 주가를 1주당 순이익으로 나눈 주가이익비율)와 같은 개념도 등장한다.

많은 투자자들이 기본적 분석을 중시하는 반면에 이에 대한 비판도 드세다. 도대체 기본지표를 얼마나 신뢰할 수 있는가 하는 문제가 있다. 1997년 재경부장관이 "우리의 펀더멘털(경제의 기본지표)은 괜찮다"고 큰소리친 지 얼마 안 되어 나라가 부도위기에 처해 IMF 사태가 발생했다. 장부상으로는 멀쩡한 기업이 도산하는 일도 적지

주식격언

많은 사람들이 주식시장에 뛰어들다보니 주식격언까지 생겨났다. 지혜의 발로인지 재미의 추구인지 알 수 없지만 대표적인 격언 몇 가지를 통해 주식투자의 원칙을 음미해보자.

- **숲을 보고 나무를 보라** – 전체 장세를 먼저 읽으라는 뜻이다. 다만 전체 장세를 기본 경제지표로 분석할 것인지, 아니면 종합주가지수 차트로 분석할 것인지 하는 문제가 있다.
- **대중이 가는 뒤안길에 꽃길이 있다** – 전체 장세를 읽은 후 종목을 선택할 때의 격언이다. 문제는 뒤안길엔 꽃길만이 아니라 진흙탕길도 있다는 점이다. 결국 필요한 것은 남들이 못 보는 꽃길을 빨리 발견하는 능력이다.
- **계란을 한 바구니에 담지 마라** – 분산투자해야 한다는 말이다. '대박 아니면 쪽박' 식의 집중투자는 주식투자를 계속하는 한 언젠가 쪽박의 순간을 맞는다. 다만 분산은 무조건 늘리는 게 능사가 아니라 관리 가능한 몇 개 종목으로 한정해야 한다.
- **무릎에서 사고 어깨에서 팔아라** – 매매시점에 관한 격언이다. 주식을 바닥에서 사고 천정에서 팔려는 욕심을 버리라는 의미이다. 문제는 어디가 무릎이고 어디가 어깨인지 알기 어렵다는 점이다. 그래서 미리 정해놓은 하락폭에 팔아치우는 손절매(損切賣, loss cut)가 중요하다. 올바른 기술적 분석의 진가도 여기서 발휘된다.

않다. 그리고 개개인에겐 기본지표를 제대로 분석할 수 있는 시간과 능력이 부족하다. 공표되는 경제통계나 기업회계수치가 실시간의 것이 아니라 철 지난 것이라는 문제도 존재한다. 이런 정보는 남들도 다 알고 있으므로 영양가 없는 노숙자 급식과 같다.

남들보다 앞서기 위해 필요한 정보는 공식 경제통계나 회계장부에 아직 나타나지 않은 정보다. 예컨대 해운업에 종사하고 있어 수출물량이 급증하는 특정 기업을 남보다 먼저 발견할 수 있다든가 혹은 특정 산업에 오래 종사해 그 산업에 속하는 기업들의 경영 형편을 훤히 꿰고 있는 수준은 돼야 한다. 다만 금리변동을 통해 장세를 읽는다든가 부실회사를 선택범위에서 배제하는 차원에서 기본적 분석의 필요성은 누구나 인정한다.

'기술적 분석'은 주가와 거래량의 움직임을 통해 숨겨진 기본지표와 투자자들의 집단심리를 파악하는 것이다. 회계장부에 나타나는 기업의 내재가치가 별로 변화하지 않는데도 주가가 급변동하는 경우를 보면 심리분석의 중요성을 알 수 있다. 매수심리(수요)가 거세지면 주가가 오르고 매도심리(공급)가 거세지면 주가가 떨어진다.

투자자의 심리를 특히 강조한 케인스의 '미인선발 대회의 비유'를 보자. "어느 신문사가 100명의 인물사진을 놓고 최고 미녀 6명을 뽑는 대회를 개최했다. 여기서 이 대회 참가자 전원의 평균적 선택에 가장 가까운 선택을 한 사람에게 상금을 준다고 가정해보자. 그러면 참가자는 자신이 가장 아름답다고 생각하는 얼굴을 택하지 않고 다른 사람들이 가장 아름답다고 생각할 만한 얼굴을 선택한다." 마찬가지로 주가도 집단의 심리를 잘 예측할 때 수익을 올릴 수 있다고 보는 것이다.

주식투자자들의 심리를 나타내는 지표로는 봉 차트나 이동평균선이나 파동과 같은 것들이 있다. 기술적 분석은 이러한 지표를 분석해 종목을 선택하고 매수시점과 매도시점을 결정한다. 그러나 기술적 분석도 쉬운 게 아니다. 우선 너무 많은 이론이 난무해 가장 적절한 이론을 찾는 것부터가 난관이다. 또 많은 투자자들이 특정 이론에 치중하면 그것에 역이용당할 수도 있다.

주식투자에서 성공하려면 전체 장세, 종목의 특성, 매수·매도 타이밍이라는 세 분야의 분석에서 남보다 뛰어나야 한다. 아니면 적어도 한 분야에서라도 남보다 월등히 앞서야 한다. 그렇지 않으면 패가망신하기 십상이다. 주식투자를 하고는 싶지만 직접투자를 할 자신이 없다면 적립식펀드에 가입하거나 투신사의 수익증권을 구입하는 간접투자도 한 방법이다. 단 투자시기는 반드시 대세상승기여야 한다는 점을 명심하자. 그런데 간접투자상품 모집은 흔히 대세상승기의 막바지에 활발하다. 이때 끼어들면 막차 타는 것이다. 세상엔 쉬운 게 없다.

주식투자에는 적당한 절제가 필요하다. 주식투자는 기업의 자금조달을 가능하게 해주며 개인의 저축수단이라는 긍정적 측면과 더불어 도박의 속성도 갖고 있다. 적당히 즐기는 수준을 넘어서 도박에 지나치게 빠지면 정신이 황폐해지지 않을까. 다만 주식투자를 하지는 않더라도 주식시장을 눈여겨 볼 필요는 있다. 주식시장의 이해는 자본주의경제의 이해에 필수적이기 때문이다.

기업지배구조와 주식시장

요즘 세계 각국에서는 기업지배구조를 둘러싼 논란이 활발하다. 우리나라에서도 재벌개혁과 관련해 기업지배구조란 용어가 선을 보이기 시작했다. 한국 기업의 경우 지배구조가 나빠 주가수익률(PER)이 미국, 일본, 대만에 비해 낮다. 이는 '코리아 디스카운트(Korea discount)'라고 이야기되기도 한다. 그렇다면 기업지배구조란 무엇인가?

기업지배구조는 유능한 경영진을 어떻게 선임하고, 어떻게 그 경영진이 기업의 여러 이해관계자를 위해 열심히 일하도록 하며, 경영진이 무능하거나 부패할 때 어떻게 교체하는가 하는 것이다. 여기서 기업의 이해관계자는 주주를 비롯해 채권자, 종업원, 고객, 지역주민 등 기업에 대해 이해관계를 갖고 있는 집단을 의미한다.

기업지배구조는 기업의 자금조달과 밀접한 관계를 맺고 있는데, 그 양식은 나라마다 조금씩 다르다. 기업 자금조달 측면에서 살펴본 선진국의 기업지배구조는 크게 독일·일본형과 영미형으로 구분된다.

독일과 일본에서는 채권자인 은행이 경영진에 대한 감시와 견제에서 커다란 역할을 수행한다. 이는 주거래은행제도로 독일과 일본의 전후 고도성장을 뒷받침했다. 하지만 최근에는 은행과 기업이 짝짜꿍이 되어 감시와 견제 기능을 제대로 수행하지 못해 각종 기업비리가 터져 나오는 게 아닌가 하는 지적도 있다.

반면에 영국과 미국에서는 주식시장이 기업지배구조에서 결정적 역할을 수행한다. 그 방식은 다양하다. 첫 번째 방식은 이사회를 통해 경영진을 견제하고 감시하는 것이다. 이때 가장 중요한 것은 독립적 사외이사의 존재다. 사외이사의 독립성이 확보되지 못하면 이사회는 친목회 또는 상류사회의 현대판 낙원이 된다.

두 번째 방식은 일반주주(소액주주)들이 경영진의 불법과 비리에 대해 소송을 제기하는 것이다. 주주대표소송이나 집단소송이 바로 그러한 경우로, 우리나라에서 시민단체가 제일은행과 삼성의 경영진에 대해 소송을 제기한 것이 대표적인 사례다.

세 번째 방식은 기업지배권 시장을 통해 경영진을 통제하는 것이다. 경영진에 문제가 있어 주가가 떨어지면 외부투자자들이 주식 매집을 한 뒤 주주권한을 발휘하여 경영진을 교체하는 것이다. 이게 적대적 인수합병이다.

네 번째 방식은 주식시장을 통해 경영진과 주주의 이해관계를 일치시키는 것으로 우리가 스톡옵션이라 부르는 제도다. 인텔과 같은 실리콘밸리의 벤처기업들이 이 제도를 널리 이용했으며, 미국 대기업의 경영진은 스톡옵션에 의해 수백만, 수천만 달러의 이익을 얻는다. 우리나라 국민은행의 전 행장도 이를 통해 100억 원 이상을 번 바 있다.

그런데 이렇게 주식시장을 통해 경영진을 감시하고 견제하는 영미식 기업지배구조는 몇 가지 문제점을 안고 있다. 적대적 인수합병에 의해 새로 들어선 경영진은 기업의 경영효율을 증진시키기도 하지만, 그저 일부사업을 청산하고 노동자를 대량 해고함으로써 기업의 장기적 가치를 훼손시킨다는 비판이 있다. 또 적대적 인수합병에 대비하고 스톡옵션의 이익을 챙기기 위해 경영진이 단기적인 주가관리에 과도하게 집착하기도 한다. 기업내실보다 회계실적을 중시하는 본말이 전도된 경영이 이루어지기도 하는 것이다.

20 독과점기업은 어떻게 움직이나

시장구조와 독점기업

우리나라의 전기는 모두 한전이 공급한다. 한전 외에도 전기를 생산하는 업체가 있기는 하지만 워낙 미미한 존재라서 전기 시장은 한전의 독무대다. 이처럼 어떤 상품을 공급하는 기업이 단 하나밖에 없는 상태를 '독점(獨占, monopoly)'이라 하고, 그 기업을 '독점기업'이라 부른다. 이와 반대로 한 상품의 공급자가 다수인 상태를 '완전경쟁'이라 한다. 쌀 시장과 같이 수많은 생산자가 공급을 담당하는 경우가 대표적인 완전경쟁시장이다.

독점과 완전경쟁이라는 양 극단 사이에는 여러 형태의 불완전경쟁이 존재한다. 완전경쟁시장보다 경쟁이 덜한 불완전경쟁시장에서 소수의 기업이 공급을 맡고 있는 경우를 '과점(寡占, oligopoly)'이라 한다. 텔레비전, 자동차, 조미료 등 많은 상품의 시장에서 이런 과점상태를 찾아볼 수 있다. 기업 수가 과점보다는 많지만 각 기업제품들이 다소간의 차별성을 갖고 있는 경우를 '독점적 경쟁(monopolistic competition)'이라 한다. 많은 브랜드가 존재하는 의류 시장이 이에 해당된다.

물론 완전경쟁시장과 불완전경쟁시장을 구분하는 기준은 상대적일 수 있다. 쌀 시장을 보통 완전경쟁시장이라 하지만 쌀 중에서도 사람의 노화를 더디게 만드는 쌀을 생산하는 농민은 독점적 지위를 누린다. 그리고 시장의 구조가 변화하기도 한다. 한국의 가전시장은 예전엔 삼성전자나 LG전자가 주무르는 과점시장이었지만 지금은 중국 등 외국제품의 범람으로 독점적 경쟁시장으로 바뀌고 있다. 나아가 세계의 가전시장, 특히 라디오 시장과 같이 브랜드가 별 의미를 갖지 않는 시장은 사실상 완전경쟁시장에 가깝다.

일상적으로 독점이라 할 때는 엄밀한 의미의 독점뿐만 아니라 과점도 포함하는 경우가 많다. 우리나라 언론에서 흔히 독점대기업 운운할 때가 바로 그런 경우다. 또 독점과 과점을 합쳐서 독과점이라 부르는 경우도 있다.

독점 탄생의 비밀

어떤 시장에서 활동하는 기업의 수가 하나 또는 소수의 기업에 그치는 이유는 다른 기업들의 시장진입을 어렵게 하는 만리장성과 같은 장벽이 존재하기 때문이다. 그 진입장벽은 다음과 같다.

첫째, 자연적 요인에 의한 것일 수 있다. 예컨대 다이아몬드의 최대 생산국은 남아프리카공화국이므로 그 나라 회사 드비어스(De Beers)가 전 세계의 다이아몬드 시장을 지배한다.

둘째, 정부 정책에 의해 시장의 독점이 형성될 수 있다. 17세기에 영국 정부는 동인도회사에 인도와 교역하는 데 대한 독점권을 부여했다. 현대그룹이 금강산관광사업을 독점하는 것도 북한 정부의 결정에 따른 것이다. 정부에 의한 특허권 부여도 마찬가지 기능을 한다.

셋째, 규모의 경제가 작동한 결과일 수도 있다. '규모의 경제'란 생산규모를 키우면 제품의 단위당 비용이 낮아지는 것이다. 이렇게 되면 생산량이 많은 기업이 비용 상의 이점으로 다른 기업들을 물리칠 수 있게 돼 결과적으로 규모가 큰 소수의 기업만이 시장에서 살아남는다.

규모의 경제가 일정한 생산량까지만 작용하고 그 이상에서는 오히려 단위당 생산비가 증대하는 '규모의 비경제(非經濟)'도 작용할 수 있다. 일반적으로 한 시장에 하나의 기업이 아니라 몇 개의 기업이 활동하는 것은 바로 이런 이유 때문이다. 기업제품들 사이에 존재하는 품질의 차이도 과점 상태를 존속시킨다. 일본에는 도요타만 있는 게 아니라 닛산이나 혼다 등 다른 자동차회사도 자기 나름의 특색을 살리면서 생산을 하고 있다.

넷째, 기존 기업들의 시장전략에 의해 독과점이 유지될 수 있다. 즉 어떤 기업들이 독과점시장에 새롭게 진입하거나 진입을 고려하고 있을 때 기존 기업들이 이들을 몰아내거나 들어오지 못하게 여러 시장전략을 구사하는 것이다.

그 대표적인 전략을 살펴보면, 우선 시장가격을 생산비 이하로 낮추어 새로운 진입기업들이 손해를 보게 만들어 이들을 축출한 다음 다시 가격을 원상회복시킨다. 이를 '약탈적 가격책정(predatory pricing)'이라고 한다. 새 기업이 진입하기 전에 아예 낮은 가격을 유지해 수익전망이 없게 만들기도 하는데, 이를 '진입제한 가격책정

(entry-deterring pricing)'이라 한다. 또 기존기업들이 생산설비를 초과로 보유해 언제든지 생산을 늘릴 수 있다는 것을 보여줌으로써 새 기업이 뚫고 들어갈 여지가 별로 없다는 신호를 보내기도 한다.

자본주의 발전의 역사라는 관점에서 볼 때 서구의 자본주의는 대체로 19세기 말~20세기 초를 경계로 하여 자유경쟁자본주의에서 독점자본주의로 이행했다. 이 무렵부터 소수의 독과점기업이 시장을 지배하고 나아가 나라경제를 지배하는 체제로 바뀐 것이다. 이렇게 된 것은 다음과 같은 계기에서다.

첫째, 많은 기업들이 치열하게 경쟁하는 가운데 우수한 생산방법이나 경영기법을 보유한 소수 기업들이 시장을 장악해나갔다. 미국에서 많은 석유회사가 록펠러의 스탠더드 오일(Standard Oil Co.)로 통합되어 가는 과정이 그 대표적 사례다.

둘째, 19세기 말~20세기 초에 등장한 새로운 생산기술을 토대로 중화학공업이 급속히 발전했다. 그런데 중화학공업은 처음부터 거대한 공장시설을 필요로 하는 경우가 많기 때문에 이를 감당할 수 있는 일부 대자본만이 참여할 수 있었다.

셋째, 신용제도의 발전이 독점대기업의 등장을 가능하게 했다. 은행신용이나 주식회사제도를 통해 기업이 막대한 자본을 조달할 수 있었던 것이다.

이런 과정을 거쳐 독과점은 카르텔, 신디케이트, 트러스트, 콘체른의 형태를 띠고 나타났다. '카르텔'은 동일업종의 기업들이 독립성을 유지한 채 상품의 판매조건에 관한 협정을 통해 수평적으로 연합하는 것이다. 다이아몬드 시장이나 OPEC(석유수출국기구) 같은 것이 그 대표적인 예다. '신디케이트'는 카르텔의 발전된 형태로서, 카르텔에서처럼 가맹기업이 독자적으로 판매를 하는 게 아니라 공동으로 판매를 한다. 예전 우리나라 시멘트업계에서 이런 신디케이트가 출현한 적이 있다.

'트러스트'는 동일업종의 기업들이 하나로 융합한 것이다. 여기선 참여기업들이 판매의 독립성뿐만 아니라 생산의 독립성도 상실한다. 19세기 말~20세기 초 미국에서 이런 트러스트가 성행했는데, 그 대표적인 예가 철강회사들의 트러스트에 의한 유에스스틸(U.S. Steel)의 설립이다. '콘체른'은 서로 다른 업종의 기업들이 단일한 자본계열 산하에 수직적으로 통합된 것이다. 2차대전 이전 일본의 재벌이나 오늘날 우리나라의 재벌이 바로 이런 경우다.

독점의 폐해는 어떻게 줄이나

정치에서의 독재는 폐해가 많다. 경제에서의 독재도 마찬가지다. 독점기업이 지배하는 시장은 완전경쟁시장에 비해 여러 가지 폐해를 초래한다.

첫째, 독점 상태에서는 공급량이 줄어들고 가격이 상승한다. 백혈병 치료제인 글리벡의 공급을 노바티스가 독점하고 있기 때문에 약값이 엄청나게 비싸다는 비판을 떠올려보라.

둘째, 경쟁압력이 작용하지 않기 때문에 경영자와 종업원이 열심히 일하지 않을 뿐 아니라 새로운 기술개발에도 힘쓰지 않는다. 이런 비판에 대해 독점에 따른 높은 이윤이 기술개발을 위한 투자를 가능하게 한다는 반론도 있다.

셋째, 정부정책의 결과로 독점적 지위를 얻게 됐을 경우 기업은 그 지위를 유지하기 위해 정부에 로비하는 데 자원을 낭비하게 된다. 정부정책에 따른 독점이윤은 공급이 제한된 특정 토지의 소유에 따른 지대와 같은 성격이라고 보아 이런 로비활동을 '지대추구행위'라 한다. 이는 매우 비생산적인 활동의 전형으로, 흔히 '정경유착'이라는 결과를 초래한다.

넷째, 독점대기업은 중소기업을 압박해 경제의 균형적인 발전을 저해하기 쉽다. 경제의 양극화 현상을 떠올려보라. 물론 독점대기업이 반드시 하청중소기업을 억압하는 것은 아니다. 일본의 대기업들은 하청중소기업과의 동반성장에 상대적으로 애를 많이 쓰는 것으로 알려져 있다.

인류의 역사는 독재정치에 맞서 싸워 민주주의를 수립해온 과정이다. 비록 스탈린의 공산당독재나 박정희의 군사독재 하에서 고도성장이 달성됐고 지금도 그런 독재자에 대한 향수를 느끼는 사람들이 적지 않지만, 독재는 지속가능한 체제가 아니다. 정치적 독재는 인간의 기본적 권리를 무시하기 때문이다.

반면에 경제적 독재인 독점은 독재정치와 사뭇 다른 양상을 띤다. 독점은 자본주의가 발전함에 따라 오히려 더 강화됐다. 독점에는 폐해도 있지만 규모의 경제처럼 효율을 증진시키는 이점도 존재하기 때문이다. 따라서 독점의 완전폐지가 불가능한 경우에는 정부와 사

TIP 정경유착

정경유착을 비판하다 보면 마치 정치와 경제는 완전히 분리되어야 마땅한 듯한 생각이 든다. 그러나 정치의 주요 기능 중 하나가 경제적 이해관계의 조정인 만큼, 양자는 분리될 게 아니라 오히려 서로 밀접하게 관련돼야 한다. 문제는 정계와 재계가 특혜와 뇌물을 주고받는 불건전한 방식으로 관계를 맺는 행위, 즉 정경유착이다. 정경불륜이라고 표현해야 더 정확할까.

회세력(노조 및 시민단체)이 주체가 되어 독점의 폐해를 줄이는 방안을 개발하고 발전시켜나감으로써 시장경제와 민주주의를 조화롭게 발전시킬 수 있다.

그렇다면 독점의 폐해를 줄이는 방법에는 구체적으로 어떤 것이 있을까?

하나, 정부는 독점의 폐해를 막기 위해 직접 기업을 경영하기도 한다. 우편, 전력, 철도, 상하수도 사업이 그런 경우다. 이런 사업을 하려면 전국적인 네트워크가 필요한데, 그 네트워크를 중복해서 설치하는 것은 낭비다. 1킬로미터 떨어진 두 동네에 두 개 회사가 송전탑을 각각 세울 필요는 없지 않은가. 결국 낭비를 방지하기 위해 하나의 기업이 독점할 수밖에 없다. 그런데 이를 이윤 추구를 우선시하는 민간기업에 독점시키면 가격상승이라는 독점의 폐해가 발생할 것이 불 보듯 뻔하고, 그 폐해는 국민의 생활에 결정적 타격을 줄 것이다. 이렇게 되는 것을 막기 위해 정부가 공기업 형태로 직접 사업에 뛰어드는 것이다. 공기업은 이윤만을 추구하는 것이 아니기 때문에 독점의 폐해를 상당히 줄일 수 있다.

둘, 공공성이 큰 분야에 민간기업이 독점력을 행사하고 있는 경우, 정부는 여러 가지 규제를 가함으로써 폐해를 줄이고자 한다. 주로 사용되는 규제 방법에는 가격 규제, 사업 인허가 등이 있다.

물론 공기업 운영이나 규제 시행은 그 나름의 또 다른 폐해, 즉 방만한 경영이나 부패를 초래할 수도 있다. 감사원이 늘 지적하는 것이 바로 이런 부분이다. 세상일이란 게 이걸 바로 잡으려면 저게 문제가 되고 저걸 바로잡으려면 이게 문제가 되는 경우가 많은 법이다. 정치적 역량이란 이런 딜레마를 잘 타개해 나가는 기술이다.

때때로 정부는 독점시장의 형성을 억제하거나 독점을 해체하여 경쟁을 촉진시키는 정책을 쓰기도 한다. 미국 정부는 트러스트를 저지하기 위해 1890년에 셔먼 법(Sherman Act), 1914년에는 클레이턴 법(Clayton Act)을 제정했다. 1911년에는 셔먼 법에 근거해 록펠러 가문의 석유회사와 듀크 가문의 담배회사가 여러 개로 강제 분리됐다. 또 1984년에는 AT&T의 독점적 통신사업 운영체제가 해체 됐다.

그러나 이런 기존 기업의 해체는 드물게 일어나는 일이다. 보통은 기업들이 합치고자 할 때 그로 인해 경쟁이 제한될 가능성을 평가해 경쟁을 심하게 제한하겠다 싶을 경우에는 결합을 금지한다. 나아가 담합 행위를 처벌하기도 한다. 담합에 대한 미국의 처벌은 엄격해서 근래 한국의 기업들이 벌금을 물었을 뿐만 아니라 담당임원들이 구속되기까지 했다.

우리나라에서도 공정거래위원회가 독과점기업이 지위를 남용해 가격이나 생산에 악영향을 끼치는 것을 막고, 경쟁을 제한할 우려가 있는 기업의 결합을 심사하고, 담합 행위를 적발해 과징금을 물리는 역할을 한다. 또 선진국에는 존재하지 않는 재벌체제로 인해 공정거

---

tip 독과점규제의 사례

2004년 9월 공정거래위원회는 악기 시장을 양분하고 있는 삼익악기와 영창악기의 합병을 금지했다. 이 합병이 이루어질 경우 시장이 독점화되어 소비자의 이익을 침해할 것이라는 이유에서였다. 이에 대해 삼익악기 측은 SK텔레콤의 신세기통신 인수와 현대차의 기아차 인수는 허용했으면서 삼익악기의 영창악기 인수를 금지하는 것은 부당하다고 반발했다.

그러나 공정거래위원회는 신세기통신 인수의 경우엔 경쟁업체가 3개나 더 남아있고 기아차 인수의 경우엔 산업합리화의 예외인정 조항이 적용됐다고 말했다. 이처럼 기업결합에 대해선 논란이 많은 게 현실이다.

래위원회는 재벌에 대한 규제정책도 시행하고 있다. 이런 것들이 모두 독점의 폐해를 줄이고 경쟁을 활성화하기 위한 조치들이다.

과점시장에서의 전략적 행동

어떤 상품의 시장에 무수히 많은 기업이 존재하는 완전경쟁시장이나 오직 하나의 기업만이 존재하는 독점시장에서는 기업이 다른 기업의 행동과 관련해 특별한 전략을 세우지 않는다. 전자의 경우엔 상대해야 할 기업이 너무 많으며 후자에서는 상대해야 할 기업이 없기 때문이다. 기업은 자신의 경영에서 효율을 증대시키는 노력만 기울이면 된다.

반면에 소수의 기업이 존재하는 과점상태에선 다른 기업의 행태에 커다란 관심을 기울여야 한다. 예컨대 한 동네에 빵집이 두 군데 있는 상황을 생각해보자. 이 경우도 일종의 과점시장인데, 이때 각 빵집은 다른 빵집의 행태에 무관심할 수 없다. 상대 빵집에서는 어떤 빵을 팔고 있는지, 빵값을 얼마나 받는지, 서비스는 어떤지 신경을 써야 한다. 자신이 직접 가든 부인을 보내든 이따금씩 상대가게에 들러봐야 한다. 이런 관심이 증폭되면 물리적 충돌이 발생하기도 한다. 일례로 거대 신문사 지국들은 서로 칼부림을 벌이기도 했다. 이런 경쟁을 '목 자르기 경쟁(cutthroat competition)'이라 한다.

반면에 너 죽고 나 살자 식으로 싸우다가는 모두 죽을지 모른다는 인식이 들 수도 있다. 그러면 서로 만나 술 한잔 하면서 타협하게 된다. 서로 적당한 수준에서 가격을 조정하고 마케팅활동도 자제하는 것이다. 건설업자들이 공사입찰을 할 때 미리 짜는 것도 이런 담합 행태의 하나다. 마피아나 한국 조폭들이 관할구역을 서로 나누는 것

게임이론과 죄수의 딜레마

과점기업의 행동전략을 설명하기 위해 널리 이용되고 있는 이론 중에 게임이론이 있다. '게임이론'이라 하면 스타크래프트 같은 오락게임의 이론을 연상할지 모르겠다. 하지만 게임이론은 이런 오락게임뿐만 아니라 운동시합, 국가 간의 외교나 전쟁, 기업 간의 교섭 등 수많은 분야에 응용되고 있다. 이 이론은 폰 노이만이 1926년에 개발해 1944년에 체계화한 이래 발전을 거듭해왔다.

게임은 경기자(player), 게임의 규칙(rules of game), 전략(strategy), 보수(payoff) 등으로 구성된다. 게임의 참가자인 경기자는 일정한 게임의 규칙 하에서 선택하는 전략에 따라 결과물인 보수를 획득한다. 예컨대 어떤 빵집이 비슷한 빵을 이웃 빵집보다 싸게 파는 전략을 선택하면 늘어난 매출이라는 보수를 얻게 되는 것이다.

게임에는 영합(零合)게임(zero-sum game)과 비영합게임(non-zero-sum game)이 있다. 영합게임은 게임의 결과로 한쪽이 이득을 보면 다른 한쪽은 그만큼 손실을 보는 것으로, 그 스톱 판이 바로 그런 예다. 비영합게임은 이득과 손실의 합이 제로(0)가 아닌 게임이다. 네덜란드나 아일랜드에서 노사 대타협에 의해 노사 모두가 이득을 본 경우가 비영합게임으로, 소위 윈윈 게임(win-win game)인 셈이다.

게임이론과 관련해 우리가 자주 접하는 것이 '죄수의 딜레마(prisoner's dilemma)'다. 그 내용은 다음과 같다. 공범인 갑과 을이 체포됐으나 증거가 불충분하다. 그래서 검사가 두 죄수를 격리시킨 다음 미국영화에 자주 등장하는 사법거래(plea bargain)를 시도한다. 사법거래의 조건에, 둘 다 죄를 부인하면 둘 다 징역 1년, 둘 다 자백하면 둘 다 징역 2년, 한 사람이 자백하고 다른 사람이 부인하면 자백한 자는 석방하고 부인한 자는 징역 3년이라고 하자(〈표 20-1〉참조).

이때 갑은 어떤 행동을 취하는 게 가장 이득일까? 둘의 합계 형량은 둘 다 자백할 때 가장 길고, 둘 다 부인할 때 가장 짧다. 그러나 갑이 형량을 줄이기 위해 죄를 부인했는데, 그와 달리 을이 죄를 자백하면 갑은 낭패를 본다. 이러지도 저러지도 힘든 딜레마 상황인 것이다. 붙잡히기 전에 이럴 때 어떻게 대처할지 미리 합의해 두었더라면 좋았을 텐데 아쉽기 짝이 없다. 이 경우 갑이 냉정하게 판단한다면 을이 부인하더라도 자백하고, 을이 자백하더라도 자백하는 게 유리하다. 을도 마찬가지다. 그리하여 결국 둘 다 자백하여 징역 2년씩을 처벌받는데, 이는 둘 다 부인하여 1년씩 처벌받는 것보다 못한 결과를 초래한다. 둘이 격리되어 협조가 불가능하기 때문에 각자는 최선의 선택을 했지만 결과는 최선이 아닌 상태가 된 것이다. 이 죄수의 딜레마는 카르텔에서 협정을 위반하는 게 이득인가 아닌가에 대한 분석 등 여러 곳에 응용되고 있다.

〈표 20-1〉 죄수의 딜레마

갑 \ 을	부인	자백
부인	갑 : 1년 을 : 1년	갑 : 3년 을 : 0년
자백	갑 : 0년 을 : 3년	갑 : 2년 을 : 2년

도 같은 유형이다.

  그런데 폭력조직들은 어떨 땐 서로 평화를 유지하기도 하지만 또 어떨 땐 자기영역을 확장하려고 폭력을 불사하기도 한다. 영화 〈대부〉나 〈친구〉를 연상해보라. 마찬가지로 과점기업들 사이에서도 목 자르기 경쟁이나 담합을 비롯한 여러 가지 전략적 행동이 나타나는 것이다.

 금융시장과 금융기관

피 같은 금융과 이자수취 논란

자본주의사회에서 금융은 피와 같다. 피가 산소와 영양분을 인체의 각 부분에 전달하듯이 금융은 돈을 경제주체들에게 전달한다. 넘치는 쪽에서 모자라는 쪽으로 돈이 흘러가게 하는 것이다. A가 미래에 쓰기 위해 월급에서 일부를 저축하면 그 돈이 B기업의 투자자금이나 C의 내집마련 자금으로 들어가는 식이다. 이렇게 자금의 수요와 공급을 조정함으로써 경제가 잘 돌아가도록 하는 것이 금융의 기능이다.

옛날 자급자족시대에는 금융이란 게 존재할 필요가 없었다. 춘궁기에 농민에게 곡식을 꾸어주었다가 가을에 돌려받는 환곡(還穀)이라는 제도가 삼국시대부터 운용됐으나, 돈이 오고가는 금융은 아니었다. 그러다 상품거래와 화폐유통이 전개되면서 금융의 중요성은 커져 갔다. 처음에는 소비를 위한 금융이 중심을 이루다가 점차 투자를 위한 금융의 비중이 높아졌다.

자본주의에서 생산활동을 수행하는 기업은 M — C(Pm, L)…P… C′— M′와 같이 운동한다(2장 참조). 여기서 금융업은 생산활동을 영위하기 위한 자금(M)을 공급해주거나 노동자(노동력 L의 제공자)에게 생활자금을 대출해주고 이자수익을 얻는다. 전자가 기업대출, 후자가 가계대출이다.

금융이 원활하지 못하면 경제가 어려워진다. 피가 잘 돌지 못하면 중풍 따위의 병에 걸리는 것과 마찬가지다. 1997년에 외환위기가 발발한 것도 재벌들의 금융에 문제가 발생하고 우리나라의 대외금융에 제동이 걸렸기 때문이다. 중소기업이 힘들다고 할 때마다 듣는 것이 돈줄이 말랐다는 이야기다. 또 개인들이 신용카드를 무절제하게 사용하고, 정부나 카드회사들이 이를 적절히 관리하지 못해 신용불량자가 늘어나면 경제 전체가 어려워진다.

그런데 금융업의 궁극적 목적인 이자수취, 그중에서도 가계대출과 같이 수익을 창출하지 않는 단순한 생활자금에 대해 이자를 받는

유대인과 금융업

기독교도와 달리 유대인은 일찍부터 이자수취에 거부감이 없었던 것 같다. 코란이 이자수취를 금지한 것도 마호메트가 당시 아랍에서 고리대금업에 종사하던 유대인을 몰아내기 위해서라는 해석이 있을 정도다. 나라를 잃은 유대인들이 세계 각국을 떠돌면서 종사했던 사업은 대개 금융업과 상업이었다. 언제 정치권력의 핍박을 받을지 모르기 때문에 쉽게 짐 싸서 떠날 수 있는 사업에 치중했고, 또 세계 각국의 유대인망을 적극 활용하고자 했기 때문인 듯하다. 유대인이 서구에서 따돌림 당하는 데에는 예수를 처형했다는 역사적 사실 외에 이런 유대인의 사업내용도 작용한다.

대표적인 유대인 금융업자를 보자. 우선 가공인물로 《베니스의 상인》에 등장하는 악덕 고리대금업자 샤일록이 있다. 실제 인물로는 18세기 이래의 세계적 금융업자인 로스차일드, 우리나라 경제개발 초기의 차관 유치에 결정적 역할을 했던 아이젠버그, 세계적 투기꾼이라는 비난을 받기도 하지만 동유럽 재건과 부시 대통령 반대에 거금을 희사하기도 한 소로스가 있다. 현재 미국의 거대 금융기관에도 유대계가 강한 영향력을 미치고 있다 한다.

것은 부당하다는 주장이 예로부터 많았다. 아리스토텔레스가 그런 주장을 한 대표적 인물이며, 성경의 시편 15편에도 주님의 나라로 가려면 이자를 받지 말아야 한다고 적혀 있다. 토마스 아퀴나스는 《신학대전》에서 고리대금업을 차입자의 일시적 필요를 악용하는 아주 나쁜 착취행위로 규정했다. 종교개혁가 루터는 고리대금업을 도둑질이라 했다. 이슬람교의 코란도 이자수취를 금하고 있다.

자본주의가 발전하면서 빌린 돈으로 행한 투자에서 수익이 창출되자 이자수취에 대한 도덕적 논란은 수그러들었다. 소비를 위한 화폐는 생산력이 없지만 투자를 위한 화폐는 성격이 달랐기 때문이다. 그래도 이자율이 너무 높은 게 아닌가 하는 등의 논란은 계속되고 있다.

금융시장과 파생금융상품

경제의 핏줄과 같은 금융은 일정한 금융제도 속에서 움직인다. 금융제도는 금융거래가 이루어지는 금융시장, 금융거래를 중개하는 금융기관, 금융과 관련된 법규와 관행으로 구성돼 있다. 이 가운데 금융시장은 자금수요자와 자금공급자 사이의 거래가 이루어지는 곳이다. 금융시장은 다음과 같이 여러 차원에서 구분할 수 있다.

첫째, 금융시장은 금융거래의 중개방식에 따라 직접금융시장과 간접금융시장으로 나뉜다. 직접금융시장은 자금수요자가 발행한 주식이나 채권이라는 금융상품을 자금공급자가 직접 인수함으로써 금융거래가 이루어지는 시장이다. 반면에 간접금융시장에선 금융기관이 자신의 신용에 기초해 자금공급자의 자금을 끌어 모아 자금수요자에게 공급한다. 예컨대 은행은 가계가 저축한 돈을 모아 기업에 대출하는 것이다.

둘째, 금융시장은 거래되는 금융상품의 만기에 따라 단기금융시장과 장기금융시장으로 나뉜다. 단기금융시장은 만기 1년 이내의 금융상품이 거래되는 곳으로 콜(call)시장, 기업어음시장 등이 있다. 콜 시장은 일시적 자금과부족을 조절하기 위해 금융기관들이 서로 익일물(翌日物, 다음날 갚는 거래)과 같은 초단기금융거래를 하는 곳이다. 장기금융시장은 만기 1년 이상의 금융상품이 거래되는 곳으로 주식시장과 채권시장이 여기에 해당한다. 주식시장에서 거래되는 주식은 만기가 아예 없다.

셋째, 금융시장은 통화, 주식, 채권 등이 바로 거래되는 기초자산 시장과 그 가치가 기초자산의 가격변동에 의해 결정되는 파생금융 상품 시장으로 나뉜다. 기초자산과 파생상품의 관계는 지진과 지진의 파생효과인 해일의 관계에 비유할 수 있고, 어떤 상품에 대한 수요가 그 상품을 만드는 데 필요한 노동력 수요를 파생시키는 것에도 비유할 수 있다. 파생금융상품에는 선물, 옵션, 스왑 등이 있다.

파생금융상품의 위험성과 레버리지효과

회사가치가 10억 달러를 넘던 유럽의 일류 금융기관인 베어링이 파산하여 단돈 1파운드에 매각된 일이 있다. 직원 한 명이 일본의 주가지수선물을 거래했다가 14억 달러의 손실을 보았기 때문이다. 미국 캘리포니아 주의 오렌지 카운티는 이자율 파생금융상품 거래에 잘못 뛰어들어 파산했다. 2008~2009년의 세계 금융위기도 10년 사이에 9배 이상 급증한 파생상품 거래와 깊은 관련이 있다.

파생금융상품은 이처럼 위험성이 대단히 크다. 파생금융상품 거래는 원래 가치변동의 위험을 회피할 목적에서 시작됐지만, 고도의 첨단금융기법을 바탕으로 가치변동 위험을 능동적으로 받아들임으로써 고위험-고수익 거래로 발전했다. 파생금융상품 거래에서는 일정한 증거금만 넣어두고 그 금액의 수십배 규모로 거래할 수 있는 레버리지(leverage, 지렛대)효과가 작동하기 때문에 투자금액에 대한 손익 비율이 증폭된다. 지렛대는 작은 받침돌로 무거운 물체를 움직인다는 사실을 생각해보라.

선물(future)거래란 장래에 일정한 가격으로 특정자산을 인도하기로 약속하는 거래다. 쉬운 예로 어떤 농부가 재배하는 고추를 상인이 가을에 킬로그램당 1만 원에 사기로 봄에 계약하는 것이다. 주식시장에서 주가지수를 선물로 거래하는 것이나 미리 정한 환율로 일정 기간 후 외환을 거래하는 선물환에 대해서는 이미 앞에서 살펴본 바 있다.

옵션(option)이란 선택권이라는 뜻으로서, 옵션거래는 일정한 가격으로 장래에 특정자산을 '매입 또는 매도할 권리'를 사고파는 것이다. 앞의 고추 선물거래를 생각해보자. 그 거래에서는 가을에 반드시 고추 매매계약을 이행해야 한다. 하지만 그것이 옵션거래라면 자신에게 유리하면 계약을 이행하고 불리하면 계약을 포기할 수 있다. 예컨대 콜 옵션(call option)으로 상인이 가을에 킬로그램당 1만 원에 고추를 사기로 하고 봄에 킬로그램당 1000원의 프리미엄을 지불했다고 하자. 이때 상인은 가을 고추 값이 1만 2000원이면 고추를 사고 8000원이면 프리미엄을 손해보고 구매를 포기한다. 풋 옵션(put option)은 반대로 농부가 상인에게 프리미엄을 지불하고 계약을 맺어, 가을에 팔거나 팔지 않을 것을 선택할 권리를 갖는 경우다.

바꾼다는 의미를 가진 '스왑(swap)'에는 금리스왑과 통화스왑 등이 있다. 금리스왑의 예를 들어보면 다음과 같다. A기업이 해외에서 100만 달러를 변동금리로 빌렸다. 이때 금리가 올라갈까 우려되어 금리부담을 고정시키려면 A는 B와 금리스왑을 체결할 수 있다. 즉, A가 B에게 100만 달러에 대한 고정이자로 연 5퍼센트를 지불하고, B는 A에게 변동금리를 지불하기로 하는 것이다. 당연히 B는 국제금리가 연 5퍼센트 이상으로 상승하지 않으리라 예상하여 이런 거래에 참가한다.

금융중개기관은 왜 필요할까

예전엔 재래시장이나 밤업소 종사자를 상대로 한 일수놀이가 성행했다. 자금의 수요자와 공급자가 직접 맞닥뜨리는 대표적인 경우다. 만약에 시장이 완전하다면 수요자와 공급자가 서로에 관해서 충분한 정보를 획득할 수 있을 것이므로 모든 거래를 당사자들 간에 직접 처리할 수 있다. 금융중개기관이 필요 없는 것이다.

그러나 현실의 금융거래에서는 은행과 같은 금융중개기관이 커다란 역할을 수행한다. 이는 금융시장이 불완전하기 때문이다. 시장이 불완전하기 때문에 효율적인 시장거래를 위해 비용을 들여야 하는 것과 마찬가지로 금융시장의 불완전성도 금융거래에서 비용을 초래한다. 바로 이 비용을 절감하기 위해 금융중개기관이 필요하다.

금융거래 비용은 정보비용, 협상비용, 이행비용으로 구성된다. 우선 정보비용을 검토해보자. 수많은 자금공급자와 자금수요자가 있다. 그러나 그들이 서로 자신의 요구조건에 맞는 거래상대방을 만나는 것은 쉽지 않다. 일반적으로 자금공급자는 자금수요자가 추진하려는 사업의 성공가능성과 같은 정보에 대해 무지하기 십상이다. 자금수요자라고 전망을 확신하는 것은 아니지만, 자금공급자는 전망은커녕 현재 상태도 알 수 없다. 거래당사자 사이에서 이렇게 정보의 격차가 존재하는 것을 '정보의 비대칭성'이라고 한다. 이를 극복하려면 많은 비용이 든다.

다음으로 협상비용을 생각해보자. 예컨대 다수의 소액저축자와 대규모자금을 필요로 하는 기업이 개별적으로 만나 거래한다고 생각해보자. 얼마나 번잡스럽겠는가. 협상이 제대로 될 리 없다. 온천개발사업을 한다고 전주들을 끌어 모으는 것과 같은 특수한 경우가 아니라면 일반적인 기업의 자금조달은 이렇게 개별적으로 이루어지지 않는다.

이행비용은 어떨까? "앉아서 빌려주고 서서 받는다"는 옛말이 있다. 어떤 이는 개인적으로 돈을 꿔줄 땐 굳이 받을 생각을 하지 않는다는 원칙을 갖고 있다. 계약이행을 강제하는 게 그만큼 힘들다는 뜻이다. 일수놀이에서 빚을 잘 안 갚는 채무자를 상대하는 건 보통 힘든 일이 아니다. 그래서 일수놀이를 하면 인간성이 변한다고 한다. 미국이나 한국에서 불법사채업자가 돈을 받아내는 데 조폭을 동원하는 모습은 영화에서 자주 다루는 소재다.

금융중개기관은 이러한 거래비용의 문제를 완화함으로써 금융시장이 원활하게 작동할 수 있도록 한다. 금융중개기관은 개별 저축자들에 비해 정보수집과 정보판단 능력이 뛰어나다. 한국에 진출한 일본 대금업 회사들은 급전을 쓰려는 사람들을 평가하는 회사 나름의 노하우를 축적하고 있다고 한다. 기업에 대한 판단능력도 개인저축자보다는 금융기관이 낫다.

금융중개기관이 존재함으로써 거액의 자금수요자는 소액의 자금공급자들과 일일이 개별적인 협상을 하지 않아도 된다. 그만큼 협상비용이 절약되는 셈이다. 자금공급자가 단기저축을 원하고 자금수요자는 장기대출을 원할 때 금융중개기관은 중간에서 각각에게 맞춤서비스(tailoring)를 제공한다. 예컨대 은행은 보통예금으로 모인 자금을 장기대출로 운용한다. 이는 자금수요자와 자금공급자 간의 개별협상을 통해서는 거의 성사되기 힘든 거래다.

나아가 금융중개기관은 이행비용도 줄여준다. 대출 후에는 채무자가 실제 약정 내용을 지키고 있는지 많은 저축자를 대신해 감시 기능을 수행한다. 채무자가 빚을 제대로 갚지 않을 때에 대비한 전문적 채권추심부서도 갖추고 있다. 또 개별 자금공급자가 직면한 위험을 한데 모아 자신이 부담하면서, 동시에 그 집중된 위험을 다시 모든 자금수요자에게 분산시키는 위험관리를 통해 이행비용을 줄인다.

위험관리에 관한 이야기를 쉽게 풀어 보자. 자금 공급자가 남에게 직접 돈을 빌려주면 떼일 위험이 있지만, 은행에 예금을 하면 적어도 일정액까지는 떼일 위험이 전혀 없다. 그리고 은행은 수많은 자금공급자의 돈을 모아 위험을 대신 지면서 대출을 하는데, 한 사람에게 대출하는 게 아니라 수많은 자금수요자에게 분산해서 대출한다. 수요자들 중 일부가 떼어먹는 자금 정도는 예금과 대출의 이자 차이(spread)로 충분히 감당할 수 있다. 이는 보험서비스와 마찬가지 원리다.

그런데 금융중개기관이 거래비용을 줄이는 역할을 제대로 수행하지 못할 수도 있다. 만약에 금융중개기관이 자금수요자들을 분별할 능력이 없다면 어떻게 될까? 5장에서 살펴본 중고차 시장의 경우와 같은 일이 벌어진다. 금융기관은 모든 채무자가 빌려간 돈을 떼먹을 위험성이 크다고 간주하고 대출에 높은 수준의 이자를 매긴다. 그러면 고금리 부담을 지기 싫어하는 우량 자금수요자는 시장에서 빠져나가고 고금리로라도 돈을 빌리려는 불량 자금수요자만이 시장에 남는다. 좋은 거래자를 축출하고 나쁜 거래자와만 상대해야 하는

'역선택'이 이루어지는 것이다.

이런 상황에선 금융시장이 존립할 수 없다. 따라서 중고차 딜러가 자동차결함 여부에 대한 판별력을 키우듯이 금융중개기관도 자금수요자에 대한 판단력을 키워야 한다. 다만 그 판단력이 불완전할 때에는 금융중개기관이 우량 수요자도 있다고 간주하고 금리를 정한 다음에 적당히 자금을 할당한다. 정치금융이나 관치금융이란 이런 자금할당 과정에 정치권이나 관료가 부적절하게 개입하는 것을 일컫는다.

금융중개기관의 맞춤서비스도 자칫하면 위험을 초래할 수 있다. IMF사태 당시 우리나라의 종합금융회사들은 외국에서 단기로 차입하여 기업에 장기로 대출했다가 외국에서 만기를 연장해주지 않고 자금을 회수하기 시작하자 큰 곤경에 처했다. 이게 바로 IMF사태를 촉발한 계기다.

금융기관에는 어떤 것들이 있나

한 나라의 가장 중요한 금융기관은 중앙은행이다. 한국의 한국은행, 일본의 일본은행, 영국의 영란은행(英蘭銀行, Bank of England)이 중앙은행이다. 미국은 특이하게 12개의 지역별 연방준비은행과 연방준비제도이사회(FRB; Federal Reserve Board)로 구성된 중앙은행제도를 갖고 있다. 중앙은행은 다음과 같은 기능을 수행한다.

첫째, 화폐를 발행한다. 오늘날 각국은 법에 의해 통용력이 보장되는 지폐본위제도를 채택하고 있다. 따라서 아무나 화폐를 발행할 수 없다. 오직 중앙은행만이 화폐발행권을 갖는다. 우리나라에서는 조폐공사가 인쇄한 원화를 한국은행이 시중에 공급한다. 이런 점에서 중앙은행을 통화당국이라고 한다.

둘째, 은행들의 은행으로서 은행의 지불준비금을 예금으로 받으며, 은행이 기업으로부터 받은 어음을 재할인해준다. 또 금융위기가 발생해 은행들의 유동성에 문제가 생길 때, 즉 예금주에게 내줄 돈이 부족할 때 은행에 긴급하게 자금을 공급해주는 최종대부자(lender of last resort) 역할을 한다. 마지막 기댈 곳은 중앙은행이란 뜻이다.

셋째, 화폐금융정책을 통해 통화가치의 안정을 추구하고 국민경제의 건전한 발전을 도모한다. 한국은행은 물가안정목표제(inflation targeting)를 시행하며, 콜금리를 조절하고, 유가증권을 매각 또는 매입하는 공개시장조작을 행한다. 물가상승을 억제하려면 콜금리를 인상하고 통화안정증권을 매각해 통화량을 환수하는 긴축정책을 실시하고, 경기를 부양할 필요가 있으면 그 반대의 정책을 실시한다.

넷째, 정부의 은행으로서 국고금을 관리하고 정부에 신용을 공급한다. 조세 등 재정수입을 고려해 정부에 일시적으로 대출을 해줄 뿐 아니라, 정부가 국공채를 발행하면 그것의 전부 또는 일부를 인수해 재정자금을 지원한다.

박정희정부 시절 한국은행은 재무부에 종속되어 경제성장에 필요한 통화를 공급하는 일을 주된 임무로 삼았다. 한국은행을 '재무부의 남대문 출장소'로 비하하는 말이 생겨난 것은 이 때문이다. 이후 점차 독립성이 강화되어 지금은 한국은행총재가 위원장인 금융통화위원회가 명실상부한 최고의사결정기구가 됐다. 세계적으로도 중앙은행의 독립성은 강화되고 있는 추세다. 중앙은행의 힘이 강한 나라로는 미국과 독일이 있고, 상대적으로 영국과 일본은 중앙은행의 힘이 약한 편에 속하는 나라다.

중앙은행 이외의 금융기관은 취급하는 서비스의 성격에 따라 은행, 비은행 예금취급기관, 증권회사, 보험회사, 기타 금융기관, 금융중개보조기관으로 분류된다. 이들은 자금의 수요자와 공급자를 연결시켜주는 금융중개기관이다. 이 금융중개기관들은 화폐라는 공공재를 상품으로 취급한다는 점에서 공공성을 띠고 있어서 '기관'이라는 명칭이 붙었다. 다만 근래에 들어 이들도 이윤을 추구하는 기업의 성격이 강화되고 있고, 이를 감안해 금융회사 또는 금융기업이라 불러야 마땅하다는 주장이 강화되고 있다.

은행은 일반은행과 특수은행으로 나뉜다. 우리나라에서 특수은행은 산업은행이나 수출입은행과 같이 특수한 정책적 목적을 위해 설립된 은행을 일컫는다. 과거에는 외환은행이나 주택은행도 특수은행에 속했지만 지금은 일반은행으로 전환됐다. 일반은행은 영업지역이 전국인 시중은행, 영업지역이 일정한 지역에 한정된 지방은행, 외국은행의 국내지점으로 구성돼 있다. 요즈음 은행은 신탁이나 보험 등 다른 금융업무로 활동영역을 넓히고 있다. 은행업과 보험업을 함께 겸하는 것을 방카슈랑스(bancassurance)라 한다.

비은행(非銀行) 예금취급기관은 은행예금과 유사한 예수금으로 자금을 조달해 운영하는 금융기관으로, 은행이란 이름이 붙어있는 기관도 포함돼 있지만 예금통화를 창출할 능력이 없거나 미미하다는 점에서 은행과 구분된다. 종합금융회사, 투자신탁회사, 상호저축은행(과거엔 상호신용금고), 신용협동조합, 새마을금고 등이 여기에 속한다.

증권회사는 직접금융시장에서 기업이 발행한 증권을 매개로 투자자의 자금을 기업에 이전시키는 기능을 수행한다. 뮤추얼펀드 등의 자산운용회사는 다수 투자자의 돈을 모아 증권에 투자하고 그 수익을 돌려주는, 즉 유가증권에 대한 간접투자를 가능하게 해주는 금융기관이다. 보험회사는 생명보험사와 손해보험사로 구분된다.

기타 금융기관으로는 신용카드회사, 리스회사, 할부금융회사와 같은 여신전문금융기관이 있다. 이는 예금과 같은 수신기능은 수행하지 않고 돈을 빌려주는 여신기능만 담당하고, 금융기관으로부터의 차입이나 채권발행에 의해 소요자금을 조달한다. 금융중개보조기관으로는 증권선물거래소, 금융결제원, 신용평가회사(한국신용평가, 한국기업평가, 한국신용정보), 신용보증기관(신용보증기금, 기술신용보증기금) 등이 있다.

끝으로 한국 금융기관의 근래 상황에 대해 간단히 언급해보자. 과거 금융기관들은 정치권과 관료의 영향력 하에서 정치금융과 관치금융의 폐해를 누적시켜 왔고, 여기에 재벌의 경제력이 증대하면서 재벌들이 금융기관을 소유하는 재벌금융의 폐해까지 가중됐다. 그리하여 마침내 1997년 IMF사태가 발생하고 5개 은행을 비롯해 600여 개의 부실금융기관들이 정리당하는 결과가 초래됐다.

이후 금융의 구조조정 과정에서 부실징후가 발견되면 시정하도록 하는 적기시정조치(適期是正措置)가 도입됐다. 그리고 은행에 대해 국제결제은행(BIS; Bank for International Settlements) 기준 자기자본비율(은행이 보유한 자산별로 떼일 위험도를 감안해 산출한 위험가중자산에 대한 자기자본의 비율)을 일정수준 이상으로 유지하게 하는 등 금융기관의 건전성 확보를 위한 장치를 정비했다.

이런 구조조정 정책들을 실시한 결과로 우리 금융기관은 선진화되었을까? 카드를 함부로 발급해줘 4백만 가까운 신용불량자를 만

들어내고 그 뒷감당에 쩔쩔매었던 것만 보더라도 아직도 갈 길은 먼 것 같다. 또 외국자본의 국내 금융기관 소유가 크게 늘면서, 이것이 한편으로는 선진금융기법을 전파하는 긍정적 기능을 수행하지만 다른 한편으로는 금융의 공공성을 훼손하는 게 아닌가 하는 우려도 낳고 있다.

5부

한국경제와 세계경제

한반도 경제가 걸어온 길
재벌이냐 외국자본이냐
노동자 혹은 농민으로 산다는 것
세계화의 두 얼굴
미국과 유럽연합의 경제
일본과 중국의 경제

22 한반도 경제가 걸어온 길

한국경제 성장의 특징: 압축적 불균등 성장

우리나라의 1인당국민소득은 1960년 87달러, 1970년 249달러, 1980년 1600달러, 1990년 5900달러, 2012년 2만 2700달러로 50여 년 동안 250배 정도 증대했다. 수출액도 1960년 3300만 달러에서 2012년에는 5500억 달러를 넘어섰다. 50여 년 동안 1만 6000배 이상 증대한 셈이다.

물론 이런 숫자들은 달러로 계산한 것이므로, 그동안 달러의 구매력이 떨어진 것을 감안하면 국민소득이나 수출의 실질적 증대치는 위 수치들만큼 크지는 않다. 그렇다 하더라도 이제 어엿한 공업국가로 자리 잡은 우리나라는 2012년의 GDP규모가 세계 15위였다. 1인당국민소득도 1970년에는 126위였으나 2012년에는 34위로 올라섰으며, 인구 4천만 명 이상의 국가만을 대상으로 하면 8위다.

D램 매출액, TFT-LCD 출하액, 휴대전화단말기 판매액, 인터넷 활용가구 비중에서 한국은 세계 1위를 자랑하고 있다. 철강 생산량

은 세계 5위, 자동차 생산대수도 세계 5위에 이르렀다. 늘 외환부족에 시달리고 IMF사태까지 겪었으나, 2012년 외환보유고는 3000억 달러를 넘어 세계 8위다. 국민의 소비생활을 보더라도 자동차 등록대수가 1960년 3만 8000대에서 1990년 340만 대로 늘었고, 2012년에 약 1900만 대에 이르렀다.

선진국이 수백 년에 걸쳐 이룩한 자본주의화와 공업화 과정을 우리는 수십 년 만에 달성했다. 이것이 바로 압축적 성장이다. 기적이라 할 만하다. 여러 가지로 유리한 국제적 환경을 잘 살리면서 우리 국민, 즉 노동자와 기업가의 능력이 충분히 발휘된 결과다.

한국만이 압축적 경제성장을 이룬 것은 아니다. 대만, 홍콩, 싱가포르 등 이른바 아시아 '신흥공업경제(NIEs; Newly Industrializing Economies)'도 2차대전 이후 고도성장을 경험했고, 오늘날 중국이나 동남아도 비슷한 길을 걸어가고 있다. 그리고 일본도 유럽국가에 비하면 압축적 경제성장을 했다고 할 수 있다.

뒤늦게 공업화에 뛰어든 나라는 공업화에 필요한 기술이나 자본 또는 제도를 선진국에서 쉽게 도입할 수 있다는 이점을 갖고 있다. 이를 '후발성의 이익(advantage of late development)'이라 한다. 물론 아프리카나 아시아 최빈국들의 사례에서 보듯이 뒤늦게 공업화에 뛰어든다고 모두 후발성의 이익을 살릴 수 있는 것은 아니다. 압축성장을 이룰 만한 내부적, 외부적 조건이 갖춰져 있어야 한다.

그런데 압축성은 필연적으로 불균등성을 수반한다. 당장 가시적 성과를 낼 수 있는 분야에 자원을 집중하다 보니 각 경제부문의 발전이 불균등할 수밖에 없다. 그래서 수도권과 지방, 공업과 농업, 재벌대기업과 중소기업, 수출기업과 내수기업 사이에 격차가 생기는 것이다. 재벌기업 자체도 기술수준은 급성장했지만 총수에 의해 전근대적 황제경영이 지속되는 불균등성을 안고 있다. 정치나 사회문화 수준도 생산력의 발전수준을 따라가지 못했다. 인권보호도 마찬가지다. 장자연 씨 사건에서처럼 신참 여성연예인이 거물인사 성접대의 노리개로 불려다니는 현실을 보라.

불균등성으로 인해 우리 사회에선 온갖 사회갈등이 표출돼 왔다. 4.19혁명 이후 오늘날까지 전개된 학생운동이나 전태일 분신 이후 본격화된 노동운동의 격렬함은 어느 나라에서도 유례를 찾기 힘들 정도다. 근년에 부각되고 있는 '개발과 환경'의 갈등도 만만찮다. 천성산 터널이나 방사성폐기물처리장을 둘러싼 갈등을 생각해보라.

이런 일들은 특별히 우리 국민이 체질적으로 싸움을 좋아하거나 열등해서 생기는 게 아니다. 압축적 성장 과정에서 발생한 역동성이 불균등성에 부닥쳐 갈등으로 표출된 것이다. 호주나 뉴질랜드로 이민 간 한국인들은 그 나라를 '심심한 천국', 한국을 '재미있는 지옥'이라 말하곤 한다. 이는 '역동성의 재미'와 '갈등의 지옥'을 동시에 지닌 한국의 양면성을 보여주는 표현이다.

이제 우리 경제의 구조는 고(高)성장단계에서 중(中)성장단계로 이행하는 듯한 모습을 보이고 있다. 성숙단계에 접어든 것이다. 또한 공업화 단계를 넘어 정보화 사회로 나아가고 있다. 이런 흐름이 지속되면 역동성은 줄고 갈등은 완화될까? 나아가 북한과의 통일이 이루어지면 어떻게 될까?

광복과 1950년대

일제의 강점에서 벗어난 한반도는 남북으로 분단되어 남한은 미국,

북한은 소련의 지배 하에서 경제를 꾸려나갔다. 남한은 근대적인 국민국가를 건설하기 위해 내부 경제체제를 새롭게 짜나가야 했다.

당시 남한은 긴급히 처리해야 할 두 가지 경제적 과제를 안고 있었다. 첫째는 토지개혁 문제였다. 전근대적인 지주-소작농 관계를 철폐하라는 농민의 거센 요구는 혁명적 정세를 조성할 정도였다. 민중을 진정시키기 위해 미군은 우선 일본인 소유의 토지를 유상분배하는 토지개혁에 착수했다. 이어서 이승만정부도 3정보 이상의 농지를 '유상매수-유상분배'하는 토지개혁을 실시했다.

이러한 토지개혁은 완벽하지는 않았지만 공업국으로 발전하는 기틀을 마련함으로써 우리의 근대 자본주의 발전에 크게 기여했다. 전근대적인 지주계급이 몰락하고 자영농민층이 발전했기 때문이다. 중남미나 동남아 등에서 오늘날까지 게릴라활동이 사라지지 않는 것은 바로 토지개혁이 제대로 시행되지 않았기 때문이다.

둘째는 일본인이 한국에 남기고 간 재산인 귀속재산을 어떻게 처리할 것인가 하는 문제였다. 흔히 적산이라고 불렸던 귀속재산은 주로 가옥과 기업체로 구성돼 있었다. 광복 직후 한동안은 노동자들이 직접 귀속기업을 꾸려나가는 자주관리운동이 전개되기도 했다.

그러나 미군정은 노동자자주관리운동을 억압하고 귀속기업체를 일단 국가 소유로 돌렸고, 이는 정부수립 후 차차 민간에 불하됐다. 민간자본가들은 이러한 귀속기업체 불하과정을 통해 육성됐는데, 두산, SK, 한화 그룹이 그 대표적인 경우다.

광복 후 특히 한국전쟁 이후 미국과 UN은 우리에게 막대한 원조를 제공했다. 이는 미국이 자비심에 넘쳐서가 아니라 한국을 소련의 세력권에 대항하는 반공군사기지로 키워나가기 위해서였다. 이유야 어떻든 경제적 원조는 한국 국민이 당장의 생계를 유지하는 데 도움이 됐다. 원조물자인 밀가루나 면화로 먹고 입는 문제를 어느 정도 해결해 갔던 것이다. 나아가 정부가 원조물자를 민간에 판 대금인 대충자금(對充資金)은 정부의 허약한 재정을 크게 뒷받침했다.

1950년대의 공업은 이런 원조물자를 가공하는 산업으로서 발전해 갔다. 밀을 원재료로 하는 제분공업, 면화를 원재료로 하는 방직공업, 원당을 원재료로 하는 제당공업이 대표적 산업으로 세 완제품의 색이 하얗기 때문에 이들을 삼백산업이라 불렀다. 이 산업을 통해 우리는 그동안 수입해오던 소비재들을 국내에서 생산하게 됐다. 그래서 1950년대 공업화를 흔히 수입대체 공업화라 일컫는다.

한국사회의 고질병인 정경유착이 싹트기 시작한 것도 이 시대의 특징이다. 정부가 보유한 달러나 원조물자를 팔 때 시세보다 싸게 특정 민간업체에 팔아 특혜를 제공했기 때문이다.

1950년대 말이 되자 미국의 원조가 줄고 생산설비가 과잉이 되면서 경제는 불황에 빠졌다. 이는 4.19혁명의 경제적 원인으로 작용했다.

1960~1970년대의 박정희 시대

5.16쿠데타로 정권을 잡은 박정희정부는 빈곤 탈출에 주력했다. 빈곤 탈출은 쿠데타의 정당성을 확보하기 위해서도 성공시켜야 할 과제였다. 이를 위해 박정희정부는 1950년대와는 상당히 다른 경제운영 시스템을 도입했다. 경제개발 5개년계획을 실시해 적극적으로 경제에 개입하고, 생산설비 과잉에서 오는 문제점을 해결하고 외화도 벌어들일 목적으로 수출주도 공업화를 추진했다. 또 미국의 원조

감소에서 비롯된 타격을 줄이기 위해 굴욕적이긴 하지만 한일협정을 체결해 차관도입을 늘렸고, 특정 기업에 집중적으로 자원을 배분하여 그들을 재벌로 키워나갔다. 국가주도, 수출주도, 외자주도, 재벌주도의 공업화가 자리 잡은 것이다.

물론 국가주도라 하더라도 북한처럼 시장경제를 없앤 것은 아니었다. 수출경쟁력을 채 갖추지 못한 철강이나 화학과 같은 분야에서는 수입대체 공업화도 전개됐다. 외자도입은 외국인직접투자자보다는 국내기업이 외국에서 돈을 빌려오는 차관 형식으로 주로 이루어졌다. 또 이 시기에 재벌은 국가의 관리, 감독을 받았다.

박정희정부가 실시한 경제정책의 성과는 '한강의 기적'으로 나타났다. 농촌은 보릿고개를 벗어났고, 국민경제는 연평균 8퍼센트가량씩 고도성장했다. 마침내 한국은 농업국가에서 공업국가로 변신하면서 대만, 홍콩, 싱가포르와 더불어 아시아 신흥공업경제로 부상했다.

1970년대 후반에 들어서면서 경공업 중심의 수출에 한계를 느낀 정부는 중화학공업화를 추진했다. 방위산업의 필요성, 유럽의 조선공업 쇠락 등에서 비롯된 국제분업의 새로운 양상이 한국 중화학공업의 가능성을 열어줬다. 중동건설 붐도 중화학공업화에 기여했다. 1972년 10월유신에 의한 박정희 장기집권체제의 정당성을 확보할 필요성도 중화학공업화를 추진했던 하나의 요인인 듯싶다.

이렇듯 급속하게 밀어붙인 중화학공업화는 많은 부작용을 초래했다. 돈을 잔뜩 푼 결과로 집값이 폭등하고 인플레이션이 극심해졌다. 게다가 이제 막 설립된 중화학공장의 가동률이 시작부터 높을 리 만무했다. 박정희의 개발독재체제에 대한 국민의 불만은 폭발을 향해 치닫고 있었다. 결국 이는 대통령 암살이라는 10.26사태로 이어졌다. 박정희 체제는 압축적 고도성장을 달성하기는 했지만, 민주주의를 짓밟고 국민대중을 소외시킴으로써 결국 파멸하게 된 소위 '지속불가능한 개발' 체제였던 셈이다.

1980년대 이후와 IMF사태 및 세계 금융위기

박정희 대통령 암살 이후에 등장한 전두환 군사정권은 광주학살을 자행하는 등 민중을 더욱 억압함으로써 정치적 위기를 타개하려 했다. 이들은 경제적 위기를 타개하기 위해 중화학공업의 과잉중복투자를 강제로 조정하고 물가상승을 억제하는 데 노력을 기울였다. 나아가 '민간주도경제'와 '개방화'를 캐치프레이즈로 내걸고 은행의 민영화에 착수하고 농산물 수입을 대폭 자유화했다.

군사정권에 대한 민중의 저항은 날이 갈수록 거세졌다. 정권에 반대하는 시위가 이어지고 분신자살하는 학생이 속출하는 가운데 정권은 존립의 정당성을 잃어갔다. 마침내 1987년 6.10민주항쟁과 6.29민주화선언을 통해 직선제로의 개헌이 이루어졌다. 이러한 정치적 민주화와 더불어 1987년 7월과 8월에는 열악한 노동조건에 대한 저항으로 3000건이 넘는 노동쟁의가 봇물처럼 터져 나오는 노동자대투쟁이 전개됐다.

그 결과 임금이 상승하고 근로조건이 대폭 개선됐다. 1987년 이후 10년간 노동자의 실질임금은 2배로 올랐다. 임금상승의 결과로 내수시장의 규모가 커졌다. 더 이상 저임금 노동력을 원동력으로 경제성장을 추진할 수 없게 됐다. 이런 현실에 맞게끔 우리의 공업구조는 자본집약적이고 기술집약적인 방향으로 변화했다.

한편 재벌기업들은 그동안 국가경제의 발전 속도에 버금가는 급성장을 하며 엄청난 부를 축적했다. 정부가 더 이상 과거처럼 재벌을 관리감독하기 어려워졌고, 관치금융의 낡은 옷을 미처 벗어던지지 못한 은행들 역시 재벌들의 행태를 제대로 견제할 능력을 키우지 못했다. 이런 가운데 1990년대 전반에 재벌들의 방만한 투자가 전개됐다. 또 1996년 OECD 가입을 계기로 자본자유화가 급진전되어 기업이나 금융기관은 외국에서 돈을 함부로 빌렸다.

1997년부터 한보와 진로 등 재벌기업들이 줄초상을 맞이했다. 그동안의 방만한 투자가 결국 자멸을 불러온 것이다. 설상가상으로 태국에서 발생한 외환위기로 외국금융기관들이 대출자금을 회수하자 달러가 부족해진 우리 정부는 1997년 11월에 IMF에 긴급지원을 요청했다. 이른바 IMF사태다. IMF사태는 대내적으로 재벌과 금융의 낡은 시스템이 지속되고 대외적으로 무분별한 개방이 전개된 것이 기본 요인이고, 여기에 정부가 환율정책 등에서 오류를 범한 것이 영향을 미쳤다.

IMF사태 이후 정부는 재벌, 금융, 노동 부문에서 개혁을 단행하고 개방을 대폭 확대했다. 30대 재벌의 절반이 쓰러지고 600여 개의 금융기관이 사라졌다. 노동부문에서도 정리해고제가 시행되고 노사정위원회가 설치되는 등의 변화가 일어났다. 무역과 외자도입이 거의 전면적으로 자유화됐다. 이 과정에서 1998년에는 1980년에 이어 다시 마이너스 성장을 기록하고 실업률이 한때 8퍼센트대에 달해 국민들이 많은 고통을 겪었다.

그 후 경제는 회복됐지만 과거와 같은 고성장은 어려워지면서 중성장경제로 변모해갔다. 경제의 양극화도 심화됐다. 대기업과 중소기업, IT산업과 비IT산업, 수출기업과 내수기업, 정규직과 비정규직의 격차가 커진 것이다. 그리고 2008년 가을부터는 미국발 세계 금융위기 속에 달러 부족으로 환율이 급등하고 수출과 내수가 위축되면서 경제가 어려움을 겪었다.

위기 속에 변화하는 북한경제

필자는 여러 차례 북한에 가본 적이 있다. 순안공항은 시골역처럼 초라했지만 평양은 잘 정돈된 도시였고 공기가 맑았다. 북한 안내원들은 듣던 것보다는 솔직하고 부드러웠다. 아리랑축전은 세계적 문화유산이라 할 만큼 정말로 대단했다. 만경대 학생소년궁전의 어린이들도 귀엽고 깜찍했다. 묘향산 계곡의 단풍은 사람들을 푹 빠지게 만들 정도로 절경이었다.

그런데 묘향산 가는 길의 산에는 나무가 없었다. 북한 안내원은 자조적으로 "산이 탈모증에 걸렸다"고 했다. 가을걷이전투(추수)가 한창인 농촌에서는 농기계가 부족해 농민들이 몸에다 볏단을 묶어 나르고 있었다. 아리랑축전의 카드섹션은 농업부문의 발전을 보여주다 갑자기 IT산업을 내세웠다. 공업부문에 대해선 할 말이 없는 모양이다. IT산업을 통해 강성대국으로 '단번 도약'을 하겠다는 의도겠지만 공업의 기반 없이, 더구나 폐쇄된 사회에서 IT산업이 제대로 발달할 수 있을까? 묘향산에서 만난 북한 일반인들의 영양실조에 걸린 듯한 모습은 마음을 안타깝게 했다. 어째서 오늘날 북한경제는 이런 상황에 이르게 되었을까?

해방 이후 소련군의 점령하에서 김일성정권은 토지개혁과 중요산업 국유화를 단행하고 경제계획을 시행했다. 그 후 1950년대에 북한 경제는 한국전쟁을 통해 심대한 타격을 입긴 했지만 급속한 경제성장을 달성해서 한때 '대동강의 기적'이라는 칭송을 들었다. 1960년대에는 농업에 '청산리정신·청산리방법', 공업에 '대안의 사업체계'를 도입했다. 김일성이 남포 시의 청산리지역 농촌과 대안전기공장을 방문해 내린 교시에서 유래한 이 '군중노선'은 경제활동을 노동당이 통제하고 정치적, 도덕적 자극을 강조하는 것으로 최근까지 지속됐다.

그러나 시장메커니즘과 물질적 자극이 결여된 군중노선은 별로 효과를 발휘하지 못했고, 1970년대부터 북한경제는 정체의 양상을 띠게 된다. 이때부터 남한과의 경제력격차가 점점 확대되면서 북한 당국은 선진기술의 도입과 대외관계의 중요성을 인식하기 시작했다. 하지만 북한의 대외관계는 성공적이지 못했다. 1970년대에 추진한 서방국가와의 경제관계 확대는 대외채무 불이행으로 이어졌고, 1980년대에 추진한 합영법을 통한 외자유치는 기껏 조총련계 기업 일부를 끌어들인 데 그쳤으며, 1990년대 초의 '나진·선봉 경제특구' 설치는 경제시스템의 개혁 없는 이른바 '모기장식 개방전략'이었기 때문에 큰 성과를 거두지 못했다.

이런 가운데 소련과 동구의 체제가 붕괴함에 따라 북한경제는 국제적으로 고립됐고, 엎친 데 덮치기로 식량난까지 겹치면서 최악의 상황에 직면했다. 1990년대 중반에 아사자가 속출하는 가운데 '고난의 행군'이 전개된 것은 바로 이 때문이다. 이 무렵에는 군수공장을 제외한 공장의 가동이 대부분 중단됐다고 한다. 식량배급체계도 작동하지 않았고, 탈북자가 속출했다.

1999년 이후 경제성장률은 플러스로 전환됐고, 아사자가 대량으로 발생하는 일도 사라졌다. 또 2002년 7월 1일의 이른바 '7.1조치'를 통해 개혁과 개방을 진전시키고 있다. 7.1조치의 주요 내용은 기업의 자율성 확대, 집단농장 분할, 가격체계 현실화, 자생적인 농민시장 양성화, 노동의욕 제고를 위한 성과급 확대 등이다. 아울러 북한은 개성과 금강산의 특구를 통해 남한 자본을 끌어들이는 동시에 중국과의 무역 및 합작도 늘리고 있다.

하지만 북한은 여전히 빈곤의 덫에서 벗어나지 못하고 있다. 2012년 1인당국민소득은 1100달러로 남한의 약 20분의 1인데, 탈북자들은 이 수치조차 과장된 것이라고 말한다. 에너지와 원자재 부족으로 산업가동률은 30퍼센트 내외에 머물러 있다. 무역규모도 최근 다시 회복돼 70억 달러에 육박하기도 했지만 52억 달러였던 1988년 수준을 겨우 넘어선 형편이다. 우리의 곡물자급률도 30퍼센트 미만이라 북한의 식량부족을 비판할 형편은 아니지만, 우리와 달리 북한은 모자라는 식량을 수입할 외화가 부족하다.

1970년대 이후 경제가 '녹슬어왔다'는 표현이 적절할지 모르겠다. 내부체제 모순과 대외관계 경색이 이런 상황을 야기했다. 시장경제와 민주주의가 작동하지 않는 체제의 한계가 드러난 셈이다. 최근의 개혁과 개방이 북한을 중국이나 베트남처럼 변화시켜 갈 수 있을지가 관건이라 할 수 있다.

남북한 경제협력은 퍼주기인가

해방 후 미국과 소련이 남북을 분단시킨 뒤에도 남북의 경제관계는 곧바로 단절되지 않았다. 물자를 서로 주고받고 북한이 남한에 전기를 공급해주기도 했다. 그러다 한국전쟁이 발발하자 양국 관계는 완전히 얼어붙었다. 기껏 휴전선 부근에서 남북한 병사들이 막걸리와 해산물을 바꿔먹는 정도만 지속됐으나, 이마저 1968년 청와대 습격 사건으로 불가능하게 됐다. 형제간에 사이가 틀어지면 남보다 못한 법이다.

새로운 계기는 1987년 한국사회의 민주화와 더불어 찾아왔다. 1988년에 7.7 선언이 발표되고 남북교류협력 시대가 막을 연 것이다. 그 후 우여곡절은 있었지만 남북한 간에 사람과 물자가 오갔고, 1998년에는 판문점을 통해 소 떼가 넘어가는 장관도 연출됐다. 나아가 2000년에 남북정상이 만나 6.15공동선언을 발표함에 따라 남북관계는 또 다른 질적 도약을 이룩했다. 남북의 정치군사적 긴장이 해소되고 북한이 남한을 주요한 경제파트너로 인식하게 된 것이다.

그리하여 남북한 관계가 악화된 2012년에도 남북 간의 인적 교류가 12만 명을 넘어섰고, 교역액은 20억 달러에 이르렀다. 남북한 교역액은 북한 전체 무역의 3분의 1 수준으로, 남한은 중국에 이어 제2의 교역상대국이다. 무역의 방식은 북한산품을 반입하고 남한제품을 반출하는 단순교역에서 1990년대 후반부터는 남한이 북한에서 물자를 위탁가공하는 비중이 늘어갔다.

2004년 6월에는 개성공단 시범단지가 준공됐고, 이곳에서 2012년 말 현재 100여 개의 남한 기업이 약 5만 명의 북한근로자를 고용하고 있었다. 개성공단은 저임금, 공통언어, 지리적 근접성으로 장차 한국기업이 몰려갈 가능성이 높았다. 개성공단 이외의 지역에 일부 남한 기업이 진출하기도 했다.

그러나 북한경제가 넘어야 할 산은 여전히 높다. 아직 전력, 통신

등 인프라가 제대로 갖추어져 있지 않다. 북한은 돈의 필요성에 눈 뜨기 시작했지만, 시장경제를 제대로 이해하는 수준은 아니다. 핵 문제 등을 둘러싼 미국과 북한의 긴장상태가 남북관계 발전에 장애가 되고 있다. 또 이명박 정권이 들어선 이후 남북한 관계는 대북 식량지원이 끊기고 금강산 및 개성 관광이 중단되었으며, 박근혜정부가 들어서자 개성공단이 폐쇄되기도 했다.

동서독의 통일 당시 서독에 비해 동독의 인구는 약 4분의 1, 1인당 소득은 약 3분의 1이었다. 만약 동독이 졸지에 붕괴했던 것처럼 북한이 와해돼 남북한이 현재 상태에서 초빅뱅(超big-bang) 방식으로 통일된다면 어떻게 될까. 〈표 22-1〉에서 볼 때 북한인구가 남한인구의 절반으로 동서독 인구비율 4분의 1의 2배이고, 남북한 소득격차는 20배로 동서독 소득격차 3배의 약 6배에 해당한다. 단순화하자면, 남한이 져야할 부담은 서독의 경우에 비해 2×6=12배다. 서독은 통일 이후 자신의 소득 중 약 4퍼센트를 동독에 지원함으로써 동독의 생활수준을 서독의 80~90퍼센트로 유지했다. 초빅뱅의 남북한 통일 이후 남북한 생활수준 차이를 서독과 동독의 차이 정도로 만들려면 남한소득의 절반 가까이(4퍼센트×12=48퍼센트)를 쏟아부어야 하는 셈이다.

〈표 22-1〉 남북한 경제력 비교 (2012년)

구분	북한(A)	한국(B)	비율(A/B)
인구(만 명)	2400	5000	1/2
1인당소득(달러)	1100	22000	1/20
무역규모(억 달러)	70	10700	1/150

이런 부담을 남한이 제대로 감당할 수 있을까? 게다가 이렇게 격차가 큰 남북한이 합쳐질 때 발생할 정치사회적 혼란은 상상하기조차 힘들다. 따라서 가급적 남북한의 경제력 격차를 축소시킨 후에 통일이 찾아오도록 해야 한다. 물론 통일이 우리 계획대로 되는 것은 아니다. 하지만 북한의 산업화를 지금 최대한 지원하는 게 미래의 비용을 줄이는 길이 아닐까?

남북경제협력과 통일은 비용뿐 아니라 편익도 초래한다. 개성공단은 잘만 하면 우리 기업, 특히 중소기업에 성장의 발판으로 작용할 수 있다. 굳이 언어도 잘 통하지 않는 중국이나 베트남에 가는 대신 북한에 진출하면 인건비나 물류비가 절약된다. 남한의 자본과 기술, 북한의 토지와 노동력이 결합했을 때 나타날 시너지효과를 기대해 볼 만하다.

그뿐 아니다. 남북한 긴장이 완화되고 통일이 이루어지면 국방비 지출을 상당부분 산업이나 복지로 돌릴 수 있다. 시간이 걸리긴 하겠지만 북한은 새로운 내수시장으로도 기능할 것이다. 사람의 발길이 끊어진 휴전선 일대는 보호된 자연생태계 덕분에 세계적 관광지로 부상할 수 있다. 통일된 한반도는 동북아 물류에서 그 중요성이 질적으로 달라진다. 물론 통일은 경제적 측면만 고려할 일은 아니다. 하지만 통일과정에서 경제적으로 비용을 최소화하고 편익을 최대화하는 노력은 필요하다.

김대중정권과 노무현정권의 10년간 남북경제협력에 대해 '퍼주기'라는 말이 유행했다. 그런데 정부차원과 민간차원의 무상지원 총액은 그 기간 동안 연평균 2700억 원 정도였다. 크다면 큰 돈이다. 하지만 그것은 해당 시기 한국의 연평균 GDP(약 800조 원)의 0.04퍼센트에도 못 미친다. 이는 통일 이후 소득의 4퍼센트가량을 동독에 지원해온 서독과 대비된다. 말하자면 한국은 서독이 지원한 금액의 100분의 1도 지원하지 않았던 것이다. 대북지원을 통일비용의 사전지출이라고 생각한다면 '퍼주기'는커녕 '생색내기' 차원도 아닌 셈이다. 퍼주기 운운하는 선동적 구호보다 차분한 통일대비가 필요한 시점이라 아니할 수 없다.

23 재벌이냐 외국자본이냐

헷갈리는 '재벌'의 정의

신문에 재벌과 관련된 기사가 나지 않는 날이 거의 없다. 어떤 때는 세계적인 제품을 개발했다는 밝은 측면이 보도되고, 어떤 때는 총수가 회삿돈을 멋대로 빼돌렸다는 어두운 측면이 보도되기도 한다. 우리가 쓰는 것들의 대부분은 재벌기업의 이름을 달고 나온다. 주위의 생활용품을 한번 둘러보라. 재벌은 우리의 삶에 깊숙이 뿌리내리고 있다.

그런데 재벌이 무엇인가를 막상 정의하려 하면 다소 헷갈린다. '재벌'은 때로는 삼성이나 현대와 같은 '기업'을, 때로는 이건희 씨나 정몽구 씨 같은 '총수'를 지칭한다. 어떤 때는 부자를 그냥 재벌이라고 부르기도 한다. 재벌에 대한 이와 같은 자의적 개념설정이 정부의 재벌정책을 갈팡질팡하게 만든 하나의 요인이다. 정치를 맡기면 무엇을 가장 먼저 하겠냐는 질문에 공자가 "*必也正名*(필야정명, 반드시 이름을 바로잡겠다)"이라고 답한 것이 바로 이 경우에 적용되지 않을까 싶다.

　사정이 이렇다 보니 재벌개혁이 재벌기업을 대상으로 한 것인지 재벌총수를 대상으로 한 것인지도 불분명하다. 김영삼정부는 재벌개혁이라며 문어발경영을 규제하는 업종전문화를 추진했는데, 이는 재벌기업을 대상으로 한 것이었다. 김대중정부 이후 비로소 재벌개혁의 일환으로 재벌총수의 책임 문제를 따지기 시작했지만, 기업 문제와 총수 문제가 분명히 구분되지는 않았다.

　많은 일반인들이 재벌에 대해 한편으로 선망하고 다른 한편으로 비난하는 이중적 정서를 갖고 있다. 선망하는 경우는 재벌기업에 입사하고 싶을 때다. 비난하는 경우는 주로 재벌총수의 잘못된 행태에 대해서다. 즉 선망과 비난의 대상이 엄연히 다른데도 같은 용어로 표현하기 때문에 이런 혼란이 빚어지고 있는 것이다.

　재벌은 일본에서 만들어진 용어로, 재벌기업을 지칭할 때 쓰였다. 미쓰이(三井), 미쓰비시(三菱), 스미토모(住友)가 대표적인 재벌이었다. 2차대전 후 맥아더 사령부에 의해 해체되기까지 이들 재벌은 일본경제를 지배하는 주체였다. 따라서 재벌이란 용어는 그 발상지인

TIP 선단문어발경영

선단문어발경영이란 선단경영과 문어발경영의 합성어. 선단경영은 《삼국지》에 나오는 적벽대전의 조조 대군처럼 계열사들이 '같이 살고 같이 죽는' 식으로 결합된 것을 의미하고, 문어발경영이란 모 재벌이 한때 자랑했듯이 '칩(chip)에서 십(ship)까지' 온갖 사업을 다 벌이는 것을 의미한다.

한 가지 분명히 해둘 것은, 그룹 계열사들이 긍정적인 의미에서 상호 지원하는 통합경영을 선단경영이라 비판하는 게 아니며, 여러 사업을 벌이는 다각경영 자체를 문어발경영이라고 비판하는 것도 아니라는 점이다. 계열사 자체의 합리적 판단을 저해할 정도로 계열사 사이의 경영관계가 총수의 전횡 하에 고착되어 있는 것을 선단경영, 수익전망을 제대로 따지지 않고 아무 사업에나 뛰어드는 것을 문어발경영이라 한다.

일본의 통상어법에 따라 재벌기업에 한정해 쓰는 게 바람직하다. 총수를 말할 때는 '재벌총수'라고 명확히 해주면 된다.

재벌은 한국에만 존재하는 괴물이 아니다. 한국에서 특별히 많은 논란을 불러일으키고는 있지만 과거 일본에도 존재했고, 오늘날 태국이나 인도네시아 등에도 존재한다. 요컨대 재벌은 가족 원리를 기반으로 하는 후진국이 선진국과 경쟁하며 급속한 공업화를 추진할 때 주로 만들어지는 후진국의 경제주체다.

재벌은 엄밀하게는 '가족경영 + 다각화된 기업집단'으로 정의된다. 소유와 경영이 분리되지 않은 가족경영 상태에서 여러 사업을 거느리면 콘체른의 후진국적 형태로서 재벌이 등장하는 셈이다. '재벌체제'는 내부적으로는 가족경영에 의한 총수의 왕조적 독재체제(이른바 황제경영)가 자리 잡고 있고, 외부적으로는 다각화된 독점(이른바 선단문어발경영)에 의해 재벌이 국민경제를 독저적으로 지배하는 '이중적 독재체제'다.

재벌체제의 모순과 구조조정

재벌체제가 무조건 나빴던 것은 아니다. 재벌체제는 1960~70년대 고도성장의 견인차 역할을 수행했다. 부족한 자원을 유능한 경영자에 집중시켜 지원하는 게 고도성장에 효과적이기도 했다. 하지만 시간이 지남에 따라 그 부정적 측면이 두드러졌다. 사람이 자라면서 어릴 때 입던 옷이 몸에 맞지 않게 되는 것과 마찬가지다.

우선 가족경영 면에서 재벌총수의 '무능'이 두드러졌다. 재벌총수의 무능함은 생물학적 차원의 문제다. 생물학적으로 볼 때 어떤 인물이 죽을 때까지 경영능력을 유지할 수는 없다. 경영능력에 관련된 유전자도 따로 존재하지 않는다. 그런데도 재벌체제에서는 총수가 죽을 때까지 최고결정권을 행사하며, 그 자식은 경영능력을 검증받지도 않고 단지 자식이라는 이유만으로 경영권을 세습한다.

때문에 재벌에서는 전문경영인체제가 발전하기 어렵다. 현대그룹의 예에서 볼 수 있듯이 1980년대 이후 창업총수가 경영판단 상의 과오를 범하거나, 삼미나 쌍용의 예처럼 총수 2세가 무리한 경영을 추진하는 것이다. 물론 모든 재벌에서 전문경영인체제가 발을 붙이지 못한 것은 아니다. 하부에 경영을 위임하는 근대적 경영행태를 부분적으로 도입한 재벌도 있다. 이런 재벌일수록 발전도 건실했고, IMF위기로부터 더 빨리 벗어났다.

재벌의 가족경영은 '부패'의 문제도 잉태했다. 총수의 권력을 감시하고 견제하는 기능이 제대로 작동하지 않았다. 그룹 재산에서 총수의 실질 지분이 차지하는 비중이 작아지면서 총수가 기업의 이익을 빼돌릴 유인이 점점 커져갔다. 개인적인 지출을 회사경비로 충당하는 것은 약과이고 엄청난 비자금도 챙겼다. 또 경영권을 승계하는 과정에서 주식을 헐값으로 2세에게 넘긴다든가 돈 되는 회사사업을 총수 가족에게 몰아준다든가 하는 일이 빈번했다.

1980년대 전반이 지나면서 재벌그룹의 통합다각화경영은 그 폐해가 이점을 압도하는 선단문어발경영으로 변질되기 시작했다. 문어발경영을 한 삼성은 자동차사업과 영상사업에서 실패했고, 현대는 전자사업에서 실패했다. 그런가 하면 대우자동차의 부실은 대우그룹 전체를 위기로 몰아넣었는데, 이는 선단경영의 위험을 단적으로 보여준 예다.

이런 실패의 원인은 첫째, 무능하거나 부패한 총수가 함부로 신규

사업을 벌였기 때문이다. 둘째, 우리 경제가 점차 성숙해지면서 이전처럼 자금력, 관리능력, 정부지원 획득능력과 같은 일반적인 능력만으로는 다각화에 성공하기 힘들어졌기 때문이다. 셋째, 그룹의 통합경영이 자본의 유연성을 크게 훼손함으로써 위험이 통합되고 연쇄도산의 가능성이 높아졌기 때문이다.

재벌체제의 모순이 폭발한 것이 IMF사태다. 1997년 한보그룹의 도산을 시작으로 재벌들이 줄초상을 맞이하고 그에 따라 재벌들에 돈을 빌려준 금융기관의 위기가 심화되어 마침내 정부가 IMF에 구제금융을 요청하는 사태가 벌어진 것이다. 그 결과 한국경제를 신탁통치하게 된 IMF는 물론이고 국민 대다수도 재벌의 구조조정, 즉 재벌개혁을 강력히 요구하게 됐다. IMF 총재였던 캉드쉬는 한때 재벌의 해체까지 거론했다.

이후 정부의 재벌정책은 1998년에 대통령 당선자와 재벌총수가 맺은 5대 합의, 즉 ① 기업경영의 투명성 제고 ② 채무보증의 해소 ③ 재무구조의 획기적 개선 ④ 핵심부문의 설정과 중소기업과의 협력 강화 ⑤ 지배주주 및 경영진의 책임강화를 골간으로 하고, 여기에 1999년에 3대 보완과제로서 ① 산업자본의 금융지배 차단 ② 순환출자 및 부당내부거래 억제 ③ 변칙 상속·증여의 방지를 추가해 세워졌다. 이러한 '5+3' 원칙은 재벌체제의 근본적 개혁에 관련된 사안이었고, 이와 더불어 당장 시급한 과제로 부실기업을 정리해나간 것이 IMF사태 이후의 재벌 구조조정이다.

재벌을 구조조정한 결과 많은 부실기업이 정리되고 재벌기업의 재무구조도 크게 개선됐다. 또 소수주주들의 권리를 보호하는 제도를 도입함에 따라 보다 투명한 경영이 이루어지게 됐다. 예컨대 경영진의 비리를 문책하기 위한 '주주대표소송' 요건의 완화, 피해를 입은 사람들 일부가 재판에서 승소하면 다른 피해자도 보상을 받는 '집단소송제'의 도입, 대기업에 대한 사외이사제 의무화 등이 이루어졌다.

하지만 재벌이 투명성, 책임성, 전문성을 갖춘 선진 대기업으로 환골탈태하고 국민경제가 건전한 구조를 갖추기까지는 아직 갈 길이 멀다. 근래 삼성, SK, 현대자동차 등에서 저질러진 비리를 생각해보자.

재벌개혁을 둘러싼 갖가지 오해

여러 해 전 어떤 재벌그룹이 위기에 처하고 그 산하의 몇 개 계열사가 파탄난 적이 있다. 그때 동료 교수가 필자에게 "속이 시원하겠다"고 말을 건넸다. 재벌개혁을 주창하는 활동에 참여한 사람이라면 재벌그룹이 박살난 것을 좋아할 거라고 생각한 모양이다. 그러나 필자로서는 억울하기도 하고 한심하기도 했다. 재벌개혁이 '재벌 죽이기'로 오해되고 있음을 또다시 확인했기 때문이다.

재벌개혁은 재벌 죽이기가 아니다. '재벌 혼내주기'도 아니다. 재벌이 다 망해버리면 나라가 어떻게 되겠는가? IMF사태 때 경험했듯이 많은 사람들이 일자리를 잃고 경제가 주저앉는다. 그것은 재벌개혁이 아니다. 그런 사태를 미연에 방지하자는 게 재벌개혁이다.

재벌개혁은 '재벌총수'의 무능과 부패에서 비롯되는 '재벌체제'의 모순을 혁파해 '재벌기업'을 거듭나도록 도와주는 윈윈(win-win) 게임이다. 재벌총수, 재벌체제, 재벌기업을 명확히 분별하지 않으면 재벌문제 처리는 혼란에 빠진다. 물론 재벌개혁을 추진하려면 입에 쓴 약도 권해야 하고 채찍질을 해야 할 때도 있다. 그러나 그것은 어디까지나 재벌기업을 발전시키기 위해서다.

재벌기업은 소인국의 걸리버 같은 존재다. 걸리버는 다른 소인국과의 전쟁에선 큰 역할을 했지만, 소인국 사람들은 혹시 그가 나쁜 마음을 먹거나 술에 취하면 어쩔까 늘 걱정거리였다. 그래서 결국 걸리버는 추방되고 만다. 마찬가지로 재벌도 한편으론 국제경제전쟁에서 큰 역할을 수행했고, 고도성장의 견인차였다. 하지만 다른 한편으론 삼성의 도청테이프 사건이나 김용철 변호사의 폭로에서 드러났듯이 정계, 관계, 법조계, 언론계, 학계를 오염시키고 민주주의와 시장경제를 위협하는 존재이기도 하다.

그런데 걸리버와 달리 재벌은 추방할 수 없다. 많은 사람들에게 삶의 터전이기 때문이다. 따라서 재벌을 거듭나게 하는 재벌개혁이 필요한 것이다. 재벌개혁은 재벌 내부의 경영체제를 바로잡는 일(걸리버가 술에 취하지 않게 하는 일)과 재벌의 사회경제적 지배를 바로잡는 일(걸리버가 나쁜 마음을 먹지 않게 하는 일)의 두 측면을 포함하고 있다.

흔히 언론은 우리 사회에 '반기업 정서'가 만연해 있다고 한다. 그러나 이는 사실이 아니다. 기업에 반대한다는 것은 곧 시장경제를 때려 부수자는 말인데 요즘 그런 생각 가진 사람은 희귀종에 속한다. 사람들이 혐오하는 것은 재벌총수의 무능과 부패다. 반기업 정서가 아니라 '반재벌총수 정서'가 존재하는 것이다. 물론 재벌기업이 중소하청기업에 저지르는 횡포를 우려하기는 하지만, 이는 엄밀히 표현해서 반기업 정서가 아니라 '반독점 정서'다. 우리 사회의 진정한 문제는 '일반국민의 반기업 정서'가 아니라 '재벌총수의 반기업 행위'이고 하청기업에 대한 '대기업의 독점적 억압행위'다.

일각에선 재벌개혁을 좌파정책으로 몰아붙이기도 한다. 빨갱이라고 하면 도끼눈으로 바라보는 게 우리 사회다. 그 점을 악용해 낡은 재벌체제를 고수하려고 색깔논쟁을 불러일으키는 것이다. 그러나 일본을 보라. 일본은 재벌이라는 개념을 탄생시킨 나라이지만, 동시에 재벌개혁을 가장 철저하게 단행한 나라다. 일본에선 아예 재벌체제가 해체됐다. 그 재벌해체의 주체는 맥아더 미군사령관이었다. 반공의 화신이 좌파정책을 폈다는 게 말이 되는가. 또 일본 자본주의는 재벌해체를 통해 한 단계 도약하고 고도성장을 이룩했다는 게 학계의 정설이다.

재벌개혁과 관련해 '오너경영이냐 전문경영이냐' 하는 논란이 벌어지기도 한다. 흔히들 오너경영이 좋은가 전문경영이 좋은가는 일률적으로 단정할 수 없다고 한다. 기업 경영에서 중요한 것은 애착과 능력이다. 소규모 기업일수록 애착이 중요하다. 식당에 주인이 나와 있을 때와 그렇지 않을 때에 종업원의 서비스가 다르지 않겠는가. 하지만 기업의 규모가 커지고 경영이 복잡해질수록 능력이 중요해진다.

그래서 선진국 대기업에선 세월이 흐를수록 전문경영인체제가 주류를 이룬다. 물론 총수가문이 직접 경영을 지휘하는 경우도 있다. 그런데 이런 경우는 대부분 창업주가 총수일 때다. 2세나 3세는 경영능력을 평가받은 후 경영에 참여한다. 또 대를 이어 능력이 출중할 확률은 극히 낮으므로 총수일가는 대체로 경영 일선에서 물러나는 것이다.

재벌개혁은 사실상 국민의 재산인 재벌기업을 이러한 선진국 기업체제로 바꿔가자는 것이다. 그러기 위해서는 무능한 총수가 계열사 출자나 보험계약자 돈으로 그룹을 지배하고 경영 일선에 나섬으로써 기업과 나라경제를 위태롭게 만드는 일을 시정해야 한다. '오너이기 때문에 경영해서는 안 된다'가 아니라 '총수가문이라고 무조건 경영권을 쥐는 것은 곤란하다'는 것이다.

미국의 GE도 한국의 재벌처럼 다각화돼 있다는 말이 있다. 그러나 GE는 가족경영 기업이 아니라 전문경영 기업이다. 가족문화의 전통 때문에 경영을 세습하는 재벌체제를 개혁할 수 없다는 논의도 있다. 그러나 극히 짧은 기간에 우리의 장례문화가 매장에서 화장으로 바뀌고 있는 걸 보면 가족문화의 영향력을 절대시할 필요가 없다.

재벌체제는 환경에 적응하여 형성된 체제이므로 정치와 같은 환경을 바로잡으면 저절로 해결될 것이라는 주장도 있다. 물론 정치개혁도 필요하다. 그러나 재벌은 환경의 영향을 받기도 하지만 환경의 오염원이기도 하므로 재벌개혁도 동시에 추진되어야 한다. 어떤 이는 시간이 해결해줄 테니 참고 기다리자고 한다. 그러나 손놓고 그냥 있으면 IMF사태 같은 일들이 자꾸 터지고 국민의 고통이 커질게 뻔하다. 해결의 시간을 단축하고 그 과정의 희생을 최소화하기 위해서라도 더더욱 재벌개혁에 총력을 기울여야 한다.

밀려드는 외국자본

재벌과 더불어 한국경제에 커다란 영향력을 행사하는 외국자본은 한국기업이 외국에서 돈을 빌리는 차관과 외국인이 국내에 들어와서 돈벌이를 하는 외국인투자로 나뉜다. 외국인투자는 다시 외국인이 국내에서 직접 기업을 경영하는 외국인직접투자와, 외국인이 한국기업의 주식이나 채권을 구입해 돈벌이를 하는 외국인증권투자로 세분된다.

　IMF사태 이후 외국인직접투자가 물밀듯이 밀려들었다. 외국인직접투자가 시작된 1962년부터 1990년까지 근 30년 동안 총 80억 달러도 안 되던 투자액이 1998년 한 해에만 80억 달러를 넘어선 것이다. 2004년에는 누적액이 1000억 달러를 돌파했다.

　외국인직접투자 중 금융업 진출 현황을 살펴보면 은행, 증권, 생명보험, 자산운용 등에서 20퍼센트 전후의 비중을 차지하고 있다. 은행업의 경우 미국의 시티은행이 한미은행을 인수했고, 뉴브리지캐피털펀드에 인수됐던 제일은행은 다시 영국의 스탠더드차터드은행에 넘어갔으며, 외환은행은 한동안 론스타의 지배하에 있었다.

　금융업 이외의 서비스업이나 제조업에 대해서도 단독투자 또는 합작투자의 형태로 외국인투자가 활발하게 전개되고 있다. 대우차를 인수한 GM이나 삼성중공업의 건설중장비 부문을 인수한 볼보가 그 대표적인 사례다. 업종별로도 다양한 부문에 외국인투자가 분포하고 있는데 특히 석유화학, 신문용지, 종자, 식품업에서 지배적이다.

　주식시장의 경우 1980년대부터 외국인에게 코리아펀드와 같은 간접투자 방식으로 개방된 이래 1992년에는 외국인이 주식에 직접 투자하는 게 허용됐고, IMF사태 이후에는 외국인의 주식투자에 대한 제한이 거의 철폐됐다. 이후 외국인 주식투자가 급증했음은 당연하다.

　그리하여 한때는 외국인의 주식보유가 시가총액 비중으로 40퍼센트를 넘기도 했으며, 근래에는 이 비중이 30퍼센트 정도로 내려오기는 했으나 여전히 세계적으로 높은 편에 속한다. 한마디로 외국인은 우리 주식시장의 큰손이다. 외국인주주의 동향이 주식시장을 쥐고 흔드는 것이다.

외국자본은 천사인가 악마인가

IMF사태 이후 한동안 우리 사회에서는 외국자본에 대한 우상숭배가 판을 쳤다. 부족한 달러를 끌어들여 경제개혁을 추진하고자 했기 때문이다. 이런 풍조는 외국자본을 낡은 재벌체제의 대안으로 높이 사는 한편, 노동쟁의에 대해서는 외자 유치를 방해하는 장애물이라고 몰아세웠다.

그러나 외환위기가 수습됨에 따라 '국부유출론'이 제기됐다. 국내기업을 외국인에게 헐값에 매각하거나 외국자본이 국나사업을 통해 돈을 벌어가는 것은 나라의 부(富)를 해외로 유출시키는 것이라는 주장이었다. 외국인이 우리의 생산에 별 기여도 하지 않고 부동산투기꾼처럼 폭리를 챙겨가는 게 아닌가 하는 우려가 제기될 것이다. 제일은행이나 외환은행을 매각하는 과정에서 외국계 펀드가 막대한 수익을 챙긴 것이 그 대표적 사례다.

2003년에 소버린이라는 외국계 펀드가 불법비리를 저지른 SK 경영진의 퇴진을 주장하면서부터 외국자본에 대한 비판은 또 다른 차원으로 전개됐다. 외국자본이 알토란같은 국내기업의 경영권을 빼앗으려 하고 과도한 배당을 요구함으로써 투자를 저해한다는 주장이 언론을 휩쓸었다. 2006년 KT&G에 대한 외국계 펀드의 사외이사 선임 요구도 이런 논란을 부채질했다.

IMF사태 직후 얼마간 판을 치던 '외국자본 우상숭배'에서 '외국자본 마녀사냥'으로 180도 선회한 것이다. 이렇게 외국자본에 대한 평가가 극과 극을 달리는 것이 과연 바람직한 모습일까? 양극단 모두 잘못이다. 극좌적인 사고를 가졌던 인물들이 뉴라이트의 극우로 치닫는 경우나 마찬가지다. 경제에서 효율성과 공정성의 균형이 필요하듯 외국자본에 대해서도 균형적 시각이 필요하다.

외국인투자는 원리금 상환부담이 없고, 일자리를 만들어내며, 첨단기술과 선진경영기법을 전수하고, 투명한 기업경영을 뿌리내리게 하는 긍정적 측면을 가지고 있다. 그러나 동시에 우리의 제도적 허점이나 낙후된 협상실력을 이용해 우리 경제에 별로 큰 혜택을 주지도 않으면서 많은 이익을 챙겨가는 부정적 측면도 있다. 외국자본은 악마도 아니고 천사도 아닌, 야누스의 두 얼굴을 가진 존재인 셈이다.

우리 경제는 외국인투자의 비중이 과도하게 높은 편이다. IMF사태 초기에 개방을 지나치게 서둘렀기 때문이다. 주식시장의 외국인 비중도 지나치게 높고, 금융기관에 대한 외국자본의 진출도 우려해야 할 부분이다. 개방과 개혁은 균형을 이루어야 하는데, 개혁의 수준에 비해 개방이 다소 앞서나간 것이다.

그러나 이제 와서 개방을 되돌릴 수는 없다. 최선의 대처방법은 개방의 수준에 맞춰 개혁을 추진하는 것이다. 즉 국내 재벌과 금융제도의 개혁을 통해 외국인투자의 폐해를 최소화하고 장점을 최대화해야 한다. 외국인투자 유치를 위해 제정된 특혜조치들도 정리해가야 한다. 외국자본이 챙기는 이익에 대해선 과세가 가능하도록 최선을 다해야 한다.

다만 "외국인이 주식시장에서 수조 원의 배당금을 받아간다"고

대서특필하며 마녀사냥을 부추기는 유치한 작태는 중단해야 한다. 외국인투자자는 자선사업가가 아니다. 주식보유 비중만큼 배당금을 받는 것은 당연하지 않은가. 문제는 그런 외국자본이 국내경제에 기여하는 것 이상의 이익을 챙기느냐 아니냐이고, 왜 한국인들은 이런 이익획득에 더 참여하지 못했느냐 하는 것이다.

근래 외국자본에 대한 마녀사냥론을 퍼뜨리는 주요 세력은 재벌 측이다. 이들은 외국인투자자들이 총수의 황제경영에 이자금 시비를 거는 것에 대해 외국자본이 국내기업을 빼앗으려 한다고 외치고 있다. 말하자면 재벌총수의 절대적 경영권을 고수하기 위해 외국자본에 대한 비판여론을 조성하고 있는 것이다.

재벌 측의 주장은 상황을 침소봉대하고 있다. 그들은 기업을 이롭게 하는 독립적 사외이사 선임 요구를 경영권을 약탈하려는 행위인 것처럼 선전하고, 재벌개혁을 후퇴시키는 각종 조치를 요구한다. 그들은 외국자본의 압력으로 과도한 배당이 이루어지고 투자가 위축되고 있다고 떠들고 있지만, 사실을 과장한 얘기다.

재벌 측의 선동과 요구는 반(反)개혁으로 개방에 대응하려는 시대착오적 행태로서 오히려 재벌기업을 위기에 빠트린다. 외국자본을 마녀로 취급하는 반개혁론자들은 민족감정을 교묘하게 악용하는데, 사실 이들의 주장은 재벌총수의 특권을 지키기 위해 재벌기업과 나라경제를 망치는 사이비 민족주의다.

외국자본이 부당하게 경영권을 공격할 가능성이 있다 하더라도 재벌개혁을 통해 경영을 잘 하여 기업 가치를 높이는 것이 올바른 대응이자 최상의 방어다. 경영권을 공격하는 것은 기업을 인수해 더 비싼 값으로 되팔기 위해서인데, 이는 부실기업에나 해당하는 얘기다. 현재 잘 나가고 있는 기업은 공격해봐야 소용없다. 어쨌거나 그들의 부당한 공격을 줄이고 싶다면 한국의 개인 및 기관투자자들이 우리 기업에 대한 주식보유를 늘려 공격에 맞서서 방어하는 기능을 갖춰야 한다.

  외국자본과 재벌은 우리 경제를 주도하는 두 축이다. 따라서 외국자본이냐 재벌이냐 하면서 양자택일을 강요하는 잘못된 이분법에서 벗어나야 한다. 외국자본도 주체적, 선별적으로 받아들여 그 장점을 최대한 활용하고, 재벌도 선진적 대기업으로 거듭나게 해야 한다.

24 노동자 혹은 농민으로 산다는 것

단결인가 분열인가

압축적 자본주의화와 더불어 노동자 수가 크게 증가했다. 많은 농업 인구가 2차산업 및 3차산업 노동자로 옮겨간 것이다. 2012년 현재 전체 취업자는 농림어업에 약 6퍼센트, 광공업에 약 17퍼센트, 사회간접자본 및 기타 서비스업에 약 77퍼센트로 분포하고 있다.

15세 이상 인구 중 경제활동에 참가하는 인구의 비율을 살펴보면 남성은 75퍼센트, 여성은 50퍼센트, 남녀를 모두 합친 비율은 62퍼센트 정도다. 여성의 경제활동 참가율은 늘고는 있으나 아직 선진국에 비해 10퍼센트포인트 정도 낮은 수준이다. 여성의 경제활동 참가율이 낮은 이유는 가사와 육아를 뒷받침할 만한 사회적 시스템이 제대로 갖춰져 있지 않기 때문이다.

공업화가 진행되면서 실업률은 계속 낮아졌다. 1960년대 초 8퍼센트였던 실업률이 1990년대 전반에는 완전고용에 가까운 수치인 2퍼센트대까지 떨어졌다. 그러나 IMF사태를 맞이하면서 1999년 1분

> **TIP 직업의식과 여성의 경제활동 참가**
>
> 한국 여성의 낮은 경제활동 참가에는 직업에 대한 귀천의식도 하나의 요인으로 작용하고 있지 않나 싶다. 필자는 일본에서 파트타임으로 교수부인이 슈퍼마켓에서 일하고 목사부인이 은행 청소부로 일하는 것을 목격한 바 있다. 한국에선 이런 경우가 과연 얼마나 있을까.

기에 실업률은 다시 8퍼센트대까지 급등했다. 놀란 정부는 재취업을 위한 직업훈련, 고용보험을 비롯한 사회안전망 확충, 공공근로사업 등 갖가지 실업대책을 강구했다.

그 후 실업률은 다시 3퍼센트대로 하락했다. 하지만 사회안전망은 여전히 취약한 가운데 청년층 고용구조의 악화, 비정규직의 증대라는 새로운 문제점이 드러나고 있다. 구직활동을 포기하고 주부나 학생 상태로 있는 실망실업자를 감안하면 실제 실업률은 3퍼센트대를 웃돈다. 또 전체 취업자의 8퍼센트 정도인 무급가족종사자도 반(半)실업상태로 봐야하는 경우가 많다.

청년층 고용구조 문제는 언론에서 자주 다루어지고 있다. 15~29세의 청년층 실업률은 1999년 1분기에 14퍼센트까지 상승했다가 그 후 점차 하락했다. 하지만 2012년에도 여전히 7퍼센트로 1980년대 후반이나 1990년대 전반의 5퍼센트 전후 수준에 비하면 높은 편이다.

물론 1980년대 전반의 청년층 실업률도 8퍼센트 전후였고, 선진국의 청년실업률은 우리보다 훨씬 높다는 점을 감안할 때 우리의 청년층 실업률은 적어도 수치 면에서는 그렇게 심각하지 않다고 볼 수도 있다. 그러나 대학진학률이 80퍼센트를 넘는 세계최고 수준인 반면, 대졸자가 기대하는 '괜찮은 일자리'는 크게 줄어 노동시장의 수요

공급에 문제를 초래하고 있다. 1997년 말부터 2001년 말 사이에 30대 재벌기업과 공기업 및 금융업에서 약 30만 개의 일자리가 줄어들었다. 게다가 대기업들은 경기 불투명과 산업구조 급변 등을 이유로 들며 신입사원보다 경력사원을 더 선호하는 추세여서 갓 졸업한 대졸자들이 체감하는 실업률은 실제 수치보다 훨씬 높다.

한편 노동자들 중에서도 고용계약기간이 1개월 이상 1년 미만인 임시직과 1개월 미만인 일용직을 비롯한 비정규직의 비중이 크게 늘고 있다. 1960년대 경제개발 초기에는 노동자 10명 중 6명이 비정규직이었는데 그 후 비정규직 비중이 계속 감소해 1980년대 초반에는 4명 중 1명꼴이었다. 그러다 전두환정부 하에서 크게 늘어 1986년에는 50퍼센트선에 육박했고, 1987년 노동자대투쟁을 계기로 감소했다. 그러나 1990년대 중반 이후 다시 늘어나고 있다.

비정규직은 정규직보다 훨씬 낮은 임금을 받고, 대부분 사회보험이나 퇴직금 혜택도 받지 못하며, 경기가 나빠지면 먼저 해고된다. 이런 열악한 노동여건은 비정규직 노동자들을 목숨을 내던지는 극단적 항의시위로 내몰고 있다.

차별은 비정규직 노동자에게만 가해지는 게 아니다. 같은 정규직이라도 중소기업 정규직은 대기업 정규직에 비해 임금을 비롯한 대

TIP 비정규직의 비중

2009년 현재 전체 노동자 중 비정규직 노동자가 차지하는 비율은 노동부 통계에 의하면 약 33퍼센트, 한국노동사회연구소 통계에 의하면 약 52퍼센트다. 두 곳의 수치가 이렇게 큰 차이를 보이는 주된 이유는, 특별한 사정이 없는 한 고용계약이 유지되는 임시직을 노동부에선 정규직에 포함시키는 반면 한국노동사회연구소에선 비정규직에 포함시키기 때문이다.

부분의 근로조건에서 열악한 상황이다. 대기업이 하청중소기업을 쥐어짜니 중소기업이 노동자를 제대로 대우할 수 없고, 이는 중소기업이 기술과 숙련을 제대로 축적하지 못해 대기업에 밀리는 일이 반복되는 악순환을 초래한다.

차별받는 노동자에 대해 얘기할 때 빼놓을 수 없는 게 외국인노동자다. 방글라데시, 필리핀, 베트남, 중국 등 수많은 나라에서 온 외국인노동자들의 대부분이 내국인들이 꺼려하는 3D 업종에서 일하고 있다. 2012년 현재 외국인노동자들은 불법체류자 18만 명을 포함해 약 80만 명에 이른다. 이들 중 상당수가 맨 처음 배우는 한국말이 "때리지 마세요, 제발"이라고 할 정도로 폭력의 피해를 입고 있고, 불법체류를 약점으로 삼는 악덕기업주에 의해 임금을 체불당하며, 중금속 중독으로 장애인이 되는 등 갖가지 산업재해에 시달린다.

요컨대 우리의 고용구조는 대기업 정규직이라는 '중심부 노동자'와 비정규직, 중소기업노동자, 외국인노동자라는 '주변부 노동자'의 이중구조를 이루고 있다. 외국인노동자를 별도의 최하층으로 분류한다면 삼중구조가 되고, 여기에 화이트칼라와 블루칼라를 구분하면 다중구조가 된다. 마르크스는 "만국의 노동자여 단결하라"고 외쳤는데, 한 나라 안의 노동자도 이해관계가 복잡하게 분열되어 있는 셈이다.

노동자의 근로조건

임금은 노동력이라는 상품의 가격이므로 다른 상품과 마찬가지로 노동력에 대한 수요와 공급이라는 시장적 요인 및 노사 간의 세력관계라는 제도적 요인에 의해 결정된다. 1960년대 이후 고도성장 과정에서 노동력에 대한 수요는 꾸준히 늘어났지만, 군사독재의 억압에 의해 임금상승은 생산성상승에 뒤처졌다. 그러다 1987년 노동자대투쟁에 의해 노동자의 힘이 크게 신장된 뒤로 실질임금이 10년 동안에 2배로 증가했다.

임금수준이 향상되자, 논란은 노동자들 사이의 임금격차에 대한 것으로 옮겨졌다. 임금격차가 발생하는 주요 요인은 성, 학력, 사업체규모다. 성별 임금격차는 2011년 현재 남성의 임금수즌을 100이라 할 때 여성은 64다. 여기서 학력이나 근속연수 등의 차이를 제외하면 순수한 성별 임금격차는 약 20퍼센트로 추정되고 있다. 마찬가지로 다른 요인을 배제했을 때 고졸자와 대졸자의 임금격차는 약 30퍼센트, 10~29인 사업체 노동자와 500인 이상 사업체 노동자의 임금격차는 약 20퍼센트로 추정된다.

임금은 크게 정액급여, 초과급여, 특별급여의 세 항목으로 구성된다. 정액급여는 다시 기본급, 통상적 수당(직무수당 등), 기타 수당(가족수당 등)의 세 항목으로 구성된다. 초과급여는 연장근로수당 및 휴일근로수당과 같은 것이며, 특별급여는 보너스를 의미한다. 초과급여에는 50퍼센트 또는 100퍼센트의 할증수당이 붙는데, 이는 사업장에 따라 임금에서 큰 부분을 차지하기도 한다. 조선소 같은 곳에선 초과근무를 할 사람을 선정하는 작업반장에게 밉보이면 초과근무를 하지 못해 월급이 줄어든다.

국가차원의 복지제도가 제대로 자리 잡지 못한 상황에서 근래 기업차원의 복지가 크게 발달했다. 기업차원의 복지는 퇴직금과 사회보험 등의 법정복리비 이외에 식사시설, 기숙사, 통근수단 제공에서 문화오락시설, 주택자금대여, 자녀학자금 지원까지 다방면에 걸치고 있다. 노동비용 중 기업복지비가 1987년에는 16퍼센트 정도였으나 2000년대에는 30퍼센트대에 이르렀다. 기업규모별로 복지격차는 대단히 커져서 30~99명 사업체의 경우 복지비용이 전체 노동비용의 25퍼센트 정도인 데 비해 천명 이상 사업체에선 40퍼센트가 넘는다.

이처럼 임금과 복지 양 측면에서 격차가 심하기 때문에 모두가 대기업을 선호하는 것이다. 대기업에 입사하기 위해 뇌물을 건네거나 유력인사를 동원하는 악습도 이 때문에 생긴다. 이런 문제를 해결하려면 기업복지의 상당부분을 국가복지로 전환해 기업 간 격차를 축소해야 한다. 또한 교육, 의료, 주택과 관련된 노동자의 지출을 줄여 줌으로써 간접적으로 노동자들의 임금격차를 해소하는 방향도 모색해야 한다.

한국의 노동시간은 2010년 현재 연 2200시간 정도로 OECD 평균인 약 1700시간에 비해 500시간 더 길다. 이는 토요일휴무 업체가 적고, 수당이 큰 비중을 차지하도록 임금설계가 돼 있어 근로자들이 수당을 더 받기 위해 휴가를 덜 쓰거나 초과근무를 하기 때문이다. 파트타임 노동자의 비중이 낮은 것도 한 이유다. 다만 2005년부터 주 40시간 근무제(주 5일제)를 단계적으로 시행해 나가고 있으므로 노동시간이 점차 줄어들 전망이기는 하다.

산업재해는 지난 20년 동안 전반적으로 감소하는 추세를 나타내고 있지만, 산업재해로 인한 사망자는 증가하는 추세다. 이런 아이러니가 나타나는 이유는, 재해사업장에 대한 제재를 피하기 위해 경미한 재해가 적잖이 은폐돼 왔으며, 기계화로 인한 중기계 사용과 대형건축물 공사의 증가 등 고난도 작업은 늘어난 반면 작업장의 안전관리는 상대적으로 소홀하기 때문이다.

2011년의 경우 9만여 명이 산업재해를 당했고 이중 2100명이 사망했다. 사망자는 주로 건설현장과 광산에서 집중적으로 발생하는 형편이다. 우리나라 산업재해의 규모는 선진국은 물론 대만과 비교해서도 큰 편이어서 문제의 심각성을 보여주고 있다.

생산적 노사관계로 가는 멀고 먼 길

1987년 이전 한국의 노사관계는 군대식 통제가 지배적인 노사관계였다. 노조의 조직률이 낮았고, 활동하는 노조도 어용노조가 대부분이었다. 사용자나 작업감독자는 노동자에게 반말을 일삼았고, 사무직과 생산직은 명찰도 다르고 이용하는 식당도 다른 식으로 생산직이 차별받는 일이 비일비재했다.

그러나 1987년 노동자대투쟁 이후로 양상이 크게 달라졌다. 노조가 대거 조직되고 어용노조도 민주화됐다. 노동운동이 크게 활성화된 것이다. 이에 따라 전근대적 노동통제도 많이 사라지고 노동자 간의 신분차별도 크게 완화됐다. 임금수준도 향상되고 근로조건도 개선됐다.

그 결과 1989년을 고비로 파업이 크게 줄었다. 1987년에 3700건 이상이던 파업이 연간 100건 이하로 떨어진 적도 있었다. 제조업의 비중이 낮아지고 대기업의 일자리가 줄어듦에 따라 노조조직률도 1987년 이전 수준으로 후퇴했다. 자연히 노조의 세력이 약화되고, 노사갈등도 완화됐다.

그러다 IMF사태 이후 노사관계는 다시 새로운 단계에 접어들었다. 정리해고제가 실시되고 근로자파견제도가 개정되는 등 노동시장의 유연화가 전개된 것이다. 이에 따른 구조조정 과정에서 다시 파업이 늘어났고, 특히 굵직굵직한 파업들이 사회의 이목을 집중시켰다.

우리의 노사관계는 아직도 '참여와 협력에 기초한 생산적 노사관계'가 아니다. '배제와 반목에 입각한 대립적 노사관계'에서 벗어나지 못하고 있는 것이다. IMF사태 직후 구성된 노사정위원회도 민주노총이 가입했다 탈퇴했다 하면서 불완전한 상태다. 또 비정규직에 대한 차별철폐 요구가 강력하게 제기되고 있지만 이를 처리할 기본원칙도 제대로 서 있지 않다.

대기업 노조나 한국노총과 민주노총 내부에서는 날카로운 파벌 대립이 전개되고 있다. 기업 내 발언권이 강화된 대기업 노조의 부패현상도 이곳저곳에서 나타났다. 이를 해결하기 위해 기업별 노조 대신에 산업별 노조를 건설하려는 움직임이 여러 해 전부터 일었지만 그 진척은 더디다. 한국노총과 민주노총의 통합전망도 아득하다.

부패하고 무능한 경영진은 노조를 기업의 동반자로 인식하기보다 일방적으로 억압하거나 매수하려는 행태를 계속하고 있다. 최정상급 재벌들은 아직도 노조설립 시도에 대해 유령노조나 회유와 협박으로 대응하는 등 전근대적 행동을 일삼고 있다. 그런가 하면 노조 간부를 타락시켜 경영진 편을 들게 하는 경우도 적지 않다.

농민과 농업은 위기인가

경제의 고도성장 과정에서 농업도 크게 변화했다. 신품종 개발, 기계화, 화학비료 및 제초제 보급 덕분에 농업생산성이 증대하는 이른바 '녹색혁명'이 일어났다. 보다 적은 노동력이 농업생산을 담당하면서 농민의 자녀들은 제조업과 서비스산업으로 진출했다. 그 결과

1970년과 2012년을 비교해보면 총인구 중 농가인구 비중은 45퍼센트에서 6퍼센트로, GDP 중 농업의 비중은 26퍼센트에서 2퍼센트로 크게 줄었다.

어느 나라든 산업화에 따라 농민과 농업의 비중이 감소하는 것은 필연적 현상이다. 광활한 농지를 보유한 미국도 농가인구 비중은 2퍼센트 미만, 농업 비중은 1퍼센트 정도다.

우리의 농민과 농업을 둘러싼 문제는 여러 가지다. 농가 경영규모는 여전히 영세해 1인당 경지면적은 OECD 국가 중 최하위이며 미국의 60분의 1 정도다. 전체 농업경영주 중 60세 이상이 60퍼센트 수준이고 70세 이상만도 30퍼센트나 된다. 장차 누가 농업을 이끌고 갈 것인지 의문이다. 도시와 농촌의 소득격차가 심화되고 있다. 시설투자 등으로 농가부채가 크게 늘어나 농가소득에 대비한 농가부채의 비율이 1970년의 6퍼센트에서 2012년에는 90퍼센트로 급증했다.

근래 들어 가장 심각한 이슈로 떠오르고 있는 문제는 농산물 수입 개방으로 국내 농산물시장이 크게 잠식되고 있다는 것이다. 농산물 수입액은 1991년 11억 달러에서 최근 100억 달러를 넘어섰다. 그 결과 사료를 포함한 식량의 자급률이 30퍼센트 이하로 떨어졌다. 쌀을 제외하면 자급률은 3퍼센트도 안 된다. 2006년부터는 '밥상용 쌀' 수입이 시작됐고, 의무수입량도 계속 증가한다.

게다가 DDA(Doha Development Agenda, 카타르의 도하에서 출범한 다자간 무역협상)와 한미FTA에 의해 농산물시장 개방 압력은 더욱 거세질 전망이다. 이런 상황에서 한국의 농민과 농업에 미래는 있는가? 미래에 불안을 느낀 농민들은 개방에 반대해 대규모 시위를 벌여왔다. 2003년엔 DDA회의가 열리고 있는 멕시코에서 우리 농민대표가 자살하는 일까지 있었다.

　우리 정부는 농산물시장 개방에 대처하기 위해 1992년부터 기계화, 시설자동화, 경영규모 확대 등 농어촌구조 개선사업을 추진했다. 이런 정부정책은 엇갈린 평가를 받고 있다. 농가 경영구조를 근본적으로 개선하지는 못하고 부채만 증가시켰다는 비판이 있는가 하면, 농업생산성이 향상되고 대농이 늘어났다고 긍정적으로 평가하는 시각도 있다.

　이런 과정 속에 농가의 양극화도 심화되고 있다. 대농으로 성장하는 일부 전업농이 있는 반면에 조그만 경지를 경작하면서 은퇴를 기다리는 고령농이 다수 존재한다. 또 도시근교에서는 농민들이 농업 이외 부문에서도 일함으로써 생활을 타개해나가지만, 중산간 지역에서는 소득부족을 해결할 길이 없어 농지를 놀리고 이농함으로써 지역사회가 공동화하는 현상도 표출되고 있다.

　DDA나 한미FTA에 대응해 우리 농업의 새로운 활로를 개척하려는 모습도 보인다. 농업법인제도를 도입하면서 농산물가공유통법인이 발전하고, 축산에서는 기업농이 정착하고 있다. 친환경 유기농업에 대한 관심이 늘고, 고품질 농산물의 경작과 수출이 이루어지기도 한다. 농약 대신 천적을 이용해 재배한 파프리카가 일본시장을 석권한 것이 대표적인 예다. 벤처형 농업이 출현하기도 한다. 농업이나 농촌에 다른 산업 또는 문화예술을 결합하려고 시도하기도 한다.

　이러한 모색들이 경지면적은 우리와 비슷하지만 세계3위의 농축산물 수출국인 네덜란드처럼 우리 농업을 도약시킬 것인가? 아니면 농업이 개방화의 물결 속에 쇠퇴일로를 걸으면서 농민들은 사회적 갈등만 야기할 것인가?

25 세계화의 두 얼굴

세계화와 반세계화의 충돌

2005년 1월 스위스 다보스에서 개최된 다보스포럼, 즉 세계경제포럼(WEF; World Economic Forum)에 세계 각국의 거물 정치인과 기업인, 연예인까지 2000여 명이 모여들었다. 블레어 영국 총리, 클린턴 미국 전대통령, 빌 게이츠, 조지 소로스 등이 주요 면면이었다. 한국 측에서는 통일부 장관이 대통령 특사로 참석했다. 이들은 정보를 교환하고, 세계경제의 발전방안에 대해 논의하고, 친목을 도모했다. 미국의 영화배우 샤론 스톤은 탄자니아의 말라리아 근절을 위한 즉석 모금을 제안해 5분 만에 100만 달러를 모으기도 했다.

비슷한 시각 수천 킬로미터 떨어진 브라질의 포르투알레그레에서는 이 다보스포럼에 대항하는 세계사회포럼(WSF; World Social Forum)이 열렸다. 여기에는 세계 각국에서 온 평화운동가, 환경운동가, 노동운동가, 반체제인사 등 10만여 명이 참가해 개발도상국의 부채와 빈곤 문제 등을 논의하고 시가행진을 벌였다. 현재의 세계지배세력을 규탄하는 모임이었다. 재미있게도 브라질의 대통령 룰라는 세계경제포럼에도 참가하고 세계사회포럼에도 참가했다.

이 두 집회는 오늘날 세계를 주도하는 '세계화(globalization)'와 그것을 비판하는 '반세계화(anti-globalization)' 운동을 각각 상징한다. 매년 열리는 이 두 집회는 규모 면에는 세계사회포럼이 우위이지만 영향력 면에서는 세계경제포럼이 우위다.

세계화를 주도하는 모임으로는 공개회의인 다보스포럼과 더불어 '비밀준수 서약'을 통해 토론내용을 외부에 알리지 않는 비공개회의인 '빌더버그(Bilderberg)회의'가 있다. 1954년 첫 회합장소였던 네덜란드의 호텔 이름을 딴 이 회의는 유대계 부호 로스차일드 가문의 후원을 받아 개최된 이래 세계적 영향력을 가진 구미의 정계, 재계, 언론계 핵심인사 120인이 참가한 가운데 매년 개최되고 있다.

그렇다면 세계화란 무엇인가? 경제적인 측면에서 볼 때 세계화는 경제활동이 세계적 차원에서 긴밀하게 연결되는 것이다. 즉 재화와 서비스의 세계 교역이 증대하고, 자본과 기술과 정보의 국가 간 이동이 늘어나고, 사람들이 국경을 더 자주 넘나들게 되는 것을 말한다. 오늘날 세계에서는 이러한 경제적 세계화와 더불어 정치적, 군사적, 문화적으로도 활발한 교류와 통합이 이뤄지고 있다. 나아가 시민운동을 비롯한 사회운동에서도 세계화 추세가 나타나고 있는데, 그 대표적인 예가 바로 세계화를 비판하는 세계사회포럼이다.

세계화는 최근 갑자기 나타난 현상이 아니다. 로마제국이나 몽골제국의 세계정복도 일종의 세계화였다. 그러나 세계화가 본격화되기 시작한 것은 자본주의시대에 접어들면서부터다. 상품화폐경제인 자본주의는 상품의 판로와 필요한 자원을 찾아 국가의 영역 밖으로 나가려 했다. 19세기 말 제국주의 열강들이 세력권 확대에 주력했던 것을 떠올려보라. 이후 많은 우여곡절을 겪기는 하지만 세계화 추세는 꾸준히 진전되고 있다.

근래 들어 이른바 정보통신혁명으로 인해 재화와 서비스의 세계화뿐만 아니라 정보, 기술, 특히 자본의 세계화가 급속도로 진행됐다. 정보는 인터넷을 통해 순식간에 세계 곳곳으로 이동한다. 세계 각지에서 공장을 운영하는 GM과 같은 다국적기업들에 의해 세계무역의 대부분이 이뤄진다. 미국 월가(Wall Street)나 영국 시티(City)의 금융기관들은 각국 정부나 기업을 상대로 돈놀이를 하고 있다.

통신망이 발달하고 파생금융상품 거래가 늘어나면서 국경을 넘는 금융거래 금액이 천문학적으로 증가하고 있다. 며칠 동안 국경을 넘나드는 돈의 양이 1년간의 세계무역액과 맞먹는 지경이다. 2011년의 경우 세계무역 규모가 약 18조 달러인데 하루 외환거래액이 약 4조 달러였다. 이른바 '국경 없는 경제(borderless economy)'가 자리 잡은 셈이다.

세계화를 통해 우리는 칠레에서 생산된 포도주를 맛보며, 중국에서 생산된 장난감을 갖고 논다. 거꾸로 우리가 생산한 휴대폰이나 자동차를 세계 각국 사람들이 사서 쓴다. 그래서 많은 사람들은 세계화가 성장과 번영을 가져다준다고 찬미하고 있다. 시장의 확대가 분업의 발전을 가져와 부를 증대시킨다는 《국부론》의 주장이 딱 들어맞는다는 것이다.

그런데 왜 세계화에 반대하는 운동이 일어나는 것일까? 1999년 WTO 총회 장소인 시애틀에서 격렬한 세계화 반대시위가 일어난 이후 세계화를 대변하는 각종 국제회의는 '초대받지 않은 손님'들의 떠들썩한 시위로 매번 몸살을 치른다. 때때로 시위는 매우 격렬해져 사람들이 다치고 죽는 불상사가 일어나기도 한다.

영국의 자본주의가 시작된 산업혁명기에 러다이트 운동이 전개된 바 있다. '러다이트 운동'은 기계의 등장으로 일자리를 위협받게 된 숙련공들이 일으킨 기계파괴 운동이었다. 기계 도입이 역사 발전의 대세였다는 점에서 이 운동은 시대착오적이었다. 반세계화운동은 러다이트 운동과 마찬가지로 시대착오적일까, 아니면 나름대로의 근거를 가지고 있는 것일까?

세계화, 무엇이 문제인가

세계화 반대에는 근거가 없지 않다. 역사를 거슬러 올라가 보자. 몽골제국의 세계화에서 몽골의 침략에 저항한 주민은 깡그리 몰살당했다. 스페인의 세계화는 잉카제국을 멸망시켰다. 한창 세계화에 열을 올리던 대영제국은 아편 수입을 금지한 청나라를 상대로 전쟁을 일으켰다. 이런 세계화에 어찌 반대하지 않을 수 있겠는가.

군사적이고 야만적인 세계화가 아니라고 문제가 없는 게 아니다. 김영삼 대통령은 세계화를 부르짖으며 함부로 경제를 개방했다가 덜컥 IMF사태를 맞이했다. 태국도 우리와 같은 해에 위기를 겪었다. 일찍부터 경제를 개방한 라틴아메리카 국가들은 여러 차례 외환위기를 맞이했으며 아직도 '대외채무의 덫'에서 벗어나지 못하고 있다.

세계화는 비대칭적으로 전개되기 때문에 여러 문제를 야기한다. 자본은 쉽게 세계화의 흐름을 탈 수 있는 반면에 노동력의 세계적 이동에 대해선 강력한 규제가 실시되고 있다. 따라서 보다 유리한 조건을 찾아 자유롭게 이동하는 자본을 유치하기 위해 각국은 노동

보호 조치를 완화하는 경쟁을 벌이고 있다. 그래서 자본의 수익성은 향상되고 있지만 노동자의 처우는 별로 나아지지 않는 것이다. 선진국 중 분배상황이 가장 나쁜 미국의 경우가 이를 대표한다.

미국은 세계화를 주도해가는 과정에서 자국의 시스템을 다른 나라에 이식시키려 한다. 1990년대 초에 미국은 IMF, 세계은행 등과의 협의를 거쳐 중남미에 대한 개혁처방으로 워싱턴 컨센서스(Washington Consensus)를 제시했다. 그러나 개발도상국 기간사업의 민영화, 규제완화, 개방화를 골자로 하는 워싱턴 컨센서스는 미국자본의 이익만 추구하는 것이라는 비판을 면치 못하고 있다.

그리고 세계화 과정 속에서도 빈곤은 퇴치되지 않고 있고, 나라 사이의 소득격차는 심화되고 있다. 세계인구의 절반가량이 하루 2달러 이하로 생활하는 빈곤층이다. 19세기 말에는 세계에서 가장 부유한 나라와 가장 빈곤한 나라 사이에 1인당국민소득 격차가 9배 정도였다. 그런데 지금은 미국인의 평균소득이 에티오피아나 방글라데시 국민 평균소득의 60배 정도다.

요컨대 세계화는 자본 이동의 불안정성으로 인해 각국 경제의 위기를 초래하기도 하며, 자본과 노동력 이동의 비대칭성으로 인해 한 나라 내에서는 물론 나라 사이에서 빈곤과 소득격차의 문제를 심화시키기도 한다. 무역이나 공장진출과는 성격이 다른 투기적 금융자본의 운동이 활발해짐으로써 이런 폐해가 심각해졌다 하여 오늘날의 세계화 상황을 '카지노 자본주의'라 비판하기도 한다.

그러나 세계화를 반대하는 주장에는 시대착오적인 측면도 존재한다. 세계화를 거부하는 것은 자본주의의 발전을 거부하는 것이고, 이는 곧 역사의 발전을 부정하는 것이다. 자본주의는 생산성을 증대시키는 원동력이다. 그렇기 때문에 자본주의의 발전 과정에 불안정성이 내재해 있고 소득격차를 심화시키는 경향이 존재한다고 해서 자본주의를 깡그리 부정하면 안 된다.

세계의 극빈층은 북한이나 일부 아프리카 국가처럼 세계화에 참여하지 못하고 있는 나라에 많다. 이런 나라들은 일종의 자폐증에 걸려 있다. 최근 엄청난 인구를 끌어안고 있는 중국과 인도의 고도성장으로 하루 1달러 이하로 생활하는 절대빈곤층의 수가 확연히 줄어들었다. 한국을 비롯한 아시아 신흥공업국들의 경제도 수출주도에 의해 고도성장을 달성했다.

극좌파의 어록 같은 다음 구절을 보자. "자본에 대한 국가의 과제는 비교적 간단명료하다. 국가는 자본으로 하여금 국가의 시녀로 계

세계를 휘젓는 헤지펀드

금융의 글로벌화와 관련해 우리가 자주 접하는 용어가 헤지펀드(hedge fund)다. 헤지펀드는 원래 금융투자 중에 발생하는 위험을 회피하기 위해 생긴 펀드이지만, 요즘은 고위험-고수익을 추구하는 투기적 거래를 하는 것으로 많이 알려져 있다.

헤지펀드는 100만 달러 이상의 투자자 100인 미만으로 결성되어 금융당국의 규제를 거의 받지 않고 비공개로 자금을 운영한다. 투자대상은 주식, 채권, 통화, 원자재를 비롯해 각종 파생금융상품에까지 이르며 한 나라 내에 머무르지 않고 세계적으로 움직인다.

때문에 헤지펀드는 국제금융시장을 교란시키는 악마로 비난받기도 한다. 〈더 타임스〉는 미국이 이라크 침공의 명분으로 내세웠던 대량살상무기(WMD; weapons of mass destruction)에 빗대어 헤지펀드를 금융파괴무기(WFD; weapons of financial destruction)라 부르기도 했다.

1997년 아시아의 금융위기가 발발했을 때 말레이시아의 마하티르 총리는 헤지펀드를 위기의 주범으로 지목하고 헤지펀드 운영자의 대표격인 조지 소로스와 논전을 벌이기도 했다. 조지 소로스의 퀀텀 펀드는 1992년 영국의 파운드화가 평가절하될 것을 예상하고 투기에 나서서 유럽환율체계(ERM)를 붕괴시킨 전력을 갖고 있다.

이처럼 헤지펀드는 국제금융시장을 이동하는 유동성 단기자금인 핫머니(hot money)의 대표로서 취약한 경제를 교란시키는 투기꾼 노릇을 한다. 반면에 거시경제조건과 맞지 않는 불합리한 정책의 틈새를 노리는 것이기 때문에 세계경제를 합리화하는 순기능도 한다는 반론도 있다.

속 남아 있도록 하고 (…) 가장 격렬한 전쟁은 적대적인 국가에 대항해서가 아니라 국제자본에 대항해서 수행돼야 한다." 이는 극우파 히틀러의《나의 투쟁》속에 들어있는 내용으로, "극과 극은 통한다"는 말대로 극좌적 사고와 극우적 사고가 일맥상통함을 보여주는 적절한 사례다. 반세계화 운동이 이런 극단적 사고에 빠져서는 안 된다는 것은 두말할 필요도 없다.

결국 세계화 자체가 나쁜 게 아니다. 세계화의 혜택이 골고루 배분되도록 하고 세계화의 폐해를 최소화하는 장치의 결여가 진짜 문제다. 세계화라는 거대한 파도를 잘만 타면 승승장구할 수 있지만, 자칫 잘못하면 그 파도에 휩쓸려 죽을 수도 있다. 따라서 파도를 적절히 조절하고 파도에 휩쓸린 자들을 건져 내는 장치를 마련해야 한다.

시장(자본주의)은 그 폐해를 시정하기 위해 민주주의를 필요로 한다. 자본주의 초기의 아동노동을 비롯한 열악한 노동상황이 민주주의의 발전에 의해 해소되었음을 상기하자. 국경을 넘어선 시장의 확대과정인 세계화도 마찬가지다. 그런데 한 나라 내에서 발생하는 시장의 문제는 민주주의 정부가 나서서 관리할 수 있지만, 세계적 차원의 시장에서 발생하는 문제를 관리할 만한 세계정부가 아직 없다.

따라서 오늘날 세계화 논의에서 가장 시급한 당면 과제는 경제적 세계화를 잘 관리하고 조율하는 세계적 차원의 민주주의를 수립하는 것이다. '시장경제와 민주주의의 균형적 발전'은 세계적 차원에서도 필요하다. 그렇다면 세계적 차원의 민주주의를 구현하려면 어떻게 해야 하나. 우선 UN이 제 역할을 해야 한다. 그리고 현재 세계화를 이끄는 기구들, 즉 IMF나 WTO의 운영방식을 환골탈태시켜야 한다. 그리하여 민주적 세계정부의 역할을 하는 기구를 발전시켜야 한다.

국제통화기금과 세계은행

국제통화기금(IMF)이라 하면 사람들은 1997년 말 캉드쉬 총재가 한국에 찾아와 외환위기를 해소하려면 IMF가 제시한 조건을 받아들이라고 강요하던 쓰라린 기억을 떠올린다. 그 후 한동안 'IMF 신탁통치'가 행해졌다고 이야기되기까지 한다. 하지만 IMF는 그때 불쑥 나타난 것이 아니다. 오래전부터 우리와 관계를 맺고 있었고, 이런저런 정책권고를 하기도 했다.

IMF의 탄생배경을 간략히 살펴보면 이렇다. 자본주의가 발달함에 따라 국가 간의 무역도 활발해졌다. 국제무역이 원활하게 이루어지기 위해서는 국제통화제도가 필요했다. 그래서 1870년대부터 국제금본위제도가 시행됐다. 국제금본위제도는 1차대전이 발발하면서 잠시 붕괴됐다가 전쟁이 끝난 후 재도입됐지만 1930년대의 대공황과 2차대전의 발발로 다시 붕괴됐다. 세계경제는 혼란에 빠졌다. 이를 수습하고 국제통화금융질서를 안정시키기 위해 1944년 미국 브레턴우즈에서 44개 연합국이 국제회의를 열었다. 여기서 탄생한 것이 바로 IMF다.

오늘날 IMF는 184개국이 가맹한 대표적 국제금융기구로 자리 잡았다. 국제금융기구의 효시는 1차대전 후 독일의 전쟁배상금 처리를 위해 1930년에 창설된 국제결제은행(BIS)이지만, 이는 기능과 구성 면에서 지역적 한계를 벗어나지 못했다. 2차대전 이후의 IMF와 그 자매기구인 IBRD가 최초로 세계적 규모의 국제금융기구 구실을 하게 된 셈이다.

IMF는 국제유동성(결제수단)의 공급, 환율의 안정화, 국제수지 조정 등의 목적을 달성하기 위해 달러의 금태환을 전제로 고정환율제도를 채택했다. 한동안 그 기능은 그런대로 잘 수행됐다. 그런데 1960년대 중반 이후 미국이 만성적인 국제수지 적자상태에 직면하자 달러에 대한 신뢰가 떨어졌다. 미국은 1971년에 달러의 금태환을 정지하기에 이르렀고, 이는 달러의 금태환을 기초로 한 IMF체제(브레턴우즈체제라고도 함)가 붕괴했음을 의미했다.

그렇지만 IMF는 사라지지 않았다. 이후에도 IMF는 국제수지 적자로 외환이 부족해진 나라에 자금을 제공하면서 재정긴축을 요구하는 등 강한 영향력을 행사해왔다. IMF가 제공하는 자금액수는 그렇게 크지 않다. 하지만 그 자금은 민간금융기관이 자금을 제공해도 좋다는 보증서 구실을 하기 때문에 강한 영향력을 갖고 있다.

중남미 국가에서는 IMF가 요구하는 긴축정책이 국민생활을 어렵게 한다는 이유로 대규모 시위가 벌어지는 등 반발이 심했다. 근래 들어 IMF는 긴축정책만으로 부족하다며 구조조정을 요구하고 있다. 우리의 외환위기 때에도 마찬가지였다. IMF의 처방을 실행하는 과정에서 금리가 급등하고 실업자가 대량으로 발생하는 등 여러 문제가 발생하자 IMF에 대한 원성도 자자해졌다.

물론 IMF를 악마로 단죄할 수는 없다. IMF가 요구하는 정책 중에는 수긍이 가는 것들도 많다. 새로운 선진 시스템을 구축하기 위해서는 일시적인 고통을 감내해야 하는 경우도 있다. 잘만 하면 캉드쉬의 말처럼 위기가 "고통이라는 가면을 쓰고 온 축복(blessing in disguise)"이 될 수도 있다.

그러나 IMF는 위기국가의 구체적 실정을 제대로 파악하지 못한 채 판에 박은 해법을 제시하는 경우도 많다. 뿐만 아니라 채권자인 미국 금융기관 등의 요구를 강하게 반영하고 있고, 채무자에게 지나치게 가혹하다는 비판도 제기되고 있다. 채무자가 파산하면 채권자도 손해를 분담하게 마련인데, IMF는 채권자인 국제금융자본의 피해를 최소화하는 데만 신경 쓴다는 것이다. 이러한 IMF의 행태는 제대로 대출심사도 하지 않는 도덕적 해이로까지 이어진다.

IMF의 의사결정방식이 비민주적인 것도 논란거리다. IMF의 총회나 이사회에서 회원국의 투표권은 UN과 같은 1국1표주의가 아니라 출자금(quota)의 크기에 따라 결정된다. 돈이 모든 것을 대변하는 셈이다. 미국은 17퍼센트로 가장 많은 출자금을 내놓은 나라다. 문제는 여기서 발생한다. IMF는 중요 의결사항에 대해선 85퍼센트 이상의 찬성이 필요하다고 규정해 놓았다. 결국 17퍼센트의 투표권을 가진 미국만이 거부권을 보유하고 있다. 사정이 이러니 IMF를 미국이 독재적으로 지배하고 있다고 해도 지나친 말이 아니다. 미국의 유명한 경제학자도 "IMF는 미국이 해외경제정책을 추진하는 데 쓰는 장난감"이라 했다.

1997년 아시아지역의 외환위기를 계기로 IMF의 문제점을 보완하는 아시아통화기금(AMF; Asian Monetary Fund)의 설립이 아시아 국가들 사이에서 거론된 바 있으나 미국의 압력으로 진전을 보지 못하고 있다. 물론 IMF와 같은 국제금융기구는 필요하다. 하지만 앞으로 IMF는 각국의 실정을 충분히 배려한 정책을 제시하고, 의사결정방식도 민주화해야 한다. 나아가 IMF를 근본적으로 뜯어고쳐 준(準)세계중앙은행으로 격상시켜 국제유동성 공급을 조절하게 해야 오늘날의 어지러운 세계통화금융 질서를 바로잡을 수 있다는 일각의 지적에도 귀를 기울여야 한다.

IMF와 더불어 브레턴우즈협정에 의해 창설된 유엔의 전문기관이 국제부흥개발은행(IBRD; International Bank for Reconstruction and Development)이며, 여기에 국제개발협회(International Development Association)를 합쳐서 세계은행(World Bank)이라 한다. 세계은행은 2차 대전 후 각국의 피해복구와 개발을 위해 설립됐고, 오늘날에도 후진국의 경제개발, 빈곤퇴치, 외국인투자의 보호와 장려를 목적으로 활동하고 있다. 우리나라도 1960년대 이후 경제개발 과정에서 세계은행의 자금지원으로 도로 등 사회간접자본을 확충한 바 있다.

IMF 근처에 본부를 두고 있는 세계은행은 재원이나 직원 수가 IMF의 2배인 세계최대의 개발도상국 지원기구다. 세계은행은 IMF만큼 비판의 표적이 되고 있지는 않지만, IMF와 똑같이 미국이 단독으로 거부권을 보유하는 비민주적인 의사결정 구조를 가지고 있다. 세계은행의 자금은 금리도 낮고 개발도상국 개발의 중요한 동력이지만 수혜국가의 주권을 무시한 과도한 개방정책을 통해 해를 끼친다는 비판도 제기된다.

세계무역기구와 경제협력개발기구

원래 브레턴우즈협정에는 국제무역기구(ITO; International Trade Organization)의 설립도 포함돼 있었다. 그러나 미국 주권의 침해를 우려한 미국의회의 반대로 ITO의 설립은 무산되고, 그 대신 1947년에 기구가 아닌 협정의 형태로 관세와 무역에 관한 일반협정(GATT; General Agreement on Tariffs and Trade)이 체결됐다.

GATT에서는 여러 차례의 협상(round)이 이루어졌는데 가장 최근의 협상은 우리나라의 쌀시장 개방을 결정한 1994년의 우루과이라운드(UR)다. 세계무역기구(WTO; World Trade Organization)는 이 우루과이라운드에서 설립이 결정되어 1995년에 출범한 국제기구다. 2012년 9월 현재 157개국이 가맹하고 있다.

GATT 협상으로 공산품의 관세율이 매우 낮아졌다. 1947년에 40퍼센트였던 평균관세율은 1992년에는 5퍼센트로 떨어졌고, 우루과이라운드 이후에는 이보다 더 떨어졌다. 그리고 WTO는 참가국 사이의 분쟁이 발생한 경우에 재판소의 역할을 수행하는 등 GATT에는 없던 권한도 행사하게 됐다. WTO는 2001년에 카타르의 도하에서 열린 각료회의를 통해 '신(新)라운드'를 시작했다.

하지만 WTO가맹국 중 4분의 3을 차지하는 개발도상국들은 과거의 라운드가 선진국 주도로 진행된 데 대해 불만을 갖고 있기 때문에 신라운드는 우여곡절을 겪고 있다. 미국도 자국의 농업을 보호하기 위해 신라운드에 소극적이다. 또 WTO에 의해 이루어지는 시장개방은 일부 계층에 피해를 초래할 가능성이 있다.

WTO 같은 협상기구는 아니지만 세계경제에서 주요한 역할을 수행하는 또 다른 기구가 경제협력개발기구(OECD)다. 한국이 OECD국가 중 성장률이 몇 번째라는 등의 보도를 우리는 자주 접한다. 이 기구는 1961년에 선진국들을 중심으로 세계경제 발전을 위한 정책협력과 정책연구를 수행하는 기관으로 설립되어 회원국들 간의 정책조율에 노력하고 있다.

OECD에는 현재 세계경제를 주도하는 G7(Group of 7: 미국, 일본, 영국, 독일, 프랑스, 이탈리아, 캐나다)과 더불어 선진국들을 중심으로 하는 30개국이 참가하고 있는데, 우리나라도 1996년에 가입했다. 우리 이외에 터키, 헝가리, 폴란드, 멕시코 등 선진국이라 칭하기 힘든 일부 국가도 회원국으로 포함돼 있다.

 미국과 유럽연합의 경제

팍스 아메리카나로의 길

1776년 영국에서 독립한 미국은 신흥국가, 대륙국가, 이민국가로 발전해갔다. 19세기 후반에는 북미대륙의 중앙부분에 해당하는 광대한 토지를 차지한 후 남북전쟁을 거치면서 국민경제를 통합했다. 이후 1차대전 직전까지 미국은 철강업, 기계공업, 식품가공업을 중심으로 한 세계 1위의 공업생산력과 광대한 국토를 기반으로 한 세계적인 농업생산력을 갖추게 됐다.

1차대전으로 인해 영국과 프랑스의 경제력은 크게 약해지고 패배한 독일의 경제는 황폐해졌다. 러시아는 1917년의 혁명 이후 자본주의 세계경제에서 떨어져나갔다. 반면, 전쟁 중에 영국을 비롯한 연합국에 군수품을 공급하는 병기창 역할을 수행했던 미국은 공업생산력과 산업구조의 비약적인 발전을 이룩했다. 게다가 미국은 연합국에 자금도 제공하여 '순(純)채무국'에서 '순채권국'으로 전환하면서 국제금융에 대한 영향력을 제고시켰다.

1차대전은 이처럼 미국이 세계경제의 중심국, 정치군사적 패권국의 길을 본격적으로 걸어 나가는 계기가 됐다. 하지만 1차대전은 미국이 주도하는 세계적인 정치경제 질서, 즉 '팍스 아메리카나'를 곧바로 가져다주지는 않았다. 1차대전 후 미국에서는 고립주의가 대두했다. 이 영향으로 미국은 자국의 대통령인 윌슨이 제창해 만들어진 국제연맹에 참가하지 않았다. 또 전쟁으로 폐허가 된 유럽을 부흥하는 데도 그리 큰 역할을 하지 않았다.

1차대전이 끝난 뒤인 1920년대에 미국은 자동차 등 내구소비재 붐을 타고 '번영의 10년'을 구가했다. 컨베이어 라인을 통해 대량생산된 포드의 'T형 자동차'가 이 시대를 상징한다. 그러나 1929년 10월 뉴욕증권거래소의 주가폭락을 계기로 '세계대공황'이 시작됐다. 순식간에 미국의 실업률은 25퍼센트까지 치솟았다. 이에 루스벨트 대통령은 케인스주의적인 뉴딜정책을 실시했다. 뉴딜정책이 어느 정도 효과를 발휘하기는 했지만, 경기가 완전히 회복된 것은 2차대전이 발발하여 전쟁경제가 들어서고 나서였다.

2차대전을 거치면서 패전국인 독일과 일본은 괴멸적인 타격을 입었다. 승전국인 영국과 프랑스를 비롯한 다른 유럽 국가들이 입은 타격과 손실도 1차대전 때보다 훨씬 심각했다. 그러나 뒤늦게 전쟁에 참가했고, 직접적인 전쟁터가 되지 않았던 미국의 손실은 미미했다. 오히려 미국은 전쟁을 통해 경제발전을 이룩하고 원자폭탄으로 대변되는 과학기술, 군사기술 면에서도 다른 나라들을 크게 앞서나가기 시작했다.

정치력과 군사력뿐 아니라 경제력에 있어서도 미국은 월등한 지위에 올랐다. 1953년에 미국은 전 세계 공업생산의 절반, 수출의 5분의 1, 금보유량의 3분의 2를 점유하기에 이른다. 세계의 많은 나라들이 대량생산—대량소비의 미국식 경제구조와 미국의 선진기술을 본받고 싶어했다.

이렇게 해서 미국은 전 세계에 압도적인 영향력을 행사하는 나라로 우뚝 섰다. 그리고 주도적으로 세계경제질서를 확립하고 유지해 나가기 시작했다. 달러를 기축통화(基軸通貨)로 하는 IMF체제를 통해 통일적인 국제통화금융체제를 재건하고, 자유무역을 원칙으로 하는 GATT체제를 주도하여 전후 세계무역체제의 틀을 구축했다.

세계경제질서를 재건함과 더불어 미국은 전쟁기간 동안 눈부시게 발전한 군사력, 특히 핵무기를 토대로 미소 대립을 중심으로 하는 냉전체제를 이끌었다. 미국은 전후 세계의 안전보장시스템과 경제시스템의 두 축을 확립하고 그 질서를 유지하는 팍스 아메리카나를 구축했다. 로마제국이 이른바 야만족을 제외한 지역에서 패권을 행사했듯이 미국도 소련진영을 제외한 지역에서 패권을 행사한 것이다. 그 절정기는 1950~1960년대였다.

1950~1960년대는 미국, 서유럽, 일본 등 선진공업국을 중심으로 장기적이고 안정적인 경제성장이 지속되던 시기였다. 1930년대와 같은 대공황이 발생하지 않았을 뿐만 아니라 경기순환의 하강국면

팍스 아메리카나

'Pax'는 라틴어로 '평화'(peace)라는 뜻이고 'Americana'는 '미국의'라는 뜻이다. 원래 로마제국의 지배에 의한 평화(세계질서의 안정)를 팍스 로마나(Pax Romana)라고 불렀던 데서 19세기 영국의 세계지배를 팍스 브리타니카(Pax Britannica), 2차대전 후 미국의 세계지배를 팍스 아메리카나(Pax Americana)라고 부른다.

도 경제성장이 둔화하는 정도에 지나지 않았다. 물론 이러한 성장은 단지 선진국에만 국한된 것이었고, 환경을 비롯한 여러 가지 문제도 야기했다. 하지만 세계적인 이런 성장은 역사상 유례를 찾아볼 수가 없기 때문에 이 시기를 '자본주의의 황금시대'라고 부른다. 물론 그 중심에는 미국이 있었다.

흔들리는 팍스 아메리카나

팍스 아메리카나의 정치경제질서는 그렇게 오래 가지 못했다. 1970년대에 들어서면서 미국경제의 상대적 지위가 크게 낮아졌다. 경상수지가 적자로 전환되면서 달러의 신뢰도가 떨어졌다. 이에 대응하기 위해 미국 정부가 금태환을 정지함에 따라 팍스 아메리카나를 구성하는 국제통화질서인 브레턴우즈체제가 붕괴했다.

또 일본과 서독의 급속한 경제부흥이 미국산업의 국제경쟁력을 침식했다. 미국이 2차대전에서 군사적으로는 승리를 거두었지만 그 후의 경제전쟁에서는 독일과 일본에 패배한 게 아니냐는 우스갯소리가 떠돌기 시작했다. 〈표 26-1〉은 미국 경제력의 이러한 변화를 보여준다.

〈표 26-1〉 경제력(GDP)의 비중 변화 (단위: %)

	1960	1970	1980
비사회주의권	100	100	100
미국	45	40	27
일본	4	8	11
EEC(유럽)	24	26	29
개발도상국	16	16	22

1865년 남북전쟁이 끝난 이래 100년 남짓한 기간 동안 평균 3퍼센트였던 미국의 경제성장률이 1973년에서 1993년 사이에는 2퍼센트로 하락했다. 세계시장에서 차지하는 미국의 수출점유율도 1953년의 5분의 1에서 1980년에는 10분의 1 정도까지 떨어졌다. 팍스 아메리카나의 쇠퇴와 더불어 다른 선진국들도 1970년대 석유위기(oil shock)를 계기로 2차대전 후 최대의 불황을 맞이하고 저(低)성장체제로 이행했다.

　1990년대에 들어 옛 소련과 동유럽 체제가 붕괴함에 따라 미국은 다시 지배력을 회복했다. 정치군사적 측면에서 경쟁자가 없는 유일한 초강대국이 됐고, 경제력도 부분적으로 회복됐다. 벤처 비즈니스의 활력, 정보화에서의 우위, 글로벌화한 경제활동에서 적극적인 미국기업이 그 원동력이었다. 특히 미국 월가의 금융자본은 세계화의 진전 속에서 영향력을 크게 확대해갔다.

　장기불황을 경험한 일본이나 저성장체제를 벗어나지 못한 대부분의 유럽선진국과는 달리 미국은 1990년대에 호황을 누렸다. 클린턴 대통령 집권기간에 해당하는 이 시기에 3~4퍼센트의 높은 경제성장률을 실현했고, 2000년 초에는 실업률이 4퍼센트대로 떨어졌다. 그러자 이번에는 "이제 미국은 불황을 모르는 새로운 구조로 바뀌었다"고 하는 '신경제(new economy)'론이 사람들의 입에 오르내렸다.

　그러나 호황은 그리 오래가지 않았다. 부시 집권 이후 IT거품이 꺼지면서 경기가 침체하기 시작했다. 2001년과 2002년에 경제성장률이 2퍼센트 이하로 떨어졌다. 그 뒤 경제성장률은 다소 회복됐지만, 재정과 경상수지에서 매년 수천억 달러의 쌍둥이 적자가 지속되고 있다. 경상수지 적자의 누적으로 미국은 대외채무에서 대외채권을 뺀 순채무가 3조 달러에 가까운 세계 최대의 채무국이 됐다.

쌍둥이 적자는 미국경제가 공급부족 상태에 처해 있음을 말해준다. 이 부족을 메워주는 것이 바로 일본을 비롯한 한국, 대만, 중국이다. 미국은 수출보다 수입이 많고, 그에 필요한 대금은 일본 등이 미국 국채 따위를 구입하는 돈으로 충당한다. 이는 사실상 미국경제에 제공되는 원조라고 규정하는 사람도 있다. 2005년 미국의 한 상원의원은 미국이 한국에서도 600억 달러 이상의 원조를 받았다고 자조적으로 이야기한 바 있다. 이 600억 달러는 한국이 보유한 미국 국채의 액수였다. 이런 상황에서도 미국이 세계지배력을 유지하는 것은 달러가 세계화폐이고, 영어가 세계언어이며, 미국의 무기가 세계무기이기 때문이라는 해석도 있다.

그렇다고 해서 미국이 세계경제의 중심적 지위를 상실하고 있는 것은 아니다. 미국의 1인당 GDP는 5만 달러에 가까운 최정상 수준이다. 미국은 세계에서 5퍼센트에 못 미치는 인구와 12퍼센트 정도 되는 경작지를 가지고 있지만, 생산액에서는 20퍼센트 남짓을 점유하고 있다. 미국의 수입과 수출이 세계시장에서 차지하는 비중은 2011년의 경우 각각 13퍼센트와 8퍼센트였다.

한편 1970년대 중반 이후 미국의 분배는 악화일로를 걸었다. 1973년부터 1995년까지 1인당 GDP가 36퍼센트 상승했는데도 노동력의 약 80퍼센트를 차지하는 비(非)감독직 노동자의 시간당 평균 실질임금은 도리어 떨어졌다. 이 기간에 창출된 일자리의 대부분은 임금이 낮은 서비스직이었던 반면에 CEO의 보수는 천정부지로 뛰었고 월가의 소득도 크게 증대했다. 1990년대의 호황기에도 빈부격차는 계속 확대되어 미국은 선진국 중에서 소득분배가 가장 나쁜 나라로 전락했다.

유럽경제의 성장과 정체

유럽은 자본주의 공업화가 가장 먼저 진전된 지역이다. 두 차례의 세계대전을 겪으며 커다란 피해를 입었으나, 2차대전 직후부터 수년에 걸쳐 미국의 원조로 이루어진 마셜플랜(Marshall Plan)에 힘입어 경제를 부흥시키고 1970년대 초까지 역사상 유례없는 고도성장을 달성했다.

1953~1973년에 OECD에 가맹한 유럽국가의 연평균 GDP 성장률은 5퍼센트 정도였다. 이는 2차대전 이전의 평균성장률보다 2배 이상 높은 수치다.

유럽이 이렇게 고도성장을 이룩할 수 있었던 이유는 수요 요인과 공급 요인으로 나누어 생각해볼 수 있다. 수요 면에서는 수출, 투자, 정부지출이 중요한 역할을 했는데, 그중에서도 특히 수출신장을 가능하게 한 것은 세계적으로 IMF와 GATT 체제가 확립되고 서유럽 내에서 경제통합이 진전된 덕분이다. 공급 면에서는 선진화된 모델을 쉽게 모방할 수 있는 '후발성의 이익'을 살려 미국의 기술수준을

TIP 마셜플랜

1947년 6월에 당시 미국의 국무장관 마셜이 하버드대학에서 행한 강연에서 제안한 안으로 유럽부흥계획(European Recovery Program)이라고도 한다.
미국은 2차대전 중 보유하게 된 방대한 생산능력과 과잉자본의 배출구로서, 그리고 소련의 영향력 확대를 저지하기 위한 방안으로 유럽에 대한 경제원조를 계획했다. 원조를 받아들인 나라는 16개국이며, 원조는 1951년 말까지 계속됐다.

따라잡고, 이민노동력과 농촌으로부터 유입된 노동력으로 노동공급을 충당했기 때문이다.

서유럽의 이러한 고도성장은 1973~1974년의 1차 석유위기에 의해 종지부를 찍는다. 1973년 10월부터 12월까지 석유수출국기구(OPEC)가 단행한 4배가 넘는 원유가격 인상이 석유수입국들의 무역수지 적자를 증폭시켰다. 또 원유가격 상승이 인플레이션을 야기하자 이를 억제하기 위해 긴축정책을 실시했는데, 이 긴축정책이 이번에는 경기침체를 초래하여 스태그플레이션이 발생했다. 당시의 인플레이션은 임금상승과 물가상승의 악순환을 빚어냈다.

1979년의 2차 석유위기 때는 원유가격 상승폭이 1차 석유위기 때보다 작았다. 하지만 이를 계기로 성장률은 더욱 떨어져 저성장, 인플레이션, 경상수지 적자의 3중고(三重苦)가 찾아왔다. 여기에는 서유럽경제의 구조적 문제가 내재해 있었다. 즉 자본의 생산성이 저하하고 제조업이 부진했는데, 특히 전자산업 등 기술집약적인 산업에서 문제가 가장 컸다. 이러한 상황은 〈표 26-2〉에서 엿볼 수 있다.

서유럽경제 내부에는 상당한 편차도 존재한다. 인구나 GDP에서

〈표 26-2〉 서유럽의 경제성장률 (단위: %)

	독일	영국	프랑스	EU 15개국
1961~1970년	4.4	3.0	5.6	4.8
1971~1980년	2.8	2.0	3.3	3.0
1981~1990년	2.3	2.6	3.6	2.4
1991~2000년	1.9	2.4	1.9	2.1
2001~2003년	0.3	2.1	1.2	1.2

독일, 영국, 프랑스, 이탈리아의 지위가 압도적이다. 북유럽이나 스위스, 룩셈부르크 등은 1인당 GDP 수준은 높지만 인구가 1000만 명도 되지 않는 소국이다. 그리스, 포르투갈, 스페인 등은 아시아 신흥공업국 정도에 해당하는 하위국가다. 서유럽 내에서도 선진국과 후진국 사이의 격차를 의미하는 '남북문제'(선진국은 주로 북반구에 위치하고 후진국은 주로 적도와 남반구에 위치하기 때문에 이런 말이 나왔다)가 존재하는 셈이다. 농업부문의 비중도 나라별로 차이가 난다.

근래 들어 서유럽 주요 국가들은 낮은 성장률과 높은 실업률을 보이고 있다. 그래도 서유럽은 전반적으로 국가가 큰 영향력을 가지고 있고, 사회보장제도가 잘 정비되어 있기 때문에 미국에 비해 훨씬 공평한 소득분배가 이루어진다. 이런 점 때문에 서유럽을 긍정적으로 인식하는 사람들은 서유럽의 사회적 안정과 충실한 복지를 강조하고, 부정적으로 인식하는 사람들은 서유럽의 사회적 정체와 고실업률을 부각시킨다.

유럽연합의 탄생

1952년 서독과 프랑스 등 유럽 6개국은 유럽석탄철강공동체(ECSC)를 설립했다. 이것과 1958년에 발족한 유럽경제공동체(EEC), 유럽원자력공동체(EURATOM)를 합쳐서 유럽공동체(EC)라고 불렀다. 그러다 마스트리히트 조약에 의해 1993년 EC는 EU(European Union, 유럽연합)로 명칭을 바꿨다. EU의 탄생 배경에는 미국, 일본, 아시아 신흥공업경제 등의 경쟁력에 대한 위기감이 깔려있다.

EU는 1995년에 오스트리아, 스웨덴, 핀란드 등이 가맹해 15개국 체제로 가다가 폴란드 등 동유럽 국가들의 가맹으로 28개국 체제로 확대됐다. 1980년대 말부터 '민주주의와 시장경제'로 이행한 뒤 한동안 마이너스 성장의 어려움을 겪던 동유럽 국가들이 경제가 회복돼감에 따라 속속 EU에 가맹한 것이다.

EU는 미국(아메리카합중국)처럼 곧바로 '유럽합중국'을 만드는 게 아니라 각 국가의 주권을 존중하면서 합의가 가능한 분야부터 통합을 추진하는 길을 걷고 있다. 그래서 EC 시절에는 관세동맹을 체결하고 노동시장과 자본시장의 자유화를 포함해 유럽지역 시장의 완전자유화를 추구했다. 2002년부터는 당시 EU 가맹국이던 15개 국가 중 영국, 덴마크, 스웨덴을 제외한 12개국이 유로(euro)를 유럽단일통화로 사용하기 시작했으며, 2013년에는 유로 사용국이 17개국으로 확대됐다.

이로써 EU는 통화에서도 통합을 이루었다. 그렇지만 아직도 11개 가맹국이 유로를 도입하지 않고 있다. 이들이 유로를 도입하지 않은 것은 자국경제에 미칠 악영향에 대한 우려와, 재정적자가 GDP의 3퍼센트 이내여야 한다는 등의 엄격한 자격규정 때문이다.

2013년 현재 EU 28개국의 인구는 약 5억 명으로, 미국의 3억 명이나 일본의 1억 3000만 명을 능가한다. GDP 합계액도 미국을 넘어섰

마스트리히트 조약

EC 가맹국들이 네덜란드의 마스트리히트에서 1992년에 체결한 조약으로 각국의 비준을 거쳐 1993년에 정식 발효됐다. 이 조약은 EC가 단순한 시장통합을 넘어 정치경제적 통합체로 진전하기 위한 기반을 제공한 것으로서 유럽중앙은행 창설, 유럽단일통화 도입, 노동조건 통일, 공동방위체제 수립 등의 내용을 담고 있다. 미국에 붙을지 유럽에 붙을지 망설인 영국이나 국가주권의 약화를 우려한 덴마크에서는 이 조약의 비준과정이 순탄치 않았다. 결국 이들은 EU에 가맹은 했으나 아직 유로를 사용하지 않고 있다.

고, 세계화폐로서 유로의 지위도 올라가고 있다. 말하자면 선진국들 사이에서 3극(極)체제가 형성된 셈이다.

현재 EU는 통상정책, 농업정책, 금융정책에서 권한을 행사하며, 경쟁정책과 환경정책에서도 부분적으로 가맹국가의 권한을 넘겨받았다. 하지만 재정정책이나 산업정책은 여전히 각국 정부의 권한에 속한다. EU는 세계국가로 가는 중간단계일까, 아니면 과거에도 나타났던 지역블록에 지나지 않는 것일까?

27 일본과 중국의 경제

메이지유신에서 고도성장으로

1854년 페리 제독에 의해 강제로 개항당한 이래 일본은 대외적으로는 서양문명을 적극적으로 받아들이고 대내적으로는 메이지 유신을 단행해 근대화의 길로 나아갔다. 식산흥업(殖産興業, 생산을 늘리고 산업을 일으킨다는 뜻) 정책을 실시해 청일전쟁 무렵에는 방적업을 중심으로 경공업이 급속히 발전했고, 러일전쟁 무렵에는 제철업을 중심으로 중공업이 발전했다. 연이어 터진 1차대전으로 해외시장이 확대되면서 일본경제는 도약의 시기를 맞이했다. 이런 경제발전의 물결을 타고 정치권력과 유착된 기업, 즉 정상(政商)이 등장했고 이들이 재벌로 발전해 갔다.

1930년대의 세계대공황 기간에 일본의 광공업생산도 크게 줄었다. 문을 닫는 기업이 늘어남에 따라 실업자의 수가 증가했다. 노동쟁의도 잦아져, 당시 일본에서는 50미터 높이의 공장굴뚝에 올라가 농성을 벌인 일도 있었다(한국에서도 그동안 가끔 굴뚝농성이 벌어졌다.

우리가 생산기술을 일본에서 도입했지만, 그렇다고 이런 쟁의기술까지 모방한 것은 아닐 것이다. 쟁의하다 보니 자연스럽게 나온 결과가 아닐까).

불황이 지속되면서 정권과 유착한 재벌에 대한 국민의 반감이 고조되어 재벌타도를 부르짖는 세력들이 늘어났다. 극우파 집단에 의해 미쓰이 총수가 살해되는 사태로까지 상황이 악화되자 재벌들은 가족을 경영 일선에서 물러나게 하는 등 부분적으로 자체 개혁에 나섰다. 이를 사회주의자들의 전향에 빗대어 '재벌의 전향'이라 한다.

2차대전에서 패전한 일본은 엄청난 경제적 타격을 입었다. 패전 다음 해인 1946년의 광공업 생산량은 전쟁 전의 30퍼센트 정도였다. 일본을 점령한 미국은 맥아더사령부를 주둔시키고 일본의 비군사화(非軍事化)를 추진함과 동시에 재벌해체, 농지개혁, 노동개혁과 같은 경제민주화 조치를 단행했다. 재벌해체로 산하기업에 대한 재벌가족의 통제력이 완전히 상실됐고, 농지개혁의 결과 지주-소작 관계가 사라지고 자작농체제가 확립됐다. 또 2차대전 중에 실시됐던 노동운동에 대한 통제가 철폐되고 노동자의 단결권, 단체교섭권, 단체행동권이 보장됐다.

그러나 미소냉전이 시작되면서 미국은 '일본의 비군사화와 경제민주화'라는 점령정책을 바꿨다. 소련세력을 막아내는 극동의 요새로 일본을 키워나가고, 체제를 위협하는 노동운동을 탄압하기 시작한 것이다. 또 1949년에는 점령군 경제고문인 도지(J. Dodge)가 제시한 '도지 라인'(도지의 정책노선이라는 뜻)을 실시해 격심한 인플레이션의 진정과 경제안정을 도모했다. 이러한 경제안정책은 불황을 초래했다. 그러나 1950년 한국전쟁이 발발하자 군수물자에 대한 수요가 급증하면서 일본경제는 호황으로 전환했다.

한국전쟁을 틈타 호황으로 전환한 일본경제는 1950년대 중반부터 1970년대 초까지 고도성장을 거듭하며 세계 2위의 경제대국으로 부상했다. 때마침 일어난 베트남전쟁도 일본에 경제성장의 촉진제가 돼줬다. 이 시기의 연평균 GNP 성장률은 약 10퍼센트로, 1960~1970년대 한국의 고도성장이나 1990년대 중국의 고도성장의 선례가 됐다. 당시 일본에서는 텔레비전, 냉장고, 세탁기가 소비재 붐을 조성했으며, 이케다(池田) 수상은 소득을 2배로 늘리겠다는 '소득배증론(所得倍增論)'을 제창했다.

그러나 고도성장은 대내외적 갈등을 야기했다. 대외적으로는 미국과 무역마찰이 빚어졌다. 전자제품과 자동차 부문에서 미국으로 소나기식으로 수출을 늘린 것이 문제가 된 것이다. 대내적으로는 공해병이 사회적 문제로 부각됐다. 수은중독이 불러온 미나마타병, 카드뮴중독으로 인한 이타이이타이병으로 많은 사람들이 고통을 당했다.

고도성장은 1973년에 터진 석유위기를 계기로 종지부를 찍는다. 석유위기 이후의 성장률은 이전보다 훨씬 낮아진 3~5퍼센트 수준에 머물렀다. 하지만 일본은 노동비용 삭감과 생산 효율화를 중심으로 하는 감량경영(減量經營)을 통해 다른 선진국과 달리 단기간에 위기를 극복했다. 대기업 노동자들은 이때 고용안정을 보장받는 대신 임금인상을 양보했다.

1980년대에 들어 미국경제의 상대적 쇠퇴와는 대조적으로 일본경제의 지위는 크게 상승했다. 수출이 경이적으로 증대함에 따라 경상수지 흑자가 대폭 확대되어 1985년 말에는 세계최대의 순(純)채권국이 됐다.《일본이 최고(Japan as Number One)》라는 책자가 나온 것도 이때다.

누그러질 줄 모르는 일본경제의 위용은 미국을 비롯한 서방 선진국들에 위기의식을 심어줬다. 다급해진 선진국들은 1985년 미국 뉴욕의 플라자호텔에서 회의를 열고, 엔화 가치를 급상승시키는 등의 내용을 골자로 하는 '플라자합의'를 체결했다. 그 후 불과 몇 년 사이에 엔화는 1달러에 260엔대에서 120엔대로 가치가 상향됐다.

엔고 현상이 본격화되자 일본 정부는 수출감소와 경기급랭을 우려해 금융확대정책을 펴 내수주도 성장을 이끌었다. 이로 인해 1980년대 후반 일본에는 부동산가격과 주가가 폭등하는 거품경제가 형성됐다. 불황이 우려되는 시기에 거꾸로 거품이 발생하는 역설이 벌어진 셈이다.

잃어버린 10년을 거치며

1990년대 초반에 거품이 꺼지면서 일본경제는 '잃어버린 10년'이라 일컬어지는 장기불황에 돌입했다. 주가를 나타내는 닛케이지수가 1989년 말 약 4만으로 정점에 도달한 후 큰 폭으로 하락해 2001년 말에는 정점의 4분의 1 수준인 1만이 됐다. 토지가격(6대도시 기준)도 1990년을 100으로 할 때 2001년엔 33정도가 되어 땅값은 떨어지지 않는다는 '토지신화'도 사라졌다. 디플레이션이 시작되고 부실채권이 증가했으며, 소비 및 대출이 감소했다. 경제성장률이 마이너스를 기록한 경우도 여러 해였다.

불황을 타개하기 위해 일본 정부는 금리를 낮추고 재정지출을 늘리는 등 여러 가지 정책을 실시했다. 하지만 0퍼센트에 가까워진 금리는 금융정책의 효과를 떨어뜨렸다. 확대재정도 비효율적으로 집행돼 재정적자를 늘리는 부정적 결과를 초래했을 뿐 경기회복에는 별다른 도움을 주지 못했다. 정부는 부실채권을 잔뜩 걸머진 금융기관을 정리하기 위해 막대한 공적자금을 투입했고, 일부 부실금융기관이 외국자본에 매각됐다. 기업들은 인원과 자산을 삭감하는 구조조정을 실시했다. 다만 일본기업의 인원삭감은 대체로 희망퇴직의 형태를 취했고 노조의 힘도 취약했기 때문에 구조조정을 둘러싼 갈등이 사회적으로 표출되지는 않았다.

2002년 하반기부터 일본경제는 회복양상을 보였다. 2004년의 성장률은 4퍼센트를 넘어섰고 2005년의 성장률도 3퍼센트 정도에 이르렀다. 수출과 설비투자가 살아났고, 그것이 주택투자와 민간소비 회복으로 이어졌다. 기업의 수익성도 크게 개선됐다. 이는 그동안의 공적자금 투입과 구조조정이 어느 정도 성과를 내기 시작한 덕분이었다. 그러나 2008년 세계 금융위기를 맞아 일본경제는 수출이 격감하는 등 타격을 입었다.

과거 일본 기업은 종업원의 강렬한 회사귀속 의식을 바탕으로 기업별노조, 연공서열제, 종신고용 형태로 운영됐다. 기업과 은행은 '주거래은행제도'를 통해 서로 결합돼 있었다. 정계, 관계, 재계도 '철(鐵)의 삼각형'이라고 하여 긴밀한 협조관계를 유지했다. 이것이 거품이 붕괴할 때까지 경제성장을 이끈 일본식 경제경영 시스템이었다.

1990년대 장기불황을 거치면서 논란이 됐던 것은 단순한 거품 처리 문제가 아니라 과거의 시스템들이 정보화와 글로벌화라는 새로운 변화에 부적합한 게 아닌가 하는 의문이었다. 그래서 시장을 더 중시하는 영미식으로 경제시스템이 바뀌어야 한다는 주장이 대두하고 있고,

이는 일본식 시스템의 장점을 계속 강조하는 주장과 대립하고 있다.

좌충우돌해온 중국경제

장제스(蔣介石)가 이끄는 중국국민당과의 내전에서 승리한 마오쩌둥(毛澤東)의 중국공산당은 1949년 중화인민공화국의 수립과 더불어 중국경제를 계획경제체제로 변경시키면서 경제부흥을 추진했다. 우선 토지개혁을 단행하고, 국민당정권과 결탁한 관료자본을 몰수하는 등 주요 기간산업을 국유화했다. 이후 경제는 빠른 속도로 회복됐다. 1949년부터 1952년에 걸쳐 공업생산은 약 35퍼센트, 식량생산은 약 13퍼센트의 연평균 증가율을 보였다.

1953년부터 중국은 소련의 스탈린 모델을 채택해 1차 5개년계획을 세우고 농업의 집단화를 추진해 '인민공사'를 건설했다. 1958년부터는 '대약진운동'을 전개하며 '보다 빠르게 사회주의를 건설하자'는 슬로건을 내걸었다. 그리고 이를 바탕으로 농업부문에서는 대규모 노동력을 동원한 수리개간 사업 및 증산운동을 전개하고, 공업부문에서는 용광로 건설운동 등을 통해 조속한 공업화를 실현하려 했다.

그러나 효율성을 무시한 대약진운동은 가뭄이 겹치면서 경제를 약진시킨 게 아니라 수많은 아사자를 발생시켰다. 또 소형용광로에서 생산한 철강제품은 품질이 너무 떨어져 커다란 낭비를 초래했다. 이러한 정책실패를 계기로 류사오치(劉少奇)와 덩샤오핑(鄧小平)이 등장해 계획경제를 수정하고 농민과 기업에 자율권을 더 많이 주는 노선을 시행했다. 그러나 마오쩌둥이 문화혁명을 일으켜 류사오치와 덩샤오핑을 축출하면서 대약진운동 시기의 정책으로 복귀하려 했다.

이런 정치적 혼란은 경제를 더욱 혼란스럽게 만들고 생산을 침체시켜 결국 저우언라이(周恩來)가 다시 덩샤오핑을 비롯한 경제행정가를 등용해 경제회생정책을 실시하게 된다. 그 후 마오쩌둥의 아내 장칭(江靑)을 비롯한 4인방의 등장과 실각 등 우여곡절을 거친 뒤 1978년 12월 당 중앙위원회에서 덩샤오핑의 '개혁과 개방' 노선이 본격적으로 받아들여졌다.

정부수립 이후 개혁이 시작되기 전까지의 중국경제는 개혁 이후와 비교해서 상당히 부정적인 이미지가 강하다. 대약진기나 문화혁명기의 정책실패로 많은 희생이 치러졌고, 개혁 이후와 비교했을 때 성장률도 뒤처졌다. 하지만 1952~1978년의 연평균 GDP 성장률은 약 6퍼센트로 그리 낮은 수준이 아니다. 즉, 1979년 이후의 고도성장은 갑자기 이루어진 게 아니라 그전부터 어느 정도 준비됐기 때문에 가능했던 것이다.

개혁과 개방 이후의 급성장

개혁과 개방 이후 오늘에 이르는 동안 중국경제는 연 10퍼센트에 가까운 고도성장을 달성했다. 1952년과 비교하면 2003년에 GDP는 약 170배, 1인당 GDP는 약 76배로 증대했다. 이런 장기간의 고도성장은 싱가포르와 같은 나라에서도 나타났다. 하지만 싱가포르와 같은 조그만 나라가 아니라 13억의 인구를 끌어안고 있는 중국의 고도성장은 세계경제에 미치는 영향이 엄청날 수밖에 없다.

중국의 2008년 GDP 규모는 미국, 일본에 이어 세계 3위로 올라섰으며 곧 일본도 추월할 전망이다. 2008년 중국의 1인당 GDP는 3300달러이지만, 구매력평가 환율로 추산하면 6000달러에 이른다. 게다가 상하이(上海)를 비롯한 선전(深圳), 광저우(廣州) 등 성장 중심지역의 1인당소득은 그보다 훨씬 높다. 한국의 상위 10퍼센트 소득층에 맞먹는 소득수준에 도달한 중국인이 이미 한국의 전체 인구를 넘어섰다는 보도도 있다.

1978년 당시 중국의 무역총액은 200억 달러 정도였으나 2008년에는 2조 5000억 달러를 넘어 중국이 일본을 제치고 세계 3의의 무역대국으로 부상했다. 또 2004년에는 미국을 제치고 일본과 한국의 1위 수출대상국이 됐다. 중국은 일본과 한국에서 부품과 소재를 수입하여 가공한 후 구미에 수출한다. 중국의 외환보유액은 2006년 2월에 마침내 일본을 제치고 세계 1위의 자리를 차지했다.

중국은 수출품 가운데 공산품이 차지하는 비중이 1990년 74퍼센트에서 2000년 90퍼센트를 넘어서 '세계의 공장'으로 자리 잡았다. 그리고 고성장을 거듭하는 가운데 석유, 철강 등 에너지와 원재료의 거대소비국으로 떠올라 이들 원재료의 국제가격에도 커다란 영향을

TIP BRICs

중국을 비롯한 신흥경제대국으로 주목받는 나라를 표현하는 용어로 요즘 브릭스(BRICs)가 널리 사용되고 있다. BRICs는 2003년 미국의 투자은행인 골드먼삭스의 보고서에 처음 등장한 용어로 브라질(Brazil), 러시아(Russia), 인도(India), 중국(China)의 영어 첫머리 글자를 따서 이어주고 끝에 s를 붙여 복수형으로 만든 것이다.

국가에 따라 차이가 있지만 이들은 1990년대 말부터 빠른 속도로 성장하고 있고, 거대한 영토와 인구, 풍부한 지하자원으로 인해 2050년이면 현재의 선진국 G7을 능가할 것이라 예측되기도 한다. 4개국 인구(중국 13억, 인도 11억, 브라질 1.7억, 러시아 1.5억)를 합치면 세계인구의 40퍼센트 정도에 육박한다.

BRICs 중 인도와 중국은 공산품과 서비스의 세계적 공급국가로, 브라질과 러시아는 자연자원의 세계적 공급국가로 그 지위를 높여가고 있다. 특히 인도의 빠른 성장에는 아시아에서 중국의 대항세력으로 키우려는 미국의 의도도 작용하고 있다.

미치고 있다. '세계의 시장' 구실도 하고 있는 셈이다. 중국의 외국인직접투자 유치금액은 2002년에 미국을 제치고 세계 1위로 올라섰다. 2004년에 홍콩과 중국은 전 세계 개발도상국에 유입된 외국인직접투자의 40퍼센트를 끌어들인 블랙홀과 같은 존재가 됐다.

인구대국인 중국의 성장속도에 세계가 놀라고 있다. 거대한 산맥이 움직이고 있는 듯한 느낌을 가지지 않을 수 없다. 21세기는 팍스 아메리카나에서 팍스 시니카(Pax Sinica, 중국에 의한 세계지배)로 넘어가는 게 아니냐 하는 논의도 일고 있다. 이제 미국에 제1의 경계대상은 소련이 아니라 중국이다.

중국의 부상은 경제의 각 방면에서 전개된 변화의 합(合)이다. 먼저 경제이념에서 덩샤오핑은 "검은 고양이나 흰 고양이나 쥐를 잡으면 좋은 고양이다"라는 유명한 '고양이론'을 제창했다. 즉 경제발전이라는 '쥐'를 잡을 수 있는 제도가 바로 '좋은 고양이'라는 실용주의 노선에 입각해 '자본주의냐 사회주의냐' 하는 논쟁을 차단시켜 버린 것이다. 덩샤오핑은 또한 경제개혁이란 경제발전에 유리한 제도와 조치를 찾아내는 '과정'이라면서, 경제발전 과정에서 일부 사람과 지역이 먼저 부자가 되는 것을 허용해야 한다는 '선부자론(先富者論)'까지 제창했다. 1960~1970년대의 우리나라처럼 '선성장-후분배론'을 내세운 셈이다.

농업에서는 집단화의 비효율성을 극복하기 위해 1982년 농가책임경영제를 실시하여 인민공사를 해체해나갔다. 또 농촌자유시장을 통한 거래도 확대했다. 그 결과 1978년에 3억 톤이던 식량생산이 1999년에는 약 5억 톤으로 늘었고, 이 과정에서 굶주림의 문제도 해소됐다.

상공업에서는 국유기업 이외의 기업이 눈부시게 성장했다. 우선 개혁과 개방 이후 새롭게 등장한 사(私)기업의 비중이 크게 늘었다. 1988년 헌법에서는 '사회주의 시장경제의 보완물'에 불과하던 사기업의 지위가 1999년 개정된 헌법에서는 '사회주의 시장경제의 주요 구성부분'으로 격상됐다.

외국인투자로 운영되는 외자기업도 급성장했다. 외자기업은 100퍼센트 외자로 설립된 독자(獨資)기업, 외자와 중국자본이 공동출자한 합자(合資)기업, 자본참가가 아니라 계약을 통해 외자와 맺어진 합작(合作)기업의 세 종류로 나뉘는데, 이들을 합쳐 3자(三資)기업이라고 부른다. 〈포천〉이 선정한 세계 500대 기업 중 400개 기업이 중국에 진출해 있다. 수출에서 외자기업의 비중은 특히 커서 약 50퍼센트에 이른다. 그리고 구미 선진국보다 홍콩을 비롯한 아시아 신흥공업경제지역이 투자국 중 큰 비중을 점하고 있는 것도 특기할 만하다.

집단기업 중에는 농촌지역에 소재하는 중소기업인 향진기업의 역할이 중대됐다. 향(鄕)과 진(鎭)은 농촌의 말단 행정조직을 의미하는데, 향진기업은 '농업은 떠나되 농촌은 떠나지 않는' 중국식의 독특한 농촌공업화 모델이다. 향진기업의 소유권은 향정부나 촌민위원회가 행사하고 있지만, 다단계에 걸쳐 상급정부의 허가를 받아야 하는 국유기업과는 달리 향진기업은 시장신호에 따라 의사결정이 신속하게 이루어진다. 임금지급도 시장원리에 따라 결정된다. 다만, 근래에 들어 향진기업은 점차 종업원에게 주식을 매각하거나 개인이 주식을 사는 방법으로 민영화되고 있다.

국유기업의 경우 개혁속도는 가장 느렸지만 1990년대 초까지 기업의 경영자주권을 확대하고 이익의 일부를 기업에 넘기는 일부 변화가 진행됐다. 이후 개혁은 소유 측면에까지 파급되어 일부 지분을 민간에 넘기는 주식회사제도가 도입됐다. 또 "큰 것은 틀어쥐고 작은 것은 풀어놓는다"는 방침에 따라 중소형 국유기업에 대해서는 매각 등 보다 자유로운 처리방식을 선택했다.

고도성장의 그림자

중국의 부상을 과대평가해서는 곤란하다는 반론도 있다. 2011년 현재 중국이 70조 달러에 이르는 세계 총생산에서 점하는 비중은 약 10퍼센트다. 이는 1949~1955년 수준을 약간 넘어선 정도이며, 아편전쟁이 발발하기 전인 1820년의 30퍼센트에 비하면 크게 낮은 수치다. 따라서 중국경제는 이제 겨우 반세기 전의 수준으로 되돌아 왔다고 할 수도 있다.

세계의 공장이라고는 하지만 중국은 신제품 연구개발과 세계시장 유통을 외자기업에 의존하고 있다. 그런 점에서 중국은 세계의 공장이라기보다 '세계의 생산작업장'이다. 중국이 셔츠 수억 장을 수출해서 얻는 돈은 미국이나 프랑스가 비행기 한 대를 수출해 얻는 돈에 지나지 않는다. 미국과 중국의 군사력 격차는 확대일로이며, 만약 그 격차를 무리하게 줄이려 하면 경제에 부담을 가져올 것이다. 문화면에서도 중국은 미국 등 외래문화를 일방적으로 수입하고 있을 뿐이다.

그런가 하면 중국은 고도성장 과정에서 여러 가지 문제점을 낳았다.

첫째, 빈부격차가 확대되고 있다. 연안지역과 내륙지역의 소득격차가 커졌고, 개인별 격차도 날로 벌어지고 있다. 이는 자본주의 시장경제 발전 초기의 전형적 현상이다. 그러나 중국의 경우 조세시스템과 사회보장제도가 미비하기 때문에 빈부격차 문제가 더욱 심각한 양상을 띠고 있다. 2011년 현재 중국에서 개인소득세를 납부하는 사람이 고작 2400만 명에 불과했다는 사실이 이 문제의 심각성을 단적으로 드러내준다.

둘째, 국유기업의 부실이 심각해지고 있다. 경영자 및 노동자에 대한 적절한 인센티브의 결여와 관료 및 경영자의 만연한 부패가 국유기업을 위기로 몰아넣고 있다. 국유기업은 잉여인력을 고용해야 하며 현직 및 퇴직 종업원에게 주택, 의료, 교육, 탁아 서비스를 직접 제공해야 하는 부담을 지고 있다. 그래서 전체 국유기업의 절반가량이 적자상태다. 아울러 국유기업에 돈을 빌려준 은행의 부실도 심각해진 상태다. 또 근래 이런 문제를 해소하기 위해 일부 부실한 국유기업을 파산시킴에 따라 실업 문제가 심각해지고 노동쟁의도 빈발하고 있다.

셋째, 중국경제 성장의 견인차 역할을 하는 외자기업의 3분의 1 이상이 적자상태라고 한다. 만약 이런 상태가 지속된다면 외자유입이 줄어들지도 모른다. 그렇게 되면 중국경제의 미래가 어떻게 달라질지 알 수 없다.

넷째, 고도성장과 더불어 생태계파괴와 환경오염이 심각해지고 있다. 삼림파괴, 초지(草地)상실, 사막화, 대기오염, 수자원오염이 바로 그런 예다. 매년 이런 환경파괴에 따른 손실액이 중국 GDP의 1년간 증가액과 맞먹는다는 조사보고도 있다.

다섯째, 사회주의 시장경제를 내세우고 있지만 실제 경제시스템은 천민자본주의 형태를 띠고 있고, '사회주의'란 말은 공산당의 일당독재라는 정치형태를 의미하는 정도다. 따라서 경제시스템과 정치시스템 사이에 충돌이 발생할 것은 불을 보듯 뻔하다. 중국 전역에서 데모나 폭동 등의 집단행동이 매년 수만 건 이상 발생하고 있다. 이런 충돌은 이미 한국과 중남미의 민주화 과정에서도 나타난 바 있다. 중국이 이런 과정을 어떻게 슬기롭게 처리해가며, 나아가 천민자본주의의 '천민성'을 어떻게 탈각할 것인가가 과제다.

중국은 한국경제에 기회일까 위기일까? 근래 한국의 수출이 크게 늘어난 것이 중국시장 덕분인 점을 보면 기회인 것 같다. 하지만 중국 농산물이 한국의 식탁을 뒤덮고, 중국 공산품이 한국기업의 설자리를 좁힌다는 점에서는 위기인 것 같기도 하다. 중국의 부상은 이렇게 양면성을 가지고 있기 때문에 지금 시점에서 뭐라 단정할 수 없다. 우리가 산업구조 재편을 포함한 대응을 어떻게 하느냐에 따라 중국은 우리에게 기회가 될 수도 있고 위기가 될 수도 있지 않을까.

찾아보기

ㄱ

가격 63
가격메커니즘 38
가격분산 80
가격상한제 72, 74~75
가격지정제 72
가격차별 171
가격통제 69, 72~77
가격하한제 72, 76~77
가계대출 325
가사노동 247~250
가사분담 248~250
가족경영 356
가족계획 238
가처분소득 123
가트(GATT) 388
간접금융시장 326
간접비용 244
간접세 153
간접투자 310
감량경영 403
감사원 319
개미와 베짱이 267
개발독재체제 344
개발부담금제도 273, 279
개별수요 64
개살구 84
개성공단 350, 352

개성상인 34
개인기업 296
개인소득세 149
개인연금 264
개인투자자 299
개혁과 개방 349, 407
거래비용 54, 286, 331
거래세 153
거래소시장 301
거래적 동기 102
거품 142~143
거품경제 111
게이츠 148, 378
게임이론 322
결혼계약 231
결혼세 152
결혼시장 228~232
결혼에 대한 정의 223
결혼연령 228
결혼의 비용 227~228
결혼의 편익 225~227
결혼제도 45, 215
경기변동 132~134
경기부양정책 137
경기순환 132
경마 142
경매 49
경상수지 172~174

경세제민 20
경제개발 5개년계획 343
경제논리 262
경제의 뜻 20~22
경제인 50
경제협력개발기구(OECD) 389
계단세 152
계절적 실업 138
계층적 분배 121
고난의 행군 348
고령사회 251
고령화 251, 254~255
고령화사회 251
고리대금업 34, 74~75, 325
고립주의 391
고성장단계 341
고양이론 409
고용의 경직성 208
고용의 유연화 236
고위험-고수익 327, 383
고정환율제 183
공개시장조작 333
공공서비스 145
공공재 51, 55, 154, 247
공교육 145, 196
공급법칙 64
공급의 가격탄력성 70
공기업 319
공무원 216, 260
공무원연금 261, 263
공산주의 24

공유지의 비극 129
공장자동화 256
공적 연금 258~260
공적자금 투입 156
공정거래위원회 320
공항이혼 233
공황 132
과시적 소비 66
과잉생산 135
과잉의 경제 134
과점 313
과점시장 40, 321
관세 170
관세율할당 171
관세화 171
관치금융 332, 335, 346
광우병 172
광의유동성 104
광의통화 104
교역조건 162
교원평가제 199
교육투자의 수익률 203
교정적 조세 154
교토의정서 131
교환사채 275
구매력평가설 184
구제금융 174, 358
구조조정 220, 335
국가복지 373
국가채무 155~158
국경 없는 경제 380

국공채 275
국내총생산(GDP) 113~117
국민연금 267
국민연금기금 263
국민연금제도 258~264
국민은행 312
국민총생산(GNP) 113
국민총소득(GNI) 114
국방서비스 51
국부유출론 364
국제결제은행(BIS) 335, 385
국제금본위제도 385
국제무역 159, 162
국제무역기구(ITO) 388
국제부흥개발은행(IBRD) 388
국제수지 172~175
국제유동성 112, 385
국제청산동맹 112
국제통화기금(IMF) 385~388
국채 156
군사비지출 119
군사정권 345
군산복합체 119~120
군수산업 119~120
군인연금 261
군중심리 143
굴뚝농성 401
귀속재산 342
귀족과 노예의 관계 26
규모의 경제 226, 315
규모의 비경제 315

균형가격의 결정 64
그레셤의 법칙 84, 100~101
근로기준법 295
근로자파견제도 374
글리벡 317
금/달러본위제 110
금강산관광사업 315
금권정치 41, 58
금리스왑 328
금본위제 110
금속화폐 99~100
금융거래 비용 329
금융결제원 335
금융기관유동성 104
금융기업 334
금융시장 40, 326~327
금융실명제 79, 277
금융의 공공성 336
금융자본 33~34
금융정책 56, 136~137
금융중개기관 329~332
금융채 275
금융통화위원회 333
금융회사 334
금주법 43, 57, 69
기능적 분배 121
기대수익 270~271
기본적 분석 308~309
기술개발 317
기술적 분석 309~310
기술적 분업 38~39

기술혁신 304
기업 283~288
기업결합 320
기업대출 325
기업복지 373
기업비리 311
기업연금 264
기업의 본인－대리인 문제 87~91
기업의 사회적 책임 292
기업지배구조 88, 310~312
기업지배권 시장 312
기초생활보장제도 56
기초자산시장 327
기회비용 26, 215, 244
기회주의 287
기획재정부 57, 187~188
긴축정책 333
김대중정부 60, 355
김영삼정부 355
김일성 347~348
깡통계좌 303

ㄴ

나진 · 선봉 경제특구 348
나치스 130, 136
남북경제협력 352
내 집 마련 278
내부노동시장 206
내부유보 293
내부자거래 306~307
내부자－외부자 문제 125

내부조정비용 286
노동생산성 117, 161, 197
노동소득분배율 121
노동시간 117, 373
노동시장 40, 206, 210
노동시장의 유연화 209, 374
노동운동 341, 374
노동자의 경영참여 289
노동자자주관리운동 342
노동조합 53, 295
노무현정부 176
노바티스 317
노블레스 오블리주 125, 148
노사관계 294~296
노사정위원회 346, 375
노예시장 41
노예제사회 26, 34
노이만 322
노인복지 253
노인부양 경로 256~258
노인시장 253
노조조직률 374
녹색혁명 375
농가부채 376
농가의 양극화 377
농가책임경영제 409
농노 23
농본주의 278
농산물가공유통법인 377
농산물시장 개방 376~377
농업법인제도 377

뇌물 74
누진세 56, 149
뉴딜정책 56, 136, 391
뉴브리지캐피털펀드 363
뉴턴 304
니트족 216
닉슨 111
님비현상 130
닛케이지수 302

ㄷ

다각경영 355
다국적기업 164
다보스포럼 378
다산다사형 239
다산소사형 239
다우존스 공업평균지수 302
단기금융시장 327
단기외채 173
달러본위제 111
달러의 공급 183
달러의 구매력 339
달러의 수요 182~183
달러표시 자산 179
당백전 100
당좌예금 104, 274
대공황 59, 105, 133, 140, 259, 385, 391
대기업 노조 125
대동강의 기적 348
대마불사의 신화 219
대마초 46

대약진운동 57, 406
대외채무의 덫 381
대우 171, 357
대우차 363
대원군 100
대주주 297
대중교육 197
대체재 68
대충자금 343
대학진학률 201~202
대헌장 146
덤핑 170
덩샤오핑 406, 409
도깨비시장 42
도덕적 해이 85~87, 200
도박 142
도제교육 197
도지 라인 402
도청테이프 사건 62, 360
독과점 55, 314~315
독과점규제 320
독과점기업 320
독과점시장 40
독점 313
독점기업 53, 55, 313
독점대기업 316, 318
독점이윤 53, 125, 318
독점자본주의 316
독점적 경쟁 313
독점적 경쟁시장 229~230
동서독의 통일 351

동아시아 118
동인도회사 296, 314
동태적 비교우위 167
두산 342
뒤처리세 152
드비어스 314
등록세 153
DDA 376~377
디킨스 266

ㄹ

러다이트 운동 380
러시아 55
레버리지효과 327
로렌츠곡선 122
로빈슨 크루소 30
로스차일드 78, 325, 379
록펠러 316, 320
록히드 마틴 119
론스타 254, 363
루스벨트 136, 391
류사오치 406
리스트 165
리카도 305

ㅁ

마르크스 7, 30, 35, 125, 141, 214, 240, 371
마셜 5
마셜플랜 396
마스트리히트 조약 398~399
마오쩌둥 57, 406

마이너스 성장 346
마찰적 실업 138
마피아 43, 321
마피아 자본주의 49
마하티르 383
맞춤서비스 330, 332
매관매직 41
매칭 181
맥아더 355, 361
멍청이세 152
메뉴비용 108
메이지유신 401
면죄부 97
명목이자율 106
명성 81
명절 기차표 73
모기장식 개방전략 348
모어 7
모피아 57
무기명채권 276
무분할 인생경로 255
무상보증 84~85
무상의무교육제도 69
무어 47
무역규제 170~172
무역불균형 111
무역손익 114
무역의 자유화 172
무역패턴 164
무임승차 51, 145
무형자산 288

문어발경영 355
문화혁명 406
묻지 마 투자 270
물가 107
물가안정목표제 333
물물교환 96, 98
미국식 경제시스템 60
미국식 자본주의 261
미국의 경상수지 적자 109
미국의 군수산업 119
미국의 민주당과 공화당 137
미국의 불평등도 123
미나마타병 403
미다스 왕 97~98
미소냉전 402
미시시피회사 141
미신고소득 115
미쓰비시 355
미쓰이 355
민주노총 296, 375
민주주의 41, 146, 295, 318, 360, 384
밀 28

ㅂ

바보세 150
바우처제도 200
박정희 개발독재 59
박정희정부 73, 126, 186, 333, 343~344
반공군사기지 342
반기업 정서 360
반대매매 302

반덤핑관세 170
반독점 정서 360
반세계화 379~381
반재벌총수 정서 360
발행시장 300
방카슈랑스 334
배제불가능성 51, 154
뱅크런 105
버블경제 111
버핏 306
법인소득세 149
법화 101
베어링 327
베트남전쟁 110, 403
벤처기업 293, 312
벤처형 농업 377
보릿고개 344
보완재 68
보유세 150, 153~154, 279
보이는 손 49~50
보이지 않는 손 48~49
보잉 119
보통예금 104, 274
보통주 301
보험시장 82~83
복본위제 101
복부인 269
본원통화 105
볼보 363
봉건사회 26
봉건영주 23

봉건영주와 농노의 관계 26
부가가치 284
부가가치세 150
부도 304, 308
부동산 278~280
부동산종합대책 153
부동자금 104
부르주아지 36
부시 62, 131
부양정책 56
부유세 150
부정부패 73
부족의 경제 134
부존자원 163
부화뇌동 효과 268
북유럽식 시스템 60
북한 118, 145, 160, 383, 347~349
분배 22, 26
분배 자동해결론 126
분배의 불평등 124~125
분식회계 89
분업 39, 69
불규칙 행보의 가설 305
불환권 101
불황 132
브랜드 가치 288
브레턴우즈 체제 110~111, 386
브레턴우즈협정 388
브룬트란트위원회 131
브릭스(BRICs) 408
비가격경쟁 274

비가치재 50, 170
비경합성 51, 154
비과세 및 감면 151
비관세무역장벽 172
비교생산비 161
비교역재 185
비교우위 159~163
비교우위론 165
비스마르크 258
비영합게임 322
비용인상 인플레이션 107~108
비은행 예금취급기관 334
비자금 357
비정규직 53, 125, 137, 347, 369~370, 375
빅맥 지수 185
빈곤의 덫 349
빈곤층 121
빈부격차 280
빌더버그 회의 379

ㅅ

사교육 196, 200
사교육비 196, 205, 244
4대강 정비사업 158
사법거래 322
사베인스-옥슬리법 88
사양산업 167~168
사외이사 88, 298, 311, 366
사유재산권 55, 289
사이먼 287
사이비 민족주의 366

4.19혁명 343
사채 275
사회보장기여금 155
사회보험 257
사회안전망 263, 369
사회적 분업 38~39
사회적 비용 52
사회적 연대 6
사회주의 시장경제 412
사회책임투자 292
산업 간 무역 163
산업 내 무역 164
산업별 노조 375
산업은행 334
산업자본 33~34
산업재해 373
산업차원의 노사관계 296
산업혁명 35
3극체제 400
3D업종 216, 371
삼미 357
삼백산업 343
3분할 인생경로 255
삼성 62, 150, 312, 354, 357, 360
삼성중공업 363
3자기업 410
3저 174
상계 181
상속세 150
상업자본 33~34
상장 300~301

상평통보 100
상품 36
상호신용금고 334
상호저축은행 274, 334
새마을금고 334
새만금 간척사업 128
색깔공세 198
생산 22, 26
생산기술 23, 69
생산력 36
생산물시장 40
생산요소시장 40
생산의 3요소 69
생산의 4요소 69
생산재시장 40
생산적 고령화 255
생태파시즘 130
샤일록 34, 325
서울외국환중개 186
석유수출국기구(OPEC) 397
석유위기 397, 403
석유파동 108, 111, 133
선관주의의무 297
선단경영 355
선단문어발경영 355~357
선물 303, 328
선물환 181, 188
선부자론 409
선착순 73
선택행위 26
설득성 광고 81

성과급 90~91
성매매 42~43
성매매 금지의 효과 43~45
성장과 분배 32, 126~128
성장과 환경 128~131
성장－분배 상충론 126
세계 금융위기 19, 60, 175, 327, 347, 405
세계경제포럼 378
세계무역기구(WTO) 172, 388~389
세계사회포럼 378~379
세계은행 388
세계의 공장 408
세계의 생산작업장 411
세계의 시장 408
세계인구 238
세계정부 384
세계중앙은행 112
세계화 8, 378~381
세계화폐 111~112
세금 144~146
서먼 법 320
셰익스피어 34, 97
소득격차 280
소득대체율 260~261
소득분배 121~123
소득세 149
소련과 동유럽 24, 49, 57, 73, 134~135, 284
소로스 148, 187, 306, 325, 378, 383
소버린 364
소비 22, 26, 266
소비성향 149, 268

소비세 150
소비재시장 40
소사장제 288
소산소사형 240
소액주주 291, 297
소유와 경영의 분리 296
손절매 308
수산물시장 49
수시입출식 저축성예금 104
수요견인 인플레이션 107~108
수요법칙 64
수요와 공급 63
수요의 가격탄력성 70
수요의 소득탄력성 70
수익증권 276
수익증권 310
수입대체 공업화 343~344
수입할당제 171
수출보험공사 181
수출입은행 334
수출자율규제 171~172
수출주도 공업화 343
순경제후생(NEW) 116
슘페터 35, 106
스미스 38, 48, 59, 148, 165
스미토모 355
스왑 328
스웨팅 100
스크루지 266
스크린쿼터 169
스타인벡 133

스태그플레이션 133, 397
스탠더드 오일 316
스탠더드차터드은행 363
스톡옵션 89, 312
스파르타 243
습관화 28
시간선호 218
시계산업 163, 169
10월유신 344
시장 38~39, 54, 60
시장거래비용 286
시장경제 38, 98
시장경제와 민주주의 61
시장과 정부 59
시장만능주의 60
시장메커니즘 48
시장수요 64
시장의 논리 167
시장의 실패 50, 53, 55, 154
시장의 효율성 52, 79
시장질서 49, 55
시중은행 334
시티은행 363
시화호 129
식량안보 169
식산흥업 401
신경제론 394
신디케이트 316
신라운드 389
신부가격 229
신용 106

신용보증기관 335
신용불량자 50, 268, 325, 335
신용제도 316
신용창조 106
신용카드 50, 102, 268, 325
신용평가기관 275
신용협동조합 334
신자유주의 60
신주인수권부사채 275
신호발송 85
신흥공업경제 340
실리콘밸리 312
실망실업자 139
실버산업 253
실버타운 253
실업 135, 138~140
실업률 139, 368~369
실질이자율 106
실크로드 159
10.26사태 345
12.12 쿠데타 78
쌍둥이 적자 394~395
쌍용 357

ㅇ

아동노동 224
아리스토텔레스 30, 326
아서 앤더슨 88
아시아통화기금 387
IMF 신탁통치 385
IMF사태 109, 118, 121, 173~175, 184,

219, 276, 298, 332, 363
아이젠버그 325
아이젠하워 120, 157
아퀴나스 326
아파트분양 원가연동제 72
아편전쟁 46, 170
악재 244
안락사 252
안보산업 169
안정정책 56
알뜰부인 269
암달러상 186
압축적 성장 340
야경국가 59
약탈적 가격책정 315
양극화 318, 346
양도성예금증서 276
양도소득세 154
업종전문화 355
SK 342, 359, 364
에인절의 법칙 67
엔 112
엔론 사태 88
엥겔의 법칙 67
여가 116
여성노동 224
여성의 경제활동 참가율 245~246
여성취업률 224
여신전문금융기관 335
역모기지론 257
역선택 82~85, 332

역외시장 188
역외시장 차액결제선물환(NDF) 188~189
역진세 149
연고에 의한 배분 73
연고주의 209
연공서열제 405
연공임금제 255
연관재 67
연금 254, 258
연금소득 264
연방준비제도이사회 136~137, 332
열등재 66~67
영미식 시스템 60
영미식 자본주의 147
영주특권 100
영합게임 322
예금인출소동 105
예금통화 105~106, 334
예비적 동기 102
오너경영 361
오렌지 카운티 327
오바마 131
5분위배율 121
OECD 가입 346
오일달러 111
5.16쿠데타 343
옵션 303, 328
완전경쟁 52, 313
완전경쟁시장 40, 313~314
외국인 증권투자 173
외국인 직접투자 173

외국인노동자 371
외국자본 362~367
외국자본 마녀사냥 364~365
외국자본 우상숭배 364
외국환평형기금 183, 188
외부감사 298
외부경제 52
외부비경제 52
외부효과 52
외자도입 346
외환 179
외환관리법 186
외환당국 187
외환딜러 186~187
외환보유고 173
외환시장 37
외환은행 334, 363
요구불예금 104~105, 274
욕망의 상호일치 96
용역 21
우루과이라운드 171, 388
우리나라의 조세체계 153
우선주 301
워싱턴 컨센서스 382
원/달러 환율 178, 182
원조물자 343
원천징수 149
월드컴 88
위자료 231~232
위험 271
위험 기피자 217, 272

위험 애호자 217, 272
위험관리 331
위험프리미엄 203
윈윈 게임 322
윌슨 391
유가증권시장 301
유대인 243, 325
유동성 103, 272
유동성선호 103
유럽공동체(EC) 398
유럽식 자본주의 261
유럽연합(EU) 172, 398
유럽중앙은행 399
유럽합중국 399
유로 112, 399~400
유리지갑 150
유상매수 – 유상분배 342
UN 384
유인 57
유일한 150
유치산업 166~167
유통시장 300
유한양행 150
유한책임 296
6.10민주항쟁 345
6.29민주화선언 345
6.15공동선언 350
은행권 100~101
은행예금 273~274
의료보험 51, 83
의료시장 53

의무교육제 56, 199
이라크 침공 158
이명박정권 351
이사회 297
이상사회 7
이승만정부 73, 185, 342
이윤 143, 284
이자수취 325~326
이자율 106
이자율상한제 74~75
이중곡가제 77
이직률 221
이타이이타이병 403
이해관계자자본주의 294
이행비용 329~331
이혼 234~237
이혼율의 상승 236~237
이혼의 비용 237
이혼의 편익 237
인구치환 수준 240
인민공사 406
인적 자본 163, 197, 243
인텔 312
인플레이션 107~109, 344, 397
일반은행 334
일반주주 291
일본 종합상사 78~79
일본의 1인당 GDP 177
일수놀이 329~330
1원1표 61~62, 295
1인기업 285

1인1표 61~62
일체화 88, 90
잃어버린 10년 404
임금격차 372
임금피크제 256
임대료 규제 72
임시고용 256
임클론 306
입소문 81
입시전쟁 205~211
입시지옥 210

ㅈ

자격시험제도 56
자금할당 332
자급자족 38, 98, 324
자기자본비율 335
자본 33
자본가계급 36
자본가와 노동자의 관계 26
자본손실 269
자본수지 172~173
자본이득 269
자본자유화 346
자본주의 24, 27, 33, 35, 133, 159, 278, 299, 316, 325
자본주의 시장경제 25
자본주의사회 33, 35~38, 283, 289, 295
자본주의의 꽃 187
자본주의의 모순 135
자본주의의 역사적 특성성 25

자본주의의 황금시대 393
자본화 280
자산담보부채권 276
자산선택 268, 270
자산수익 270
자산운용회사 335
자연선택 82
자영업자 213, 262, 280
자원배분 38, 52, 284
자원재활용 130
자유경쟁자본주의 316
자유무역과 보호무역 165~170
자유무역론 39
자유무역협정(FTA) 172
자유방임주의 59
자전거래 302
작전세력 307
잡음 79
장기공공임대주택 279
장기금융시장 327
장기매매 42
장수사회론 252
장외시장 301
재무제표 308
재벌 79, 184, 275~276, 288, 294, 317, 335, 344, 346, 354~356
재벌 구조조정 358
재벌개혁 19, 88, 311, 355, 359~362
재벌금융 335
재벌의 전향 402
재벌체제 356~358

재벌총수 150, 355~356, 359
재벌해체 402
재산격차 280
재산분배 121~123
재산세 149, 154
재정적자 155
재정정책 56, 137
재정흑자 155
재테크 269
재할인 333
재혼시장 231
재화 21, 244
저량과 유량 95
저부담-고급여 260~261
저우언라이 407
저축 266
저축성예금 105, 274
저축성향 268
적극적 차별시정책 249
적기시정조치 335
적대적 인수합병 312
적립식펀드 310
적산 342
전교조 198
전국금속노조 296
전국병원노조연맹 296
전국차원의 노사관계 296
전두환정부 370
전략적 무역정책 167
전문경영인 297
전문경영인체제 357, 361

전업주부 224
전자화폐 102
전태일 341
전환사채 275
절대우위 160~161
정경불륜 318
정경유착 185, 318, 343
정기예금 104, 274
정기적금 104, 274
정리해고제 346, 374
정보 79
정보비용 218, 329
정보의 불완전성 53, 56
정보의 비대칭성 56, 80, 83, 221, 329
정보제공성 광고 81
정보통신기술 54
정보통신산업 79
정보통신혁명 380
정보화 사회 341
정부의 비중 59
정부의 실패 57
정상재 67
정치금융 332, 335
정치논리 262
정치자금 276
정크본드 275
제1의 인구전환 240
제2의 인구전환 240
제너럴 다이내믹스 119
제로섬 게임 142, 303
제일은행 363

제품수명주기 164
제한된 합리성 287
조선시대의 세목 152
조세법률주의 146
조세부과의 4원칙 148
조세부담률 147
조세부담의 귀착 153
조세부담의 전가 153
조세저항 150
조세징수권 157
조세특례제한법 151
조세회피 152
조정메커니즘 37
조폐공사 104, 332
조폭 286, 321, 330
존엄사 253
종신고용 220, 405
종합금융회사 334
종합부동산세 154, 273, 279
종합토지세 154
좌파와 우파 61
죄수의 딜레마 322
주가 304
주가수익률(PER) 308, 311
주거래은행제도 288, 311, 405
주변부 노동자 371
주식 301
주식 보유기간 301
주식시장 299, 327
주식회사 290, 296~298
주주다수결의 원칙 290

주주대표소송 88, 311, 359
주주자본주의 293~294
주주총회 297~298
주택은행 334
주화 99
죽음의 상인 119
준결제성예금 104
준공공재 154~155, 198
준비자산 172~173
줄서기 73
중고차 시장 83~84, 331
중국의 부상 413
중동건설 붐 344
중매결혼 234
중상주의 59
중성장단계 341
중소기업 218~220, 318, 325
중심부 노동자 371
중앙은행 101, 332
중우정치 58
중화학공업 316
중화학공업화 344
증권선물거래소 335
증권파동 299
증권회사 334
증여세 150
증자 300
지구온난화 131
지급준비금 105
지니계수 121~124
지대추구행위 318

지방은행 334
지방채 275
지배주주 291
지본주의 278
지불준비금 333
G7 389
지속가능한 발전 131
지속불가능한 개발 345
지식기반경제 197
지위재 66, 205
GE 362~363, 380
지적소유권 288
지참금 229
지폐 99~101
지폐본위제도 332
지하경제 115~116
직접금융시장 326
직접세 153
진로 278, 346
진입제한 가격책정 315
진정한 진보지표(GPI) 116
집단소송 88, 311, 359

ㅊ

창문세 152
창업자본 290
채권 275~278
채권수익률 277
채권수집상 276
채권시장 327
채권입찰제 75

채플린 90, 133
책임 있는 부자 148
1987년 노동자대투쟁 372, 374
천성산 터널 128, 341
철의 삼각형 405
청년층 실업률 369
초고령사회 251
초인플레이션 107
총기소유 47
총수자본주의 294
총요소생산성 117
총유동성 104
최소시장접근 171
최저임금제 72, 76
최종대부자 333
추첨 73
추첨식 예금 274
출산율의 저하 243
충동구매 233
충실의무 297
취득세 153
취업난 221
취직 212~218
취집 223
치매병원 253
친환경 유기농업 377
7.1조치 349

ㅋ

카드대란 50
카르텔 316
카이사르 78
카지노 경제 141, 187
카지노 자본주의 382
캉드쉬 358, 385~386
캘리포니아 공무원퇴직연금 254
컨베이어 벨트 90
케네디 157
KT&G 364
케인스 103, 112, 136, 305, 309
코란 34, 326
코리아 디스카운트 311
코스닥시장 301
코스닥지수 302
코스피지수 302
콘체른 317
콜 옵션 328
콜금리 333
콜시장 327
쿠즈네츠 126
크루그먼 118
클레이턴 법 320

ㅌ

탄력성 70
탄소세 154
탈북자 348
탈세 150~151
탈세의 이익 151
탐관오리 144
탐색 80~81
탐색비용 82

태환권 101
테일러 90
텔레비전 광고 81
토지개혁 342
토지공개념제도 279
토지세 149
토지소유권 289
토지소유의 집중 122
토지시장 40
통일 351~353
통합지수 302
통화당국 333
통화량 104
통화스왑 328
통화승수 106
통화안정증권 333
통화지표 103~104
퇴직금 263
투기 140~143
투기등급 275
투기수익 143
투기적 동기 102
투자신탁회사 334
투자와 투기 142
투자의 현재가치 203
투자적격등급 275
튤립투기 140~141
트러스트 317
특별인출권(SDR) 112
특수은행 334
특수직역연금 260, 263

특수채 275
특화 161
T형 자동차 391

ㅍ

파생금융상품 141, 326~328, 383
파트타임 노동 256
팍스 로마나 392
팍스 브리타니카 392
팍스 시니카 409
팍스 아메리카나 391~393
팡누 278
퍼주기 352~353
펀드매니저 270
평균수명 251~252
평생교육 210
평생소득 219
평생직업 220
평생직장 220
평준화 199, 201
포드 91, 391
품귀현상 66
품질보증 84~85
풋 옵션 328
풍요 속의 빈곤 134
프리미엄 328
프리보드 301
플라자합의 404
플러스섬 게임 142, 303
피셔 305

ㅎ

하청중소기업 318, 371
학력 인플레이션 202
학력격차 203
학력차별 211
학벌 지상주의 209
학벌사회 210
학습효과 166
한강의 기적 344
한계효용체감 242
한국거래소 300~301
한국경제의 미래상 8
한국노총 296, 375
한국은행 104~105, 187~188, 332~333
한국의 국제수지 174
한국의 환율변동 추이 177
한국자금중개 186
한국전쟁 342, 402~403
한미은행 363
한미FTA 169, 376~377
한보 346, 358
한일협정 344
한전 313
한탕주의 299
한화 342
합계출산율 238
합명회사 296
합자회사 296
핫머니 383
항상소득 268
핵가족화 242, 256

행복방정식 28~32
행복지수 31
향진기업 410
헌팅턴 62
헤르메스 254
헤일리 23
헤지펀드 383
혁신 35
현금통화 104
현대 354, 357,
현대차 85
현물화폐 99
현재가치 270
협상비용 329~330
협의통화 104
혼합경제 38, 58
화재보험 85
화폐 95, 332
화폐경제 96
화폐금융정책 333
화폐발행권 157
화폐수량설 108
화폐의 공급 104~106
화폐의 수요 102~104
화폐의 종류 98~102
화폐주조권 100, 110
확정급부형 264~265
확정기여형 265
환 헤징 181
환경운동 130
환율변동 178~182

환율변동보험 181
환율의 마술 176
환전 178
환전상 178
환차손 181
환차익 181
환치기 186
환투기 141
황금률 97
황제경영 341, 356, 366
회계부정 88
회계비용 26
회사채 275
효율성과 공정성 5, 7
효율임금 91
효율적 시장의 가설 305~306
후발성의 이익 340, 396
후천적 자원 163
후쿠야마 24
훈련효율 206~207
흥부와 놀부 6
희소성 26
히틀러 384

경제학 포털

지은이 | 김기원

1판 1쇄 펴낸날 | 2006년 9월 30일
개정판 1쇄 펴낸날 | 2009년 8월 1일
재개정판 3쇄 펴낸날 | 2017년 9월 20일

펴낸이 | 이주명
편집 | 문나영
출력 | 문형사
종이 | 화인페이퍼
인쇄・제본 | 한영문화사

펴낸곳 | 필맥
출판등록 | 제300-2003-63호
주소 | 서울시 서대문구 경기대로 58 (충정로2가) 경기빌딩 606호
이메일 | philmac@philmac.co.kr
홈페이지 | www.philmac.co.kr
전화 | 02-392-4491
팩스 | 02-392-4492

ISBN 978-89-97751-25-9 (03320)

* 잘못된 책은 바꾸어 드립니다.
* 값은 뒤표지에 있습니다.

이 도서의 국립중앙도서관 출판시도서목록(CIP)은 e-CIP홈페이지(http://www.nl.go.kr/cip.php)에서 이용하실 수 있습니다. (CIP제어번호 : CIP2013014197)